AF414816

* 9 7 9 8 8 6 9 2 5 5 0 9 9 *

ספר

עֵץ זַיִים

לרבינו

חַיִים וִיטאל זַ"ל

שֶׁקִיבֵּל ממרן האר"י זלה"ה

שַׁעַר מִשְׁבִירה

שַׁעַר ט' פרק ב'

ד"מ ע"ג – דמ"ב ע"ד

תש"פ

SimchatChaim.com

בהוצאת

שִׂמחַת חַיִים

בס"ד

הקדמה

ירפא **ה**מאציל **וי**ושיע **ה**בורא את כל חולי בני ישראל, וישלח להם רפואה שלימה, רפואת הנפש ורפואת הגוף, בכל אבריהם ובכל גידיהם לעבודתו יתברך.

בי"ב במנחם אב תשס"ה, הובהלתי לבית החולים, הרופאים לא נתנו לי סיכוי לחיות יותר מכמה שעות בגלל מספר תסבוכות. עם כל זאת בזכות התפילות של בני ישראל הקדושים, ברחמיו הרבים, ריחם עלי הקדוש ברוך הוא, ונשארתי בחיים.

עם כל זאת, הובחנה אצלי מחלה קשה בכליות, ונאמר לי שהצטרך למכונת דיאליזה. בשבילי זה היה שוק!!! אף פעם לא הייתי אצל רופא, או בבית חולים. כך בעל כרחי התחברתי למכונת דיאליזה, ומכונה זאת הייתה[1] קשורה בי ככלב במשך שמונים חודשים בדיוק, כמניין **יסוד**, במשך 12-10 שעות ביום.

בשבת פרשת **ויחי יעקב** י"ב טבת תשע"ב, בזכות בני ישראל, שכולם אהובים כולם ברורים כולם גיבורים כולם קדושים... וכולם פותחים את פיהם באהבה שלוש פעמים ביום, ואומרים - **ברוך אתה... רופא חולי עמו ישראל**, וכללותם כל האברכים, תלמידי הישיבות, רבנים וחכמים, חסידים, מקובלים עם תינוקות של בית רבן, זקנים עם נערים, בחורים וגם בתולות, בארץ הקודש ובעולם. ומצד שני בנות ישראל היקרות מפז, שהתפללו וקבלו עליהם כל מיני קבלות, מהפרשת חלה עד צניעות וכיסוי הראש, עם הרבנים, המנהלים, המורים, המורות **והתלמידות של בית יעקב** דטורונטו שכל יום התפללו, וכללו בתפילתם שבקעה את כל הרקיעים אותי, ונושעתי אני הקטן. הושתלה בי כליה. והתנתקתי ממכונת הדיאליזה.

אמר המלך דוד - לולי[2] תורתך שעשעי אז אבדתי בעניי. מה שנתן לי חיות היא התורה הקדושה, בשעות הרבות שהיתי מחובר למכונת הדיאליזה)כ12 שעות ביום(, ערכתי סדרתי וכתבתי במחשב את קונטרסים שלמדתי במשך שנים. וקונטרסים אלו הפכו לחיבור, ואחרי התלבטויות ובקשות מבני גילי, החלטתי בעזרתו יתברך להדפיס קונטרסים אלו.

ידוע הוא כי כל דברי האר"י זלל"ה ותלמידו נאמן ביתו, רבינו חיים ויטאל הם סתומים וחתומים באלפי שרשראות ומנעולים, והרב ז"ל גלה טפח וכיסה אלפים אמה, וכלל דבריהם הוא משלים, עם כל זאת העוסק במשל פועל בעלמות העליונים בנמשל. לכן צריך זהירות גדולה לא להגשים את המשלים, בסוד המבואר בספר הזוהר הקדוש - **ועלייהו אתמר** ועליהם נאמר - **ארור האיש אשר יעשה פסל ומסכה וגומר, ושם בסתר, מאי בסתר** מהו בסתר - **בסתרו דעלמא** בסתר העולם. **ובגין דא אמר קודשא בריך הוא לא תעשון אתי** ומפני זה אמר הקדוש ברוך הוא לא תעשון אתי **אלה"י** כסף **ואלה"י** זהב, **והכי אוקמוה חבריא לא תעשון אתי כדמות שמשש שמשמשין אותי** וכך העמידוהו החברים לא תעשון אתי כדמות שמשי שמשמשים אותי במרום, **לצייריא בסתר דילי שום ציור או דמיון** לצייר בסתר שלי שום ציור או דמיון, **דכל מאן דצייר לעיל לקודשא בריך הוא** שכל מי שמצייר למעלה לקדוש ברוך הוא, **בסתר**)דאיהי שכינתיה, כלילא מעשר ספיראן שהיא שכינתו, כלולה מעשר ספירות(, **שום ציור, וצלם, ודמות, כגוונא דמצייירין בשמשין דיליה** שמצייירים בשמשים שלו, **נשמתיה אתלבשא בההוא צלמא** נשמתו מתלבשת באותו צלם....

---

[1]

גמרא סוטה ד"ג ע"ב - גמרא סוטה ד"ג ע"ב – רבי אלעזר אומר, **קשורה בו ככלב**, שנאמר - ולא שמע אליה לשכב אצלה להיות. עמה לשכב אצלה בעולם הזה. להיות עמה לעולם הבא.

[2]

תהלים קי"ט צ"ב

וכן הוא בסוף ענף ד' דשער א' בספר עץ חיים שער ההקדמות, וז"ל הטהור - ואמנם דבר גלוי הוא כי אין למעלה גוף ולא כח גוף חלילה. וכל הדמיונות והציורים אלו לא מפני שהם כך חס ושלום. אמנם **לשכך את האוזן** לכשיוכל האדם להבין הדברים העליונים, הרוחניים, בלתי נתפסים, ונרשמים בשכל האנושי. לכן ניתן רשות לדבר בבחינת ציורים ודמיונים, כאשר הוא פשוט בכל ספרי הזוהר. וגם בפסוקי התורה עצמה כולם כאחד עונים ואומרים בדבר הזה, כמו שאמר הכתוב עיני הוי"ה המה משוטטים בכל הארץ. עיני הוי"ה אל צדיקים. וישמע הוי"ה. וירח הוי"ה. וידבר הוי"ה. וכאלה רבות. וגדולה מכולם מה שאמר הכתוב - ויברא אלהי"ם את האדם בצלמו בצלם אלהי"ם ברא אותו זכר ונקבה וגו'. **ואם התורה עצמה דברה כך** גם אנחנו נוכל לדבר כלשון הזה, עם היות שפשוטו הוא למעלה שם שאין שם אלא אורות דקים בתכלית הרוחניות, בלתי נתפשים שם כלל, וכמו שאמר הכתוב - כי לא ראיתם כל תמונה, וכאלה רבות. ואמנם יש עוד דרך אחרת כדי להמשיך ולצייר בה הדברים העליונים, והם בחינת כתיבת צורת אותיות, כי כל אות ואות מורה על אור פרטי עליון, וגם תמונת זו דבר פשוט הוא כי אין למעלה לא אות ולא נקודה, **וגם זה דרך משל וציור לשכך את האוזן**.....

ולכן כל המבואר כאן בחיבור זה הוא כדי **לשכך את האוזן**. והתרשימים שבסוף החיבור הם כדי **לשבר את העין**, לכן אין שום ביאור והסבר שלם, ואין שום תרשים שלם בתכלית השלמות.

ידוע כי[3] דברי תורה עניים במקומן ועשירים במקום אחר, **ועל אחת כמה וכמה** בדברי הרב ז"ל, שכל סוגיה חסרה[4] במקומה, וחלקיה מפוזרים במקומות אחרים. **זאת ועוד** הרב ז"ל מערבב בדרוש אחד כמה וכמה סוגיות, כאשר בפשטות דבריו נראה שכל הדרוש הוא דרוש אחד, ולא מחולק לסוגיות שונות, ושמועות שונות, **ביאור** דברי הרב ז"ל כאן הם **בעומק, והוא בעצם ליקוט** עד איפה שידי הקצרה הגיעה, מכל חלקי ספר עץ חיים, ושמונה השערים המצוינים לרב ז"ל, מבוא שערים ושאר ספרי הרב ז"ל, והוא גם על פי הקדמת רחובות הנהר למרן הרש"ש, דרושי פנימיות וחיצוניות, דרוש הדעת, סוגיות ערכין, סוגיות דכללות והתכללות, פרטות וכללות, וסוגיות עובי ואורך, ועל פי ביאור גדולי רבותינו חכמי המקובלים לדורותם זלה"ה זי"ע.

ידוע כי[5] אין בר בלי תבן, כך אין ספר בלי טעויות, ועוד יודע אני כי ועני אני, **ואין**[6] **עני אלא בדעה**. לכן מבקש אני בכל לשון של בקשה אם יש לכל אחד שאלות, הערות, הארות, תיקונים, נא לשלוח ל - book@simchatchaim.com והשתדל לענות, ולתקן את הצריך תיקון.

בברכה והצלחה בלימוד התורה הקדושה

ובעיקר בפנימיות התורה, תורת האר"י הח"י.

ורפואה שלימה לכל חולי ישראל.

אח"י

―――――――――――――
[3]
גמרא ירושלמי, ראש השנה פ"ג הלכה ה' די"ז ע"א – דברי תורה עניים במקומן, ועשירים במקום אחר.
[4]
תורת חכם דע"ב ע"ב – חסר לשון הוא, כמו שיראה המעיין.
[5]
גמרא ברכות נ"ה א' - מה לתבן את הבר נאם ה', וכי מה עניין בר ותבן אצל חלום, אלא אמר ר' יוחנן משום ר' שמעון בן יוחאי, כשם שאי אפשר לבר בלא תבן, כך אי אפשר לחלום בלא דברים בטלים.
[6]
גמרא נדרים מ"א ע"א – אין עני אלא בדעה.

ב"ה

הקדמה קצרה לחיוב לימוד תורת הקבלה

ישמחו ה**שמים ו**תגל ה**ארץ** ירעם הים ומלאו. שזכינו בדור שלנו שפנימיות התורה, שהיא היא תורת הקבלה, מתפשטת לכל, וכל מקום בעולם היום לומדים בתורת הח"ן. הדור שלנו יש הרבה התעוררות ללמוד סתרי התורה הקדושה, הנקראת חכמת הקבלה. בירושלים של המאה ה-18 בישיבת **בית אל** היו בקושי מנין של מקובלים, והיום תורת הקבלה מופצת בכל מקום בארץ ובעולם. לעניות דעתי אחת הסיבות העיקריות לשינוי זה הוא רצונם של בני התורה, החוזרים בתשובה ועמך לדעת את סוד החיים, למה ברא הקדוש ברוך הוא את העולם, ואת טעמי המצות, ר"ל אי אפשר היום בדור שלנו, להסביר על פי הפשט את הסיבה מדוע אסור לאכול בשר וחלב, מדוע צריך להניח תפילין, למה לשמור דוקא שבת ולא יום שלישי, אי אפשר להגיד כל הזמן **זאת גזרת הכתוב, כך רוצה הקדוש ברוך הוא,** האנשים מחפשים הסברים למצות, לסיפורי התנ"ך, לגלגולי נשמות, ועוד. ורק על ידי עסק בפנימיות התורה, אדם מסיג את ההסברים לקושיות שיש לו. **זאת ועוד** חיים אנחנו בדור של חומריות, והאנשים מחפשים את הרוחניות שבחיים, אז מה עושים, נוסעים למזרח, להודו, סין, תאילנד למצוא רוחניות, ולא יודעים **שישורש כל הרוחניות בעולם נמצאת בתורה הקדושה,** עם זאת כאשר הלומד את פשט התורה, **הוא לא מכיר** את הקדוש ברוך הוא, והוא בלי יראת שמים ושמחה אמתית. כותב הרב המקובל האלוה"י רבינו יהודה פתייה בפרושו הנפלא על עץ חיים - כי לימוד עץ חיים הוא עמוק מאד מאד, כי הוא **מים שאין להם סוף,** והוא קשה מאד גם לחכמים ההוגים בו תמיד, וכל שכן למתחילים. כי הוא חזק מצור, וקשה מברזל, שאי אפשר לחצוב ממנו מאומה, אם לא על ידי כלי מחצב חזקים כציפורן שמיר. וכל המתחיל בלימוד עץ חיים, אם לא יהיה לו רב, או לפחות איזה מפרש המפרש לו כוונת הפרק ההוא לפי פשוטו, נבול יבול, ואינו יכול לעמוד על הפרק כי אם לאחר יגיעה רבה, ושקידה עצומה, וכולי האי ואולי. כי הרבה פעמים יסבור המעיין שהבין הענין ההוא כראוי, ואחר שילמוד עוד איזה פרקים אחרים, ירגיש כעצמו שלא הבין את פרק הקודמים, והנסיון יעיד על זה, עד כאן דברי קודשו. עם כל זאת חייב כל אדם לעסוק בתורת **החיים.**

צדיק אתה הוי"ה וישר משפטיך. כתב הרב רבינו חיים ויטאל ז"ל בהקדמה לשער ההקדמות - והנה מה שכתב בתחילת דבריו, ואפילו כל אינון דמשתדלי באורייתא כל חסד דעבדי לגרמייהו וכו', עם היות שפשטו מבואר ובפרט בזמנינו זה, בעונותינו היום אשר התורה נעשית קרדום לחתוך בה אצל קצת בעלי תורה, אשר עסקם בתורה על מנת לקבל פרס, והספקות יתירות, וגם להיותם מכלל ראשי ישיבות, ודיני סנהדראות, להיות שמם וריחם נודף בכל הארץ, **ודומים במעשיהם לאנשי דור הפלגה הבונים מגדל וראשו בשמים,** ועיקר סיבת מעשיהם היא מה שנאמר אחר כך הכתוב - **ונעשה לנו שם...** והנה על הכת הזאת אמרו בגמרא כל העוסק בתורה שלא לשמה, נוח לו שנהפכה שליתו על פניו, ולא יצא לאויר העולם. ואמנם האנשים האלה מראים תימה ועניה באמרם כי כל עסקם בתורה הוא לשמה. והנה החכם הגדול התנא רבי מאיר ע"ה העיד עליהם שלא כך הוא, באומרו לשון כללות - כל העוסק בתורה לשמה זוכה לדברים הרבה וכו', **ומגלים לו רזי תורה, ונעשה כנהר שאינו פוסק,** והולך וכמעיין המתגבר מאליו, בלתי הצטרכו לטרוח ולעיין בה, ולהוציא טיפין טיפין של מימי

התורה מן הסלע, הנה זה יורה שאינו עוסק בתורה לשמה כהלכתה, ומי זה האיש אשר לא יזלו עיניו דמעות בראותו המשנה הזאת, **ורואה חסרונו ופחיתותו**, עד כאן לשונו. לכן כל אחד צריך לטעום מעץ החיים.

חצות לילה אקום להודות לך על משפטי צדקך. כתב רבינו אליהו מני זצ"ל רבו של הרי"ח הטוב, בספרו הקדוש כסא אליהו שער ד' וז"ל - ואם זיכך הוי"ה ללמוד בחכמת האמת, הנה עצה היעוצה היא שכל סדר הלימוד בנגלה תתנהג בו ביום דווקא. **אבל בלילה תלמוד בחכמת האמת, והעיקר הלימוד אחר חצות**, כי זה הלימוד צריך ישוב דעת הרבה, וכשיקוץ האדם אז דעתו מיושבת עליו יותר. גם גה הלימוד צריך הסתר והצנע, **וכל דבר שיהיה בלילה ובפרט אחר חצות יהיה נסתר יותר מן היום**. ותעשה ועד עם החברים בבית המדרש אם הוא צנוע, **או בביתך ותלמדו בכל לילה**, עד כאן לשונו. וישב ללמוד בלילה תחת עץ החיים.

קראתי בכל לב עניני הוי"ה חקיך אצרה. בהקדמה[7] לשער ההקדמות מבאר הרב ז"ל - ואמנם אל יאמר אדם אלכה לי ואעסוק בחכמת הקבלה, מקודם שיעסוק בתורה במשנה ובתלמוד, כי כבר אמרו רבינו ז"ל - אל יכנס אדם לפרדס **אלא אם כן מלא כריסו בבשר ויין**, והרי זה דומה לנשמה בלתי גוף, שאין לה שכר ומעשה וחשבון, עד היותה מתקשרת בתוך הגוף, בהיותו שלם מתוקן במצות התורה בתרי"ג מצות. **וכן בהפך** בהיותו עוסק בחכמת המשנה והתלמוד בבלי, ולא ייתן חלק גם אל סודות התורה וסתריה, כי **הרי זה דומה לגוף היושב בחושך**, בלתי נשמת אדם נר הוי"ה המאירה בתוכה, **באופן שהגוף יבש בלתי שואף ממקור חיים**, אשר זהו ענין אומרו במקום אחר ההוא הנזכר לעיל וז"ל - דאילין אינון דעבדי לאורייתא יבשה, ולא בעאן לאשתדלא בחכמת הקבלה וכו'. באופן כי התלמידי חכמים העוסקים בתורה לשמה, ולא לשמו, לעשות לו שם. צריך שיעסוק בתחילה בחכמת המקרא, והמשנה, והתלמוד, כפי מה שיוכל שכלו לסבול. ואחר כך יעסוק לדעת את קונו בחכמת האמת, וכמו שציוה דוד המלך ע"ה את שלמה בנו - דע את אלה"י אביך ועבדהו. ואם האיש הזה יהיה כבד וקשה בענין העיון בתלמוד, מוטב לו שיניח את ידו ממנו, אחר שבחן מזלו בחכמה זאת, ויעסוק בחכמת האמת. וזה שמבואר כל תלמיד חכם שאינו רואה סימן יפה בתלמוד בחמשה שנים, שוב אינו רואה, עד כאן דברי קודשו. ומזה כל אחד ואחד חייב להדבק במקור החיים.

חסדך הוי"ה מלאה הארץ חקיך למדני. בשער הגלגולים, בקדמה ט"ז כתב הרב ז"ל - עוד צריך שתדע, כי האדם צריך לקיים כל התרי"ג מצות, במעשה, ובדבור, ובמחשבה. וכמו שאמרו ז"ל על פסוק - זאת התורה לעולה ולמנחה וכו', כל העוסק בפרשת עולה, כאלו הקריב עולה וכו'. וכוונו בזה שהאדם מחוייב לקיים כל התרי"ג מצות בדבור, וכן על דרך זה במחשבה. ואם לא קיים כל התרי"ג בשלשה בחינות הנזכרות, מחוייב להתגלגל עד שישלים אותם. **עוד דע**, כי האדם מחויב לעסוק בתורה בארבעה מדרגות, **שסימנם פרד"ס**, והם, פשט, רמז, דרוש, סוד וצריך שיתגלגל עד שישלים אותם. ובהקדמה י"ז כתב הרב ז"ל, וז"ל - שהאדם **מחוייב לעסוק בתורה בארבעה מדרגות שבה**, והיא זאת, דע, כי כללות כל הנשמות הם ששים רבוא ולא יותר. והנה התורה היא שרש נשמות ישראל, כי ממנה חוצבו, ובה

נשרשו. ולכן יש בתורה ששים רבוא פירושים, וכלם כפי הפשט. וששים רבוא ברמז. וששים רבוא בדרש. **וששים רבוא בסוד.** ונמצא, כי מכל פירוש מן הששים רבוא פרושים, ממנו נתהווה נשמה אחת של ישראל, ולעתיד לבא כל אחד ואחד מישראל, ישיג לדעת כל התורה כפי אותו הפירוש המכוון עם שרש נשמתו, אשר על ידי הפרוש ההוא נברא ונתהווה כנזכר. וכן בגן עדן אחר פטירת האדם, ישיג כל זה. וכן בכל לילה כאשר האדם ישן, ומפקיד נשמתו ויוצאה ועולה למעלה, הנה מי שזוכה לעלות למעלה, מלמדים לו שם אותו הפירוש, שבו תלוי שרש נשמתו. ואמנם הכל כפי מעשיו ביום ההוא, כך באותה הלילה ילמדוהו, פסוק אחד, או פרשה פלונית, כי אז מאיר בו יותר פסוק ההוא משאר הימים. ובלילה האחרת יאיר בנשמתו פסוק אחר, כפי מעשיו של אותו היום, וכולם על דרך הפירוש ההוא אשר תלויה בו שרש נשמתו כנזכר, עד כאן דברי קודשו. ור"ל שכל יהודי ויהודי חייב להשיג את שורש נשמתו, וללמוד את סוד **החיים.**

יבאוני רחמיך ואחיה כי תורתך שעשעי. מבואר במדרש משלי - אמר רבי ישמעאל, בוא וראה כמה קשה יום הדין שעתיד הקדוש ברוך הוא לדון את כל העולם כולו בעמק יהושפט. בזמן שתלמידי חכמים באים לפניו, אומר לכל אחד מהם - כלום עסקת בתורה, אמר לו הן, אומר לו הקדוש ברוך הוא הואיל והודית, אמור לפני מה שקרית, ומה ששנית בישיבה, ומה ששמעת בישיבה. מכאן אמרו - כל מה שקרא אדם יהא תפוש בידו, ומה ששנה כמו כן, שלא תשיגהו בושה ליום הדין. מכאן היה רבי ישמעאל אומר - אוי הלה לאותה בושה, אוי לה לאותה כלימה, ועל זה ביקש דוד מלך ישראל בתפילה ובתחנונים לפני המקום ואמר - הוי"ה בוקר תשמע קולי בוקר אערך לך ואצפה. בא לפניו מי שיש בידו מקרא ואין בידו משנה, הקדוש ברוך הוא הופך את פניו ממנו, ושרי גיהנם מתגברים בו כזאבי ערב, ונוטלין אותו ומשליכין אותו לתוכה. בא לפניו מי שיש בידו שני סדרים או שלושה, אז הקדוש ברוך הוא אומר לו - בני, כל ההלכות למה לא שנית אותם, ואם אומר הקדוש ברוך הוא הניחוהו, מוטב, ואם לאו עושין לו כמידת הראשון. בא לפניו מי שיש בידו הלכות, הקדוש ברוך הוא אומר לו - בני, תורת כהנים למה לא שנית, שיש בה טומאה וטהרה, וטומאת שרצים וטהרת שרצים, טומאת נגעים וטהרת נגעים, טומאת נתקים ובתים וטהרת נתקים ובתים, טומאת זבים ולידה וטהרת זבים ולידה, טומאת מצורע וטהרתו, סדר וידוי יום הכיפורים, וגזירות שוות, ודיני ערכים, וכל דין שדנו ישראל לא דנו אלא מתוכו. בא לפניו מי שיש בידו תורת כהנים, אומר לו הקדוש ברוך הוא - בני, חמישה חומשי תורה למה לא שנית, שיש בהם קריאת שמע, ותפילין, ומזוזה. בא לפניו מי שיש בידו חמישה חומשי תורה, אומר לו - בני, למה לא למדת הגדה, ולא שנית, שבשעה שחכם יושב ודורש, אני מוחל ומכפר עוונותיהם של ישראל, ולא עוד אלא בשעה שעונין אמן יהא שמיה רבה מברך, אפילו נחתם גזר דינם אני מוחל ומכפר להם עוונותיהם. בא לפניו מי שיש בידו הגדה, אומר לו הקדוש ברוך הוא - בני, תלמוד למה לא שנית, שנאמר - כל הנחלים הולכים אל הים והים איננו מלא, זה התלמוד, שיש בו חכמות הרבה. בא מי שיש בידו תלמוד, הקדוש ברוך הוא אומר לו - בני, הואיל ונתעסקת בתלמוד, **צפית במרכבה, צפית בגאוה,** שאין הנייה בעולמי, אלא בשעה שתלמידי חכמים יושבים ועוסקים בתורה, מציצין ומביטין ורואין והוגין המון התלמוד הזה - **כסא כבודי היאך הוא עומד. רגל הראשונה במה היא משמשת, שנייה במה היא משמשת, שלישית במה היא משמשת, רביעית במה היא משמשת, חשמל היאך הוא עומד, ובכמה פנים הוא מתהפך בשעה אחת, לאי זה רוח הוא משמש, הברק היאך הוא עומד, כמה פנים של זוהר נראין בין

כתפיו, לאיזה רוח משמש, כרוב היאך הוא עומד, לאי זה רוח הוא משמש. גדולה מכולם עיון כיסא הכבוד, היאך הוא עומד, עגול הוא כמין מלבן, ומתוקן הוא, כמה גשרים יש בו, כמה הפסק בין גשר לגשר, וכשאני עובר באיזה גשר אני עובר, ובאי זה גשר האופנים עוברים, ובאיזה גשר הגלגלים עוברים. גדולה מכולם מצפורני ועד קודקודי, היאך אני עומד, כמה שיעור בפיסת ידי, וכמה שיעור אצבעות רגלי. גדולה מכולם כיסא כבודי, היאך הוא עומד, לאיזה רוח הוא משמש, באחד בשבת לאיזה רוח הוא משמש, בשני בשבת לאיזה רוח הוא משמש, בשלישי בשבת לאיזה רוח הוא משמש, ברביעי בשבת, בחמישי בשבת, בששי בשבת לאיזה רוח משמשין, וכי לא זהו הדרי, זהו גדולתי, זהו הדר יופי, שבניי מכירין את כבודי במידה הזאת. ועליו אמר דוד - מה רבו מעשיך הוי"ה, כולם בחכמה עשית, מלאה הארץ קנינך. עד כאן לשון המדרש. ממדרש זה לומדים על חובת כל אחד ואחד מישראל את לימוד כל חלקי הפרד"ס, ובעיקר את בחינת הסוד שבתורה, הנקרא[8] מעשה מרכבה, ובמעשה בראשית. ומבאר הרב בית לחם יהודה על השינוי שיש בפסוקים במעמד הר סיני, בפסוק אחד כתוב - ויחן שם **ישראל** תחת ההר. ומספר פסוקים יותר מאוחר כתוב וירא **העם** וינועו מרחק. וידוע כי כאשר כתוב בתורה **ישראל**, מדובר **בבני ישראל**, וכאשר כתוב **העם**, מדובר על **הערב רב**. וז"ל הרב בית לחם יהודה - ובזוהר בהעלותך דף קנ"ב ע"א קרי להעוסקים בחכמת האמת, אינון דהוי קיימי בטורא דסיני. וז"ל - חכימין עבדי דמלכא עלאה אינון דקיימו בטורא דסיני, לא מסתכלי אלא בנשמתא, דאיהי עיקרא דכלא אורייתא ממש וכו'. ונראה בעיני אם מותר, משמע אותם שאינן יודעים סודות התורה לא עמדו על הר סיני, עד כאן לשונו. ונראה לי בביאור כוונתו כי בתחלה כשיצאו ישראל לקראת האלהי"ם, היו מתייצבים בתחתית ההר, ואחר כך נאמר וירא העם וינועו ויעמדו מרחוק, כי היו יראים פן תאכלם האש הגדולה הזאת וימיתו. והיה מקצת מהעם שהיו ששים ושמחים לקראת השכינה, ולא רצו לזוז ממקומם הראשון, ולעמוד מרחוק, אפילו אם ימיתו ממש. ועליהם הוא מה שכתב בזוהר הנזכר - אינון דקיימו בטורא דסיני, כלומר ולא נעו ועמדו מרחוק, אלא עמדו בטורא דסיני מתחלה ועד סוף, ולכן הם זוכים לחכמת האמת. ואותם הנשמות אשר נעו עם העם ועמדו מרחוק, כן הם עושים גם עתה, שנסים ועומדים מרחוק לחכמת האמת מיראתם, פן תאכלם האש הגדולה הזאת. ולכן על כל אחד ואחד מבני ישראל הקדושים מחויב לעמוד תחת עץ החיים.

יראיך יראוני וישמחו כי לדברך יחלתי. בספר הזוהר הקדוש מבואר מדוע התפילות של בני ישראל לא נענות, וז"ל תיקוני הזוהר תיקון מ"ג - **בראשית תמן את"ר יב"ש** במלת בראשית יש אותיות את"ר יב"ש, **ודא איהו ונהר יחרב ויבש** היסוד הנקרא נהר יחרב ויבש ממי השפע, ואין לו מה להשפיע למלכות, **בההוא זמנא דאיהו יבש** באותו הזמן שהיסוד הוא יבש, **ואיהי יבשה** המלכות הנקראת יבשה, היא יבשה כי לא מקבלת שפע מהיסוד, אז כאשר **צווחין בנין לתתא** מתפללים וצועקים בני ישראל, **ביחודא ואמרין** וביחוד שאומרים בני ישראל **שמע ישראל** שיבא ז"א הנקרא ישראל להתיחד עם נוקבא בשעת התפילה דעמידה, עם כל זאת **ואין קול** של התפילה או הקריאת שמע שעוזרים לזיווג דזו"ן **ואין עונה** ואין מי שיענה וימלא את הבקשות בתפילתם. **הדא הוא דכתיב** וזהו שכתוב - **אז בני ישראל יקראונני** בני ישראל בעת צרתם בקריאת שמע ובתפילה, **ולא אענה** ואני לא אענה אותם בתפלתם, מפני

גמרא חגיגה די"א ע"ב

שלא לומדים ומתעסקים בפנימיות התורה. **והכי מאן דגרים דאסתלק** וכל מי שגורם הסלקות פנימיות תורת הקבלה **וחכמתא מאורייתא דבעל פה ומאורייתא דבכתב** מהתורה שבעל פה והתורה שבכתב, **וגרים דלא ישתדלון בהון** וגורמים גם לאחרים שלא יתעסקו וילמדו את חכמת הקבלה, **ואמרין דלא אית אלא פשט באורייתא ובתלמודא** ואומרים שאין בתורה ובתלמוד אלא פשט התורה, בלי פנימיות הסוד, **בודאי כאלו הוא יסלק נביעו מההוא נהר** בודאי נחשב לו כאילו הוא מסתלק את נביעת שפע החכמה והבינה מן היסוד, **ומההוא גן** ומן הנוקבא הנקראת גן, **ווי ליה** לאותו יהודי **טב ליה דלא אתברי בעלמא** טוב לו שלא היה נברא, **ולא יוליף ההיא אורייתא דבכתב ואורייתא דבעל פה** ולא היה לומד תורה שבכתב ותורה שבעל פה, כי דינו כעם הארץ שלא למד כלל, ועוד **דאתחשב ליה כאלו אחזר עלמא לתהו ובהו** שנחשב לו כאילו החזיר את העולם לתהו ובהו, ר"ל לסוד שבירת הכלים לפי שמגביר הקליפות כאשר הנהר והגן יבשים, **וגרים עניותא בעלמא ואורך גלותא** וגורם עניות בעולם ומאריך את הגלות השכינה וביאת המשיח. עד כאן דברי הזוהר הקדוש. וכותב רב חיים ויטאל זלה"ה בהקדמה וז"ל - אמנם שעשועות של הקדוש ברוך הוא בתורה, והיותו בורא בה את העולמו, היתה בהיותו עוסק בתורה בבחינת הנשמה הפנימית שבה, הנקרא - רזי תורה, הנקרא מעשה מרכבה, **היא חכמת הקבלה** כנודע אל היודעים, וטעם הדבר הוא להיותו עולם האצילות העליון מאד, טוב ולא רע, דלא יכיל להתערבא עמיה קליפה, ועליה אתמר - וכבודי לאחר לא אתן, כנזכר בספר התיקונין דף ס"ו תיקון י"ח, וכן בספר הזוהר בפרשת בראשית דף כ"ח ע"א עיין שם. ולכן גם התורה אשר שם [**אח'**י - בעולם האצילות] איננה רק מופשטת מכל לבושי הגופנים, מה שאין כן למטה בעולם היצירה, עולם דמטטרו"ן, הנקרא עבד טוב, והוא הנקרא עץ הדעת טוב מסטרא, ומסטרא דסמא"ל שהוא קליפין דיליה, **נקרא עבד רע**, כי התורה אשר שם, הם שית סדרי משנה **הנקראים שפחה** כנזכר לעיל, וכנזכר בפרשת בראשית שם דף כ"ז ע"א. ולכן נקראת משנה, לפי ששם יש שינויים הפוכים **טוב מסטרא דעבד טוב**, היתר, כשר, טהור, **רע מסטרא דעבד רע**, איסור, טמא, פסול. גם הוא מלשון כי מרדכי היהודי משנה למלך, שהיה שפחה הנקרא עבד מלך, מלך גם נקרא מלשון שינה, כנזכר בפרשת פינחס דף רמ"ד ע"ב - קם זמנא תנינא ואמר, מארי מתניתין נשמתין ורוחין ונפשין דילכון אתערו כען ואעברו שינתא מניכון דאיהו, ודאי משנה אורח פשט, דהאי עלמא ואנא לא אתערנא בכו, אלא ברזין עילאין דעלמא דאתי דאתון בהון, לא ינום ולא יישן. וזה יובן במה שמבואר יותר למעלה שם - **ורבנן דמתניתין ואמוראי, כל תלמודא דלהון על רזין דאורייתא סדרו ליה**. ונמצא כי המשנה והש"ס הם הנקרא גופי תורה. והנה דבריהם כחלום בלי פתרון, **ורזיה וסתריה הפנימים הנקרא נשמת התורה, הם הם פתרון החלום הנפתר בהקיץ**, בסוד - אני ישנה ולבי ער, וכמו[9] שאמרו חכמים ז"ל - **במחשכים הושיבני כמתי עולם, זה תלמוד בבלי**, אשר איננו מאיר אלא על ידי ספר הזוהר, **הם הם רזי תורה וסתריה** אשר עליהם נאמר - ותורה אור. ואין ספק כי כמו שהיוצר נקראת עבד ושפחה בערך האצילות, ונקרא קליפין ולבושין דחול, כנזכר בהקדמת ספר התיקונין ד"ג ע"ב וז"ל - וביומי דחול לביש עשר כתות דמלאכיא דמשמשי לעשר ספירות דבריאה. ואם כן אין לתמוה כי התורה אשר שם שהיא המשנה, תהיה נקרא שפחה וקליפין דתורה דאצילות, וזה סוד כל הבשר חציר הנזכר לעיל במאמר הראשון, כי כמו שהחטה שהיא בגימטריא כמנין כ"ב אותיות התורה, הגנוזה תוך

סנהדרין דכ"ד ע"א.

כמה קליפין ולבושין שהם הסובין והמורסן והתבן והקש והעשב, הנקרא חציר, כן המשנה אצל סודות התורה נקרא חציר, וזה נרמז בספר הזוהר פרשת כי תצא ברעיא מהמנא דף רע"ה ע"ב - **אצל רבנן ווי לאינון דאכלין תבן דאורייתא, ולא ידעי בסתרי אורייתא, אלא קלין וחמורין דאורייתא, קלין אינון תבן דאורייתא, וחמורין אינון חטה דאורייתא, ח"ט ה' אלנא דטוב ורע וכו'**. ואלו באתי להרחיב דרוש זה לא יספיקו מאה קונטרסין בלי ספק בלי שום גוזמא, האמנם החכם החכם עיניו בראשו כי דברי אמת אני אומר, ואל יתמה האדם בראותו ספר הזוהר איך קורא אל המשנה שפחה וקליפין, כי עסק המשנה כפי פשטיה, **אין ספק שהם לבושין וקליפין חיצונים בתכלית אצל סודות התורה הנגנזים**, ונרמזים בפנימיותה כי כל פשטיה הם בעלם הזה בדברים חומרים תחתונים...... על כן על כל בני ישראל לאכול מעץ החיים.

מה אהבתי תורתך כל היום היא שיחתי. ומבאר הרב ז"ל בהקדמה לשער המצות, כי עסק לימוד פנימיות התורה הוא חלק בלתי נפרד מתלמוד תורה, וז"ל - גם בענין עסק התורה שהיא אחת מרמ"ח מצות עשה, אם לא השלים אותה, **שהוא ענין עסקו בפרד"ס התורה**, שהוא ראשי תיבות **פשט רמז דרש סוד**, בכל בחינה מהם כפי אשר יוכל להשיג, **עד מקום שידו מגעת**, לטרוח ולעשות לו רב שילמדנו. ואם לא עשה כן, הרי חסר מצוה אחת של תלמוד תורה, שהיא גדולה ושקולה ככל המצות, וצריך **להתגלגל** עד שיטרח הארבעה בחינות של פרד"ס כנזכר. וכן מבאר הרב בית לחם יהודה בהקדמתו הקדושה, וז"ל - ומה מאד נמלצו [**אח**"י - מלשון מליצה] בזה דברי הנביא ירמיה)סימן כ"ב(באומרו - אל תבכו למת וכו'. שהוא מדבר עם הציבור המתקבצים להספיד על איזה צדיק הנפטר רח"ל, על שנחסר צדיק אחד מהדור שהיה מנין בזכותו עליהם. וקאמר להו הנביא אל תבכו וכו', **לפי שרובם של צדיקים אינם זוכים לעסוק בכל ארבעה חלקי הפרד"ס, ואם כן מוכרחים הם לחזור ולבוא בגלגול כדי להשלים לימודם בארבעה חלקים**, כי אפילו הוא עסק בשלוש חלקי הפרד"ס, לא יצא ידי חובתו, ועליו נאמר הן כל אלה יפעל א"ל פעמים שלש עם גבר, להחזירו בגלגול. ואם כן הויא פסידא דהדרא. ואפשר שבו ביום שנפטר הוא חוזר ומתגלגל, כנזכר בזוהר ריש פרשת אמור, יעו"ש. ואם כן אין לכם פסידא כל כך. אמנם בכו בכו להלך, לאותו צדיק שכבר עסק בארבעה חלקי הפרד"ס. כי תיבת להלך היא חסר ו', ואם תחשוב תיבת להלך ארבעה פעמים עם ארבעה הכוללים, שהם כנגד ארבעה חלקי הפרד"ס, הם בגימטריא פרד"ס. **שזה הצדיק לא ישוב עוד וראה את ארץ מולדתו, כי על ארבעה לא אשיבנו.** שזהו פסידא דלא הדרא באמת, ונחסר לגמרי מן העולם הזה, עד כאן לשונו. ולכן חובה על כל אדם לעסוק בכל חלקי הפרד"ס, ובפרט בחלק הסוד, הנקרא פנימיות התורה, כמבואר בזוהר הקדוש כמובא בזוהר הקדוש פרשת נשא דף קכ"ד - **בהאי חבורא דילך דאיהו ספר הזוהר יפקון ביה מן גלותא ברחמי**, בזכות הלימוד בספר הזוהר הקדוש, יצאו בני ישראל מהגלות ברחמים. ועוד כל מי שחשקה נפשו ללמוד, אסור למנוע זאת ממנו, בסוד הפסוק[10] - אל תמנע טוב מבעליו, ועל כל אדם להיכנס לפרד"ס החיים.

אשרי האיש אשר לא הלך בעצת רשעים ובדרך חטאים לא עמד ובמושב לצים לא ישב. דע כי יהיו הרבה אנשים רשעים, שינסו למנוע מבני ישראל הקדושים ללמוד בכללות תורה, ובפרט

10

משלי ג' כ"ז — אל תמנע טוב מבעליו בהיות לאל ידך לעשות.

את תורת הקבלה, מכל מיני סיבות ומניעות, והשטן מדבר מגרונם של אלו הרשעים. ואלו דברי קודשו של בעל שבט מוסר רבינו אליהו הכהן האתמרי זצלה"ה - ובהביטך בן אדם מה שעבר על אחרים למה תרדוף אתה אחר כל אלה הדברים הזרים, להשביע נפש מרורים ולמוסרה ביד צרים המה המקטרגים הצוררים, ולמה לא תחמול על נפשך ועל נועם תבנית צלם גופך למוסרו בידן ולהשליכו בתוך גחלי רתמים בטיט היון של גיהנם, להשחירו ולהתיכו כאשר ניתך הזפת בפני האש, אשר על כן תן עצה אתה בנפשך **לברור בדרך החיים בעסק התורה והמצות,** וגם להצטער עצמך זמן קצוב הם חיי עולם הזה, כדי שתתענג זמן רב בלתי סוף ותכלית, ואל יעלה על דעתך כאשר עלה בדעת הרבה שנאבדו בידם באומרם כיון שמכיר אני בעצמי שאין בדעתי להבין ולהשכיל, איני עוסק בתורה, טועה הוא בדבר, שהרי הוא מחוייב לעשות מה שנצטוה לעשות, ואם יבין יבין, **שהרי והגית בו יומם ולילה כתיב** ולא כתיב ותבין בו, וכן תמצא בדברי התנא אם למדת תורה הרבה נותנין לך שכר הרבה, ואינו אומר אם הבנת הרבה, אלא למדת אמרו, ותשתדל להבין ואם תבין תבין, ואם לא שכר לימודך בידך, וכמאמר התנא לפום צערא אגרא, ומה גם שאמרו האדם איני לומד מפני שאיני מבין, **הוא פיתוי היצר,** יתמיד בלימודו וסוף הבינה לבא, שבראות קדוש ברוך הוא **חשקו בתורתו ודבקותו בה, פותח לו מעייני החכמה,** דכתיב - כי הוי"ה יתן חכמה מפיו דעת ותבונה. והנני מוסר לך דבר אשר תרדוף אחריה, ויהיה חיים לנפשך ועַנֹקים לגרגרותיך, **לעולם יהיה עיקר לימודך בדבר של תורה שליבך חפץ יותר,** אם בגמרא גמרא, ואם בדרוש דרוש, ואם ברמז רמז, **ואם בקבלה קבלה,** ורמז לדבר כי אם בתורת הוי"ה חפצו, כלומר תורת הוי"ה תלויה בדבר שלבו חפץ לעסוק, וכמו שמבאר האר"י זלה"ה בספר דרושי הנשמות והגלגולים פרק שלישי, וז"ל - יש בני אדם שכל חפצם ועסקם בפשטי התורה, ויש שעסקם בדרוש, ויש ברמז, ויש גם כן בגימטריות, **ויש בדרך האמת,** הכל כפי מה שעליו נתגלגל בפעם ההוא, כיון שהשלים פעם אחרת בשאר העניינים, אין צורך לו שבכל גלגול יעסוק בכולם, עד כאן לשונו. **ואל תביט ותשגיח לדברי המתנגדים על מה שחשקת לעסוק בתורה** בגמרא או בפשט או בדרוש וכו', באומרם לך למה אתה מוציא כל ימיך בפרט זה של תורה ולא בפרט זה, משום שעל מה שחשקת ללמוד, על דבר זה באת לעולם, ואם תשים דעתך לדבריהם, יכריחוך להתגלגל בזה העולם פעם אחרת ולעבור נפשך בחרב חדה של מלאך המות ולטעום טעם מיתה, ולכן לא תשמע לדברי המשחית נפשך, **כי דע שהשטן מתלבש באלו האנשים לדאוג ולהצטער ולהכאיב נפש הלומד ועוסק בתורה,** בחלק שֶׁאֲוֹתָה נפשו לעסוק, כדי להבדילו משם שלא ישלים נפשו, על מה שבא להשלימה, ולהכריחו גלגולים אחרים, וכשם שבדבר שחושק יותר האדם ללמוד, משם יבין שעל דבר זה נתגלגל להשלים, כך צריך האדם שידע שורש נשמתו ומהיכן נמשך ועל מה בא לתקן ולהשלים, כמו שאמר בזוהר שיר השירים על הגידה לי את שאהבה נפשי וכו'. **וכדי שיבין יראה באיזה מצוה תקיף יצרו יותר לבטלה יתחזק בה לקיימה, כי בודאי על מצוה זו נתגלגל,** וכדי שלא ישלים חוקו מנגדו יצרו לבטלה להוציאו מן העולם בידים ריקניות... ולכן לא תשמע לדברי רשעים אלו, אלא תשמע לדברי חיים.

חבר אני לכל אשר יראוך ולשמרי פקודיך. בסוף[11] עץ חיים מובא מספר כללים למהרח"ו, וז"ל - להאר"י זלה"ה. הרמב"ן וחביריו ודברי ראשונים כמו רבי נחוניא בן הקנה לא הזכירו

11

ע"ח ח"ב דקי"ט ע"א.

רק עשר ספירות, ולא גילו עניני פרצוף כלל. **ודע שהרמב"ן והראשונים היו יודעים בפרצוף**, אלא שדברו בהעלם גדול, לרוב הגלות שלא ניתן רשות לגלות, ולהתפשט האורות הגדולים, מאחר שגברו הקליפות, וכל זר לא יאכל קדש. **אמנם בעקבות משיחא כמו בדורינו זה התחילו האורות להתפשט להיות כבראשונה**, כמו שהיה בזמן העולם מתוקן ולהתתקן מעט. ומתחלה היו האורות סתומים, היה העולם מקולקל, וכל מה שנתקלקל נסתם בגלות, ולא היו משיגין אלא עשר ספירות בסתום, בסוד הנקודות, כל אחד כלול מעשר, ובענין הפרצופים לא נתגלה להם כלל, לפי שמצאו בדברי הראשונים סתומים, ולא ידעו עומק הדברים, וחשבו שכך הוא ודברו בעשר ספירות כל אחד כלול מעשר ובחינות הרבה, ולפי שראיתי מי שחולק על דברים אלו לאמור שלא מצינו אלא עשר ספירות, ומהיכן יש לשלוט כח לאמור כמה פרצופים שנמצא יותר מעשר ספירות, ומספר רב והלא הראשונים כתבו בספר יצירה - עשר ולא תשע, עשר ולא י"א, לזה באתי לפתוח לך כחודא דמחטא, אולי תזכה להבין מקצת, וכולו לא תשורנו עין, וזהו. ובהקדמתו[12] הקדושה כותב הרב ז"ל - והנה אין בכל דור ודור שלא נמצאו בו אנשים יחידי סגולה ששרתה עליהם רוח הקודש, והיה אליהו הנביא ז"ל נגלה עליהם, **ומלמד אותם סתרי החכמה הזאת**, וכמו שנמצא כתוב בספרי המקובלים, גם בעל ספר הרקנטי כתב בפרשת נשא בפרשת ברכת כהנים..... ואנשי לבב שמעו לי, אל יהרסו אל הוי"ה, **לראות בספרי האחרונים הבנויים על פי השכל האנושי**, ושומע לי ישכון בטח ושאנן מפחד רעה. ולכן אני הכותב הצעיר חיים וויטאל, רציתי לזכות את הרבים **בהעלם נמרץ והמשכילים יבינו**, וקראתי שם החבור הזה על שמי **ספר עץ חיים**, וגם על שם החכמה הזאת העצומה, חכמת הזוהר, הנקרא עץ חיים, ולא עץ הדעת כנזכר לעיל, בעבור כי בחכמה הזאת טועמיה חיים זכו, וזכו לארצות החיים הנצחיים, **ומעץ החיים הזה ממנו תאכל, ואכל וחי לעולם**. ואשכילך ואורך דרך זו תלך דע מן היום אשר מורי זלה"ה החל לגלות זאת החכמה, **לא זזה ידי מתוך ידו אפילו רגע אחד**, וכל אשר תמצא כתוב באיזה קונטריסים על שמו ז"ל, ויהיה מנגד מה שכתבתי בספר הזה, **טעות גמור הוא, כי לא הבינו דבריו, ואם יש בהם איזה תוספות שאינו חולק עם ספרינו זה, אל תשית לבך בקבע אליו**, כי שום אחד מהשומעים **את דברי קדשו, לא ירדו לעומק דבריו וכוונתו, ולא הבינום**, בלי שום ספק. ואם יעלה בדעתך לחשוב שתוכל לברור הטוב ולהניח הרע, אל בינתך אל תשען, כי אין הדברים האלו מסורים אל לב האדם כפי שכל אנושי, והסברא בהם סכנה עצומה, ויחשב בכלל קוצץ בנטיעות חס ושלום, לכן הזהרתיך ואל תסתכל בשום קונטרסים הנכתבים בשם מורי זלה"ה, זולתי במה שכתבנו לך בספר הזה, **ודי לך בהתראה זאת**, אלו הם דברי קודשו. ועלינו ללמוד

אך ורק בתורת מורינו חיים.

אני קראתיך כי תעני אל הט אזנך לי שמע אמרתי. עוד כתב הרב ז"ל בהקדמתו תנאים כדי לזכות לחכמה הקדושה הזאת, וז"ל - אני הכותב משביע בשמו הגדול יתברך, לכל מי שיפלו הקונרטסים אלו לידו, שיקרא הקדמה זאת, ואם אותה נפשו לבוא בחדרת החכמה זאת, יקבל עליו לגמור ולקיים כל מה שאכתוב ויעיד עליו יוצר בראשית, שלא יבוא אליו היזק בגופו ונפשו, ובכל אשר לו, ולא לאחרים. תחת רודפו טוב והבא לטהר ולקרב. **ראשית הכל יראת הוי"ה, להשיג יראת העונש, כי יראת הרוממות, שהוא יראה הפנימית, לא ישיגוהו רק

<hr>

מתוך גדלות החכמה, ועיקר מגמתו בידיעה הזה יהיה לבער קוצים מן הכרם, כי לכן נקראים העוסקים בחכמה הזאת מחצדי חקלא. **ובודאי שיתעוררו הקליפות נגדו לפתותו ולהחטיאו, לכן יזהר שלא לבוא לידי חטא אפילו שוגג**, שלא יהיה להם שייכות בו, לכן צריך ליזהר מהקלות, כי הקדוש ברוך הוא מדרדק עם הצדיקים כחוט השערה, לכן צריך לפרוש עצמו מבשר ויין כל ימות השבוע, **וצריך הזהרת סור מרע ועשה טוב**, ובקש שלום. בקש שלום צריך להיות רודף שלום, ולא להקפיד בביתו על דבר קטן וגדול, וכל שכן שלא יכעוס ח"ו.

וצריך להתרחק בתכלית הריחוק סור מרע.

א. ליזהר בכל דקדוקי מצות, ואפילו בדברי חכמים, שהם בכלל לא תסור.

ב. לתקן המעוות קודם שיבא לעולם הבא.

ג. יזהר מהכעס, אפילו בשעה שמוכיח את בניו, לא יכעוס כלל ועיקר.

ד. גם צריך ליזהר מהגאוה, ובפרט בענין הלכה, כי גדול כחה והגאוה, בזה עון פלילי.

ה. בכל צער שיבא לו, יפשפש במעשיו וישוב אל הוי"ה.

ו. גם יטבול בעת הצורך לו.

ז. גם יקדש את עצמו בתשמיש המטה שלא יהנה.

ח. שלא יעבור כל לילה ויחשוב בכל לילה מה שעשה ביום, ויתודה.

ט. גם ימעט בעסקיו ואם אין לו פרנסה כי אם על ידי משא ומתן, יכין יום שלישי ויום רביעי, מחצי היום ואילך, ובכוונה שהוא לעבודת קונו.

י. כל דבור שאינו של מצוה והכרחי, יהיה זהיר ממנו, ואפילו דבר מצוה ימנע בשעת התפלה.

ועשה טוב

א. לקום בחצי הלילה, ולעשות הסדר בשק ואפר ובכי גדול, ובכוונה כל אשר יוציא בשפתיו. ואחר כך יעסוק בתורה כל זמן שיוכל להיות בלי שינה, ובלבד שחצי שעה קודם עלות השחר יתעורר לעסוק בתורה.

ב. ילך לבית הכנסת קודם עלות השחר, קודם חיוב טלית ותפילין, להיזהר שיהיה מעשרה ראשונים.

ג. קודם שיכנס, ישים אל לבו מצות עשה ואהבת לרעך כמוך, ואחר כך יכנס.

ד. להשלים רמז צדיק בכל יום. שהוא צ' אמנים, ד' קדושות, י' קדשים, ק' ברכות.

ה. שלא להסיח דעתו מהתפילין בעת התפילה, זולת בעת העמידה ועסק התורה.

ו. צריך שיהיה עוסק בתורה, מעוטף בטלית ותפילין.

ז. לכוין בתפלה הכוונות, כמו שנבאר בע"ה.

ח. שישים תמיד נגד עיניו שם בן ארבעה אותיות הוי"ה, ויזדעזע ממנו, כמו שכתוב - שויתי הוי"ה לנגדי תמיד.

ט. שיכוין בכל הברכות, בפרט בברכת הנהנין.

י. צריך שיהיה עמל בתורה פרד"ס, שנאמר או יחזיק במעוזי, ואל יחשוב שיגלו לו רזי התורה בהיותו ריק, כדכתיב - יהב חכמתא לחכימין, וצריך ליזהר שלא יוציא בשפתיו בחכמה זו, מה שלא שמע מאדם שראוי לסמוך עליו, וכאזהרת רשב"י וחבריו. השגת החכמה תנאי הראשון, צריך למעט דבורו, ולשתוק, כל מה שיוכל כדי שלא להוציא שיחה בטילה, כמאמר רז"ל - סייג לחכמה שתיקה. גם תנאי אחר, על כל דבר תורה שלא תבינהו, תבכה עליו כל מה שתוכל.

גם עלית הנשמה בלילה לעולם העליון, שלא תשוט בהבלי העולם, תלוי שתישן בבכיה. ומרת עצבות מגונה עד מאוד, ובפרט להשיג חכמה, והשגה אין לך דבר מונע השגה יותר מזה. גם בעניין השגת האדם, אין לך דבר שמועיל כמו הטהרה והטבילה, שיהיה האדם טהור, בכל עת ומורי זלה"ה עם היות שהיה לו חולי השבר שהקור מזיק לו, עם כל זה לא היה מונע מלטבול בכל עת, עד כאן דברי קודשו. ועלינו לקיים את בקשת הרב ז"ל את הבחינות של[13] סור מרע ועשה טוב, כדי לטפס בעץ החיים.

מרן הרש"ש מעיד[14] על עצמו, וז"ל - וראיתי מה שכתבו מעלת כבוד תורתם, על עניין עבודת הוי"ה שקצרתי במקום שהיה ראוי להרחיב מעט הדיבור, אמת הוא כי לכתחילה קצרתי בו, **ויען ראיתי כמה מהנזק יצא ממה שכתבו בזה המקובלים שקדמו, כי רבים חללים הפילו, וחלול כבוד הוי"ה, וכבוד התורה. הוי"ה יכפר בעדם, כי כל דבריהם לא על פי התורה הם, ואינם מיוסדים על האמת, ומהם יצאו אבות, ומאבות תולדות הריסת יסודי התורה ח"ו, הוי"ה יכפר. וכל זה לא שלמדתי בדבריהם ח"ו**, אלא שפעם אחת הוכרחתי בעל כרחי לעיין בדף אחד שכתוב בו קצור מה שכתבו בענין זה, **וכמעט שקרעתי בגדי לראות דברים אשר לא כן על הוי"ה.** הוי"ה יכפר, וכבר מילתי אמורה להם, **כי עידי בשמים כי כל עסקי ולמודי, אינו רק בדברי האר"י זלה"ה, ותלמידו מהרח"ו ז"ל לבדם, ובלעדם אין לי עסק בשום ספר מספרי המקובלים ראשונים ואחרונים, ואפילו בדברי שאר תלמידי האר"י ז"ל לא למדתי, וכשיזדמן לפני דבר מדבריהם, אני מדלגו.** כי על כן איני כמזהיר, אלא כמזכיר, למען הוי"ה אל יהי לכם מגע יד בדבריהם, ובפרט בעניין זה, השמרו לכם פן יפתה לבבכם, **אלא כל לימודם לא יהיה אלא בעץ חיים ובספר מבוא שערים ובשמונה שערים המפורסמים**, שכולם דברי אלהי"ם חיים. ואני קצרתי בעניין זה כל מה שאפשר, כי יראתי פן יפלו אלו דפים ביד מי שעדיין לא למד דברי האר"י ז"ל כראוי, **ויחשידני שלמדתי בספרים אחרים, ולא כן הוא כאמור**, ולכן קצרתי בו, ופיזרתי בהקדמה, עד כאן דברי קודשו של מרן הרש"ש. ואנחנו תפילה שיתגלה משיח צדיקנו במהרה בימינו, ומלאה[15] הארץ דעה את הוי"ה כמים לים מכסים, דעת תורת החיים.

---

[13]

תהלים ל"ד ט"ו – סור מרע ועשה טוב בקש שלום ורדפהו.

[14]

נהר שלום דף ל"ד ע"א.

[15]

ישעיהו י"א ט' – לא ירעו ולא ישחיתו בכל הר קדשי כי מלאה הארץ דעה את הוי"ה כמים לים מכסים.

כתב רבינו גאון הקבלה רבי אליהו מני, רבו של הרי"ח הטוב, רבי יוסף חיים בעל הספר "בן איש חי", בספרו הקדוש **כסא אליהו** כי על הלומד ללמוד כל מאמר ומאמר ארבעה חמשה פעמים בלי המפרשים, וינסה להבין את המאמר בעצמו. ואחר כך ילך לראות אם כיוון לדעת המפרשים.

וכן אני הקטן מבקש בכל לשון של בקשה, ללמוד את הדרוש כמו שהוא מובא בספר עץ חיים, ארבעה חמישה פעמים, כדי לנסות להבין את הדרוש. וכל דרוש מובא בתחילת הספר במלואו.

אחר כך יכנס ללמוד את הדרוש עם ביאור הדברים, עוד ארבעה חמישה פעמים, ואחר כך יראה את המקורות להגהות, ודברי רבותינו הקדושים, עם התרשימים וטבלאות.

ואז יעלה ויצליח בלימוד תורת האר"י הח"י.

כתב רבינו **השד"ה** רבי שאול דוויק הכהן, בהקדמת ספרו איפה שלימה, על אוצרות חיים וז"ל - וכדי שיוכל לעלות לימודו למעלה, ריח ניחוח לה'. קודם כל לימוד ימסור עצמו על קדושת ה', כי זה מועיל מאוד, כמו שכתוב בשער הכוונות דף כ"ד ע"ב, כי עתה בזמנינו בעוונתינו הרבים אין יכולת לעשות זווג כתיקונו למעלה, ולסיבה זו הקץ מתארך וכו'. אמנם עם כל זה יש קצת תיקון במה שנמסור נפשינו על קידוש ה' בכל הלב, כי על ידי כן אפילו אין בנו שום מעשים טובים, והרשענו עד להפליא. הנה על ידי מסירת נפשינו להריגה, מתכפרים עוונתינו כולם, ויש בנו יכולת לעלות עד אימא עילאה, כמו שאמרו חז"ל - גדולה תשובה שמגעת עד כסא הכבוד, שנאמר - שובה ישראל עד ה' וכו', עד כאן דבריו.

וזה הסדר

יקבל עליו ארבע מיתות בית דין, מארבעה אותיות הוי"ה וארבעה אותיות אדנ"י, וליחדם על ידי ארבעה אותיות אהי"ה ועל ידי עסמ"ב

סקילה י **א** וליחדם על ידי **א**	יוד הֵ׳ ויו הֵ׳
שרפה הֵ **ד** וליחדם על ידי ה	יוד הֵ׳ ואו הֵ׳
הרג ו **ג** וליחדם על ידי י	יוד הֵא ואו הֵא
וחנק י **ה** וליחדם על ידי ה	יוד הֵה וו הֵה

לְשֵׁם יִחוּד

קֻדְשָׁא בְּרִיךְ הוּא וּשְׁכִינְתֵּהּ

יאהדונהי

בִּדְחִילוּ וּרְחִימוּ   וּרְחִימוּ וּדְחִילוּ

יאההויהה   איההיוהה

לְיַחֲדָא אוֹתִיּוֹת י"ה בְּו"ה, בְּיִחוּדָא שְׁלִים

יהו"ה

בְּשֵׁם כָּל יִשְׂרָאֵל, לְאַקְמָא שְׁכִינְתָּא מֵעַפְרָא, הָרֵינִי לוֹמֵד בַּסֵּפֶר קַבָּלָה פְּלוֹנִי שֶׁהוּא כְּנֶגֶד תִּפְאֶרֶת דז"א בְּעוֹלָם הָאֲצִילוּת שֶׁבּוֹ שֵׁם מ"ה כָּזֶה יוֹ"ד ה"א וָא"ו ה"א לַעֲשׂוֹת מֶרְכָּבָה. וִיהִי רָצוֹן מִלְּפָנֶיךָ ה' אֱלֹהֵינוּ וֵאלֹהֵי אֲבוֹתֵינוּ שֶׁתְּזַכֵּךְ רוּחֵנוּ וְנַפְשֵׁינוּ שֶׁיִּהְיוּ רְאוּיִים לְעוֹרֵר בֵּין תַּתָּאִין עַל יְדֵי קְרִיאַת סֵפֶר הַקַּבָּלָה הַזֹּאת. וִיהִי נֹעַם יְהוָה אֱלֹהֵינוּ עָלֵינוּ וּמַעֲשֵׂה יָדֵינוּ כּוֹנְנָה עָלֵינוּ וּמַעֲשֵׂה יָדֵינוּ כּוֹנְנֵהוּ.

בָּרוּךְ ה' לְעוֹלָם אָמֵן וְאָמֵן, נֶצַח, סֶלָה, וָעֶד.

הקדמה כללית וחשובה להיכל הנקודים

צריך לדעת כי היכל הנקודים, שהוא כולל את שער **הנקודות**, שער **השבירה**, שער **התיקון**, ושער **המלכים**. עוסק בסוגיות שלפני התיקון, ר"ל[16] לפני שמידת הרחמים התפשטה בעולמות, והתמזגה עם מידת הדין, ונתקן העולם. לכן שער זה מבאר את בחינת הדינים, ובכל מקום שיש דין מתעוררים החיצוניים. לכן רבותינו המקובלים יתייחסו בכובד ראש לסוגיות בהיכל זה יותר משאר הדרושים בספרי הרב ז"ל, עד כדי כך שהרי"ח הטוב כותב[17] שצריך ללמוד את היכל זה **בשתיקה ובהרהור הלב**, עד כדי כך חשש הרי"ח הטו"ב מתגבורת הדינים. וכן[18] הוא בשער הכוונות בענין פטירת

16

ע"ח ש"ט פ"ו מ"ב דמ"ה ע"ג – ואז נברא העולם במידת הדין, ויצאה בת מתחלה, שהיא **שם ב"ן** בפנים דא"ק. ואחר כך יצאו ענפיו לחוץ, **דרך העין** מטבורו דא"ק ולמטה, ולא נתקיימו הענפים שבחוץ. עד שחזרו להזדווג והולידו בן, שהוא **שם מ"ה** בפנים ובחוץ, והוא מידת הרחמים, ונתקיים העולם, כמו שאמרו רז"ל על הפסוק - ביום עשות הוי"ה אלהי"ם ארץ ושמים, **והבן אמרם העולם**, כי מציאת העולם הם השבעה תחתונות לבד, שהם זו"ן, אלא בראשונה היו זו"ן נקבות, מצד דין, שהוא שם ב"ן. ואחר כך היו זו"ן זכרים, משם מ"ה. **כי כל מ"ה וב"ן נקרא בשם עולם.**

17

רב פעלים חלק ב', סוד ישרים סימן ה' דר"ב ע"ב – וגדולה מזו תדע כי אפילו רבינו מהרח"ו ז"ל שהיה לו נשמה גדולה מאד, וסמך רבינו האר"י ז"ל שתי ידיו עליו, ואמר לו שהוא בא לעולם הזה בעבורו לתקנו וללמדו, עם כל זאת הוא היה אומר על דרושים שגילה לו רבינו האר"י ז"ל, שלא השיג אותם אפילו ערך טיפה מן הים, כי כן כתב בספר הכוונות בדרוש ספירת העומר, דרוש י"ב דף פ"ו ע"ג על סוד אחד בענין הקטנות שגילה אותו לרבינו האר"י ז"ל, ונענש בעבור זה, וכתב מהרח"ו וז"ל - ולכן הסוד הזה צריך להעלימו אם מפאת עצמו, ואם מפני שאין אנחנו יודעים אמיתתו אפילו טיפת גרגיר של החרדל מן הדרוש ההוא, עד כאן לשונו. ראה דברים אלו שכתב צדיק וישר ונאמן שאמר אין אנחנו יודעים אמיתתו אפילו טיפת גרגיר של חרדל, המה יורדים בחדרי בטן של אדם שיש לו מוח בקדקודו ותופס ספרי קבלה בידו, המדברים בענין קטנות ופגם, ובענין שבירה ומגע הקליפות וכיוצא, שצריך להחליט בדעתו על עניינים אלו, שהם אינם כפשוטן, והם סתומין וחתומים באלף עזקין, ויאחזנו פחד ורעדה בקריאתו בסודות התורה בכתבי רבינו האר"י ז"ל האמתיים, ויזהר שלא להוסיף או לגרוע בהם שום דבר מהמשערה השכל, ולא יעשה בהם חילוקים והמצאות שכליות כדרך שעושין בחכמת הפשט, ובכלל יזהר שלא יתמיד ללמוד בסוד השבירה והקטנות ובשערי הקליפות, **ואם יבא לפניו איזה ענין מאלה באמצע, לא יוציא הדברים מפיו, אלא ילמדם בהבטת העין בלבד**, כי שמעתי שנזהרין בכך כמה חסידים מקובלים.

18

שער הכוונות, ענין ספירת העומר דרוש י"ב דפ"ו ע"ב – האמנם כיון שלא נתקנו כל המוחין לכן אינו זווג גמור מעולה, **אמנם נקרא זווג דקטנות**, כיון שעדיין לא נגדל ז"א. ובזה יתבאר לך לשון מאמר אחד מספר הזוהר בפרשת בשלח בדף נ"ב ע"ב בענין קריעת ים סוף, בפסוק מה תצעק אלי, ואמר שם רשב"י ע"ה - בהאי מלה לא תשאל ולא תנסה את הוי"ה. ובודאי שביאור המאמר הזה עמוק מאד, כיון ששמעינו לרשב"י ע"ה שהפליג בהסתרת סודו, ואמר בהאי מלה לא תשאל. וביום שמורי ז"ל ביאר לנו המאמר הזה היינו יושבים בשדה תחת האילנות, ועבר עליו עורב אחד צועק וקורא כדרכו, ומורי ז"ל ענה ואמר אחריו ברוך דיין האמת, שאלתי את פיו ואמר לי כי אמר לו העורב ההוא כי לפי שגילה הסוד הזה לכל בני האדם בפרהסיא, **לכן נענש בעת ההיא בבית דין של מעלה**, וגזרו עליו שימות בנו הקטן, ותיכף הלך לביתו ובנו היה מטייל בחצר, ובאותה הלילה חלה את חליו, ומת אחר שלשה ימים רחמנא ליצלן. **ולכן ראוי לכל בעל נפש הרואה הדברים האלו להסתירם בתכלית ההסתר**, זולת הכלל הנודע בכל החכמה הזו כי כבוד אלהי"ם הסתר דבר, ואין מקום להאריך בזה, כי הדברים נודעים, וכל מה שיסתיר האדם הסודות מלגלותם למי שאינו ראוי הוא משובח ומכובד בפמליא של מעלה. **והעושה היפך מזה מכניס עצמו בסכנה עצומה** בעולם הזה במיתת עצמו בהכרת ח"ו, ובמיתת בניו הקטנים, נוסף על עונש נשמתו בגהינם שאין קץ לעונשו, וכמו שהזכיר רשב"י ע"ה בסוף

הבן של רבינו האר"י, וכן[19] בפרי עץ חיים. ומביא[20] זאת הבית לחם יהודה בריש פרק א' דשער מוחין דקטנות. ולכן צריך ללמוד בשערים אלו בכובד ראש, ובזמנים הידועים כמו שבת, יום טוב, ואחרי חצות הלילה.

דע כי בכל מקום שהרב ז"ל מבאר כי המלכים דמיתו ירדו לעולם הבריאה, הכוונה[21] היא לכל עולמות בי"ע, כאשר הכלי הפנימי ירד לעולם הבריאה, הכלי האמצעי לעולם היצירה, והכלי החיצון לעולם העשיה.

אדרא זוטא ועיין שם. והטעם שנענש מורי ז"ל בביאור מאמר זה, וכמו שהזכיר רשב"י ע"ה עצמו שאמר בהאי מלה לא תשאל, העניין הוא כי הנה נודע שאין החיצונים נאחזין אלא במוחין של קטנות, כי הם דינין תקיפין, ובהיות האדם מתעסק בסודות התורה אם יהיה בעניין זמן הגדלות העליון, או בשאר דרוש חכמת האמת שהם עניינים למעלה, אין לאדם כל כך סכנה, **כמו בזמן שעוסק זמן הקטנות, כי בהתעסקו בהם הנה החיצונים מתעוררים בהם, ומתאחזין שם, ומזכירים עוונותיו של האדם המתעסק בהם.**
19

פרי עץ חיים, שער חג המצות, פרק ח' – הוא סוד הנזכר בזוהר פרשת בשלח דף נ"ב עד סוף קריעת ים סוף, ואמר שם רבי שמעון בר יוחאי, בההוא מלה לא תשאל ולא תנסה וכו'. ועניין הדבר הזה, הוא סוד עמוק מאוד, והטעם הוא דע, **בכל מקום שהקטנות עליון מתעורר, הם דינין תקיפין,** אם האדם או היותר עליון שבעולם, בכל מקום שעוסק בשער האצילות לעילא ולעילא, אין לו כל כך סכנה, **כמו מי שעוסק בקטנות, כי שם נאחזים החיצונים,** ולכן בעת שהאדם עוסק בהם, **אז החיצונים מתעוררים, ומזכירין עוונותיו של אדם,** ולכן בכל פעם שמורי ז"ל **היה עוסק בשום דרוש מן הקטנות, היה נענש** ואין צריך להאריך על זה. ואפילו משה רבינו, רבן של כל הנביאים, **כי פגע בסוד קטנות, שהוא סוד המטה הנהפך לנחש,** מה כתיב ביה - וינס משה מפניו, כמו שנבאר בע"ה, **כי סוד קטנות נקרא נחש,** ולכן הסוד הזה ראוי להעלימה, אף על פי שאין יודעין בו, כי אם חלק אחד מרבי רבבות שיש בו.
20

בית לחם יהודה שכ"ב, שער מוחין דקטנות פ"א דק"ז ע"ב – בע"ח כתב יד כתוב כשגילה הרב פרק זה מת בנו משה, עד כאן לשונו. ור"ל וכל אדם צריך להזהר שלא יאריך בו, וטוב שילמוד אותו **בשבת, וביום טוב, ובראש חודש, ובלילה אחר חצות.**
21

ע"ח ש"ט פ"ז מ"ב דמ"ו ע"ב – והנה כאשר יצאו כל האצילות מבחינת ב"ן לבד, והיה כולל עתיק, וא"א, ואו"א, וזו"ן. ואז יצאו תחלה כל הכלים שלהם זה תחת זה עד סיום עולם האצילות, ואחר כך יצאו אורות דב"ן כל פרטי אצילות, ויצא תחלה כתר דעתיק דאצילות, שבו נכללין כל האורות, ונתקיים, ואחר כך יצאה חכמה דעתיק בכלי שלו, ובו היו כלולים כל שאר האורות ונתקיים, ואחר כך יצאה בינה דעתיק, ובו כלולין כל שאר האורות ונתקיים, ואחר כך יצאו שבעה תחתונות דעתיק, (נ"א דדעת הדעת למטה כל אחד כלול בכלי שלו, ובו כלולים כל שאר האורות, והיה נשבר, **וירד פנימיות הכלי לבריאה, וחיצוניות הכלי ירד ביצירה, וחיצוניות של חיצוניות בעשייה,** ואחר כך האור ההוא נשאר בלי כלי, ושאר האורות ירדו בכלי השני של השבעה תחתונות, וגם הוא נשבר על דרך הנזכר לעיל, (נ"א נשאר ע"ד הנ"ל) (והאור שלו נשאר בלי לבוש, ושאר האורות ירדו לכלי שלמטה ממנו, וכן על דרך זה עד שנגמרו שבעה תחתונות שלו, ואחר כך נכנס הכתר דאריך אנפין בכלי שלו ....

נהר שלום דכ"ד ע"ד – והנה ידוע כי מיתת המלכים היתה בזו"ן דפרטות, ר"ל בזו"ן דעתיק, ובזו"ן דא"א, ובזו"ן דאבא, ובזו"ן דאימא, ובזו"ן דז"א, ובזו"ן דנוקבא, וכל פרצוף מאלו הפרצופים כלול מכל הפרצופים הנזכרים. וזה היה בפרט האחרון דפרטי פרטות, וכמבואר לעיל בהקדמה, וזה היה בפנימיות וחיצוניות דפנימיות, ובחיצוניות ופנימיות דחיצוניות, דפנים ודאחור. **והכלים עם הרפ"ח ניצוצות דמלכים דעתיק נפלו לעתיק דבי"ע, ודא"א לא"א דבי"ע, ודאו"א לאו"א דבי"ע, ודזו"ן לזו"ן דבי"ע. באופן זה כי הכלים הפנימיים דמלכים הנזכרים נפלו לפרצופי הבריאה. והכלים האמצעיים ליצירה. וכלים החיצוניים שלהם לעשיה.** ונתבאר בשער השמות ובכמה מקומות, כי כדי לברר הכלים ושארית הרפ"ח דכל פרט, יורדים כל הפרצופים העליונים דאצילות בימי החול בסוד גלות השכינה, ומתלבשים בפרצופים שכנגדם למטה בבי"ע. עתיק דאצילות בעתיק דבי"ע, וא"א בא"א, ואו"א באו"א, וזו"ן בזו"ן. כלים פנימיים שלהם בבריאה, ואמצעיים ביצירה, וחיצוניים בעשיה. ובי"ע הנזכר מתלבשים בבי"ע דחול, וזה לצורך שארית בירורי כלים

ידוע כי ג"ר נקראים פנים בערך ו"ק, והוא כי כל[22] פרצוף נחלק לג' חלקים חב"ד חג"ת נה"י, כאשר חב"ד נקראים כלים פנימיים, חג"ת כלים אמצעיים, ונה"י נקראים כלים חיצוניים. גם הם נקראים[23] נר"ן, כאשר נה"י הוא בכללות נקרא נפש, חג"ת רוח, וחב"ד נשמה. הרב ז"ל מבאר[24] בכל המקומות על שבירה, מיתה, וירידת **פנים ואחור** דשבעה

ואורות דמלכים דזו"ן דעתיק, וא"א, ואו"א, וזו"ן דאצילות שנפלו לבי"ע על סדר הנזכר. **כי הכלים הפנימים של מלכי עתיק, וא"א, ואו"א, וזו"ן דאצילות נפלו לבריאה. וכלים האמצעים של המלכים הנזכרים ליצירה. וכלים החיצוניים שלהם לעשיה,** כנודע. ועל כן בימי החול יורדים הכלים דפרצופים העליונים דאצילות על דרך הנז"ל, לברר בחינותיהם שנשארו בבי"ע.
רחובות הנהר ד"ב ע"ב – ובהגיע האור לגבול האצילות, אירע בהם ענין ביטול המלכים, ונפלו הכלים פנימי אמצעי וחיצון עם אורות דרפ"ח, **לבי"ע התחתונים** דאותה הספירה.
22

ע"ח ח"ב ש"ל דרוש א' מ"ב דכ"ו ע"א – דע כי ז"א יש לו שלוש פרצופים, וכל אחד כלול מעשרה ספירות, והם זה תוך זה תוך עשרה, תוך עשרה, ועשרה אחרים בפנימיות כולם. ואלו השלושה פרצופים הם כולם בחינת כלים, והם שלושים כלים, וכולם הם ביחד גוף אחד, וכלי אחד, ובתוכו יש האורות, שהם נר' וכו', ובהיות שלשתן יחד זה תוך זה הם שוים בקומתן, אבל לפעמים אין לז"א רק פרצוף החיצון מהם בלבד, ולפעמים שניהן, ולפעמים שלשתן. ובתחילה מתחיל הז"א להיות בו **פרצוף החיצון,** ואז הוא שיעור קומתו הוא שליש גדלותו לבד והוא **כשיעור קומת נה"י** אחר הגדלות האחרון. ואחר כך נכנס בו **פרצוף אמצעי,** ומתלבש בתוך החיצון, ואז נגדל ז"א ב' שלישי קומתו, **שהם נה"י וחג"ת,** בין בחינת פרצוף החיצון ובין פרצוף האמצעי, כי אמצעי גורם אל החיצון שיגדל כמוהו. ואחר כך נכנס בו **הפרצוף הפנימי,** ומתלבש בתוך האמצעי, ואז גם ב' הפרצופים החיצון ואמצעי נגדלים כאורך הפרצוף הפנימי, ואז נשלם ז"א כשיעור קומתו לג' הפרצופים. והוא כאלו נמשיל משל, **כי החיצון שיעור קומתו כשיעור נה"י דז"א בגדלות, והאמצעי כשיעור נה"י וחג"ת דגדלות, והפנימי כשיעור נה"י חג"ת חב"ד בגדלותו.** ולכן בבא האמצעי מגדיל את החיצון כמוהו, ובבא הפנימי מגדיל שניהן כמוהו.
ע"ח שי"ט פ"י מ"ב דצ"ה ע"ג – והנה הכלים הם שלושה, בחינת **חיצון ואמצעי ופנימי.**
ע"ח ח"ב ש"ל דרוש ב' מ"ב דכ"ז ע"א – באופן כי יש לכל פרצוף עשר ספירות, הנקרא כלים, ונחלקים לשלוש חלקים. והם עשר כלים חיצוניות, מדור אל הנפש. עשר כלים אמצעים מלובשים תוך חיצוניות, והם מדור אל הרוח. ועשר כלים פנימים מלובשים תוך הכלים אמצעים, והוא מדור אל הנשמה. והם הם שלושים כלים, אבל גובה קומתן אינם אלא עשרה, לפי שהם עשר תוך עשר, ועשר תוך עשר.
23

נהר שלום, דרוש הדעת דמ"א ע"ג – ונבאר עתה כל זה בפרטות פרצוף אחד שהוא זעיר, וממנו תקיש בכללות כל הפרצופין יחד, דע כי ז"א הוא פרצוף אחד כולל עצמות וכלים, **והכלים שבו הם נכללים בשלושה,** כי הכבד למטה, וכולל עשר מדות שהם כל האיברים, ומתלבש על ידי הורידין שבו, בכל הגוף. והלב גבוה ממנו, וכולל עשר מדות, ומתלבש תוך בחינת הכבד, על ידי הדפקים שבו, ומתפשט בכל הגוף, והמוח גבוה מכולם, וכולל עשר מדות, מתלבשים תוך בחינת הלב, על ידי הגידים, המתפשטים ממנו, ומתפשט בכל הגוף, ועל דרך זה ממש נחלק העצמות בשלושה, נשמה ורוח ונפש, מתלבשים זה בתוך זה, ומתפשטים בכל הגוף, לכן הכבד משכן הנפש, והלב משכן הרוח, והמוח משכן הנשמה.
24

ע"ח ש"ח פ"ב מ"ת ל"ו ע"ג – אמנם השבעה מלכים תתאין מתו, לפי שכליהם נעשו מהסתכלות עין בחוטם פה לבד, והיה חסר מהם אור האזן העליונה. והנה גם ג"ר עצמם יש בהם חילוק בין זו לזו, והוא)נ"א והנה(כי מן הכתר לא ירד ממנו אפילו האחוריים, אלא האחוריים של נה"י בלבד. אבל באו"א של הנקודים ירדו האחוריים שלהם לבד, ונשארו הפנים במקומם. וטעם הדבר הוא כי אלו האורות שנמשכים עד שבולת הזקן נחלקו לשלושה, כי הכתר לקח מבחינת האזן עצמה ממה שהראייה שואבת בהסתכלות באור האזן, ומכל שכן שנכללים בו שני אורות אחרים, ומזה נעשה כלי לכתר נקודים. ואבא לקח ממה שהראייה שואבת מאורות החוטם, וגם אור הפה נכלל בו. והנה הכתר שלקח מן האזן הארתו גדולה מאד לא נשבר כלי שלו, אבל או"א שאין לוקחין רק מן החוטם ופה נשברו האחוריים של כליהם. והנה או"א אם היו מקבלים אור זה של חוטם ופה של א"ק, בהיותו למעלה קרוב אל מקום נקבי האזן, אף על פי שלא היו מקבלין מאורות האזן עצמה, רק

התחתונות דנקודים, לפי פשט הדברים נראה שחג"ד חג"ת ונה"י דמלכים נשברו ומתו וירדו לעולמות בי"ע. עם[25] כל זאת רק חג"ת נהי"מ דמלכים נשברו ומתו, שהם הבחינה החיצונה והאמצעית, הנקראת[26] גם החיצונה והתיכונה, והסיבה[27] שהרב ז"ל קורא לחג"ת נה"י פנים ואחור היא שמדובר בערכין, **כי חג"ת נקראים אחור בערך חב"ד,**

קצת הארה היו מתקיימין האחוריים של כליהם, אבל כיון שאין מקבלין רק מסיום האזן שהוא מקום שבולת הזקן, לכן אף על פי שלוקחין קצת הארה אינו מועיל להם, ולכן נשברו האחוריים של כליהם. אבל הכתר כיון שלוקח אור האזן ממש אף על פי שלקחו סיומו כיון שהוא לוקח עצמותו, די בזה ולא נשבר אפילו האחוריים של כלים דידיה. מה שאין כן באו"א שאינם לוקחין רק הארה בעלמא, וגם שהוא ברחוק מקום. והרי נתבאר שלושה בחינות אלו, והם כי הכתר נתקיים כולו, ואו"א נשברו ונפלו האחוריים שלהם. **וזו"ן נפלו פנים והאחוריים שלהם,** והנה זהו הטעם שנרמז בפסוק והארץ היתה תהו ובהו, אשר הוא מדבר בעניין מיתת המלכים של הנקודים כנזכר לעיל.

ע"ח ש"ח פ"ו מ"ת דט"ל ע"ג – וכבר נתבאר לעיל כי אלו שבעת מלכים לקחו אורם מגוף א"ק שתחת שבולת הזקן, ולא מלעלה. נמצא שהם חסרים בחינת שלושה אורות עליונים שהם אח"פ, **כי לכן נשברו הפנים והאחוריים שלהם,** ואלו הם בחינת ג' תגין שיש למעלה על כל אות מאלו השבעה הנזכר לעיל. כי הם מורים על הסתלקות האורות והחיות מן הכלים, שהם אותיות, ונשאר האור למעלה מהם ולא בתוכם, כדרך צורת התגין על האותיות. אבל האותיות בד' חי"ה הם אחוריים דאו"א שירדו.

ע"ח ש"ט פ"ג מ"ב דמ"ב ע"ד – ונבאר עתה איך בעת מיתת המלכים אלו ירדו הכלים שלהם לעולם הבריאה כנזכר לעיל, משא"כ כן בארבעה אחוריים דאו"א. כי הנה נתבאר החילוק שהיה בין או"א לשבעה המלכים, שהם זו"ן, ואמרנו כי השבעה מלכים שהם זו"ן מתו ממש, וירדו אל עולם הבריאה, הכלים שלהם ואחוריים של או"א נתבטלו ולא מתו, אלא שירדו למטה בעולם אצילות עצמו, ושם ביארנו טעם לזה, ואמרנו שהיה לסיבה שהשבעה מלכים לא קבלו אורות אח"פ דא"ק, רק מגופא דיליה ואילך. והנה לטעם זה עצמו היה גם כן שינוי אחר בין ג' דא"ק, אל השבעה מלכים התחתונים, כי הג"ר יצאו בקצת תיקון בראשונה, והוא כי כאשר יצאו בראשונה נתפשטו כסדר ג' קוין, מה שאין כן שבעה תחתונות שיצאו זו למטה מזו, וזה שכתוב באדרא רבא - עד אימת ניתב בקיימא דחד סמכא, ר"ל נתקן התיקון שהוא דרך קוין, אבל קודם שהיו זה על גבי זה, הוי קיומא דחד סמכא. וכבר ביארנו כי התיקון האצילות הוא בהיות ששה קצות עשוי בבחינת ג' קוים קשורים זה בזה, בסוד השלישי המכריע ביניהן, ואז נקרא רשות היחיד. אבל בהיותן זה על גבי זה והם נפרדין אחת מחברתה, אז נקרא רשות הרבים. ולכן הג"ר נתבטלו אחוריהם ולא מתו, **ושבעה מלכים מתו פנים ואחור,** כי יצאו בלי תיקון כלל.

ע"ח ש"ט פ"ז מ"ב דמ"ו ע"ד – ויצאו שבעה תחתונות מדעת ולמטה בלבד, וכולם יצאו מן בינה דז"א הכלולה תוך אימא עילאה כנזכר לעיל, שלא יצאה, **ואז כל השבעה מתו פנים ואחור,** וירדו בבי"ע.
25

ע"ח ח"ב ש"ל דרוש א' מ"ב דכ"ו ע"ד – גם תבין כי פרצוף האמצעי אף כי נקרא אחור בערך השלישי הפנימי מכולם, **אמנם לפעמים נקרא פנימי בערך החיצון שבכולם.** ובזה תבין מה שנתבאר אצלינו כי בעת מיתת המלכים של ז"א היה בו אחור ופנים, והוא לסבת היות בו תמיד נה"י חג"ת, ו"ק, שהם פרצוף החיצון ואמצעי כנזכר לעיל, **ואז החיצון נקרא אחור, ואמצעי פנימי בערך החיצון,** והבן זה.
26

ע"ח ש"ט פ"ח מ"ב דמ"ז ע"א – ודע כי באצילות המלכים לא יצאו בזו"ן רק השבעה מלכיות, שבשתי בחינות, **החיצונה והתיכונה,** והם **המלכות דנה"י חג"ת,** ולכן נקרא המלכים נקודות, כי נקודה היא מלכות כנזכר לקמן.
27

נהר שלום די"ב ע"ד – והעניין בקיצור נמרץ, ידוע כי כל העולמות מראש א"ק עד סוף העשיה, כלולים מחיצוניות ופנימיות, וכל אחד משניהם נחלק לחיצוניות ופנימיות, **ואין לך שום בריה שאינה כלולה מחיצוניות ופנימיות,** אמנם החיצוניות דכללות כל העולמות הם העיגולים דכל העולמות, והפנימיות הוא היושר דכל העולמות, וכל אחד נחלק לחיצוניות ופנימיות, שהם הכלים והאורות, גוף ונשמה, כי הכלים שהם העשר ספירות דכל פרצוף, נקרא חיצוניות בערך הפנימיות, שהם האורות והנרנח"י, המלובשים בהם. וכן בפרטות העשר ספירות הנחלקים לשלושה פרצופים, נה"י חג"ת וחב"ד, מתלבשים זה בתוך זה. **כי פרצוף**

ונקראים פנים בערך הבה"י. לכן צריך **לזכור ולדעת** כי בכל מקום שנזכר פנים ואחור דז"א דמקרה המלכים, מדובר אך ורק בו"ק דז"א.

זאת ועוד כאשר מבואר כי המלכים הם בחינת ב"ן דעסמ"ב דב"ן, שהוא בחינת המלכויות דעסמ"ב דב"ן, הכוונה היא שהב"ן הזה כולל את מ"ה וב"ן דב"ן, כי[28] אין לך ניצוץ שנברא, שאינו כלול מזכר ונקבה. ולכן[29] בחינת המלכים דמיתו הם מ"ה וב"ן דב"ן דעסמ"ב דב"ן, רק שאנחנו מזכירים רק את בחינת הב"ן בלי המ"ה. ובתיקון יצא מ"ה החדש, הכולל מ"ה וב"ן דמ"ה, וכן בשם מ"ה החדש אנחנו מזכירים רק את שם מ"ה בלי הב"ן, ופשוט הוא.

גם צריך לדעת כי שמבואר לפי פשט דברי הרב ז"ל, שנשברו ומתו הכלים דמלכים, מובן כי לכל הבחינת הפנים ואחור שהם חג"ת נהי"ם דשבעה המלכים, קרה מקרה המלכים, אבל[30] **בעומק דברי** הרב ז"ל מדובר רק בפרצוף האחור, והוא פרצוף הבה"י. ר"ל המלכים שנשברו ומתו הם חג"ת נה"י דנקודים.

ועוד דבר חשוב גם[31] בחינת עולמות אבי"ע בנקודים, שהם **בעומק הדברים** אבי"ע דאבי"ע דעובי, כמו שיתבאר לקמן.

דנה"י המלבוש לפרצוף חג"ת נקרא חיצוניות בערך פרצוף החג"ת המתלבש בתוכו, ופרצוף החג"ת נקרא פנימיות אליו. ופרצוף החג"ת נקרא חיצוניות בערך פרצוף החב"ד המתלבש בו, והחב"ד הוא פנימיות אליו. וכל זה הפרצוף הכלול מחב"ד וחג"ת ונה"י נקרא חיצוניות בערך הפרצוף העליון המתלבש בו, וכן על דרך זה מפרצוף לפרצוף, עד א"ס.
28

ע"ח ש"ט פ"ז דמ"ו ע"ב – דע כי אין לך ספירה וספירה, אפילו בעשר ספירות הפרטיות שבכל פרצוף ופרצוף, שאין בו **בחינת זכר ונקבה, והם ב"ן דנקודות ומ"ה החדש**, ואמנם אין ענין ב"ן הזה והנקבה זו בחינת מלכות העשירית שיש בכל ספירה וספירה, שהיא בחינה עשירית שבכל ספירה וספירה, אלא שיש בכל ספירה עשר בחינות, וכולם דמ"ה, ועשר בחינות וכולם דב"ן, והתשע ראשונות דמ"ה וב"ן הם נקרא ט' בחינות הראשונות של ספירה ההוא, והבחינה עשירית שהוא מלכות שבאותו ספירה עצמה, היא כלולה ממ"ה וב"ן. **כלל הדברים בקיצור נמרץ כי אין לך שום ניצוץ קטן בכל האצילות, שאין בו מ"ה וב"ן.** **גמרא בבא בתרא דע"ד ע"ב** – אמר רב יהודה, אמר רב, כל מה שברא הקדוש ברוך הוא בעולמו, **זכר ונקבה בראם.**
29

רחובות הנהר ד"ג ע"ב – ובתחילה יצא שם ב"ן, שהוא שבעה קצוות זו"ן, שהם **מ"ה וב"ן דב"ן** דא"ק, והם הם השבעה מלכים דב"ן דמיתו, ואינם רק שבעה מלכים, אלא נפרטו לעשר ספירות, שהם עסמ"ב, והם עתיק, וא"א, ואו"א, וזו"ן דב"ן דאצילות. ואחר כך בתיקון יצא שם מ"ה החדש, שהוא שבעה קצוות זו"ן, שהם **מ"ה וב"ן דמ"ה** דא"ק, ונפרטו גם הם לעסמ"ב על דרך הנזכר לעיל.
30

ע"ח ח"ב ש"ל דרוש ה' מ"ב דכ"ח ע"ב – ונבאר עתה מה שהיה בעת מיתת המלכים, קודם העיבור, כי היה אז ז"א מבחינת ו"ק לבד, של זה הפרצוף הראשון, שכל עצמו אינו רק נה"י לבד. **ונמצא שהוא חג"ת נה"י של פרצוף דאחור.** ונמצא שהם ו"ק, אבל אינם רק נה"י לבד, ובזה לא יחלקו הדרושים הכתובים אצלינו.
31

ע"ח שי"ט פ"ה מ"ב דצ"ב ע"ב – והנה המלכים שמלכו בארץ אדום הם עשר ספירות דב"ן הכולל הנזכר לעיל. ונקודה ראשונה היא כתר דב"ן. והיא נוקבא דעתיק ודא"א, ונקודה שניה הוא אבא, צד ב"ן שבו. ונקודה שלישית אימא צד ב"ן שבה. וכל אחד משלוש נקודות אלו, היו כלולים מעשרה נקודות שלימות. אך אחר כך יצאה נקודה הרביעית, ולא יצאה כלולה מעשרה נקודות, רק בשישה נקודות התחתונות שבה לבד, ולכן נקרא בשם ו' נקודות, ועם ג"ר הרי תשעה נקודות. אחר כך יצאה נקודה חמישית, ולא יצאה כלולה מעשרה נקודות שלה, רק נקודה אחת לבד, חלק עשירית שבנקודה ההיא. הרי נמצא ששרשם אינם רק חמשה נקודות, ונקרא

בזמן התיקון יצא מהמצח דא"ק המלך השמיני, והוא **הדר ואשתו מהיטבאל**, הנקרא מ"ה החדש, כדי לתקן את המלכים דמיתו. לפי פשט דברי הרב ז"ל יצא רק היסוד דא"ק, **בעומק** דברי הרב ז"ל שם מ"ה החדש יצא בשיעור קומה שלם, של עסמ"ב, והשבעה[32] תחתונות דשם מ"ה החדש תקנו את המלכים שנשברו ומתו. ופשוט[33] הוא שלכל נקודה בעובי יש את שם מ"ה הפרטי דאותה נקודה.

עוד צריך לדעת כי עד פרק ו' דשער השבירה, הרב ז"ל מבאר את מקרה המלכים בכללות בנקודה אחת, עם כל זאת צריך[34] לדעת כי מהעין דא"ק יצאו חמשה[35] נקודות דכללות העומדות בעובי, שהם א"א או"א וזו"ן, ועמדו מהטבור דא"ק ולמטה, ובכל אחד ואחד מנקודות אלו היה מקרה המלכים בפרטות[36], כאשר הג"ר נשארו באצילות דאותה נקודה דכללות, ובשבעה תחתונות נשברו ומתו, וירדו לבי"ע דאותה נקודה.

עשרה נקודות דב"ן, ואלו יצאו ראשונה ונשברו ומתו. **ודע כי לא די שיצאו בבחינת האצילות, שהם הפנים דב"ן, אלא גם אחוריהם שהם בי"ע יצאו עמהם.** ודע, כי גם באצילות יש פנים ואחור, **אך כולם נקראו פנימים בערך בי"ע שהם חיצונות.** והענין כי בבריאה היה חיצונית הפנים דב"ן, ויצירה חיצונית דאחוריים דב"ן, ועשייה חיצונית יותר חיצון דאחוריים דב"ן. וכאשר נשברו, לא נתקנו כל מה שנשברו, רק מעט, ולא יושלמו להתברר עד ביאת המשיח במהרה בימינו אמן.

32

ע"ח ש"ט פ"ח מ"ב דמ"ז ע"ב – ואחר כך יצאו בחינת חג"ת נה"י שבז"א, נקרא הדר, ויצאו בחינת חג"ת דנה"י דנוקבא, ונקרא מהיטבאל אשתו, ואלו יצאו בתיקון אדם, כנזכר באדרא דף קל"ה ע"ב, והבן זה מאוד.

33

כרם שלמה ש"ט פ"ז אות ד' – ומה שכתב ואחר כך יצא שם מ"ה, ונתחבר עם ב"ן בכל ספירה וספירה כנזכר לעיל, בכל הפרטים. ר"ל כשיצא שם **מ"ה** יצא כנגד **כל הפרטים** דכל האצילות, דהיינו מראש עתיק עד סוף מלכות דאצילות. אבל לא יצא כנגד השבעה תחתונות לבד דכל פרצוף שנשברו, אלא יצא כנגד כל העשר ספירות **דעתיק**, ונתחבר עם עשר ספירות **דב"ן** דעתיק. וכן כנגד כל העשר ספירות דא"א, ונתחבר כנגד כל העשר ספירות דא"א. וכן העשר ספירות דאו"א וזו"ן. ואז נעשו העשר ספירות דעתיק וא"א מכתר שלהם, עד המלכות שבהם, כולם כלולים **ממ"ה וב"ן**, אף על פי שבהג"ר שלהם לא היה בהם ירידה ומיתה ח"ו, על כל פנים כשיצא שם **מ"ה** יצא בשלמות. וכן או"א וישסו"ת וזו"ן, כולם כלולים משם **מ"ה וב"ן**, מכתר שלהם עד מלכות שבהם.

34

ע"ח ש"ט פ"ו מ"ב דמ"ה ע"ג – אמנם כפי האמת הם חמשה בחינות, כי הכתר למעלה מהארבעה, הוא ועמו הם חמשה פרצופים, הכוללים עשר ספירות כנודע, **והנה בכל אחד מאלו החמשה פרצופים יש בו עשר ספירות גמורות.**

35

רחובות הנהר ד"ב ע"ב – ידוע כי חמשה נקודות יצאו מעינים דא"ק מבחינת ב"ן, וכולן יצאו שלימות, כל אחת שלימה בכל חלקי הנקודה ההיא. באופן שכל אחת ואחת כוללת חמשה פרצופים, עתיק וא"א ואו"א וזו"ן. **וסדר שבירת הכלים היה בכל נקודה ונקודה מהם, דכל אחד ואחד מהם הג"ר עתיק וא"א ואו"א שבו נתקיימו, ושבעה תחתונות זו"ן שבו נשברו,** כמבואר כל זה באורך בעץ חיים שער ט' פרק ו' ופרק ז', ופרק ג' משער י"ז, ובכמה מקומות משער הלקוטים, ומשער מאמרי הרשב"י ע"ה, וכן במבוא שערים ש"ב ח"ג פ"ו, יעו"ש.

36

נהר שלום דכ"ד ע"ד – והנה ידוע כי מיתת המלכים היתה בזו"ן דפרטות, ר"ל בזו"ן דעתיק, ובזו"ן דא"א, ובזו"ן דאבא, ובזו"ן דאימא, ובזו"ן דז"א, ובזו"ן דנוקבא, וכל פרצוף מאלו הפרצופים כלול מכל הפרצופים הנזכרים. וזה היה בפרט האחרון דפרטי פרטות, וכמבואר לעיל בהקדמה, וזה היה בפנימיות וחיצוניות דפנימיות, ובחיצוניות ופנימיות דחיצוניות, דפנים ודאחור. **והכלים עם הרפ"ח ניצוצות דמלכים דעתיק נפלו לעתיק דבי"ע, ודא"א לא"א דבי"ע, ודאו"א לאו"א דבי"ע, ודזו"ן לזו"ן דבי"ע. באופן זה כי הכלים הפנימיים דמלכים הנזכרים נפלו לפרצופי הבריאה. והכלים האמצעיים נפלו ליצירה. וכלים החיצוניים שלהם**

היו מספר[37] סיבות למקרה המלכים דמיתו, והם מפוזרים לאורך ורוחב ספרי הרב ז"ל.

לעשיה. ונתבאר בשער השמות ובכמה מקומות, כי כדי לברור הכלים ושארית הרפ"ח דכל פרט, יורדים כל הפרצופים העליונים דאצילות בימי החול בסוד גלות השכינה, ומתלבשים בפרצופים שכנגדם למטה בבי"ע. עתיק דאצילות בעתיק דבי"ע, וא"א בא"א, ואו"א באו"א, וזו"ן בזו"ן. כלים פנימיים שלהם בבריאה, ואמצעיים ביצירה, וחיצוניים בעשיה. ובי"ע הנזכר מתלבשים בבי"ע דחול, וזה לצורך שארית בירורי כלים ואורות דמלכים דזו"ן דעתיק, וא"א, ואו"א, וזו"ן דאצילות שנפלו לבי"ע על סדר הנזכר. **כי הכלים הפנימים של מלכי עתיק, וא"א, ואו"א, וזו"ן דאצילות נפלו לבריאה. וכלים האמצעיים של המלכים הנזכרים ליצירה. וכלים החיצוניים שלהם לעשיה,** כנודע. ועל כן בימי החול יורדים הכלים דפרצופים העליונים דאצילות על דרך הנז"ל, לברר בחינותיהם שנשארו בבי"ע.

רחובות הנהר ד"ב ע"ב – ובהגיע האור לגבול האצילות, אירע בהם ענין ביטול המלכים, ונפלו הכלים פנימי אמצעי וחיצון עם אורות דרפ"ח, **לבי"ע התחתונים** דאותה הספירה.

37

ט"ז סיבות למקרה המלכים

א. השבע מלכים יצאו מבחינת מלכויות, נפש, עגולים. ע"ח ש"ח פ"א, ע"ח ש"ט פ"ח, מבוא שערים ש"ב ח"א פ"ג.

ב. הג"ר יצאו בצורת סגולתא, וכל אחת כלולה מעשר, ומתפשטים בסוד קוין שכולם קשורים זה בזה, והז"ת יצאו בבחינת חד סמכא, ונפרדים זה מזה בסוד רשות הרבים, ולא בסוד מיתקלא. ע"ח ש"ט פ"ג, ע"ח ש"ט פ"ה, ע"ח שי"א פ"ה.

ג. כלי הו"ק לא יכלו לסבול יותר אורות מחלקם, והם קיבלו כל אחד חלקו וחלק חברו התחתון ממנו, ולא כן כשהיו בג"ר היו מתבטלים בערכם. ע"ח ש"ח פ"ה, מבוא שערים ש"ב ח"א פ"ו.

ד. האור של העשר ספירות פרצוף שלם, והכלים קטנים, נפרדים, וחסרים. ע"ח ש"ט פ"ה, ע"ח שי"פ"ה, מבוא שערים ש"ב ח"ב פ"ב.

ה. הג"ר יצאו בגוף אחד, והיה בהם כח לקבל האור, השבע תחתונים יצאו נפרדות וחסרות, ולא יכלו לקבל האור שלהם. מבוא שערים ש"ב ח"ב פ"ג.

ו. הג"ר אין הדין ניכר בהם, והם רחמים, השבע תחתונים דינים נתגלו בהם, ולא יכלו לסבול אור הרחמים. מבוא שערים ש"ב ח"ב פ"ג.

ז. הנקודים יצאו מבחינת חיצוניות סמ"ב דס"ג וחיצוניות עסמ"ב דב"ן, שהם הענפים, והשורשים נשארו בפנימיות א"ק, ולא היה בכח הענפים לקבל את האור. ע"ח ש"ה פ"א, מבוא שערים ש"ב ח"ב פ"ג.

ח. הג"ר קבלו במקום שבולת הזקן אור האוזן, וגם אורות חוטם פה, והז"ת קבלו אורות החוטם פה משבולת הזקן ועד מקום הטבור. ע"ח ש"ח פ"ב, ע"ח שי"א פ"ה, מבוא שערים ש"ב ח"ב פ"ג.

ט. מלכי הנה"י דינין תקיפין, רצו להתגבר על מלכי החג"ת שהם רחמים. שער ההקדמות הקדמה אחת בטרם שנאצל עולם האצילות דל"ג ע"ג. ע"ח ש"ט פ"ג דמ"ה ע"א.

י. הג"ר דו"ק נשארו בפנימיות המאציל. מבוא שערים ש"ב ח"א פ"ה.

י"א. הג"ר לא נתקנו כפרצוף, לכן האור שיצא מהם לז"ת לא יכלו לקבלו. ע"ח שמ"ז פ"ה, שער ההקדמות דרושי אבי"ע דרוש ג' דע"ג ע"ג.

י"ב. לא היתה אהבה בין ספירה לספירה, וכל ספירה היתה יראה מהספירה שמעליה ומהספירה שמתחתיה. ע"ח שי"א פ"ה, שער ההקדמות הקדמה אחת בטרם שנאצל עולם האצילות דל"ב ע"ג.

י"ג. הסיגים מעורבים בכלים, והם גורמים פירוד. מבוא שערים ש"ב ח"ב פ"ג.

י"ד. לא נכנס האור על ידי התלבשותו בנה"י דישסו"ת בסוד כ"ל צמ"א, אלא באופן ישר, ורק בתיקון התלבשו האורות בנה"י דישסו"ת. שער ההקדמות דרוש ה' בזמן העיבור השני דמוחין דל"ח ע"ב.

ט"ו. לא נתכללו אחד עם השני, וכל אחד מהמלכים היה בחינה בפני עצמה. ע"ח ש"ט פ"ג, מבוא שערים ש"ב ח"ב פ"ג.

ט"ז. תכלית כוונת המאציל היתה להוציא ולעשות בחינת קליפות לצורך הנבראים, כדי לתת שכר לצדיקים, ועונש לרשעים. ע"ח שי"א פ"ה.

שער ט' פרק ב' מ"ת

והנה נתבאר מה שנפל מאו"א גם בחי' היותן נחלקים לד' פרצופים כנ"ל וגם נתבאר סדר יציאת ז' מלכים ונמצא כי ירדו ז' המלכים שהם זעיר ונוקבא ועוד ד' אחוריים דאו"א עלאין וישסו"ת סך הכל הם י"א בחי' שירדו ומהם נתברר ומהסיגים שלהם נעשה קליפות והם י"א סמני הקטורת שהם י"א אורות שנשארו מאלו הי"א בחי' כנ"ל שירדו ולא יכלו אורות אלו להתברר ונשארו נתונים תוך הקליפות כמבואר אצלינו בסוד פטום הקטורת. והנה לא ירדו אחוריים דאבא עד שמת המלך הב' שהוא חסד ולא ירדו אחוריים דאמא עד שמת המלך הג' שהוא גבורה באופן כי במות הגבורה אז נשלמו אחורי או"א לירד. והענין הוא כי אע"פ שבמיתת החסד ירדו אחורי אבא עם כל זה אין אלו נקראים אחוריים גמורים לפי שעדיין היתה הבינה בבחי' פנים עמו והיתה מאירה באחוריו נמצא כי עדיין לא ירדו בעצם כל אחורי אבא רק כשירדו גם אחורי אמא אז ירדו שניהן לגמרי ואז היו אחור באחור כמ"ש בע"ה בארוך בדרוש פרצופי יעקב ולאה מהיכן יצאו ועי"ש. נמצא כי אין ירידת אחורי או"א נקרא ירידה לגמרי עד מות הגבורה שהוא מלך הג' אבל מיתת השבעה מלכים היא מיתה גמורה תכף מן העת הראשונה כי הרי במות החסד נשברו כל בחי' לגמרי ונאמר בו מיתה ממש נמצא כי מיתת המלכים מתחלה להקרא מן העת שמת מלך הראשון אבל ביטול האחורים דאו"א אינו ביטול עד שמת המלך הג'. ובזה תבין סוד שם מ"ב שהוא אב"ג ית"ץ קר"ע שט"ן נג"ד יכ"ש בט"ר צת"ג חק"ב טנ"ע יג"ל פז"ק שק"ו צי"ת. כי כבר ידעת כי שם מ"ב הוא בציירה ויצירה הוא בחי' ז"א כנודע שהוא סוד הז' המלכים נמצא כי שם מ"ב זה מדבר בסוד המלכים ואם תסתכל תראה איך שם ע"ב הוא במוחין והוא נקרא טעמים והוא נקרא אצילות אח"כ הטעמים של ס"ג הוא בבריאה והנקודות שלו ביצירה והם סוד מלכים שמתו כי הנקודות הם בחי' זו"ן שהם יצירה ועשיה)נ"א הוא בבחי' ז"א שהוא יצירה(אמנם כוונת מ"ב זה הוא להעלות כל הברורים משם אשר נשארו מזעיר ונוקבא ביצירה ועשיה כי כל שם מ"ב הוא להעלות כנודע אם כן ודאי הוא כי בשם זה נרמז מיתת המלכים ועל סדר מיתתן הוא סדר העלאתן ע"י בירור בכח שם זה ולכן מיתת שבעה מלכים נרמז בשם הראשון זה וביטול אחוריים דאבא ואמא נרמז בשם הב'. והענין כי מן האדר"ז נראה שלא ירדו רק הז' מלכים בלבד וממדרשים אחרים בס' הזהר משמע כי גם באו"א יש ביטול ופגם וכמעט אפי' בכתר. ואמנם הענין הוא כי ודאי שמכל י' נקודות נפלו מהם בחי' ובכולם היה ביטול רק זו"ן נפלו כולם בין בבחי' היותן אב"א ובין בבחי' היותן פב"פ והנה זו נקרא מיתה כי הכל ירד לגמרי אבל אבא ואמא שלא ירד מהם רק בחי' אחוריים יקרא ביטול ולא מיתה וכתר שלא נפלו ממנו רק בחינת נצח הוד יסוד שלו שנכנסו בסוד מוחין דאבא ואמא כנזכר לעיל אשר אין בחינת זו נכנסה אפי' בערך אחוריים לכן לא נקרא ביטול בכתר רק פגם בעלמא. עוד יש טעם אחר והוא כי אינו נקרא מיתה רק מי שהולך מעולם לעולם ונבדל מעולמו ולכן שבעה מלכים שהיו באצילות וירדו אל הבריאה יקרא מיתה ממש כמ"ש באדרא קל"ה לא תימא דמיתו אלא כל מאן דנחית מדרגא קדמאה דהוי ביה קרי ביה מיתה כמו שכתוב וימת מלך מצרים. אמנם אחורי או"א אע"פ שנפלו לא ירדו בבריאה אלא נשארו בעולם האצילות עצמו לכן להיותן שלא במקומם יקרא ביטול אבל לא יקרא מיתה. ונבאר עתה שם מ"ב הנ"ל והוא כי שם אבגית"ץ הוא בספי' חסד כנודע לפי שמנו מתחיל)ביטול(מיתת המלכים כנ"ל לכן בשם זה נרמז מיתת שבעה מלכים וזהו פי' אבגית"ץ כמו אבג"י ת"ץ כי אבג"י גימ' י"ן והם סוד ז' מלכים כי י' הוא במלכות שהיא נקודה

א' לבד והוא י' של אבג"י ואותיות אב"ג הם ו' בגימ' והם ו' ק דז"א והרי הם ז' מלכים. וז"ס
שארז"ל כי רה"ר רחבו י"ו אמה כי הרי אלו הז' מלכים הם הנקראים רה"ר בהיותן קודם
התיקון ואמנם אחר התיקון נקרא רה"י. והנה הז' מלכים הנקרא אבג"י הלא הם נתצו ונשברו
ומתו וז"ס ת"ץ של אבגית"ץ ויען שמן החסד התחיל מיתת המלכים כנ"ל לכן נרמזו בשם זה
הראשון. ויש מפרשים אבגית"ץ מלשון הגמ' ההיא אבגא דבי רב פי' השטן נמצא בבה"מ
ההוא ונמצא כי אב"ג)נ"א אבגית"ץ(הוא ממש ע"ד מ"ש לעיל באותיות שעטנ"ז ג"ץ
שצירופי שט"ן ע"ז ג"ץ. והנה השם ב' הוא קר"ע שט"ן הוא בגבורה שהוא המלך הב' אשר
במיתתו נפלו אחורי דאמא גם כן ולכן נרמז ביטול אחורי או"א בשם זה וזהו ביאורו קר"ע ר"ל
כי כאן לא היתה מיתה ונתיצה ממש כמו ז' מלכים רק קריעה ושבירה בעלמא ונשאר במקומה
אבל בנתיצה היא הפלת אבן בכח ממקומה למקום אחר כנ"ל וע"י קריעה זו יצאה הקליפה
הנקרא שטן וזהו קר"ע שט"ן והנה או"א בחי' פב"פ הוא הוי"ה באבא ואהי"ה דיודין
באמא ושניהן גימ' רג"ל והוא גימ' זכור כי הזכירה בה מצד פנים ובחי' אב"א הם האחוריים של
ב' שמות הנ"ל שהם אחוריים דהוי"ה כזה יו"ד יו"ד ה"י יו"ד ה"י וי"ו ה"י באבא
ואחורי אמא כזה אל"ף ה"י אל"ף ה"י יו"ד אל"ף ה"י יו"ד ה"י אשר שניהן גי' תשכ"ח
כי השכחה מצד אחוריים ואמנם קר"ע שט"ן גי' תשכח עם הכולל כמנין האחוריים לרמז על
נפילת אחורי אבא ואמא. ונחזור לענין ראשון כי הנה כאשר עדיין לא מת שליש ת"ת עדיין לא
נגמר ירידת ונפילת אחורי דאבא ואמא לגמרי וכאשר היו המלכים האלו נכנסים בכלי שלהם
היו מגולין באור גדול אבל אחר שמת שליש עליון דת"ת אשר אז נפלו שם האחוריים דאו"א
הנה כאשר יצאו שם שאר האורות הנשארים כדי לכנוס בכלי שלהם היו מלובשים באלו
האחוריים שנפלו ונשארו באצילות כנ"ל והיו יוצאין המלכים האחרונים מלובשים באחורי
או"א וזה נשאר להם)נ"א ועד"ז נעשים(תמיד עד שיכלו כל הברורים לצאת עד לע"ל ב"ב
וז"ס העלאת מ"ן אשר מעלין זו"ן אל אבא ואמא והוא מסוד אלו האחוריים דאו"א שירדו שם
למטה באצילות עצמו כנ"ל אשר לקהום הם. והנה נמצא שאלו האורות)שהמחזה( ]שהמחזה[
ולמטה באים מכוסים וכבר ידעת כי התעלמות האור וכיסויו הוא מציאות תיקונו כי עי"כ יש
כח בכלי לסבול האור להיותו בא מלובש וא"כ לא יהי' שוין שבירת הכלים שמהמחזה ולמטה
שהם ב"ש תתאין דת"ת ונה"י ומלכות אל שבירת הכלים של הדעת וח"ג ושליש עליון דת"ת
כי ודאי יותר גדולה תהיה שבירת העליונים משבירת תחתונים. ולכן בבא התיקון ז"א בעת
התיקון פרצופו בא להיפך כי מב"ש דת"ת ולמטה היו אורותיו והחסדים שבהם מגולין וזהו לפי
שיש בהם יכולת לקבלם שלא ע"י מסך בינה לפי שלא היתה שבירתן גדולה אבל העליוני'
שהם מרישא דז"א עד החזה באו בתיקון סתומים ומלובשים עתה תוך מסך בינה שהוא יסוד
שלה כנודע. וזהו לפי שבתחלה היו מגולין והיתה שבירתן גדולה ואע"פ שגם שהנו"ה הם
מכוסים וסתומי' עכ"ז הרי נתבאר במקומו כי החסדים המגולין מכים בהם ואורם יוצא לחוץ
והנה במיתת ז"א עד שליש עליון דת"ת שלו כבר ירדו אחור או"א אבל אחורי יש"ס ותבונה
לא נגמרו עד מיתת נוקבא דז"א ולכן האחוריי' דא"א לוקחם ז"א והאחוריי' דיש"ס ותבונה
לוקחתם המלכות ומתלבשים האורות שלהם בהם דוגמת המוחין דז"א. ובזה תבין מ"ש כי
כאשר הזו"ן הם שוין יחד פנים בפנים אז הנצח הוד יסוד דאו"א הם מוחין לז"א והנה"י דיש"ס
ותבונה הם מוחין ונכנסים ברישא דנוקבא גם תבין מ"ש שכשהיו פב"פ אז יוצאין ב' בחי' יעקב
א' בז"א ואחד בנוקבא כי האחד שהוא ממוחין דז"א הוא מאו"א והב' שהוא ממוחין דנוקבא
הוא מישראל סבא ותבונה ואז הם שני המאורות הגדולים לא היא גדולה ממנו ולא הוא גדול
ממנה ואינם צריכין זה לזה כלל אמנם האחוריים של אבא הם בצד ימין בחסד דז"א והאחוריים

דאמא הם בצד שמאל בגבורה דז"א וזה הדרוש יצטרך במקומו ושם יתבאר בע"ה. והנה כאן במקום הזה הוא מקום ירידת ונפילת אחורי או"א שאמרנו לעיל שירדו באצילות עצמו כי אע"פ שהכלים דז"א נשברו עם כל זה האורות דז"א נשארו מלובשים באלו האחוריים דאו"א עלאין כל קו החסד דז"א באחורי אבא וכל קו הגבורה מלובש באחוריים דאמא והבן הקדמה זו מאד. ונחזור לפרש פ' של וישלח בענין ואלה המלכים כי הנה נתבאר איך ירדו ד' אחוריים דאו"א ויש"ס ותבונה ולכן תמצא כי באלו המלכים לא נזכר בכולם שמות אביהם רק בד' בלבד והם בלע יובב ובעל חנן והדד. גם תמצא שינוי אחר כי אפי' באלו ד' לא נזכר שם אביהם רק בעת המלוכה ולא בעת המיתה כמ"ש וימלוך באדום בלע בן בעור ולא כתיב וימת בלע בן בעור רק בלע סתם וכן בשאר ג' מלכים. והענין הוא להורות כי ד' בחי' אחוריים ירדו מן האבות ולא יותר ולא ירדו עם בניהם כנ"ל וכיון שלא מתו אבות רק ביטול בעלמא לכן לא הוזכרו בעת המיתה האבות רק הבנים לבדם אבל להורות שגם בהם היה ביטול לכן הוזכרו האבות בעת המלוכה. וא"ת הרי חשם שהוא מלך הג' היה ראוי להזכיר בו שם אביו ולכתוב פלוני בן פלוני שהרי נתבאר לעיל כי הוא המעורר גבורה דאמא והוא המבטל (נ"א ביטול) אחור שלה בעת מיתתו כנודע. וי"ל כי אין הבן נקרא אלא על שם אביו וכיון שהוא לא ביטל רק אחוריים דאמא אין להזכיר השם פלוני בן פלונית אמו רק פלוני בן פלוני אביו ולכן לא הוזכר שם אביו כי לא ביטל אחורי אמו רק אחורי אמו כי משם רומז לחמש לה' גבורות דנוקבא לכן לא נאמר בן פלוני והדד בן הדד שהוא המלך הד' והוא בחי' הת"ת נקרא כך לפי שהוא למעלה בבחינת שליש העליון מקום החזה מקום הדדים וזהו הדד דד אחד ובן בדד דד ב' וכן אותיות בד"ד פי' ב' ד"ד ר"ל דד הב' והענין כי כאשר נעריך שאבא ויש"ס נכללין בפרצוף א' ובינה ותבונה נכללות בפרצוף א' כמ"ש במקומו כי יש זמנים שמתחברין על דרך הזה נמצא כי מקום שליש עליון של הת"ת דז"א הנקרא הדד בן בדד שם הוא מקום הדדים של הבינה ולכן נקרא שמו הדד בן בדד כי בעת מיתת המלך זה צמקו דדי בינה להניק כדרך האשה שדדיה צומקים במיתת הילד.

פרק ב'

דרוש זה מקורו מספר אוצרות חיים וצריך לכתוב מ"ת בראש הדרוש.

ידוע כי בכל מקום שהרב ז"ל מבאר כי המלכים דמיתו ירדו לעולם הבריאה, הכוונה[38] היא לכל עולמות בי"ע, כאשר הכלי הפנימי ירד לעולם הבריאה, הכלי האמצעי לעולם היצירה, והכלי החיצון לעולם העשיה. **ידוע** כי ג"ר נקראים פנים בערך ו"ק, והוא כי כל[39] פרצוף נחלק לג' חלקים חב"ד חג"ת נה"י, כאשר חב"ד נקראים כלים פנימיים, חג"ת

---

[38]

ע"ח ש"ט פ"ז מ"ב דמ"ו ע"ב – והנה כאשר יצאו כל האצילות מבחינת ב"ן לבד, והיה כולל עתיק, וא"א, ואו"א, וזו"ן. ואז יצאו תחלה כל הכלים שלהם זה תחת זה עד סיום עולם האצילות, ואחר כך יצאו אורות דב"ן כל פרטי אצילות, ויצא תחלה כתר דעתיק דאצילות, שבו נכללין כל האורות, ונתקיים, ואחר כך יצאה חכמה דעתיק בכלי שלו, ובו היו כלולים כל שאר האורות ונתקיים, ואחר כך יצאה בינה דעתיק, ובו כלולין כל שאר האורות ונתקיים, ואחר כך יצאו שבעה תחתונות דעתיק,)נ"א דדעתו)הדעת למטה כל אחד כלול בכלי שלו, ובו כלולים כל שאר האורות, והיה נשבר, **וירד פנימיות הכלי לבריאה, וחיצוניות הכלי ירד ביצירה, וחיצוניות של חיצוניות בעשייה**, ואחר כך האור ההוא נשאר בלי כלי, ושאר האורות ירדו בכלי השני של השבעה תחתונות, וגם הוא נשבר על דרך הנזכר לעיל,)נ"א נשאר ע"ד הנ"ל(והאור שלו נשאר בלי לבוש, ושאר האורות ירדו לכלי שלמטה ממנו, וכן על דרך זה עד שנגמרו שבעה תחתונות שלו, ואחר כך נכנס הכתר דאריך אנפין בכלי שלו............

נהר שלום דכ"ד ע"ד – והנה ידוע כי מיתת המלכים היתה בזו"ן דפרטות, ר"ל בזו"ן דעתיק, ובזו"ן דא"א, ובזו"ן דאבא, ובזו"ן דאימא, ובזו"ן דז"א, ובזו"ן דנוקבא, וכל פרצוף מאלו הפרצופים כלול מכל הפרצופים הנזכרים. וזה היה בפרט האחרון דפרטי פרטות, וכמבואר לעיל בהקדמה, וזה היה בפנימיות וחיצוניות דפנימיות, ובחיצוניות ופנימיות דחיצוניות, דפנים ודאחור. **והכלים עם הרפ"ח ניצוצות דמלכים דעתיק נפלו לעתיק דבי"ע, ודא"א לא"א דבי"ע, ודאו"א לאו"א דבי"ע, ודזו"ן לזו"ן דבי"ע. באופן זה כי הכלים הפנימיים דמלכים הנזכרים נפלו לפרצופי הבריאה. והכלים האמצעיים ליצירה. וכלים החיצוניים שלהם לעשיה.** ונתבאר בשער השמות ובכמה מקומות, כי כדי לברור הכלים ושארית הרפ"ח דכל פרט, יורדים כל הפרצופים העליונים דאצילות בימי החול בסוד גלות השכינה, ומתלבשים בפרצופים שכנגדם למטה בבי"ע. עתיק דאצילות בעתיק דבי"ע, וא"א בא"א, ואו"א באו"א, וזו"ן בזו"ן. כלים פנימיים שלהם בבריאה, ואמצעיים ביצירה, וחיצונים בעשיה. ובי"ע הנזכר מתלבשים בבי"ע דחול, וזה לצורך שארית בירורי כלים ואורות דמלכים דזו"ן דעתיק, וא"א, ואו"א, וזו"ן דאצילות שנפלו לבי"ע על סדר הנזכר. **כי הכלים הפנימים של מלכי עתיק, וא"א, ואו"א, וזו"ן דאצילות נפלו לבריאה. וכלים האמצעיים של המלכים הנזכרים ליצירה. וכלים החיצוניים שלהם לעשיה,** כנודע. ועל כן בימי החול הכלים יורדים דפרצופים העליונים דאצילות על דרך הנז"ל, לברר בחינותיהם שנשארו בבי"ע.

רחובות הנהר ד"ב ע"ב – ובהגיע האור לגבול האצילות, אירע בהם ענין ביטול המלכים, ונפלו הכלים פנימי אמצעי וחיצון עם אורות דרפ"ח, **לבי"ע התחתונים** דאותה הספירה.

---

[39]

ע"ח ח"ב ש"ל דרוש א' מ"ב דכ"ו ע"א – דע כי ז"א יש לו ג' פרצופים, והם זה תוך זה תוך עשרה, תוך עשרה, ועשרה אחרים בפנימיות כולם. ואלו השלושה פרצופים הם כולם בחינת כלים, והם שלושים כלים, וכולם הם ביחד גוף אחד, וכלי אחד, ובתוכו יש האורות, שהם נר וכו', ובהיות שלשתן יחד זה תוך זה הם שוים בקומתן, אבל לפעמים אין לז"א רק פרצוף החיצון מהם בלבד, ולפעמים שנים, ולפעמים שלשתן. ובתחלה מתחיל הז"א להיות בו **פרצוף החיצון**, ואז הוא שיעור קומתו הוא שליש גדלותו לבד והוא **כשיעור קומת נה"י** אחר הגדלות האחרון. ואחר כך נכנס בו **פרצוף אמצעי**, ומתלבש

27

כלים אמצעיים, ונה"י נקראים כלים חיצוניים. גם הם נקראים[40] נר"ן, כאשר נה"י הוא בכללות נקרא נפש, חג"ת רוח, וחב"ד נשמה. הרב ז"ל מבאר[41] בכל המקומות על שבירה, מיתה, וירידת **פנים ואחור** דשבעה התחתונות דנקודים, לפי

בתוך החיצון, ואז נגדל ז"א ב' שלישי קומתו, **שהם נה"י וחג"ת**, בין בחינת פרצוף החיצון ובין פרצוף האמצעי, כי אמצעי גורם אל החיצון שיגדל כמוהו. ואחר כך נכנס בו **הפרצוף הפנימי**, ומתלבש בתוך האמצעי, ואז גם ב' הפרצופים החיצון ואמצעי נגדלים כאורך הפרצוף הפנימי, ואז נשלם ז"א כשיעור קומתו לג' הפרצופים. והוא כאלו נמשיל משל. **כי החיצון שיעור קומתו כשיעור נה"י דז"א בגדלות, והאמצעי כשיעור נה"י וחג"ת דגדלות, והפנימי כשיעור נה"י חג"ת חב"ד בגדלותו**. ולכן בבא האמצעי מגדיל את החיצון כמוהו, ובבא הפנימי מגדיל שניהן כמוהו.
ע"ח שי"ט פ"י מ"ב דצ"ה ע"ג – והנה הכלים הם שלושה, בחינת **חיצון ואמצע ופנימי**.
ע"ח ח"ב ש"ל דרוש ב' מ"ב דכ"ז ע"א – באופן כי יש לכל פרצוף עשר ספירות, הנקרא פרצוף עשר כלים, ונחלקים לג' חלקים, והם עשר כלים חיצוניות, מדור אל הנפש. עשר כלים אמצעים מלובשים תוך חיצוניות, והם מדור אל הרוח. ועשר כלים פנימים מלובשים תוך הכלים אמצעים, והוא מדור אל הנשמה. והם הם שלושים כלים, אבל גובה קומתן אינם אלא עשרה, לפי שהם עשר תוך עשר, ועשר תוך עשר.
40

נהר שלום, דרוש הדעת דמ"א ע"ג – ונבאר עתה כל זה בפרטות פרצוף אחד שהוא זעיר, וממנו תקיש בכללות כל הפרצופין יחד, דע כי ז"א הוא פרצוף אחד כולל עצמות וכלים, והכלים שבו הם נכללים בשלושה, כי הכבד למטה, וכולל עשר מדות שהם מדות כל האיברים, ומתלבש על ידי הורידין שבו, בכל הגוף. והלב גבוה ממנו, וכולל עשר מדות, ומתלבש תוך בחינת הכבד, על ידי הדפקים שבו, ומתפשט בכל הגוף, והמוח גבוה מכולם, וכולל עשר מדות, מתלבשים תוך בחינת הלב, על ידי הגידים, המתפשטים ממנו, ומתפשט בכל הגוף, ועל דרך זה ממש נחלק העצמות בשלושה, נשמה ורוח ונפש, מתלבשים זה בתוך זה, ומתפשטים בכל הגוף, לכן הכבד משכן הנפש, והלב משכן הרוח, והמוח משכן הנשמה.
41

ע"ח ש"ח פ"ב מ"ת ל"ו ע"ג – אמנם השבעה מלכים תתאין מתו, לפי שכליהם נעשו מהסתכלות עין בחוטם פה לבד, והיה חסר מהם אור האזן העליונה. והנה גם בג"ר עצמם יש בהם חילוק בין זו לזו, והוא)נ"ב והנה(כי מן הכתר לא ירד ממנו אפילו האחוריים, אלא האחוריים של נה"י בלבד. אבל באו"א של הנקודים ירדו האחוריים שלהם לבד, ונשארו הפנים במקומם. וטעם הדבר הוא כי אלו האורות שנמשכים עד שבולת הזקן נחלקו לשלושה, כי הכתר לקח מבחינת האזן עצמה ממה שהראייה שואבת בהסתכלות באור האזן, ומכל שכן שנכללים בו שני אורות אחרים, ומזה נעשה כלי לכתר דנקודים. ואבא לקח ממה שהראייה שואבת מאורות החוטם, וגם אור הפה נכלל בו. והנה הכתר שלקח מן האזן הארתו גדולה מאד לא נשבר כלי שלו, אבל או"א שאין לוקחין רק מן החוטם ופה נשברו האחוריים של כליהם. והנה או"א אם היו מקבלים אור זה של חוטם ופה של א"ק, בהיותו למעלה קרוב אל מקום נקבי האזן, אף על פי שלא היו מקבלין מאורות האזן עצמה, רק קצת הארה היו מתקיימין האחוריים של כליהם, אבל כיון שאין מקבלין רק מסיום האזן שהוא מקום שבולת הזקן, לכן אף על פי שלוקחין קצת הארה אינו מועיל להם, ולכן נשברו האחוריים של כליהם. אבל הכתר כיון שלוקח אור האזן ממש אף על פי שלקחו סיומו כיון שהוא לוקח עצמותו, די בזה ולא נשבר אפילו האחוריים של כלי דידיה. מה שאין כן באו"א שאינן לוקחין רק הארה בעלמא, וגם שהוא ברחוק מקום. והרי נתבאר שלושה בחינות אלו, והם כי הכתר נתקיים כולו. ואו"א נשברו ונפלו האחוריים שלהם. **וזו"ן נפלו פנים והאחוריים שלהם**, והנה זהו הטעם שנרמז בפסוק והארץ היתה תהו ובהו, אשר הוא מדבר בענין מיתת המלכים של הנקודים כנזכר לעיל.
ע"ח ש"ח פ"ו מ"ת דט"ל ע"ג – וכבר נתבאר לעיל כי אלו שבעת מלכים לקחו אורם מגוף א"ק שתחת שבולת הזקן, ולא מלעלה. נמצא שהם חסרים בחינת שלושה אורות עליונים שהם אח"פ, **כי לכן נשברו הפנים והאחוריים שלהם**, ואלו הם בחינת ג' תגין שיש למעלה על כל אות מאלו השבעה הנזכר לעיל. כי הם מורים על הסתלקות האורות והחיות מן הכלים, שהם אותיות, ונשאר האור למעלה מהם ולא בתוכם, כדרך צורת התגין על האותיות. אבל האותיות בד' חי"ה הם אחוריים דאו"א שירדו.
ע"ח ש"ט פ"ג מ"ד דמ"ב ע"ד – ונבאר עתה איך בעת מיתת המלכים אלו ירדו הכלים שלהם לעולם הבריאה כנזכר לעיל, משאין כן בארבעה אחוריים דאו"א. כי הנה נתבאר החילוק שהיה בין או"א לשבעה

פשט הדברים נראה שחב"ד חג"ת ונה"י דמלכים נשברו ומתו וירדו לעולמות בי"ע. עם[42] כל זאת רק חג"ת נהי"מ דמלכים נשברו ומתו, שהם הבחינה החיצונה והאמצעית, והסיבה[43] שהרב ז"ל קורא לחג"ת נה"י פנים ואחור היא שמדובר בערכין, כי חג"ת נקראים אחור בערך חב"ד, ונקראים פנים בערך הנה"י. לכן צריך **לזכור ולדעת** כי בכל מקום שנזכר פנים ואחור דז"א דמקרה המלכים, מדובר אך ורק בו"ק דז"א.

הרב ז"ל ביאר בפרק הקודם באופן כללי ביותר את יציאת שבעת המלכים, מלכותם שבירתם ומותם. כן ביאר הרב ז"ל כי כל בחינה מאלו המלכים העלתה מ"ן והמשיכה חו"ג לבחינה השייכת לה באו"א עילאין או בישסו"ת. וכאשר המלך נשבר ומת, והכלי שלו ירד לבי"ע, נפלו בחינת החו"ג שבחינת המלך הזה המשיך באו"א עילאין או בישסו"ת. לכן צריך לדעת כי לא בחינת עצמות האחוריים דאו"א עילאין וישסו"ת נתבטלו ולא נשברו, עם כל זאת נשארו בעולם האצילות. עוד נתבאר לעיל[44] כי גם בכתר היה פגם, כמו שיתבאר בהרחבה בפרק זה. צריך לדעת כי כאן הרב ז"ל מבאר כי

המלכים, שהם זו"ן, ואמרנו כי השבעה מלכים שהם זו"ן מתו ממש, וירדו אל עולם הבריאה, הכלים שלהם ואחוריים של או"א נתבטלו ולא מתו, אלא שירדו למטה בעולם אצילות עצמו, ושם ביארנו טעם לזה, ואמרנו שהיה לסיבה שהשבעה מלכים לא קבלו אורות אח"פ דא"ק, רק מגופא דיליה ואילך. והנה לטעם זה עצמו היה גם כן שינוי אחר בין ג"ר שהם כח"ב, אל השבעה מלכים התחתונים, כי הג"ר יצאו בקצת תיקון בראשונה, והוא כי כאשר יצאו בראשונה נתפשטו כסדר ג' קוין, מה שאין כן שבעה תחתונות שיצאו שזו למטה זו, וזה שכתוב באדרא רבא - עד אימת ניתב בקיימא דחד סמכא, ר"ל נתקן התיקון שהוא דרך קוין, אבל קודם שהיו זה על גבי זה, הוי קיומא דחד סמכא. וכבר ביארנו כי התיקון האצילות הוא בהיות ששה קצות עשוי בבחינת ג' קוין קשורים זה בזה, בסוד השלישי המכריע ביניהן, ואז נקרא רשות היחיד. אבל בהיותן זה על גבי זה והם נפרדין אחת מחברתה, אז נקרא רשות הרבים. ולכן הג"ר נתבטלו אחוריהם ולא מתו, **ושבעה מלכים מתו פנים ואחור**, כי יצאו בלי תיקון כלל.

ע"ח ש"ט פ"ז מ"ב דמ"ו ע"ד – ויצאו שבעה תחתונות מדעת ולמטה בלבד, וכולם יצאו מן בינה דז"א הכלולה תוך אימא עילאה כנזכר לעיל, שלא יצאה, **ואז כל השבעה מתו פנים ואחור**, וירדו בבי"ע.

42

ע"ח ח"ב ש"ל דרוש א' מ"ב דכ"ו ע"ד – גם תבין כי פרצוף האמצעי אף כי נקרא אחור בערך השלישי הפנימי מכולם, **אמנם לפעמים נקרא פנימי בערך החיצון שבכולם**. ובזה תבין מה שנתבאר אצלינו כי בעת מיתת המלכים של ז"א היה בו אחור ופנים, והוא לסבת היות בו תמיד נה"י חג"ת, ו"ק, שהם פרצוף החיצון ואמצעי כנזכר לעיל, **ואז החיצון נקרא אחור, ואמצעי פנימי בערך החיצון**, והבן זה.

43

נהר שלום די"ב ע"ד – והענין בקיצור נמרץ, ידוע כי כל העולמות מראש א"ק עד סוף העשיה, כלולים מחיצוניות ופנימיות, וכל אחד משניהם נחלק לחיצוניות ופנימיות, **ואין לך שום בריה שאינה כלולה מחיצוניות ופנימיות**, אמנם החיצוניות דכללות כל העולמות הם העיגולים דכל העולמות, והפנימיות הוא היושר דכל העולמות, וכל אחד נחלק לחיצוניות ופנימיות, שהם הכלים והאורות, גוף ונשמה, כי הכלים שהם העשר ספירות דכל פרצוף, נקרא חיצוניות בערך הפנימיות, שהם האורות והנרנח"י, המלובשים בהם. וכן בפרטות העשר ספירות הנחלקים לשלשה פרצופים, נה"י חג"ת וחב"ד, מתלבשים זה בתוך זה. **כי פרצוף דנה"י המלביש לפרצוף חג"ת נקרא חיצוניות בערך פרצוף החג"ת המתלבש בתוכו, ופרצוף החג"ת נקרא פנימיות אליו**. ופרצוף החג"ת נקרא חיצוניות בערך פרצוף החב"ד המתלבש בו, והחב"ד הוא פנימיות אליו. וכל זה הפרצוף הכלול מחב"ד וחג"ת ונה"י נקרא חיצוניות בערך הפרצוף העליון המתלבש בו, וכן על דרך זה מפרצוף לפרצוף, עד א"ס.

44

ע"ח ש"ח פ"ב מ"ת דל"ו ע"ג – אמנם השבעה מלכים תאין מתו, לפי שכליהם נעשו מהסתכלות עין בחוטם פה לבד, והיה חסר מהם אור האזן העליונה. והנה גם בג"ר עצמם יש בהם חילוק בין זו לזו, והוא)נ"א והנה(**כי מן הכתר לא ירד ממנו אפילו האחוריים, אלא האחוריים של נה"י בלבד**. אבל באו"א של הנקודים ירדו האחוריים שלהם לבד, ונשארו הפנים במקומם.

ע"ח ש"ח פ"ג מ"ת דל"ז ע"ג – והנה הכלים הראוין למלכים אלו שבעה יצאו דרך צפורני רגלים, ואף על פי שהצפרונים הם עשרה, והנקודות שנשברו אינן אלא שבעה תחתונות לבד, כנזכר לעיל. הענין הוא כי גם יש ב' מיני אחוריים דאו"א שנשברו, הרי הם תשעה בחינות. והעשירית הוא כי גם מן **הכתר היה בו קצת**

הבחינות דאו"א עילאין וישסו"ת ירדו יחד עם שבעת המלכים, הפך מה שמבואר בפרק הקודם. אלא שכאן מבאר הרב ז"ל את בחינת המוחין דאו"א עילאין וישסו"ת שנתלבשו בכלים דשבעת המלכים, וכאשר נשברו ומתו המלכים, נפלו מוחין אלו עם הכלים לבי"ע, וגם לעולמות שמתחת לעולם העשיה, שהם[45] אבי"ע דמחצב החושך.[46] עוד צריך לדעת כי הרב ז"ל לא מבאר את המוחין שהתלבשו בשבעת המלכים מהפרצופים היותר עליונים מאו"א, כמו[47] א"א ועתיק יומין, שהם בחינות נעלמות, אלא[48] ברמז דק ביותר. נמצא[49] כי נפגמו כל עשרה הנקודות.[50]

פגם, כמו שנבאר לקמן בע"ה, והוא בחינת נה"י שלו שנכנסו, והיו בסוד מוחין לאו"א, וגם הם נשברו, הרי הם עשר בחינות כנגד עשר הכלים שיצאו מצפורני רגליו. וכל בחינת יציאת אלו העשר הבלים דרך צפורניו, היו כולם לסיבת חסרון קבלתן מאור האזן העליונה כנזכר לעיל, ולכן סבה זו גרמה לכל זה ולביטול המלכים. **מבוא שערים ש"ב ח"ב פ"ד ד"ז ע"א –** מוכרח הוא ששבירת כליהם יהיה בהם שלשה מיני שינויים. אחד בכלי הכתר. ואחד בכלי או"א. ואחד בשבעת תחתונות. ואלו הן, כי השבעה תחתונות, נשברו ומתו לגמרי, הפנים והאחוריים כולם. ובאו"א האחוריים לבד נתבטלו ולא נשברו, כי נשארו בעולם האצילות כנזכר לעיל בפרק ג'. **ובכתר לא נתבטל רק בחינות חיצוניות נה"י של הכלי שלו בלבד**, ולא כל האחוריים שלו, כמו באו"א.
45

שערי קדושה, חלק ג' שער ב' – ועוד יש אור אחד מעט ונקרא **אור חשוך** וכלו דינים קשים שממנו נאצלו כל **הקליפות שבאותו עולם**, ומלביש על אור מחצב המלאכים וגם הוא תמונת אדם. וחוצה לכל אורות הנזכרים הם הרקיעים עצמן שבאותו עולם והם הנקראים גוף לאותו עולם, ובפנים ממנו חמשה אורות הנזכרים, אור האין סוף כפי ערך אותו עולם לפנים מן הכל, ועליו אור העשר ספירות, ועליו אור מחצב הנשמות, ועליו אור מחצב המלאכים, **ועליו אור מחצב הקליפות**, ועליו העולם עצמו שהן הרקיעים גוף האורות הנזכרים. ואחר כך בזה הגוף הנקרא רקיעין נבראו שם תולדות העולם ההוא והם כלולים מכל הבחינות, כי כל אחד מהם יש לו כח נמשך מן הרקיעין והוא גוף שלו, ובתוכו אור הדינין, ובתוכו אור המלאכים, ובתוכו אור מחצב הנשמות, ובתוכו אור העשר ספירות, רוכב עליהם ומחיה כולן. ואותו הכח הנמשך מאור מחצב הנשמות נקרא מזל עליון של נפש האדם השפל, והבן זה מאד. אלא שזה בבריאה נקרא מזל הנשמה, ובשיצירה נקרא מזל הרוח, ושבעשיה נקרא מזל הנפש.
46

תרשים ב – א.
47

ע"ח ח"ב שט"ל דרוש ד' מ"ב דכ"ח ע"ג – ונחזור לענין ראשון, כי הנה בדוגמת מה שביארנו בענין ארבע עולמות אבי"ע בכללות, כן הדבר בכל עולם ועולם. ונתחיל בעולם אצילות, ונאמר כי הנה היותר משובח מכל בירורי האצילות שהובררו משבעה מלכים כנזכר לעיל, **הנה אז הוברר ועלה בעתיק, והגרוע ממנו בא"א, והגרוע באו"א, והגרוע בזו"ן.** וכן על דרך זה בעשר ספירות עצמן שיש בכל פרצוף ופרצוף, וכן על דרך זה בפרטי פרטים, והדברים מובנים. וצריך שתדע כי בעת שהתחיל בירור האצילות, אז עדיין לא הוברר הבריאה כלל, וכן על דרך זה בשאר העולמות. וכן באצילות עצמו, **בעת שהובררו עתיק, עדיין כל מה שלמטה ממנו לא הוברר כלל**, וכן כיוצא בזה בכל פרטי הפרטים ואין להאריך. **נמצא כללות כל הדברים כי כל ארבע עולמות אבי"ע, וכל הפרטים שבהם, הם בירור אלו השבעה מלכים.** וענין זה הוא **שורש לכל הידיעה הזאת** של חכמת האמת וזכור זה. וכבר ביארנו בדרוש א' וב' כי אי אפשר לברר שום ניצוצין אלא על ידי זווג העליון, כי אותן הניצוצין עולין מלמטה, מן מקום אשר נפלו שם, ונכנסות בבטן הנוקבא העליונה, ומשתהות שם זמן ימי עיבור, ואז מתתקמים שם ונעשין שם בחינת פרצוף. והנה בזווג העליון שהיה לברר לברר א"א אין אנו רשאין לדבר, כי מה שלמעלה מאו"א נאמר בו – אחד קראתיו בלא שותפא דתנינא בזוהר בראשית כ"ב, ואין זווג ניכר שם, כי הנוקבא ראשונה שהיתה באצילות היא אימא עילאה, ומאו"א והלאה אנו מתחילין להזכיר בחינת זווג.
48

מבוא שערים ש"ב ח"ב פ"ד ד"ז ע"ב – ואמנם גם בכתר, היה בו גם **קצת ביטול** כנזכר לעיל, ואינו כל כך גדול כמו באו"א. והענין, כי הלא נודע שכל מציאות מוחין, הם באים מלובשים תוך נה"י מלכות של הקודם אליו, כמו שמבואר בשער ד' חלק א' פרק ה', כי המוחין דז"א באים מלובשים תוך נה"י דאימא, בסוד כונן שמים בתבונה. והנה גם המוחין דאו"א, הנמשכין אליהם מן הכתר, כנזכר לעיל ח"א פרק ו', גם הם צריכים

והחשוב מכל בפרק זה, לדעת את ההבדל **בין ביטול האחוריים דאו"א וישסו"ת**, שנשארו בגבול האצילות. לבין **המוחין דאו"א המתלבשים בכלים דשבעה המלכים**, שירדו עם המלכים דמיתו לעולמות בי"ע, וגם לעולמות של הקליפות.

וְהִנֵּה[51] **נתבאר** בפרק א' דשער זה באופן כללי ביותר **מַה**[52] **שֶׁנָּפַל בְּ**האחוריים **דאו"א** הכללים, שהם[53] בחינת החו"ג שנמשכו להם לתשלום אחוריהם[54]. **הַגַּם**[55] שאו"א הכללים **בבחינת היותן**[56] **נזלקים**

שיבואו מלובשים תוך נהי"ם של הכתר, בבחינת החיצוניות החיצון שבהם, כמו שהוא בנהי"ם דאימא לז"א, ועיין שם. והנה כיון שאלו החסדים והגבורות של או"א נפלו ונתבטלו, **ודאי שגם מלבושם שהוא חיצוניות נהי"ם דכתר, גם הוא ירד עמהם ונתבטל, והרי זה הוא גם כן פגם בנקודת הכתר**. האמנם בבחינה שכבר נכנסו באו"א, ואינם נחשבים עוד מבחינת הכתר, לכן לפעמים נכנה הכל בבחינת אחוריים דאו"א, **ולא נזכר ביטול בכתר**, לסיבה הנזכר, וזכור זה. אמנם האמת הוא, **כי בכל העשרה נקודות היה פגם וביטול**, וכנזכר לעיל בחלק א' פרק ה', שהם סוד עשרה ניצוצות צפרני הרגלים, ועיין שם. והנה להיות כי טעם ביטול נהי"ם של הכתר הוא סיבת לקיחתו מן הארת האזן המעולה בריחוק מקום בסופו, גם פגמו היה בסופו, שהם נהי"ם שלו התחתונים, וגם זה בבחינת חיצוניותם לבד, בי כבר לקח אור האזן, מכל מקום גם הוא בסופו. ובבירור הענין יתבאר לך, מש"ג ח"ג פ"ה ובפ"ג, כי מהכתר של אלו הנקודות נתחלק, חציו העליון לעתיק, וחציו לאריך, וזה החצי דאריך, הוא שאירע בו קצת פגם.
49

מבוא שערים ש"ב ח"ב פ"ד ד"ז ע"א — אם כן מוכרח הוא ששבירת כליהם יהיה בהם שלשה מיני שינויים. אחד בכלי הכתר, ואחד בכלי או"א. ואחד בשבעת תחתונות. ואלו הן, כי השבעה תחתונות נשברו ומתו לגמרי, הפנים והאחוריים כולם. ובאו"א האחוריים לבד נתבטלו ולא נשברו, כי נשארו בעולם האצילות, כנזכר לעיל בפרק ג'. ובכתר לא נתבטל רק בחינות חיצוניות נה"י של הכלי שלו בלבד, ולא כל האחוריים שלו, כמו באו"א.
50

תרשים ב — ב.
51

כרם שלמה ש"ט פ"ב אות א' — מה שכתב והנה נתבאר מה שנפל מאו"א. האחוריים דווקא, ולא הפנים גם כן, מה שאין כן הזו"ן שנפלו בין בחינת האחור, ובין בחינת הפנים שלהם, כנזכר במקום אחר. ואפילו אחוריים שנפלו כבר נתבאר פירושם לעיל, שהם בחינת החו"ג שנמשכו להם לתשלום אחוריהם, ואלו הם שנפלו, שהם החו"ג, ואותה הבחינה של האחוריים שנשלמה להם עתה, ולא האחוריים שלהם הראשונים.
52

כרם שלמה ש"ט פ"ב אות א' — מה שכתב, והנה נבאר מה שנפל מאו"א. **האחוריים** דווקא שלהם, ולא הפנים גם כן, מה שאין כן הזו"ן שנפלו בין בחינת האחור ובין בחינת הפנים שלהם, כנזכר במקום אחר.
53

כרם שלמה ש"ט פ"ב אות א' — ואפילו אחוריים שנפלו, כבר נתבאר פירושם לעיל, שהם בחינת החו"ג שנמשכו להם לתשלום אחוריהם, ואלו הם שנפלו, שהם החו"ג, ואותה הבחינה של האחוריים שנשלמה להם עתה, ולא האחוריים שלהם הראשונים.
54

מבוא שערים ש"ב ח"ב פ"ד ד"ז ע"א — ונבאר תחילה נפילת האחוריים דאו"א מה ענינם, הנה כבר נתבאר בחלק א' פרק ו', כי החסדים והגבורות הניתנים בזכר ובנקבה, הם הם המצירים ובונים ומשלימים חסרון חצי האחוריים של הזכר והנקבה, ועל ידי כך גורמים חזרת הזכר והנקבה פנים בפנים. ולכן אלו החסדים והגבורות, פעם נקרא בחינת אחור באחור, יען הם המשלימים האחוריים. ופעם יקרא פנים בפנים, יען על ידי השלמתם חסרון האחוריים, נמשך מזה חזרתם פנים בפנים. האמנם עיקרם הוא בחינת האחוריים, בהיותם אחור באחור, כי אין האחוריים נגמרים אלא מהם ממש. ועיין ש"ג ח"א פרק ד', ועיקר אמיתת זה נתבאר בש"ד ח"ב פרק ו'. והנה בהיות או"א טרם יציאת המלכים האלה מבטן המלאה, כבר היו אפין באפין, ונשלמו

לארבעה [ד"מ ע"ד 80] **פרצופים כנזכר לעיל** והם[57] או"א עילאין וישסו"ת, **וגם נתבאר**

בפרק הקודם **סדר יציאת שבעת המלכים** דנקודים ממעי הבינה, סדר מלכותם, שבירת הכלים שלהם וירידתם לבי"ע, ועוד התבאר בפרק הקודם מקום ירידת אחוריים דאו"א עילאין וישסו"ת. נמצא[58] שירדו סך הכל י"א בחינות, שהם שבעה המלכים, והמוחין דארבעת האחוריים דאו"א וישסו"ת שהתלבשו בשבעה המלכים, וכולם ורדו לבי"ע ולקליפות.

בפרק הקודם ביאר הרב ז"ל כי האחוריים[59] דאו"א עילאין נפלו למקום חסד גבורה ושליש העליון דתפארת של המלכים דמיתו, וישסו"ת למקום ב' שלישים תחתונים דתפארת ונהי"ם דמלכים דמיתו. כאן[60] הרב ז"ל מבאר כי גם האחוריים

אחוריהם על ידי המוחין שבהם, החסדים והגבורות שנמשכו בהם מזווג הכתר מיניה וביה, כנזכר לעיל פרק ו' מח"א. כי פעם הראשונה חזרו או"א פנים בפנים, שלא על ידי מעשה התחתונים, ובלי מיין נוקבין. ואז ניתנו באימא השבעה מלכין, והיו בה כך אחר כך בסוד מיין נוקבין, להעמיד או"א על עומדם, באותם המוחין ופנים בפנים. אמנם אחר הפעם הראשונה, אי אפשר לשום זווג פנים בפנים רק על ידי העלאת מיין נוקבין, ולכן אם כאשר יצאו שבעה המלכים היו קיימים ולא היו מתים, היו מעלין תמיד מיין נוקבין בבינה, כי הבנים הם המעלים תמיד המיין נוקבין, והיו מעמידין תמיד את או"א קיימים פנים בפנים במוחותיהם. אמנם במות אלו המלכים, חסר בחינת מיין נוקבין באימא, ולכן לא נתקיימו המוחין באו"א, הגורם להם בחינת פנים בפנים כנזכר לעיל. ואז אותה הבחינה של החסדים והגבורות של או"א המגדלת אחוריהם, ירדה גם היא למטה, וחזרו או"א אחור באחור, **נמצא כי האחוריים שנפלו מאו"א, הם בחינת החסדים והגבורות שהיו בהם, אשר השלימו אחוריהם כנזכר לעיל, וירדו החסדים והגבורות, וגם בחינת חצי האחוריים שלהם, שגדלו על ידי החסדים והגבורות הנזכר.** והנה להיותם או"א חסרים אור האזן, הגדול מן שאר האורות חוטם ופה, ולכן גם חסרונם היה גדול, שהם החסדים והגבורות, שהם הבחינה המחזרתם פנים בפנים.
55

ע"ח ש"ח פ"ו מ"ת דט"ל ע"ד – ואמנם למטה בע"ה נבאר סדר או"א ומציאותן, ושם נאמר כי אבא כולל עשר ספירות, וכן אימא כלולה מעשר ספירות, וכן זו"ן מעשר ספירות. והנה כמו שז"א הנקרא ישראל כלול, הוא מעשר ספירות ונחלק לב', נגד לאה ורחל, ונמצא שרגלי לאה עד שליש תפארת דז"א, שהוא בחזה שלו, ומשם ולמטה מתחיל ראש רחל. כן הענין באו"א, כל אחד מהם נחלק לב' חצאין, וב' **חצאי העליונים של או"א נקרא או"א עילאין וב' חצאי התחתונים נקרא ישראל סבא ותבונה.** וכאשר נעריך כל זה בבחינה אחת, נמצא כי ראש ישראל סבא ותבונה הם בחזה, ספירת שליש תפארת דאו"א עילאין, עיין לקמן.
56

כרם שלמה ש"ט פ"ב אות א' – ומה שכתב עוד **גם היותן נחלקים לארבעה פרצופים כנזכר לעיל.** מפני שרוצה לומר אחר כך חשבון הכל מה שיורד, הם י"א, שהם בחינת י"א סמני הקטורת, ואם האחוריים דאו"א אין נחשבים כי אם לשנים, לא נמצאו כי אם תשע, ואנן י"א בעינן.
57

תרשים ב – ג.
58

שער ההקדמות, דרוש בסדר ירידת ז' מלכים ונפילתם וירידת אחוריים דאו"א ואיך נעשה הכל ביחד דכ"א ע"ג – הרי נתבאר ענין יציאת שבעה המלכים, וסדר מלכותם, ומיתתם, וענין מה שנפל מאו"א, ואיך הם ארבעה פרצופים. נמצא כי כללות מה שירד היא ארבעה אחוריים של ארבעה פרצופי או"א וישראל סבא ותבונה, ושבעה המלכים, שהם כללות ז"א ונוקבא. סך כולם י"א בחינות.
ספר הליקוטים, פרשת דברים פ"א דנ"ה ע"א – אחד עשר יום מחורב דרך הר שעיר עד קדש ברנע. כנגד שבעה מלכים דמתים, וארבעה אחוריים דאו"א. והם י"א יום, והם דרך הר שעיר, בסוד מלכי אדום, והם סוד י"א יריעות עזים. נראה לעניות דעתי דוד. שרומז לשבירת הכלים, שמסיגיהם יצאו י"א דקליפות כנודע, וזהו י"א יום מחורב. דרך הר שעיר, הוא עשו ראש הקליפות, ודרך הוא כינוי לנוקבא.
59

דאו"א עילאין וישסו"ת נפלו לבי"ע ולמחצב החושך, והם הולכים[61] ומתבררים מן הסיגים שבהם מכל אבי"ע ומחצב החושך. **דע כי בפרק זה מדובר**[62] על הלבושין ומוחין[63] דאו"א וישסו"ת שיתלבשו בשבעת המלכים **לפני**[64] **תיקון**

60

מבוא שערים ש"ו ח"ב פ"א דנ"ו ע"ד – ועיקר הדבר איך היו שבעה ונעשו י"א. הוא כי ארבע אחוריים נשברו מן חו"ב וישסו"ת, ונתחברו למעלה משבעה מלכים אלו עמהם, והיו י"א. ואל תתמה איך מחו"ב כו' היו קליפות, **כי זהו מבחינה שמתלבשת בזו"ן למטה, להיות להם מוחין, ובאותה הבחינה נחשבת כזו"ן ממש, וכמו שנעשו ראש לז"א, כן נעשו סיגיהם ראש אל שבעה מלכים**, והיו י"א סמני הקטורת, והיו י"א שירדו למקום זו"ן בעת שבירתם, אם כן יחשבו כזו"ן ממש, כמבואר בסוד הקדיש.

מגילת איכה, איכה ישבה בדד העיר רבתי עם וגו' ד"ח ע"ב – הגה"ה, אמר שמואל, ובספרי ספר תוצאות חיים כתבתי, שבזמן שישראל היו זכאין, היו מכניעין את אותם עשר שיש בקליפה תחת ידם, וזה שאמר הכתוב - וישכן ישראל בטח בדד עין יעקב, וזה היה באמצעות הקטרת שהיו מקטירים בבקר ובערב, **שהיו בו י"א סימנים, כנגד עשר שבקליפות, והאחד עשר הוא המחיה את כלם**, וכלם היו נכנעים תחת עשר שבקדושה כנודע לנו, וזה סוד מה שמסר השט"ן למשה רבינו ע"ה, כמו שאמרו חז"ל, כך נראה לעניות דעתי.

61

מבוא שערים ש"ו ח"ב פ"א דנ"ו ע"ד – וכבר ידעת, כי באלו המלכים יש בחינת כלים, ובחינת אורות, שהם רפ"ח ניצוצין, הנקראים הבל דגרמי המחייה אותם, ומכל אלו הבחינות יש בירורין, הן מהכלים הן מהאורות, ובהיותם אלו המלכים למטה בלתי בירור, אין להם זולתי חיות מועט בצמצום גמור, שלא יאבדו לגמרי, ונקרא הבל דגרמי, אך אין להם מזון כלל, עד שיעלו לאו"א להתברר, ושם ניזונין מזון גמור, כמבואר אצלינו במשנת שבועות, שנים שהם ארבע. **והנה מלכים אלו דמיתי, יש בהם כל בחינת אבי"ע כנזכר לעיל, ואין לך דבר בעולם בכל העולמות כולם, וכן בכל חלקי העשיה, כמו הדומם והצומח והחי והמדבר, שאין בכל אלו ניצוצות קדושה הנתונות תוך הקליפות, וצריכין להתברר**, וכאשר יכלו להתברר כל הקדושה שבתוכם, ולא יישארו רק הסיגים לבדם, הם הקליפות בלתי תערובת קדושה כלל לגמרי, אפילו כחוט השערה, אזי כתיב בלע המות לנצח, והרשעה כולה בעשן תכלה, כי אז הסיגים הנשארים מן הכלים הנשברים של המלכים, יישארו בלתי שום חיות, וימותו לגמרי ויתכלו, משאין כן עכשיו, שהניצוצות של הקדושה הנתונות בתוכם מחיות אותם, וזה סוד הנמרץ, אל חשק ותאוות הקליפות להטעות את האדם מה הוא, לגרום חיות להם, והבן זה. **ונמצא, כי בכל ארבע עולמות אבי"ע, יש בהם בירור מלכים אלו**, רק שבאצילות הוברר בו אותו החלק שבמלכים, הראוי להיות אצילות. והחלק שאינו ראוי לאצילות ירד בבריאה. לפי שבערך האצילות נקרא סיגים, ולכן יורדים אלו בבריאה, ושם חוזרים להתברר, והראוי שם נשאר שם, והשאר נקרא סיגים בערך הבריאה, ויורד ביצירה, וכיוצא בזה. עד שיורד בנוקבא תתאה דעשיה, ושם נגמר להתברר, ומה שאינו מתברר שם, הוא סיגים גמורים, וקליפות גמורות הנודעות, שהם תחת מלכות דעשיה. שהם קליפות הקשות והאמיתית, וכשאלו יגמרו להתברר, אזי כתיב בלע המות לנצח, כי נתקן שיעור האדם הנזכר לעיל בכל קומתו, עד סיום הרגלים.

62

ע"ח שכ"ג פ"א מ"ת דק"ו ע"א – והענין כי הנה נתבאר לעיל כי בעת לידתו, עלו אלו האורות של הכלים של נה"י דתבונה למעלה בחצי תחתון של התפארת שלה, ונתרוקנו אלו הכלים מן האורות שלהם עצמן, ולא נשאר בהם שום חיות כלל ועיקר, בסוד אין התורה מתקיימת אלא במי שממית עצמו עליה. ואז בהיותן כלים ריקים **נכנסו לתוכן המוחין דז"א**, שהם מן החכמה שבו עד למטה, שהם תשעה ספירות, ונתלבשו בתשעה פרקין שיש בנה"י של התבונה. ואחר כך נתלבשו כולם תוך ז"א, מחכמה שבו ולמטה, כמו שנבאר בע"ה. ונמצא כי הכלים והגוף של אלו המוחין הם בחינה אחת, שהם הכלים וגופניות התבונה עצמה, אבל האורות והרוחניות והנשמה שבהם, הם המוחין של הז"א עצמו. אמנם לפי שכבר נסתלקו אורות שלהם, ונכנסו אורות הז"א במקומם, לכן **אלו הנה"י דאימא מתחלפין מטבעם הראשון, ונהפכים להיות עצם מעצמו ובשר מבשרו של הז"א עצמו**, וכגוף עצמו, דמיון ממש, **ואינן נקראין אלא בשם גופא דז"א** ממש.

ע"ח ח"ב שכ"ג דרוש ו' מ"ב די"ב ע"א – ועתה נבאר **צ'** דצלם שנעשית מנה"י הראשונים דתבונה השלישית שהיא השניה. והנה האורות שהם המוחין דז"א, מתלבשין בתוכם, והלבוש נגרר אחר הרוחניות,

טפל לו, ולכן הכל נחשב ומתייחס לגוף הז"א, ולא אל התבונה, **והלבוש מסתלק מטבעו הראשון שהיה של תבונה, ונעשה טבע הז"א עצמו, וחוזרין להיות גופא דז"א ממש**, ונקרא עצם מעצמו ובשר מבשרו, כי הגוף מתנהג אחר הרוחניות אשר בתוכם.
63

מבוא שערים ש"ב ח"ג פ"ט)הגהה לרב יפה שעה(– והנה מבואר הוא, שאנו מעלים מ"ן דזו"ן דאצילות. אמנם מה הם הבחינות שאנחנו מעלים אותם בסוד מ"ן, אנן בדידן ברור הוא, שעל ידי עסקינו בתורה, וקיום מצותיה, ותפילתנו, מתבררים חלקי שברי הכלים, וחלק רפ"ח ניצוצי אור שבהם, שבכל עולם מבי"ע, ואנו מעלים אותם עד או"א. וכן זו"ן דאצילות מעלים מ"ן אל או"א, כי הם מבררים מחלקי אחוריים דאו"א שנפלו באצילות עצמו, ומעלין אותם למ"ן עד אריך ונוקבא לתקנם. שכל תיקון או"א אינו נעשה אלא על ידי אריך ונוקבא, וכן או"א מעלים מ"ן אל אריך ונוקבא, כי הם מבררים מחלקי אחוריים נה"י דכתר שנפגמו בעת השבירה כנודע, ומעלין אותם למ"ן עד עתיק לתקנם, שכל תיקון אריך אינו נעשה אלא על ידי עתיק. ואריך מעלה הביררוין דעתיק למ"ן **עד רום המעלות**, שהוא א"ק. אמנם צריך שתדע, שכשירדו שברי הכלים עם ניצוצי אור דרפ"ח בתוכם בבי"ע בעת השבירה, ירדו בחלק התלבשות שלקחו, ונתלבש באחוריים דאו"א שנשארו באצילות, ואותו חלק התלבשות ירד עמהם לבי"ע. וכמו שכתב רבינו ז"ל בספר זה לקמן בשער הקליפות, וז"ל – ועיקר הדבר איך היו שבעה ונעשו י"א, הוא כי ארבע אחוריים נשברו מן חו"ב וישסו"ת, ונתחברו למעלה משבעה מלכים אלו עמהם, והיו י"א. ואל תתמה אך מחו"ב היו קליפות, **כי זהו מבחינה שמתלבשת בזו"ן למטה, להיות להם מוחין, ובאותה הבחינות נחשבות כזו"ן ממש**, וכמו שנעשו, יע"ש. הרי שגם בירידתם למטה בבי"ע, ירד עמהם חלק התלבשות מאחוריים דאו"א שלקחו, ולכן כשאנו מבררים מחלקי הכלים, ומחלקי ניצוצי אור דרפ"ח מעולמות בי"ע, גם עמהם מתבררים מחלקי התלבשות אחוריים דאו"א שעמהם למטה בבי"ע, והכל אנו מעלין למ"ן עד או"א, ואו"א כדי לתקן אחוריים שלהם, מתקנים גם ניצוצות מכלים ודרפ"ח דזו"ן....
64

ע"ח שי"א פ"ט דנ"ה ע"ג – ז"א היה בו תחלה בימי המלכים ו"ק, **ובתוכם מוחין דנפש דנה"י דאימא, החיצונות כשנולד** קודם התיקון, ואחר כך נשברו ונפרדו, והאורות דנה"י עלו למעלה, וו"ק הכלים ירדו למטה בבריאה.

ע"ח ח"ב של"יד פ"ב כלל ט' דמ"ו ע"ג – וזה סוד וכל בשליש עפר הארץ, שהוא הכלי של המלכות הנקרא עפר הארץ, מדדו המאציל כשיעור העטרה, שהוא שליש היסוד. ופסוק זה **נאמר בין בבחינה הראשונה של המלכות הנקרא ארץ**, בזמן **המלכים שמלכו בארץ אדום, שהיתה היא עצמה עטרה** כנזכר לעיל, **ובין בזמן** התיקון **שנפרדה המלכות פרצוף בפני עצמה** כמו שכתוב, אז נשארה העטרה דבוקה שם ביסוד, ועליה נאמר וכל בשליש עפר הארץ. והנה הסבה שמתחלה יצאה המלכות תחת בחינת עטרה ולא במקום אחר, וגם למה היתה דבוקה שם, הטעם הוא כי נודע **כי לעולם אפילו קודם התיקון דנה"י דאימא היו נכנסין תוך גופא דז"א, על דרך שאר הזמנים**. והנה נצח הוד הם סתומים, אך היסוד הוא פתוח תוך ז"א, **והוא בקו האמצעי**, וייוצאין אז האורות דרך היסוד, ומתקנים שם את המלכות. על כן יש לה שורש שם בסוד העטרה, **וזכור טעם זה לכל הזמנים**, ולכל המדרגות, המלכות שלעולם אין דיבוקה והתחלת יציאתה **אלא בקו האמצעי**, נגד היסוד, או נגד התפארת, או נגד הדעת וכיוצא, וכמו שנבאר בע"ה.

באתי לגני ח"ב שי"א פ"א דקכ"ב ע"ב – ואמרתי לרשום לעניות דעתי ברשות קובה"ו ואם אפשר לומר, שהשבעה מלכים לעולם עמידתם דרך קיום, אמנם הארתם זה בזה לא היתה דרך קיום, אלא מחסד לגבורה וכיוצא.]כמו שמיצינו גם עתה אחר התיקון כעין זה, בהתפשטות החמשה חסדים כפי הסכמת מהרח"ו ז"ל כנזכר במקומו. ובאמת צריך להבין טעם לסדר התפשטות החסדים שאינו בדרך קיום, ואפשר לומר שמכיון בתחילת תיקונם בעתיק יומין האירו זה בזה בדרך קיום ונתקשרו ונתחברו בקשר אמיץ, תו לית לן בה זה אם אחר כך ילכו האורות מחסד לגבורה וכיוצא, שוב ראיתי להאש"ל זלה"ה אות ד' שנכנס בזה, עיין שם[. ומפני זה נקראו שהם חד סמכא, ולא היו מקושרים ומחוברים זה בזה, וכיוצא באלו הלשונות)עיין אש"ל דט"ו ואפילו שהוא תפש כפשט המובן(. ואם אפשר לומר כן, **נראה שיישוב קצת ענין התלבשות נה"י דאימא בשבעה מלכים קודם התיקון**. גם ענין היותם שבע ונחלקים לעשר בחינות, כל ב' פרקין לספירה אחת,

המלכים, וכאשר נשברו ומתו המלכים דנקודים, גם הלבושים של המוחין הניתנים מפרצופי או"א עילאין וישסו"ת ירדו לבי"ע ולקליפות, בסוד [65] י"א סמני הקטורת, י"א [66] יריעות העיזים, י"א אלופי עשו, ובסוד [67] גלות השכינה, כדי [68] לפרנס

וכנזכר במקום אחר. ועיין שמן ששון פרק ב' דשער י"ח אות ד'. וכן אפשר שיובן התלבשות הנקודים לתנה"י דא"ק כמו שכתוב בפרק ג' דנקודים. **והוא רחום יכפר כגודל חסדיו,** כי בדרך אפשר אני אומר כן.
65

ע"ח ח"ב שט"ל דרוש ג' מ"ב דכ"ח ע"א – דע כי בעת מיתת המלכים כאשר ירדו למטה, היו בהם כל הבחינות שהם אבי"ע. והנה בחלק עשייה עצמה יש ארבעה בחינות, והם כסדרן ממטה למעלה, דומם צומח חי מדבר. והענין, כי בוודאי שאפילו בדומם שהוא עפר והאבנים וכיוצא בהם, הוא מוכרח שיהיה בהם חיות רוחניות, ומזל ושוטר עליו מלמעלה, דאם לא כן לא היתה עפר מוציאה דשאים וזרעים, אם לא היה בהם חיות. אמנם מדרגות חיות דצומח הוא למעלה מהם, כי אנו רואין שהוא צומח וגדל כבני אדם, ובוודאי כי חיות אשר בתוכו גורם לו גידול הזה. וחיות הבעל חי למעלה מהם שיש בהם נפש יותר בבירור, וכמו שמבואר, ורוח הבהמה היורדת למטה בארץ. וחיות האדם המדבר הוא למעלה מהם, **ואין לך שום נברא בעולמות כולם שאין בהם מן בירור המלכים הנזכרים לעיל**. והכל נכלל בהן, **ומכל הבחינות הנזכרות לעיל יש בקליפות מן מיתת המלכים**. והנה מן כל הבחינות הנזכרות לעיל הם נבררין ויוצאין מתוך הקליפות. ואמנם היותר מעולה שבהם הובררה באצילות, והגרוע ממנו הובררו בבריאה, והגרוע ממנו ביצירה, והגרוע ממנו בעשיה. ובעשיה עצמה יש ארבעה בחינות הנזכרות לעיל, כי המובחר שבו הוא האדם, והגרוע ממנו הוא בעל חי, והגרוע ממנו הוא הצומח, והגרוע ממנו הוא הדומם, והגרוע מכולם הוא הנקרא זוהמא דדהבא, וזה לא הועיל כלום, ונקרא קליפות, הוא כי לא יוכלו להתברר, והם דינין קשים וחזקים עד מאד, שהם הקליפות ממש. **והנה מוכרח הוא שיש בתוך אלו הקליפות קצת ניצוצי קדושה קטנים עד מאד, שהם בחינת י"א סמני קטורת**, כמו שכתוב במקומו. נמצא כי מכל אלו הבחינות הנזכרות לעיל יש בקליפות. וצריך האדם במעשיו לתקנם ולברר ולהעלותם ממדרגה למדרגה, וכאשר יושלמו להתברר כל אלו הי"א סמני הקטורת, אז בלע המות לנצח כנזכר בדרוש א'.

ספר הליקוטים, פרשת בהר ד'"נ ע"ד – והנה בימות החול, אז יש מלאכה, כי המלאכה מורה על היות הדברים צריכים תיקון על ידי מעשה, כי אלו הקדוש ברוך הוא ברא את עולמו כמו שיהיה לעתיד לבוא, כמו שכתוב - יהי פסת בר בארץ, שתוציא הארץ גלוסקאות וכו', לא היו צריכים לעשות כמה מיני מלאכות כדי לאכול. אך עתה צריכים לעשות כמה מיני מלאכות, לחרוש ולזרוע, ולהוציא התבן והמוץ והסובין שהם הקליפות, ואחר כך לתקנו על ידי האש, שהוא אפיית הפת, גמור כל המלאכות, ואז נשלם ונתקן, וכן כל שאר המלאכות. וכמו שמצינו לרבי עקיבא, שהשיב לטורנוסרופוס מענין התורמוסין שצריכים להמתק, והחטים לטחון וכו'. **כי הרי ביארנו, איך כל מה שיש בכל העולמות כולם, הם מסוד אלו השבעה מלכים. ואין לך דבר, שלא בא משבעה מלכים אלו**. והנה, אם אלו המלכים לא היו מתים ומתבטלים, ונעשים קליפות מהם, לא היו צריכים בירור, כי מעצמם היו מבוררים, ולא היו צריכים אל תיקון כלל, אך עתה שמתו, והם צריכים תיקון, אנו צריכים תפילות ומעשים טובים ומצות, כדי לתקנם על ידינו, ולהעלותם בסוד מ"ן.
66

שער הפסוקים, כי תבוא, ארור האיש אשר יעשה פסל ומסכה ד'"מ ע"ב –)מזולתו(כבר הודעתיך, ענין י"א סימני הקטרת. וענין עשתי עשרה יריעות עזים. וענינם הוא, כי כמו שיש עשר ספירות דקדושה, כן יש עשר ספירות של הקליפות. ועוד יש בתוכם ניצוץ אחד של קדושה, המחיה אותם, בסוד ומלכותו בכל משלה. אמנם יש חילוק אחד ביניהם, והוא, כי העשר ספירות של הקדושה, הנקראים עצמות וכלים, הנה העצמות שהוא החיות המחיה אותם, הוא מובלע ומתעלם בתוכם וכמו שמבואר. **אמנם העשר קליפות אין חיות הקדושה מובלע בתוכם, כי אין הקדש מתערב בחול, אמנם עומד למעלה מהם, ומשם מאיר ומחיה אותם מרחוק**, ועל כן מספרם י"א. וכמו שכתוב בזוהר בפרשת תרומה, בענין עשתי עשרה יריעות. גם ביארנוהו שם במקומו. וזה סוד ג' בחינות י"א שזכרנו.

שער המצות, פרשת עקב דמ"א ע"ב – ועתה נבאר הקדמה אחת רבת התועלת וכוללת. והנה בדרוש של השביעית החחלנו לבאר התחלתה, ועיין שם. דע כי בתחלת האצילות נאצלו שבעה המלכים הנודעים, וכאשר מתו וירדו למטה מעולם, שהוא עתה נקרא אצילות, הנה בהם היו כל העולמות, וכל הנבראים כלם, ובהם היו כוללים ארבעה עולמות אבי"ע, ולכן כאשר חזרו ונתקנו והובררו מן הסגים המעורבים בהם, **ולא הוברָרו**

בפעם אחד, ובבת אחת. אמנם בתחלה הוברר כל מה שהיה בהם מחלק עולם האצילות בלבד, והמובחר שבהם הוברר ונתקן ונעשה ממנו עולם האצילות. והיותר גרוע ממנו נעשה עולם הבריאה. ואחר כך הוברר היותר גרוע ונעשה יצירה. ואחר כך הוברר היותר גרוע, ונעשה עולם העשיה, **ויותר גרוע ממנו שלא יכול להתברר, אז הוא נשאר בתוך הקליפות בסוד חיות ונשמה אליהם כנודע, בסוד י"א סמני הקטורת.** והנה מכל בחינות אלו הנזכרים, נשארו בחינות מהם בתוך הקליפות, שלא יכלו להתברר, אז והנה הם מתבררים מאז ועד עתה עד ביאת המשיח, כי אז בלע המות לנצח, ויהיה כל הקדושה מתבררת, וכל הקליפה תשאר לבדה בבחינת סיגים, והרשעה כולה בעשן תכלה.

ספר הלקוטים, פרשת תרומה דט"ל ע"ב – ועשית יריעות עזים לאהל על המשכן עשתי עשרה יריעות וכו'. הטעם שהיו שהיו י"א יריעות, וגם כן י"א סימני הקטורת, וי"א ארורים שבפרשת כי תבא, הם סוד עשר קליפות, ויש בהם חיות הקדושה להחיותם. והנה בעשר ספירות של הקדושה אז נבלעת בתוכם הקדושה שלהם, ונחשבים לעשר ספירות לבדם, אבל בקליפות אין החיות מובלע בתוכם, כי אין קדש מתערב בחול, אך עומד על ראשם, ומשם מאיר להם, ואז הם נחשבים לי"א, וזהו כל המוסיף גורע. ואחד עשר ארורים שבפרשת כי תבא, הראשון הוא ארור האיש אשר יעשה פסל ומסכה וכו', והוא כנגד אריך שבקליפה, וזה שכתב רשב"י ע"ה - ארור האיש אשר יעשה הא"י שבקליפה בא"י של הקדושה, הנקרא בסתר, וזה מה שכתב - ושם בסתר, בסתרו שלעולם, והוא א"י המסתתר ומתלבש תוך האצילות כנודע. ולכן יש עד תיבת בסתר י"ג תיבות, כנגד י"ג תיקוני דיקנא. ואחר כך מקלה אביו ואמו, כנגד או"א. אחר כך חמשה ארורים אחרים, כנגד חמשה ראשונות של זעיר, שהם כח"ב ח"ג. אחר כך ארור שוכב עם אחותו, כנגד תפארת דז"א, כי שם התפארת עם אחותו ביחוד, מה שאין כן בחמשה ראשונות.

ספר הלקוטים, פרשת האזינו דס"ח ע"ד – ואמר אי אלהימו צור חסיו בו. מילת א"י הם י"א, כנגד י"א אלופי עשו, וי"א ארורים שבפרשת כי תבא, וי"א סמנים של הקטורת, וי"א ימים מחורב דרך הר שעיר, וי"א יריעות עזים. **ועשר ולא י"א שאמר בספר יצירה,** והבל סוד אחד להם, **וכל המוסיף מעשר גורע.** ובעוונות הי"א יריעות עזים על המשכן, והם סוד שרפים עומדים ממעל לו, ולכן הבית ימלא עשן, בסוד - ויבאו בני האלהי"ם להתיצב על הוי"ה. וסוד י"א יום מחורב, ר"ל מחורבה, כי הם דרך הר שעיר עד שיבא קדש ב"ר נ"ע ימי הקדושה בעזרת השם. וסוד סמני הקטורת להמתיקם בקטורת, והם תיקון למגפה ב"מ.

בן איש חי, שנה ראשונה, פרשת מסעי פתיחה – ויסעו ממרה ויבאו אילמה, ובאלים שתים עשרה עינות מים ושבעים תמרים ויחנו שם. נראה לי בס"ד - ויסעו ממרה - **היא הקליפה קשה ומרה כלענה** שנפרדו ממנה. ויבאו אילמה, חלק התיבה לשתים וקרי - בה **א"י** למ"ה. **דידוע שיש שני בחינות בירור י"א סמני הקטורת,** האחד הוא של בחינות דכורא התפארת, והם הרמוזים בפסוקי תורה של - קח לך סמים נטף ושחלת וכו', שאנחנו אומרים בכל יום. והשני הוא של הנוקבא מלכות והם הרמוזים בברייתא שהיא תורה שבעל פה והיא - תנו רבנן פטום הקטורת כיצד וכו', הצרי והצפורן וכו', שאנחנו אומרים בכל יום. ובזה פרשתי בס"ד רמז הכתוב - **אי** זה בית אשר תבנו לי **ואי** זה מקום מנוחתי, דקאי **א"י** חד על בירור בחינת י"א סימנים של התפארת, **וא"י** חד על בחינת בירור י"א סמנים של המלכות. וידוע כי התפארת הוא בחינת שם הוי"ה במלוי אלפי"ן שעולה למספר **מ"ה,** לכך מה כינוי לתפארת, ועוד נמי תיבת **מה** היא כינוי למלכות, בסוד מה שכתב רבינו האר"י ז"ל על פסוק - מה אשיב להוי"ה. נמצא תיבת **מה** קאי על התפארת וקאי על המלכות. ולזה אמר ויבאו **א"י** רמז לבירור י"א סמני הקטורת, למ"ה - נרמז כאן על בחינת התפארת ועל בחינת מלכות דשניהם מכונים בשם **מה,** דעל ידי הפרדת ישראל מן הקליפה מצליחים בבירור של י"א סימנים לבחינת התפארת הנקרא מה, ולבחינת המלכות הנקראת מה.

ברכת הרי"ח, פרשת נשא – ישא הוי"ה פניו אליך וישם לך שלום. נראה לי בס"ד, ידוע שכל יום נעשה בירורים מן י"א סמני הקטורת, שלוש פעמים ביום באמירתם, שתים בשחרית, ואחת במנחה, והם כנגד בי"ע. ואחר שנשלמים כל הבירורים של י"א סמני הקטורת הנזכרים כולם, **אז נזכה לשלום גמור ושלם, של זמן ימי המשיח** שיבוא במהרה בימינו אמן.

67

תניא, אגרת הקודש פכ"ה דקל"ט ע"ב – אלא שבארצות העובדי גילולים, החיות הוא על ידי התלבשות שרים החיצוניים הממונים על שבעים אומות. דהיינו שיורד ניצוץ מדבר הוי"ה, הנקרא בשם מלכות דעשיה, ומאיר על השרים של מעלה, בבחינת מקיף מלמעלה, אך אינו מתלבש בהם ממש, אלא נמשך להם חיות

את הרפ"ח ניצוצין. והם[69] הם סוד מיעוט הירח, שללבנה יש י"א יום פחות בשנה בערך לחמה. והם[70] י"א יום שהלכו בני ישראל מחורב לקדש ברנע, וי"א יום אלו נתלבשו בקליפות, בסוד השכינה המתלבשת בקליפות, **ודי למבין.**

ונמצא[71] כי ירדו לבי"ע ולמחצב החושך **שבעת המלכים** דנקודים, **שהם ז'עיר ונוקבא, ועוד** המוחין ד**ארבעה אזווריים דאו"א עילאין** ויש**סו"ת** שהתלבשו בשבעת המלכים, **וכל**

מהארה זו שמאיר עליהם מלמעלה, בבחינת מקיף. ומהשרים נשפע חיות לעובדי גילולים, ולבהמות, חיות, ועופות שבארצותיהם, ולארץ הגשמית, ולשמים הגשמיים, שהם הגלגלים. (אלא ששמים וארץ ובהמות וחיות ועופות טהורים נשפעים מקליפת נוגה, והטמאים ונפשות העובדי גלולים משאר קליפות.) והנה שמים וארץ וכל אשר בהם, בארצות עובדי גלולים, כולם כלא ממש חשיבי לגבי השרים, שהם חיותם וקיומם. והשרים כלא ממש חשיבי לגבי החיות הנמשך להם, מהניצוץ מדבר הוי"ה, המאיר עליהם מלמעלה. ואף על פי כן החיות הנמשך לתוכם מהארה זו, הוא בבחינת גלות בתוכם, שלכן נקראים בשם אלהים אחרים, וקרו ליה אלהא דאלהיא, שגם הם הן בחינת אלהו"ת. ולכן העובדי גילולים הנשפעים מהם הם עובדי עבודה זרה ממש, עד עת קץ שיבולע המות, והסטרא אחרא, ואז אהפוך אל עמים כו', לקרוא כולם בשם הוי"ה. **ונקרא גם כן בשם גלות השכינה**, מאחר שחיות זה אאשר זה בבחינת גלות בתוכם, הוא מהארה הנמשכת להם מהניצוץ מדבר הוי"ה, הנקרא בשם שכינה.

68

שער המצות, פרשת ויקרא די"ט ע"ב – וענין להרע או להטיב פירושו, כי השתי אותיות האחרונות של הוי"ה הנזכרים הם להרע, ושתי אותיות הראשונות הם להיטיב. ונמצא שהתחיל מלמטה למעלה. ובזה יתורץ ענין מה שכתוב בגמרא - שבועה שאוכל ושלא אוכל. **והענין הוא כי הנה בודע שהשבעה מלכים דמיתו הם זו"ן, שהם שני אותיות ו"ה האחרונות, כי אות ו' הוא ז"א, הכלול משש קצוות, ואות ה' היא במלכות.** ומרוב הסיגים שבהם, שהם בחינת הרע, לכן מתו ונתבטלו, ולכן להרע הוא בהם. אבל שתי אותיות י"ה הראשונות, הם באו"א, והם להיטיב, כי כולם טוב, כי לא היה בהם סיגים רעים, ולא מתו כנודע. והנה להטיב משמעותו להטיב לאחרים. והענין הוא זה, כי הנה כאשר מתו שבעה מלכים דזו"ן, שהוא ענין ירידתם בעולם הבריאה, ודאי שנשאר בהם ענין אותם הרפ"ח ניצוצין להעמידם ולקיימם על עומדם די ספוקם בצמצום, וזה אינו נקרא מזון ואכילה, רק חיות מצומצם, ומוכרח בלבד כדי שיוכלו לחזור ולחיות בתחיית המתים, שהוא חזרת תיקון ביטול המלכים כנודע. ונמצא כי זה החיות המוכרח בצמצום היה נמשך להם בהיותם בבריאה, **מן שני אותיות ו"ה האחרונות, שהם גימטריא י"א סמני הקטרת, המקיימים ומחיים את הקליפות מזון הכרחי**, וחיות מצומצם.

69

ליקוטי הש"ס, מסכת ראש השנה – סוד י"א ימים היתירים שנת החמה על הלבנה, **וכדי להשלימה מוסיפים י"א יום.** הנה כבר ידעת כי השכינה נכנסת ומתלבשת בתוך הקליפות, בסוד ומלכותו בכל משלה. **והנה הם י"א בחינות י"א סממני הקטורת, ועל כן יש לחמה י"א יתירים**, כי התפארת אינו מתלבש בקליפות כמו המלכות חלילה. אך בבחינת הגיד הנשה, שהוא הבחינה אחרונה והגרוע שבו, כי יש גם כן ניצוץ בדכורא דקליפה, שהוא בחינת ט' באב. אך בחינת עצם הלוז, שהיא גיד שבעורף, נגד הלוז שאינה נהנה מאכילה ושתיה כלל, סוד יום כפורים. לכן אינו שולט שם המות בלוז, ולכן אין השטן ביום כפורים אפילו בשנ"ד ימים דלבנה, כי אותו יום היא בסוד בחינת לבונה זכה, ואז תש כחו..... גם ענין מהלך מחזור החמה שהוא בכ"ח שנים בסוד הכ"ח אותיות דמילוי דמ"ה, ועל כן היה אורך יריעות המשכן כ"ח אמה, בבחינת הזכר. **אבל המהלך הלבנה מחזור שלה י"ט שנה, בסוד חוה**, מילוי דמ"ה י"ט במספר, וזה סוד גדול מסוד העיבור.

70

דברים א' ב' – **אחד עשר יום** מחרב דרך הר שעיר עד קדש ברנע.

71

כרם שלמה ש"ט פ"ב אות א' – ואם תאמר למה ירדו, לזה אמר כדי שיתבררו ויצאו הסיגים מהם, וישארו חלקי הטוב שבהם, ויחזרו אל שורשם מבוררים ובלא סיגים. כי מהסיגים נעשו אחר כך הקליפות, ואין נאות

זאת כדי לברר הטוב שבהם, [72]**סך**[73] **הכל הם י"א**[74] **בזוינות שירדו**[75] לבי"ע ומחצב החושך,

ומהם ר"ל מאחוריים דאו"א עילאין וישסו"ת שנתלבשו בזו"ן בסוד המוחין, והפנים ואחור דשבעה המלכים

נתברר הקדושה שבהם, ר"ל[76] הטוב מהרע שבכל עולם ועולם, **ומהסיגים שלהם נעשה קליפות.**

והם[77] סוד[78] **י"א סמני הקטורת, שהם י"א**[79] **אורות** ר"ל[80] ניצוצות קדושים **שנשארו**

בתוך[81] הקליפות להחיות אותם, בסוד[82] אותיות ו"ה דהוי"ה, שהם בגימטריא י"א, **מאלו הי"א בזוינות**

להשאר מעורבים עם הקדושה. וזה מה שכתב - **ומהם נתבררו ומהסיגים וכו'.** ר"ל ומאלו הי"א סממני הקטורת, דהיינו מאלו הי"א בחינות, נתבררו ויצאו הסיגים, ומאלו הסיגים נעשו הקליפות. [72]

יפה שעה)ב(- סך כולם הם י"א בחינות שירדו ומהם הסיגים שלהם נתבררו, ומן הסיגים שלהם נעשו הקליפות, וזה סוד י"א סממני הקטורת, שהם אורות שנשארו מאלו י"א בחינות כו'. דבר תימא הוא זה, שמאחוריים דאו"א ודישסו"ת מאורות שלהם ישארו בקליפות, ומן הסיגים שלהם יעשו קליפות. ובפרט שלא ירדו מעולם האצילות ולמטה כמו שכתבו רז"ל. וכבר בעניותין לעיל כתבנו מה שאמר רז"ל בספר מבוא שערים שער הקליפות פרק א' וב', יע"ש. [73]

בית לחם יהודה ש"ט פ"ב דכ"ז ע"ג - סך הכל הם י"א בחינות שירדו. אחוריים הנזכרים הם בחינת ארבעה אחוריים שנתלבשו בסוד מוחין בשבעה מלכים, ואינם בחינת אחוריים דאו"א שנשארו באצילות, וכמו שכתב הרב יפה שעה ז"ל בפרק קמא דנקודים, ובפרק ל"ד דשער ב' דשער ל"ד סוף כלל ט'. [74]

טעמי המצות למהרח"ו, דברים דצ"א ע"א - אחד עשר עם מחורב. נגד שבעה מלכין דמיתו, וארבעה אחוריים דאו"א, והם י"א יום, והם דרך הר שעיר הוא אדום, בסוד מלכי אדום, והם י"א יריעות עזים. [75]

הגהות וביאורים)ו(- א"ה עיין מבוא שערים שער הקליפות פ"א דף קמ"ד סוף ע"ב שכתב - ואל התמה איך מחו"ב וכו' היה קליפות, **כי זה היא מבחינה שמתלבש בזו"ן למטה להיות להם מוחין, ובאותה בחינה נחשבת כזו"ן ממש,** וכמו שנעשו ראש לז"א, כן נעשו סיגים ראש לשבעה מלכים, והם י"א סממני הקטורת, עד כאן. ועיין גם כן בשער המצות פרשת תרומה דף כ' סוף ע"ב. [76]

ע"ח שי"ח פ"ו מ"ו דפ"ט ע"ג - וזה שאנו אומרים שהדם היוצא מן מקור האשה בעת לידתה היא טמא. על כל זה דע כי **יש ברירה, וברירה דברירה,** הכל הוא כפי העולם שאנו מדברים בו, כי אם בנוקבא דאצילות, או באימא עילאה. אם הוא באימא עילאה, הנה אותו הדם היוצא ממנה אף על פי שבערכה הם סיגים, עם כל זה הם עדיין צריכין להתברר בנוקבא תתאה, מלכות. וכן הדם היוצא מנוקבא דז"א דאצילות, שאינו ראוי להיות משם חלקי אצילות, הנה הם סיגים בערך האצילות, אך הם יורדין בבריאה, ומתברר מה ששייך ממנו לבריאה, והשאר יורד ביצירה, בסוד דם. **וכן הולך עד שיתברר מכל עולם ועולם,** עד שיורד בנוקבא תתאה דעשיה, ושם מה שיוכל להתברר הוא סיום הבירור, ומה שיוצא משם בסוד דם, הוא סיגים וקליפות גמורות, אשר לא יוצלח לכל, **והם סוד הקליפות שתחת העשייה,** ששם מקומם. [77]

שער הכוונות, דרושי תפילת השחר, דרוש ג' די"ג ע"א - ונחזור עתה לעולם העשיה, שעד עתה נתעסקנו בענין פנימיות ג"ר שבה, איך עלו אל אל היצירה כנזכר לעיל, ואיך כל שאר העולמות נתעלו ממקומן בסדר מדרגתם. ועתה נבאר שארית עולם העשיה, כי הנה עתה חסרים ממנה פנימיות ג"ר שבה, וצריך עתה להשלים חסרונו ולהביאו ממקום אחר. והלא הוא אותו החיות אשר בתוך הקליפות, והיא בחינת הקדושה המחיה

הקליפה, והוא סוד י"א סמני הקטורת. ולכן תיכף אחר פרשת התמיד אנו אומרים סדר פטום הקטורת קודם פסוק וערבה להוי"ה מנחת כו', **ולא כאותם הנוהגים לאומרו קודם פרשת התמיד, וטעות הוא בידם**. ועל ידי פטום הקטורת הזה שאנו אומרים, גורמים לסלק חיות הקדושה אשר בתוך הקליפות העשיה, שהם י"א יריעות עזים, ואנו מסלקים אותם על ידי סמני י"א קטורת. ובתפלת ראש השנה יתבאר לך ענין אלו י"א סמני הקטורת, גם בפרשת תרומה דף קס"ד ע"ב ביארנוהו בסוד עשתי עשרה יריעות, ועיין שם. ומשם יתבאר לך כי י"א סמני הקטורת הם העשר ספירות דעשיה, והנה יש עשר ספירות דקליפה, ועוד כח קדוש המחיה אותם, הרי הם י"א. ועל ידי אלו הי"א סממנים, שהם העשר ספירות דעשיה, ועוד אותה נקודה קדושה העליונה המחיה את כולם, ואז על ידי כך נדחין הקליפות, ואנו מסלקים משם אותה הנקודה אשר היתה מחיה אותם, ואחר כך אנו ממיתין את העשר קליפות, ולכן כיון שהקדושה והחיות שבהם מסתלק מהם, אז נשארים הם מתים, וזה סוד למה הקטורת מכפר על הנגף ומבטלה, כמו שכתוב - ויתן את הקטורת ויכפר על העם. והטעם שהקטורת ממית מלאך המות, ועל ידי כך אין בו כח להמית. והנה על ידי הקטורת נסתלק החיות והקדושה מתוך הקליפות, ועתה צריך לתקן מקום בעשיה לחבר שם החיות הזה, שיחול שם.
78

הגירסא באוצרות חיים – **וזה סוד**.
79

מבוא שערים ש"ב ח"ג פ"ח די"ח ע"ד – ואמנם צריך שתדע, כי כמו שבקדושה הם ארבעה עולמות אבי"ע, ושרשם הם עשרה ספירות בלבד, המתפשטים בהם ביררור בירור, ומדרגה אחד מדרגה כנזכר לעיל. **כן הוא באבי"ע הקליפות, כולם שרשם הם מבירורי המלכים שלא יכלו להתברר, והם י"א ספירות**. וזה שכתוב בזוהר פרשת תרומה קס"ד ע"ב - לסטרא אחרא יהבין חושבנא יתיר, ואיהי במנינא בגריעו, כגון עשתי עשר. והכוונה, כי עם דיהבין ליה חושבנא יתיר, כי בקדושה הם עשרה ספירות, ובקליפות י"א, אדרבא הוא לגריעו, והוא כי הרי עם שהם י"א בחינות, אינם רק תשעה, כי הרי אלו י"א הם שבעה בחינות שבעה מלכים, וב' אחרריים דאו"א, שהם בין הכל תשעה לבד. אמנם בהתחלקות או"א לשתי בחינות, יהיו להם ארבעה אחרריים, ואז יהיו כולם י"א בחינות, כנזכר לעיל ח"ב סוף פ"ו.
80

ע"ח שי"א פ"י מ"ק דנ"ה ע"ד – ענין י"א סמני הקטורת, וענין י"א יריעות עזים, וי"א ארורים בפרשת תבא, הם עשר קליפות דנוגה, **ויש בהם חיות דקדושה להחיותן**, והנה בעשר ספירות של הקדושה, החיות שלהם נבלע אז בתוכם, ונחשבין לעשר בלבד. **אבל בקליפה אין החיות נבלע בתוכם, כי אין קודש מתערב בחול, אך עומד על ראשם ומשם מאיר להם, ואז הם נחשבין לי"א**. וזהו כל המוסיף גורע. וי"א ארורים של פרשת כי תבא, הראשון הוא ארור אשר יעשה פסל ומסכה, והוא כנגד א"א, וזהו ושם בסתר, ואמרו רז"ל בסתרו של עולם, והוא א"א המסתתר ומתלבש תוך האצילות כנודע. ולכן יש עד תיבת בסתר י"ג תיבין נגד י"ג תיקוני דיקנא. ואחר כך ארור מקלה אביו ואמו, נגד או"א, ואחר כך חמשה ארורים נגד חמשה ראשונות דז"א, חב"ד חסד גבורה. ואחר כך ארור שוכב עם אחותו, נגד תפארת דז"א, ששם רישא דנוקבא נגד החזה, כי שם הוא התפארת עם אחותו ביחד, מה שאין כן בחמשה ראשונים. והנה שרשן ועצמותן נעשה בסוד המלכים שמתו, והם שבעה וארבעה אחרריים דאו"א, הרי י"א סמני הקטורת, וכנגדן י"א יריעות עזים, בסוד **ע"ז** בחיצוניים, כנודע בזוהר אחרי מות יער"ש.

ספר הליקוטים, פרשת וישלח דצ"ח ע"ב – אלה אלופי בני עשו בני אליפז וכו'. מצאתי כתוב בשם אחד מתלמידי הרב זלה"ה, כי אלה האלופים הכתובים בסוף הפרשה, והם אלוף תמנע, אלוף עלוה, אלוף יתת, וכו', **הם אחד עשר, כנגד י"א סמני הקטורת**. ואלוף מגדיאל הוא תשיעי, **והוא רומז אל היסוד של הטומאה**. ואף על פי שתמצאו עשירי, כבר ידעת, **כי כמו שבי"א סמני הקטורת הם עשרה, והאחד הוא אור מקיף, והוא מובלע בתוכן**, גם כאן בצד הקליפה הם **עשרה כתרין של הטומאה, והאחד עשר כנגד אור המקיף, הנותן להם חיות**, ואינו מובלע ביניהם, והוא רומז אל אלוף תמנע. ואם תמנה מאלוף עלוה עד אלוף מגדיאל, יהיה אלוף מגדיאל תשיעי, שהוא רומז ביסוד של טומאה. **וכן פירש רש"י ז"ל** - מגדיאל רומי הרשעה. ועיין בסוד עשתי עשרה יריעות, ואחד עשר סמני הקטורת.
81

כנזכרים לעיל שׁירדו לבי"ע ולקליפות, ועם כל זאת **לא**[83] **יכלו אורות אלו להתברר**
לגמרי בתחילת תיקון העולמות על ידי המאציל, כדי[84] שתהיה בחירה לאדם, ולתת שכר לצדיקים ועונש לרשעים,
ונשארו נתונים תוך הקליפות בסוד החיות שלהם, **כמבואר אצלינו בסוד פטום**

ספר הלקוטים, פרשת וישלח דצ"ח ע"ב – אלה אלופי בני עשו בני אליפז וכו'. מצאתי כתוב בשם אחד
מתלמידי הרב זלה"ה, כי אלה האלופים הכתובים בסוף הפרשה, והם: אלוף תמנע, אלוף עלוה, אלוף יתת,
וכו', הם אחד עשר. **כנגד י"א סמני הקטורת**. ואלוף מגדיאל הוא תשיעי, והוא רומז אל היסוד של הטומאה.
ואף על פי שתמצאו עשירי, כבר ידעת, כי כמו שבי"א סמני הקטורת הם עשרה, והאחד הוא אור מקיף, והוא
מובלע בתוכן, **גם כן בצד הקליפה הם עשרה כתרין של הטומאה, והאחד עשר כנגד אור המקיף, הנותן
להם חיות**, ואינו מובלע ביניהם, והוא רומז אל אלוף תמנע. ואם תמנה מאלוף עלוה עד אלוף מגדיאל, יהיה
אלוף מגדיאל תשיעי, שהוא רומז ביסוד של טומאה, וכן פירש רש"י ז"ל, מגדיאל רומי הרשעה. ועיין בסוד
עשתי עשרה יריעות, ואחד עשר סמני הקטורת.
82

שער הכוונות, דרושי הקדיש, דרוש א', כונת הקדיש בעצמו דט"ו ע"ג – והנה הקליפות הם כולם
נמשכים מסוד י"א סממני הקטרת, שהם סוד עשתי עשרה יריעות עזים, **אשר סודם הם שני אותיות אחרונות
דשם הוי"ה, שהם ו"ה, שהם בגימטריא י"א**. והענין הוא במה שהודעתיך כי י"א סמנים הם אחוריים
שלמעלה שירדו בעת מיתת המלכים וביטולם, וירדו אחוריים דאו"א במקום זו"ן, שהם שבעה ספירות
האחרונות, וגם הם בחינת שני אותיות ו"ה הנזכרים של שם הוי"ה. ואלו האחוריים נכללין בכלל זו"ן, ולכן
תמצא כי אין שום פגם תחתון מגיע אלא בזו"ן, ולא באו"א. ולכן תקנו י"א אותיות בשני תיבות יתגדל ויתקדש
כנגד הי"א הנזכרים.
83

כרם שלמה ש"ט פ"ב אות א' – ומה שכתב עוד, **הם י"א סמני הקטורת, שהם י"א אורות שנשארו וכו'**.
ר"ל שכבר נתבאר במקום אחר כי אלו הי"א בחינות נתבררו, אבל לא כולם, **וחלק הנשאר מהם שלא נתברר
עדיין הם הם הי"א בחינות שרמוזים בי"א סמני הקטורת**, שהם י"א אורות שנשארו מאלו הי"א בחינות
כנזכר לעיל שירדו, **ולא יכלו אורות אלו להתברר**, ר"ל באותו הזמן. וזהו שכתב - **ונשארו נתונים תוך
הקליפות**, ר"ל בסוד חיות להם. וכל זה באותו זמן בתחילה, אבל הם הולכים ומתבררים יום אחר יום על ידי
המעשים הטובים של ישראל, עד שיכלו להתברר, ויבוא המשיח בע"ה.
84

ע"ח שער הכללים פ"ב ד"ה ע"ב – ואם תאמר למה המאציל העליון לא עשה מתחלה חמשה פרצופין אלו,
ולא יעשה אותם נקודות יהיו נשברים, והלא גלוי וידוע לפניו, כי בהיותן נקודות לא יוכלו לסבול האור.
התשובה כי כוונת המאציל העליון היתה **כדי שיהיה בחירה ורצון ביד האדם**, באשר שתהיה טוב ורע
בעולם, מפני ששורש הרע בא ממאנין תבירין, והטוב בא מהאור הגדול, ואם לא היה כן לא היה רק טוב
בעולם, **ואז לא היה שכר ועונש**. אך עתה שיש טוב ורע, יש שכר ועונש, **שכר לצדיקים ועונש לרשעים**,
שכר לצדיקים שעל ידי מעשיו הטובים, הניצוצין הקדושים שירדו, **הם מעלין אותם מתוך הקליפות**. ועונש
לרשעים שהורידו על ידי מעשיו הרעים, מאור הגדול אל הקליפות. והקליפה בעצמה היא רצועה של מלקות
ליסר הרשע.

שער מאמרי רשב"י דל"ג ע"ג – ונבאר עתה בחינת המ"ן אלו מה ענינם. דע כי כל בחינת מ"ן הם דינים
וגבורות. וסודם הוא אותם המלכים של ארץ אדום, שמלכו ומתו, אשר הם מבוארים אצלינו במקומות רבים.
ואמנם בחינת המלכים ההם, רצה המאציל העליון לברא אותם בתחילה, באופן ההוא שיהיו כוללים בחינת
קדושה, אלא שהיא דינים וגבורות, **ובהם מעורבים השמרים והקליפות, ובכונה גמורה בראם כך**, כדי
שיהיה בעולם שכר ועונש, להפרע מן הרשעים, ולתת שכר טוב לצדיקים, ואין זה מקום להאריך בו. **אמנם
בכונה גמורה בראם כך**, כדי לבטלם ולהמיתם, כדי שיתבררו מהם ניצוצות קדושות, ויעלו למעלה, והקליפות
המעורבת בהם ישארו למטה, בסוד סגי הזהב ושמרי היין.

הַקְּטֹרֶת, ובכל[85] יום ויום בני ישראל הקדושים מבררים ומעלים לגבול[86] עולם העשיה, שהוא[87] סוף כל הקדושה, חלקים מהניצוצות שנשארו נתונים תוך הקליפות, כנזכר[88] בסדור הטהור למרן הרש"ש, ומשם מדרגה אחר מדרגה, עד[89] רום[90] המעלות, בסוד[91] פרצוף הזמנים ופרצוף הימים ◆

85

נהר שלום דכ"ה ע"ג – אחר כך יאמר פטום הקטורת. ועניינו הוא לברר ולהעלות שארית בירורי חלקי אבי"ע של הנקודות שנשארו מזמן מיתת המלכים בתוך הקליפות, בסוד נשמה וחיות להם כנודע. כי כשיצא שם מ"ה החדש בירר מהנקודות מה שהיה אפשר לברר, אז ותיקן כל פרצופי האצילות, ושארית בירורי חלקי בחינת אצילות של הנקודות, מהיותר מובחר שבהם נעשה קליפת נוגה דאצילות, כלול מטוב ורע, ומהסיגים הגמורים שבהם נתהוה אצילות של הקליפות, והנוגה הנזכר הוא בסוד נשמה וחיות להם. ושארית בירורי הכלים הפנימיים והאמצעיים והחיצוניים של הנקודות נדחו לבריאה, ומשארית בירורי הכלים הפנימיים נעשו כל חלקי הבריאה, בכל פרטיה, על סדר האצילות, ושארית בירורי חלקי הבריאה מהיותר מובחר שבהם נעשה קליפת נוגה דבריאה, טוב ורע, ומהסיגים הגמורים שבהם נתהוו כל פרטי בריאה של הקליפות, ונוגה הנזכר נשמה וחיות להם. ומשארית בירורי הכלים האמצעיים נעשו כל חלקי היצירה, בכל פרטיה, ומהיותר מובחר משארית בירורים נעשה קליפה נוגה דיצירה, טוב ורע, ומהסיגים הגמורים שבהם נתהוו כל פרטי יצירה של הקליפות. ומשארית בירורי הכלים החיצונים נעשו כל חלקי העשיה בכל פרטיה, ומהיותר מובחר משארית בירורים נעשה קליפת נוגה דעשיה, טוב ורע, ומסיגים גמורים שבהם נתהוו כל פרטי עשיה של הקליפות, ומצבם ומעמדם הוא בכל אחורי נה"י דכל עולם, שהוא אחורי העשיה דכל עולם. והנה לפי כי כל שארית בירורים הנזכרים שירדו לבי"ע, הם משארית בירורי שבעה המלכים, שהם זו"ן, שהם שתי אותיות ו'ה', שמספרם י"א, נתחלקה שארית הקדושה שבתוך הקליפה לי"א בחינות, עשר ספירות פנימיים, בסוד נשמה וחיות, בתוכם, ואחד מקיף עליהם, כמספר י"א סמני הקטורת, הרומזים לי"א בחינות הנזכרים, אשר על ידי אמירת פטום הקטורת בכוונה, **כפי כח כוונתו,** הוא מברר ומעלה מקדושת הי"א בחינות הנזכרים, **וכפי זכותו, ועוצם כוונתו,** כך ירבה כחו לברר ואמירתה בכוונה, **הוא יסייענו לחזור בתשובה.** גם ימנה באצבעותיו הסממנים. **ועתה באמירת פטום הקטורת,** יכוין להעלות הקדושה מתוך הקליפה, **ולהעמידה בגבול קדושת העשיה,** להיות מוכן להעשות חיצוניות למלכות דעשיה, כמו שנבאר בס"ד.

86

תרשים ב – ה.

87

שער הפסוקים, ספר דניאל דנ"ג ע"ב - ואתה לך לקץ ותנוח ותעמוד לגורלך לקץ הימין. כבר הודעתיך, על מה שכתוב בפרשת פקודי, בספר הזוהר - דלא ייתי משיחא, עד דמטו רגלין ברגלין. ונודע הוא, **כי עולם העשיה הוא סוף כל הקדושה,** ונקרא רגלים. ועד שיכלו ליטהר הנשמות שנפלו שם בעשיה, לא תבא הגאולה, **ולכן העשיה נקרא קץ הימין, סוף הקדושה.** והנה דניאל ירדה נשמתו בתחלה עד סוף העשיה, הנקרא א"ל אדנ"י כנודע, והם אותיות דני"אל. בהסירך אותיות הכפולות, להורות על נפילתו שם בתחלה, ולסיבה זו נגלה לדניאל קץ הימין והגאולה.

88

תרשים ב – ו.

89

נהר שלום די"ג ע"א – ובכל תפלה, ובכל מצוה, הנעשים באותו יום מתבררים ועולים בירורים חדשים, אשר לא נבררו ולא עלו, מיום שנברא העולם עד היום הזה. ואלו הבירורים שנבררו ונתקנו היום עולים ומלבישים לבירורים שנבררו ונתקנו אתמול, ונעשים חיצוניות להם, והבירורים של אתמול הם בערך פנימיות להם, כי הם לפנים מהם, **וקרובים אל המאציל מדריגה אחת יותר מהם.** ואלו הבירורים של אתמול, הם בערך חיצוניות לבירורים שנברר ונתקנו ביום תמול שלשום. ובירורים דתמול שלשום הם פנימיות להם, כי הם לפנים מהם, **וקרובים אל המאציל מדריגה אחת יותר מהם.** וכן על דרך זה הוא בבירורים המתבררים ונתקנים למחר, שעולים ומלבישים לבירורים שנבררו ונתקנו היום, ונעשים חיצוניות להם, והבירורים של

היום הם פנימיות להם, כי כבר נתקנו ועלו למדרגה יותר עליונה ממה שהיו בה היום, והם לפנים מהם, קרובים אל המאציל מדריגה אחת יותר מהם. כי הבירורים שנבררו ועלו ונתקנו היום. הנה הבירור והתיקון ההוא נקרא **בירור ותיקון בערך המדריגה ההוא**, אבל בערך מדריגה יותר פנימית עליונה **עדיין צריכים בירור ותיקון יותר**. ולפיכך למחר בעת הבירורים החדשים ותיקונם, גם ההיא נבררים ונתקנים הבירורים שנבררו ונתקנו היום, בירור ותיקון יותר מעולה, ועולים ונכנסים ומלבישים למדרגה יותר עליונה ממה שהיו בה היום, למקום שהיו בה הבירורים של אתמול, **ומתקרבים אל המאציל מדריגה אחת יותר**, ומזדככים יותר והבירורים של מחר, עולים למקום שהיו בה אלו הבירורים. וכן על דרך זה גם הבירורים של אתמול נבררים בעת ההיא בירור יותר מעולה, ועולים ונכנסים למדרגה יותר עליונה ממה שהיו בה, ומתקרבים אל המאציל מדריגה אחת יותר, ומזדככים יותר. וכן על דרך זה נעשה בכל העולמות, כי עולים מיום ליום לשבוע, ומשבוע לחדש, ומחדש לשנה, ומשנה לשמטה, ומשמטה ליובל, ומיובל ליובל, **עד המאציל העליון**, עד שבכל יום נשלמה מדריגה אחת הסמוכה אל המאציל, להתתקן ולהזדכך, **תיקון וזיכוך שלם ונדבק במאציל**. וכן על דרך זה הוא בירור ותיקון וזיכוך ששת ימי בראשית, אלא שהם מיום ליום לשבוע, ומשבוע לשבוע לחדש, ומחדש לחדש לשנה, ומשנה לשנה לעשר שנים, ומעשר למאה שנים, וממאה למאה לאלף שנים, ומאלף לאלף עד שתא עד שני, על דרך הנזכר לעיל עד שבשתא אלפי שני דהוי עלמא חד, נשלמו כל העולמות להתברר ולהתתקן, ולעלות ממדריגתם מדריגה אחת שלימה כל פרט למדרגה שעליו, כי שתא אלפי שני הוא זמן בירור ותיקון ועליית עלמא חד, שהוא מדריגה אחת לכל העולמות, **ודי בזה למבין**, כי לא נוכל להרחיב עוד הדיבור הצריך, כי הדברים עתיקים, עמוק עמוק, **והמשכיל יבין**.
90

שער הפסוקים, וירא ד"י ע"א – ודע, כי אין זו"ן מזדווגים שום זווג כלל, עד שבתחילה יזדווגו או"א. וגם או"א אינם מזדווגים, עד שבתחילה יזדווג א"א מיניה וביה כנודע. **וכן על דרך זה עד רום המעלות, עד המאציל העליון הנקרא הנקרא אין סוף**. ונמצא, כי בכל זווג תחתון דזו"ן, צריך שבראשונה יזדווגו הבחינות הראשונות המקבלות מא"ס. **כי הא"ס לבדו יכול לחדש בכל יום תמיד אורות חדשים**, אבל הנאצלים כולם, אין יכולת וכח בשום אחד מהם לחדש שום אור, **עד שיקבלוהו תחלה מהא"ס**. וממשיכים אותו את ממדריגה למדריגה, בבחינת הזווגים שלהם כנזכר. ואין כח בשום אחד מהנאצלים, רק מה שנתן להם לעצמם ולצרכם בעת שנאצלו, אבל לחדש אורות חדשים ולהוליד נשמות, אין בהם כח, עד שיקבלוהו מהאין סוף כנזכר. ואז ממשיכים השפע ההיא שקבלו מהא"ס, אל הבחינות שלמטה מהם, ואחר כך גם הם מזדווגים, והם ממשיכים השפע, אל אותם שלמטה מהם, וכן הדבר הולך ונמשך מזווג אל זווג, מן הבחינות הקרובות אל המאציל, עד זו"ן המקבלים השפע והכח מן או"א שלמעלה מהם, שקדמו להזדווג קודם שיזדווג הוא בנוקביה, וחזר להמשיך כח ושפע חדש מלמעלה, משרוש התרין עיטרין שלהם, אשר למעלה למעלה, ונותנים אותם בסוד מוחין חדשים לזו"ן, ואז הם מזדווגים ומולידים בנים, על ידי שהוא ממשיך טיפת מ"ד, מן החסדים הראשונים שנמשכו לו בדעת שלו מחדש, וגם נוקביה נותנת טיפת מ"ן, ממה שנמשך לה מחדש בעיטרא דגבורה שבדעת שלה, ומב' טיפות אלו, נוצר הולד ברחם שלה.
91

נהר שלום דכ"ד ע"ב – וצריך לידע חשבון השנים, לפי סדר חשבון הספירות דפרצופי ו"ק דזו"ן, הנפרטים לשיתא אלפי שני דהוי עלמא, כדי לידע באיזו פרצוף היא אותה השנה, ובאיזו ספירה הוא אותו החדש, ובאיזו ספירה מחבט"ם דאותה הספירה הוא אותו שבוע, ובאיזה ספירה מו"ק דאותו שבוע הוא אותו היום. כדי לידע לברר ולהעלות הבירורים המתייחסים לכל יום ויום כראוי וכנכון, וכדי לידע לכוין בברכת המפיל והמעביר, וכל התפלות דאותו יום, שהם במוחין דפרצוף דיום שעבר, ולא דאותו יום שהוא עומד בו כנזכר לעיל.

בן איש חי, שנה ראשונה, פרשת תרומה, פתיחה – ....והנה נודע כי אנשי כנסת הגדולה בתחלה תקנו שתים עשרה ברכות אמצעיות, אשר בין כולם הם שמונה עשרה, אך בזמן רבן גמליאל תקנו ברכה על עקירת המלשינים, בשביל תיקון ספירת הכתר, ונעשו בין הכל תשע עשרה ברכות. ונמצא בכל שלש תפלות שבכ"ד שעות יש צ"ה ברכות, עם שתי חזרות של שחרית ומנחה, כמנין "המים", ובזה פרשתי בסייעתא דשמיא - שלח לחמך על פני המים כי ברוב הימים תמצאנו. דשפע פרנסה טובה לתחתונים ימשך על ידי התפילות, וגם בירור ניצוצי קדושה שהוא מזון העליונים גם כן יהיה על ידי התפילות, אך יהיה דבר יום ביומו לצורך הפרצוף וספירה שהוא כנגד אותו היום וכמו שכתב רבינו האר"י ז"ל, ולכן כתב רבינו הרש"ש ז"ל בנהר שלום,

כאן חוזר הרב ז"ל ומבאר את ירידת או"א עילאין באצילות, **ולא** את בחינת הלבושין והמוחין דאו"א עילאין שהתלבשו בזו"ן. וכל[92] זה הוא הקדמה כדי לבאר את השם אנא בכח שהוא[93] בן מ"ב אותיות, ורמוזים בו המלכים דמיתו, וירידת אחורי או"א עילאין, וגם הוא השם שמעלה את ניצוצי הקדושה מעשיה ליצירה, כמו שיבאר הרב ז"ל לקמן.

שצריך המתפלל לידע באיזה פרצוף היא אותה השנה, ובאיזו ספירה הוא אותו החודש, ובאיזו ספירה מספירות אותה הספירה הוא אותו שבוע, ובאיזו ספירה משושה קצוות דאותו שבוא הוא אותו היום, כדי לברר ולהעלות הברורים המתייחסים לכל יום ויום, כראוי וכנכון וכו', עיין שם. ולזה אמר - שלח לחמך הוא מזון שלך, על פני המים, הם שלש תפילות שיש בהם ברכות כמנין המים, כי ברוב הימים תמצאנו, **כלומר דבר יום ביומו**, דאם עבר יומו בטל קרבנו.
92

כרם שלמה ש"ט פ"ב אות ב' – מה שכתב **עד שמת המלך השני** וכו'. כל זה הוא **הקדמה** למה שרוצה לבאר אחר כך, ולפרש אחר כך בסמוך בראשי תיבות של תפילת **אנא בכח גדולת** וכו', כי שם ראשון שלו שהוא חסד, רמוז בו השבעה מלכים, ושם השני שלו שהוא הגבורה, רמוז בו נפילת אחורי או"א. ולכן כבר הקדים מעכשיו, וכתב כי אף על פי שכתבנו לעיל כי אחורי אבא נפלו מעת מיתת החסד, הואיל ופני אימא היתה מאירה בהם, ואחורי אימא עדיין לא נפלו עד מיתת הגבורה, לכן נרמזו אחורי או"א יחדיו בשם השני של אנא בכח, שהוא **קר"ע שט"ן**, הרמוז בו שם מלך השני שהוא הגבורה.
93

ע"ח ח"ב שמ"ו פ"ז מ"ת דק"ד ע"ג – ענין שם מ"ב שיש בכל עולם מן ג' עולמות אצילות, בריאה, יצירה, מה שאין כן בעולם עשיה, כנזכר בכתב יד בחסרון התקונים. והנה אלו הם, ששם **מ"ב דאצילות הוא ארבעה אותיות פשוטים דהוי"ה, ועשר אותיות מילוי מילוי אלפין, שהם גימטריא מ"ה, וכ"ח אותיות מילוי דילי דאלפין. שם מ"ב דבריאה** הם שני שמות אהי"ה יה"ו, וכן אהי"ה אשר אהי"ה, שהוא גימטריא מ"ב. ושם **מ"ב דיצירה** הם שם מ"ב הרמוז בראשי תיבות אנא בכח, שהוא אבגית"ץ כו'. (גם צריך שתדע כי ארבע הוי"ת הם אחד הוי"ה דע"ב דיודין באצילות, והוי"ה דס"ג בבריאה, ודמ"ה ביצירה, ודב"ן בעשיה. והנה בכל הוי"ה מן הג"ר הנזכרים לעיל דאצילות בריאה יצירה, יש בהם סוד מ"ב אתוון כנזכר לעיל, כי ארבע אותיות הפשוטים, ועשר אותיות המילוי, וכ"ח אותיות דמילוי המילוי, הרי מ"ב דהוי"ה דע"ב, ודהוי"ה דס"ג, ודהוי"ה דמ"ה, אבל בהוי"ה דב"ן שהוא בעשיה, אין בה מ"ב אתוון). וצריך לבאר טעם הדבר והענין הוא כי הנה סוד מ"ב הוא שלוש פעמים י"ד, ושלוש פעמים י"ד גימטריא מ"ב, והם סוד שלוש ידים, שהם יד הגדולה מימינא, יד החזקה משמאלא, יד הרמה באמצעיתא, כנזכר בתקונים. והם סוד חג"ת, ובהם נכללין ארבעה תחתונים נהי"ם. כי הנה שם מ"ב יש בו שבע שמות כנודע, לפי שהוא בשבעה תחתונות, אמנם שרשו אינו נקרא רק בחג"ת לבד. והנה אדם דיצירה יש לו שלוש ידים, שהם סוד שם מ"ב דאנא בכח, **כדי לאחוז עמהם את עולם העשיה להעלותן למעלה**, כמבואר אצלינו בסוד הקדישים, ובתפלת השחר על אנא בכח הנאמר בעת הקרבנות. ואחר כך אדם דבריאה גם הוא אוחז בשלושו ידיו שהוא שם מ"ב שבו, את עולם היצירה ומעלהו לבריאה. ואחר כך אדם דאצילות גם הוא אוחז בשלושה ידיו שהוא שם מ"ב שבו, את עולם הבריאה ומעלהו אותו. אמנם העשיה שהוא עולם התחתון מכולם ואין עולם אחר למטה ממנו כדי שיצטרך להעלותו עמו, לכן אין בו בחינת הג' ידים הנזכרים לעיל, ואין בו בחינת מ"ב.

שער הכוונות, דרושי תפילת השחר, דרוש ג' די"ג ע"א – ונמצא כי העשיה חזרה להיות יצירה, ולכן צריך לומר תיקון שם בן מ"ב, הרמוז באנא בכח גדולת כו' כנודע, והוא בעולם היצירה, ועל ידו אנו מעלים אותה, אף על פי שכל זה הוא בעולם העשיה, אשר שם ירדה מלכות דיצירה כנזכר לעיל. וזה סוד מה שתקנו לומר אחר פטום הקטורת אנא בכח כו', שהוא מ"ב אשר ביצירה, ועל ידו יש יכולת בעשיה לחזור לבחינת יצירה, ולהלבישה כנזכר. הנה בכל יום ויום תכוין להעלותם על ידי כל השבעה שמות הכלולים בשם מ"ב, אמנם בהיותך ביום ראשון תכוין שאז גובר שם של אבגית"ץ על כולם, ובו נכללים כולם. וביום שני נכללים כולם בשם קרע שט"ן. וכן על דרך זה בשאר הימים, עד שנמצא שביום השבת גובר שם של שקוצי"ת, ובו נכללים כולם. וכבר נתבאר אצלינו בענין שם בן מ"ב, אשר אומרים בעת השכיבה על המטה - בשתים יכסה פניו כו', כנזכר שם. וכן עתה תכוין כוונה ההיא להעלות הפנימיות בשתי אותיות הראשונות של

וְהִנֵּה[94] **לֹא יָרְדוּ הָ**אֲזוֹרַיים **דְּאַבָּא** עילאה **עַד שְׁמֹת הַמֶּלֶךְ הַשֵּׁנִי** הנקרא[95] בתורה יובב בן זרח, **שֶׁהוּא** אור הַחֶסֶד דנקודים, **וְלֹא**[96] **יָרְדוּ הָ**אֲזוֹרַיים **דְּאִימָא** עילאה **עַד שְׁמֹת הַמֶּלֶךְ הַשְּׁלִישִׁי** הנקרא[97] בתורה חשם מארץ התימני, **שֶׁהוּא** אור הַגְּבוּרָה. **בְּאוֹפֶן כִּי בְּמוֹת הַגְּבוּרָה אָז נִשְׁלְמוּ אַזוֹרֵי אוּ"א** עילאין **לֵירֵד** בגבול עולם האצילות.

הַקְדָּמָה חֲשׁוּבָה שֶׁצָּרִיךְ לַדַעַת[98], פרצוף אבא נקרא חכמה, וכולל בו את אבא עילאה וישראל סבא. ופרצוף אימא נקרא בינה, וכולל בו את אימא עילאה ותבונה. וְהִיא[99] כי בחינת או"א עילאין נקראים שניהם ביחד **אַבָּא**, ונקראים **חוֹכמוֹת.**

השם הגובר כפי יומו כנזכר, ובשני אותיות האמצעיות תכוין לכסות רגלי העולים, ובשני אותיות האחרונות תכוין שבהם מעופפים ועולים. ואחר כך תאמר שם ברוך שם כבוד מלכותו לעולם ועד בלחש.

94

ע"ח ש"ט פ"א מ"ת ד"מ ע"ב – וכאשר מלך השני שהוא חסד, המשיך החמשה חסדים שיתפשטו בגופא דאבא כנודע, וכשמת ירד הוא בבריאה, והחמשה אורות ירדו בגבורה, במלך השלישי, ואז נפלו האחוריים דאבא הנעשין על ידי התפשטות חמשה חסדים כנזכר לעיל, ועתה נפלו כולם. והחסדים ירדו ביסוד דאבא, **ואז אבא החזיר אחוריו אל פני הבינה**, אשר בחינה זו נקרא אחור בפנים, כי פני הבינה נוכח אחורי החכמה עומדין.

95

בראשית ל"ו ל"ג – וימת בלע וימלך תחתיו יובב בן זרח מבצרה.

96

ע"ח ש"ט פ"א מ"ת ד"מ ע"ב – ואחר כך מלך מלך השלישי שהוא גבורה, והמשיך התפשטות החמשה גבורות באימא עילאה)בגופא(. וכשמת ירד לבריאה, והארבעה מלכים)אורות(ירדו בכלי הרביעי, שהוא התפארת, ואז נפל התפשטות הגבורות ביסוד דאימא)נ"א חמשה גבורות דאימא עילאה שהיו בגופה(. ונפלו גם האחוריים שלה למטה, ואז גם כן אימא החזירה אחוריה, והיה אחור דאימא באחור דאבא.

97

בראשית ל"ו ל"ד – וימת יובב וימלך תחתיו חשם מארץ התימני.

98

תרשים ב – ו.

99

נהר שלום דמ"ה ע"ד –)יג(גם צריך להבין מה שכתב בשער המוחין דצלם, סוף פרק ו', כי שמות המוחין דו"ק הם באופן אחר, והג"ר הם בשלימות הגדלות, כנזכר בדרושי הציצית, עד כאן לשונו. אם כונתו היא שהמוחין דו"ק הם שמות יה"ו אה"י, ושמות הג"ר הם שמות שלימים, והרי שם בדרושי הציצית נתבאר שזה החילוק דשמות שלימים לשמות חסירים ה' אחרונה, הוא ממוחין דאבא למוחין דאימא, אבל כולם הם מוחין דו"ק, או כונתו לומר שכל אותם המוחין דאימא, הם מוחין דו"ק דאו"א, ואותם המוחין שלמים דאבא הם מוחין דג"ר דאו"א, וכנודע כי ישסו"ת שהם **נשמה, בינה, אימא, בריאה**, והם ו"ק דאו"א. **ואו"א עילאין חיה, חכמה, אבא, אצילות,** הם הג"ר.

נהר שלום די"ג ע"ב – באופן כי הענין **חיצוניות ופנימיות הוא בערכין**, נקרא פנימיות לאור היותר גרוע וחיצון ממנו, אמנם הכלים דכל הפרצופים יקראו חיצוניות אמיתי, לאורות והנרנח"י המלובשים בהם. גם הו"ק דכל פרט נקרא חיצוניות בערך הג"ר, והכל ענין אחד, כי הו"ק נקראים כלים, כי הכלים דכל העשר ספירות הם מן הו"ק, שנחלקין לתרין תרין פרקין, להיות כלים לכל העשר ספירות כנודע. וכל אורות הם מן הג"ר שמתפשטים ומתלבשים בכל העשר ספירות שהם אותם התרין תרין פרקין, וגם אחר ההתחלקות וההתפשטות הנזכר לא נשתנו האורות והכלים מכמו שהיו, כי התרין פרקין דכל כלי מן הו"ק שנעשו כלי לכל פרט, אינם אלא בחינת ו"ק לאותו הפרט, והאור שהוא פרק אחד מן הג"ר, הוא הג"ר דאותו הפרט. וכן על דרך זה הולכים ומתחלקים ונפרטים הכלים והאורות הנזכרים לאין קץ, ואינם

ובחינת ישסו"ת נקראים ביחד **אימא**, ונקראים **בינות**, בסוד[100] התפילין[101] דרש"י ור"ת. וכל הקדמה זאת היא, כי כאן הרב ז"ל מדבר על ירידת אחורי אבא ואחורי אימא, לכן[102] בסוגיה זאת **אבא** הוא או"א עילאין, **ואימא** היא ישסו"ת. **זאת ועוד**[103] או"א הכללים מתחלקים באופן פרטי יותר לשמונה פרצופים, כמו[104] שמבואר בדברי מרן הרש"ש,

---

משתנים כלל מכמו שהיו, אלא שבזה עולים ומתבררים יותר, ומזככים יותר. גם כללות פרצופי האחור נקראים חיצון בערך פרצופי הפנים, והוא הדבר אשר דברנו פרצופי האחור דזו"ן נקראים ו"ק בערך פרצופי הפנים, הנקראים בערכם ג"ר, ובירור ותיקון פרצופי האחור דזו"ן, **הוא בירור ותיקון דכלים ואורות דנשמה, והוא על ידי ישסו"ת הנקרא נשמה בערך זו"ן, והם הו"י דאו"א, והם חיצוניות לאו"א עילאין, הנקרא חיה, שהוא הפנים, ונקרא אצילות בערך ישסו"ת הנקראים בערכם בי"ע. ובירור ותיקון פרצופי הפנים דזו"ן הנקרא ג"ר, הוא על ידי או"א עילאין, הנקרא ג"ר בערך ישסו"ת.**
100

נהר שלום די"ז ע"א – בהנחת תפילין של יד יכוין להעלות נקודת הכתר דרחל מהבריאה, ולקשרה בזרוע שמאלי גבורה דז"א דאצילות, ולהמשיך לה רשימו של המוחין שלה העומדים בלבו דז"א, והם שמות אהי"ה, הוי"ה, ואדנו"ת מלא שמספרם פשוטים יב"ק, כמספר הוי"ה אלהי"ם, והם אהי"ה כנגד כ"א אזכרות, והם מוחין דעיבור ראשון. והויו"ת כנגד ארבעה פרשיות, והם מוחין דיניקה. ואדנו"ת כנגד הבית, והם מוחין דגדלות. ודר"ת יכוין השמות הנזכר, אלא שההויו"ת יכוין אותם בסדר יהה"ו. אלא **שתפילין דרש"י הם מוחין דבינות דישסו"ת**, מלובשים בנה"י דבינה דז"א, ונמשכים לנוקבא. **ודר"ת הם מוחין דאו"א עילאין** מלובשים בנה"י דחכמה דז"א, ונמשכים לנוקבא. וכל אלו המוחין דעיבור, ויניקה, וגדלות, הם כולם דגדלות, **אלא שהתפילין דרש"י** שהם מוחין דאימא, נמשכים בנקודת הכתר דפרצוף בינה דנוקבא. **ודר"ת שהם מוחין דאבא**, נמשכים בנקודת הכתר דפרצוף חכמה דנוקבא.
101

תרשים ב – ח.
102

כרם שלמה ש"ט פ"ב אות ב' – ואם תאמר על כל פנים מה שמאיר הפנים באחוריו, הוא פני אימא ולא הפנים שלו, אלא הואיל ואנחנו עכשיו מדברים על או"א עילאין, **שבשניהם הם בחינת אבא**, כנודע הקדמה זאת במקומות רבים, **שאבא ואימא עילאין שניהם הם נקראים אבא**, ולכן זה הפנים של אימא עילאה המאירה באחוריו, הם נחשבים בצד מה הפנים שלו. ועוד שהשארת הפנים דאימא היא נמשכת מא"א, ממקום שנמשכת הארת הפנים שלו, והיא עכשיו מאירה לו. לכן נקרא שעדיין לא נשלמו אחורי אבא ליפול. וכל זה רמזה הרב ז"ל בכותבו - נמצא כי עדיין לא ירדו בעצם כל אחורי אבא, רק כשירדו גם אחורי אימא, **בעצם** דייקא. והוא לרמוז על מה שכתבנו ששניהם נקראים אבא.
103

תרשים ב – ט.
104

רחובות הנהר ד"ז ע"ג – הרי הם **שמונה פרצופים דמ"ה וב"ן**, והם ארבעה זוגות. ולפעמים והוא כשנמשכים מוחין דגדלות לזו"ן, נבקע היסוד דעתיק ומתגלין כל החו"ג, ואז נכללים כל השמונה פרצופים הנזכרים, ונעשים שני פרצופים מהגרון עד הטיבור, וכל זה הוא אחר הפרט האחרון, ואחר שנכללו אלו באלו, ונתלבשו אלו באלו, כנזכר בהקדמה. ואז היה חילוקם ועמידתם באופן הנזכר, והנה גם הם נחלקים באופן אחר והוא כי פנימיות כל השמונה פרצופים הנזכרים בצביונם ודמיונם נקראים או"א עילאין, ונקראים חכמה דאצילות, ונק' אצילות דאצילות, ונקראים ג"ר, ונקראים פנים, ונק' נרנח"י דחיה דאצילות, ונקראים עולם הבא, **וזיווגם נקרא זיווג שלים, אלא שהוא כלול משלים ודלא שלים, וכללות שניהם נקרא שלים**, ומזיווגם נמשכים מוחין לזו"ן, על ידי התפילות, והתורה, וברכותיהם, שהם מצות התלויות בפה, וכנגדם באדם הם הקנה והריאה. והנה לפעמים גם הארבעה פרצופים העליונים הנזכרים לעיל המלבישים מגרון דאריך אנפין עד החזה כנזכר לעיל, בחיצוניותם ופנימיותם, מתכנים בכינויים אלו וכמו שנבאר בע"ה. וחיצוניות כל השמונה פרצופים הנזכרים בצביונם ודמיונם נקראים ישסו"ת, ונקרא בינה דאצילות, ונקרא בריאה דאצילות, ונקרא ו"ק, ונקרא אחור, ונקרא נרנח"י דנשמה דאצילות, ונקרא עולם הזה, **וזיווגם נקרא זיווג דלא שלים, אלא שהוא כלול משלים ודלא שלים, וכללות שניהם נקרא דלא שלים**. ומזיווגם נמשכים מוחין דחיות

45

והם פרצופי או"א עילאין אשר הם בעצמם מתחלקים לג"ר וו"ק, ונקראים פנימי וחיצון דפנימי, ופרצופי ישסו"ת המתחלקים בעצמם לג"ר וו"ק, ונקראים פנימי וחיצון דחיצון. בסוגית מוחין **תמיד** זו"ן מקבלים מוחין דרך ישסו"ת, בסוד[105] אות ה' של[106] התבונה שניה שהיא השלישית, והוא אות **צ'** דצלם, ובחינת מוחין אלו דישסו"ת דו"ק, והם[107] או"א עילאין וישסו"ת דו"ק דישסו"ת, ירדו עם הכלים דנקודים לבי"ע ולקליפות. ואשאת"מ. כאן[108] הביאור לפי פשט דברי הרב ז"ל, **והחכם יבין מדעתו**, ועיין[109] בפרק א' דשער ח', **ודי בזה**.

ומזון לזו"ן, ולפעמים גם הארבעה פרצופים התחתונים הנזכרים לעיל, המלבישים מחזה דא"א עד הטיבור כנזכר לעיל בחיצוניותם ופנימיותם, מתכנים בכינויים אלו. וכללות ארבעה זוגות אלו נקראים חב"ד התחתונים, והם התרין עיטרין חו"ב ודעת, הכולל חו"ג המתפשט, והחו"ב והם התרין עיטרין נקראים או"א, ודעת הכולל חו"ג, הוא ישסו"ת, ונקרא נר"ן דרוח.
105

ע"ח ש"ד פ"ג מ"ק די"ט ע"ב – וכבר ביארנו שתבונה היא ה' אחרונה שבס"ג, ושיעור סוד התבונה שלשה ההי"ן, שהם ה"י אחרונה דס"ג, וה"י גימטריא ג' ההי"ן, כמנין ה"י, וה' השלישית משלושה ההי"ן אלו, מתפשטת בז"א. והענין כי הנה נה"י דתבונה מתפשטת בז"א, ונה"י הם שליש גופא, כי הם שלושה חלקים כח"ב חג"ת נה"י.
106

ע"ח ח"ב שכ"ה דרוש א' ד"ב ע"ב מ"א – והנה מוחין אלו יש להם ג' בחינות כמו שנבאר, וכללותן נקרא **צלם**, והוא הצלם ההולך עם האדם תמיד כנזכר בזוהר כמה פעמים. והנה נתבאר כי ג' בחינות הם **באימא, וכנגדן באבא**, ונבאר אותן דאימא ומשם יתבאר של אבא. כי הנה הם בתחלה בינה העליונה, והוא עד החזה [שלה], ותבונה היא מהחזה ולמטה, ואלו השנים נקרא **מ"ס**, ואחר כך הוא התבונה, גם היא נחלקת לשנים, והם תבונה ראשונה עד החזה שלה, (בבחינת בינה ותבונה ראשונה,) ותבונה שניה מהחזה של התבונה הזו למטה, ונקרא תבונה שניה אשר נקרא שלישית בערך בינה ראשונה, והם שלושה, בינה, ותבונה, ותבונה דתבונה. **וזה התבונה השנייה שהיא השלישית כנזכר לעיל היא הנעשית צלם ומוחין אל ז"א** כמו שנבאר, והנה בעת זווגם להוציא טפת צלם המוחין האלו, הם נעשין כולם פרצוף אחד.
107

תרשים ב – י.
108

ע"ח ש"ח פ"א מ"ב דל"ה ע"ד – ושני נקודות עליונים שהם קמץ ופתח, שהם כתר חכמה לא מתו, ושבעה אחרים מתו. **וכאן יש קושיא** שאמרנו כי שתי נקודות הראשונים בלבד נתקיימו, ובמקום אחר כתבנו כי שלוש נקודות הראשונים לא מתו, והשבעה אחרות שהם שישה נקודות הנשארים מתשעה, והמלכות שהיא מלך בלתי נקודה כנודע, אלו השבעה מתו. ואפשר לתרץ ולומר שכיון שהפנים של או"א לא מתו הכל)נ"א להכי(נקרא נקודה אחת, בסוד יו"ד, שהוא אותיות י"ה, בסוד הבן בחכמה, ולכן הכל נקרא חכמה לבד, והאחורײם שנפלו מאו"א הם הה' שבשם, בסוד וחכם בבינה, והכל נקרא בינה לבד, שהוא סוד אחורײם אל הפנים, שהוא זכר חכמה. **נמצא כי נקודת הפתח הוא שני פנים דאו"א, שהכל נקרא חכמה, ונקודת צירי הוא שני אחורײים שלהם, שהכל נקרא בינה.** ובזה צדקו שני בחינות הנזכרות לעיל. כי הצירי גם בה יש מיתה, שהוא כללות האחורײים, גם צודק מה שכתוב שגם הבינה לא מתה, והוא בסוד הפנים שלה. **ואפשר שהפנים הם חו"ב, והאחורײים הם של ישראל סבא ותבונה**, בסוד יעקב ולאה שהם אחורײים שלהם, **ודי בזה**.
109

ע"ח ש"ח פ"א מ"ב דל"ה ע"ד – וכאן יש קושיא שאמרנו כי שני נקודים הראשונים בלבד נתקיימו, ובמקום אחר כתבנו כי שלושה נקודות הראשונים לא מתו, והשבעה אחרות שהם שש נקודות הנשארים מתשעה, והמלכות שהיא מלך בלתי נקודה כנודע, אלו השבעה מתו. ואפשר לתרץ ולומר שכיון שהפנים של או"א לא מתו הכל)נ"א להכי(נקרא נקודה אחת בסוד יו"ד, שהוא אותיות י"ה, בסוד הבן בחכמה, ולכן הכל נקרא חכמה לבד, והאחורײם שנפלו מאו"א הם הה' שבשם, בסוד וחכם בבינה, והכל נקרא בינה לבד, שהוא סוד אחורײים אל הפנים, שהוא זכר חכמה. נמצא כי נקודת הפתח הוא שני פנים דאו"א,

וְהָעִנְיָן הוּא, כִּי[110] אַף עַל פִּי שֶׁבְּמִיתַת הַחֶסֶד יָרְדוּ אֲחוֹרֵי אַבָּא, עִם[111] כָּל זֶה אֵין אֵלּוּ נִקְרָאִים אֲחוֹרַיִים גְּמוּרִים, לְפִי שֶׁעֲדַיִין הָיְתָה הַבִּינָה שֶׁהִיא אִימָא בִּבְחִינַת פָּנִים עִמּוֹ, וְהָיְתָה מְאִירָה בְּאֲחוֹרָיו בבחינת פנים של אבא, ר"ל בחינת אחור בפנים,

פנים דאימא באחורי אבא, והארה הזאת נמשכת לאימא מא"א, לכן יש עדיין הארת הפנים מצד מה באבא.

נִמְצָא[112] כִּי עֲדַיִין לֹא יָרְדוּ בְּעֶצֶם כָּל אֲחוֹרֵי אַבָּא שהם או"א עילאין, רַק כְּשֶׁיָּרְדוּ גַּם אֲחוֹרֵי אִימָא שהם ישסו"ת, אָז יָרְדוּ דִשְׁנֵיהֶן הָאָחוֹר לְגַמְרֵי בגבול עולם האצילות, וְאָז הָיוּ עומדים אֲחוֹר בְּאֲחוֹר כְּמוֹ שֶׁנִּתְבָּאֵר בְּעֶזְרַת הַשֵּׁם בָּאֹרֶךְ, בְּדָרוּשׁ פַּרְצוּפֵי יַעֲקֹב וְלֵאָה[113], מֵהֵיכָן[114] יָצְאוּ וְעַיֵּי"שׁ[115].

שהכל נקרא חכמה, ונקודת צירי הוא שני אחוריים שלהם, שהכל נקרא בינה. ובזה צדקו ב' בחינות הנזכרות לעיל. כי הצירי גם בה יש מיתה, שהוא כללות האחוריים, גם צודק מה שמבואר שגם הבינה לא מתה, והוא בסוד הפנים שלה, ואפשר שהפנים הם של חו"ב, והאחוריים הם של ישראל סבא, ותבונה בסוד יעקב ולאה, שהם אחוריים שלהם, ודי בזה.
110

כרם שלמה ש"ט פ"ב אות ב' – ואם תקשה ותאמר כי הואיל ואחורי אבא נפלו מעת מיתת החסד, למה כתבנו לקמן שלא נרמזו נפילת אחורי אבא עד מלך השני, שהוא הגבורה. לזה אמר אף על פי וכו', עם כל זה אין אלו נקראים אחוריים גמורים וכו'. והיתה מאירה באחוריו. ור"ל הואיל ועדיין יש באחורי אבא הארת פנים מצד מה, לכן אין נקרא שירדו אחוריו כולם, אלא מקצתם.
111

בית לחם יהודה ש"ט פ"ב דכ"ז ע"ג – עם כל זה אין אלו נקראים אחוריים גמורים. כלומר אין זה ירידה גמורה, יען כי ברדתם למטה היו עומדים נוכח פני אימא שלמעלה, והיו מקבלים אור פני אימא בלא הפסק פני אבא ואימא ביניהם. וכלומר, ונמצא שמיתת הדעת והחסד דשבעה מלכים הם קדמו לנפילת אחורי אבא, ולכן קדם שם אבגית"ץ הרומז לו"ק, לשם קר"ע שט"ן הרומז לאחוריים דאו"א, וכדמפרש ואזיל כי על סדר מיתתן הוא סדר עלייתן וכו'.
112

שער ההקדמות, דרוש בסדר ירידת ז' מלכים ונפילתם וירידת אחוריים דאו"א ואיך נעשה הכל ביחד דכ"א ע"ג – והנה נתבאר כי לא נגמר נפילת אחוריים דאבא, אלא במיתת המלך השני הנקרא חסד, ואחורי אימא נפלו במיתת מלך השלישי, והיא הגבורה. באופן כי כשמת המלך השלישי אז נגמר ירידת אחורי או"א עילאין. והענין הוא כי אף על פי שאחורי אבא נפלו במיתת המלך השני, אין אלו נקראים עדיין אחוריים גמורים, לפי שעדיין אז היתה אימא פנים באחור שלו, והיתה מאירה באחוריו. ונמצא כי אחור דאבא לא ירדו בעצם כל בחינותיו. אבל כאשר ירדו אחוריים דאימא, אז נפלו שתי האחוריים לגמרי, שלו ושלה, וחזרו להיותם אחור באחור.
113

הגהות וביאורים)ז(– שער ל"ז פרק א' וב'.
114

כרם שלמה ש"ט פ"ב אות ב' – ומה שסיים כמו שנתבאר בע"ה בדרוש יעקב ולאה מהיכן יצאו וכו', והוא לקמן בשער ל"ז פרק א' ופרק ב'. אבל לכאורה אין הענין הזה שלנו מתיישב על הטעם הנזכר שם. ושם מבואר כי פרצוף יעקב נעשה מאחורי אבא שנפלו, ופרצוף לאה נעשית מאחורי אימא שנפלו כאן באצילות, במקום נוקבא דז"א דאצילות. וזאת היא מה שמבואר שם. כוונתו הוא אפשר שרוצה לומר לי כי פרצוף יעקב נעשה

וְנִמְצָא[116] כִּי אֵין יְרִידַת אֲזוֹרֵי אוֹ"א נִקְרָא יְרִידָה לְגַמְרֵי, עַד מוֹת כלי הַגְּבוּרָה, שֶׁהוּא מֶלֶךְ הַשְּׁלִישִׁי. אֲבָל בשבירת ומיתת הכלים של הַשִּׁבְעָה מְלָכִים דנקודים, הִיא מִיתָה גְּמוּרָה תֵּכֶף ומיד מִן הָעֵת הָרִאשׁוֹנָה שנשברו אחרי שמלכו, כִּי[117] הֲרֵי בְּשבירת ומות כלי הַחֶסֶד, נִשְׁבְּרוּ כָּל בְּחִינוֹתָיו דכלי החסד מיד לְגַמְרֵי גם הפנים וגם האחור, וְנֶאֱמַר[118] בּוֹ מִיתָה מַמָּשׁ, ולא כמו או"א עילאין וישסו"ת, שירדו מעט מעט בשלבים, כאשר כל אחד מהכלים דשבעת המלכים נשבר ומת, יורד חלק מאו"א עילאין וישסו"ת, עד שבירה ומות המלך השביעי, שנגמרו כל האחוריים דאו"א עילאין וישסו"ת לרדת בגבול האצילות.◆

סוֹף[119] דבר נִמְצָא כִּי מִיתַת שבעת הַמְּלָכִים דנקודים מִתְחִלָּה לְהִקָּרֵא מִן הָעֵת שֶׁמֵּת הַמֶּלֶךְ הָרִאשׁוֹן שהוא הדעת, אֲבָל בִּיטּוּל הָאֲזוֹרֵיִים דְּאו"א עילאין אֵינוֹ בִּיטּוּל עַד שֶׁמֵּת הַמֶּלֶךְ הַשְּׁלִישִׁי שהוא הגבורה.◆

מאחורי אבא שנפלו, לא נעשה בעת מיתת החסד בנפול אחורי אבא של אז, כיון שעדיין לא גמרו אחורי אבא ליפול, מפני שהיה אימא מאירה באחוריו. והוא שכתב שם בפרק א', כי אחרי שנתקנו זו"ן אז נתקנו אחורי או"א אלו, שמהם נעשו יעקב ולאה.
115

ע"ח ח"ב של"ז פ"א מ"ת דנ"ח ע"א – ונבאר עתה ענין יעקב ולאה דרך כללות, הנה לעיל בארנו כי אלו הם בחינת אחוריים של או"א, שנפלו בעת מיתת המלכים, ולא ירדו לעולם הבריאה, אלא נשארו באצילות במקום רחל, שהיא נוקבא דז"א. לכן אין מיתה נזכר בהם, רק נפילה וביטול בעלמא, וכיון שכן, לכן בעת התיקון של הזו"ן שהם ישראל ורחל, אחר שיתוקנו אלו האחוריים הנזכרים לעיל, ואין להם יכולת להתתקן כלל עד שיתוקנו זו"ן. ואף על פי שהם אחור דאו"א, שהם יותר גבוהים מזו"ן, והיה ראוי שיתוקנו מקודם, עם כל זה כיון שהם אחוריים גמורים, חיצונים שבאו"א, שהם דינין, לכן צריך שיתוקנו תחלה זו"ן בבחינת הגדלות, כי יש בהם בחינת פנים גם כן, ואחר כך יתוקנו אחוריים של או"א, כי כיון שירדו במקום הנוקבא, אם כן בתיקונה יתוקנו גם הם כנזכר לעיל.
116

כרם שלמה ש"ט פ"ב אות ג' – וזהו שכתב כי אֵין נקְרָא יְרִידָה לְגַמְרֵי. פירוש, אף על פי שכבר התחילה לירד ממנו, אבל אין זה נקרא ירידה לגמרי, עַד מוֹת הַגְּבוּרָה שֶׁהוּא הַמֶּלֶךְ הַשְּׁלִישִׁי. פירוש, כאשר ירדו גם כן אחורי אימא. אבל מִיתַת הַשִּׁבְעָה מְלָכִים, ר"ל הַתְחָלַת מיתת שבעה מלכים שהם הזו"ן, ושהם נפרדים אחד מחבירו, הִיא נִקְרֵאת מִיתָה גְּמוּרָה תֵּכֶף מִן הָעֵת הָרִאשׁוֹנָה. ולא כמו אחורי או"א, כי בכל זמן מיתת מלך אחד, אז יורד מעט מהם, עד שגמרו אחורי אבא ואימא עילאין במות הגבורה והשליש העליון דתפארת. ואחורי ישסו"ת במות המלכות, שהיא מלך השביעי.
117

כרם שלמה ש"ט פ"ב אות ג' – וזהו שכתב כי הֲרֵי בְּמוֹת הַחֶסֶד נִשְׁבְּרוּ כָל בְחִינוֹתָיו לְגַמְרֵי. ר"ל ולא מעט מעט כמו אחורי או"א.
118

כרם שלמה ש"ט פ"ב אות ג' – ומה שכתב וְנֶאֱמַר בּוֹ מִיתָה מַמָּשׁ. ר"ל ועוד שירדו הזו"ן לעולם הבריאה, נקרא ירידתם בשם מיתה, מה שאין כן באחורי או"א שלא כתוב בהם מיתה, כמו שכתב בסוף פרק זה לקמן.
119

בפרקים הקודמים ביאר הרב ז"ל כי[120] המלך הראשון שמלך הוא הדעת, ובפרקין וגם[121] לקמן מבואר כי המלך הראשון הוא החסד. וזאת[122] כי הדעת **לאחר התיקון** נעשה[123] נשמה ופנימיות הו"ק דז"א, לכן אינו נמנה כאן הדעת בין המלכים שנשברו, אלא מן החסד עד המלכות. **גם נודע** כי[124] אין עלייה ממדרגה למדרגה אלא על ידי שם מ"ב, שהוא שלוש

כרם שלמה ש"ט פ"ב אות ג' – סוף דבר נמצא כי במיתת השבעה מלכים, מתחלת להקרא מן מות מלך הראשון, אבל אחורי או"א ביטולם נקרא מן עת מות הגבורה, שהוא מלך השלישי.

120

ע"ח שער הכללים פ"א ד"ה ע"ב – והנה כשיצא אחר כך אור מבינה לו"ק, **תחלה יצא הדעת**, ואחר כך נתבטל. וזהו המלך הראשון, שהוא בלע בן בעור. אחר כך יצא חסד, וגם הוא לא היה יכול לסבול האור, ונשבר הכלי שלו, גם כן וירד למטה. ואחר כך יצא גבורה, וכן כל השבעה. ואלו הם שבעה מלכים שמתו, שנאמר בהם וימת וימלוך, תחלה מלכו ואחר כך מתו, ונתבטלו השבעה כלים אלו.

ע"ח ש"ח פ"ד מ"ת דל"ח ע"ג – אמנם בצאת משם השבעה תחתונות, שהם השבעה מלכים שמלכו בארץ אדום, ורצו ליכנס בכלים שלהם, ולא יכלו הכלים לסבול, ונשברו ומתו, כמו שנבאר בע"ה. ולכן נבאר תחלה סדר שבעה מלכים אלו, כי הנה הם מהדעת ולמטה. **דעת ראשון**, חסד שני, גבורה שלישי, תפארת רביעי, נצח הוד הם תרי פלגי גופא והם חמישי, יסוד ששי, מלכות שביעי. כי הנצח הוד נחשבים כל אחד חצי הגוף, ובין שניהם הם אחד לבד. ודע כי כל אלו הם ענין המלכים הנזכר בפרשת וישלח - ואלה המלכים אשר מלכו בארץ אדום.

ע"ח ש"ט פ"א מ"ת ד"מ ע"א – והנה **הדעת הוא המלך הראשון שיצא**, ובו היו כלולים כל השבעה כנזכר לעיל. והנה כבר ידעת כי עיקר העלאת מ"ן הם הכלים [נ"א הבנים] שנולדו כבר בעולם, ולכן עיקר העלאת מ"ן עד עתה היה על ידי הדעת, **אשר כבר יצא לעולם בראשונה**.

121

ע"ח שי"א פ"א פ"ד דנ"א ע"ד – והנה הבינה לא יכלה לקבל אור החכמה אלא פנים באחור, וכאשר הבינה הוציאה השבעה מלכים תאין, לא הוציאתן אחד לאחד, רק כולם ביחד, ששה משמשותן על אבן אחד שהם ו"ק, עם המלכות השביעית הנקרא אבן, ולא היה בדרך ג"ר, כי כל אחד יצא בפני עצמו, ולא יכלו לסבול בשביל זה לקבל האור, **ואז נתבטל החסד תחלה**, ואחר כך הגבורה, וכן כולם עד המלכות.

122

ע"ח ח"ב שכ"ו פ"ד שכ"ב דט"ז ע"ד – ודע **שהדעת הוא נשמה בו"**ק, וגם דע ששורש ההוא נשארין בדעת תמיד.

הגהות הרמ"ז והרנ"ש אות ק"ה – נראה לעניות דעתי נתן, שכאן הסכים עם הסברא שכתב בדרוש המלכים, על ביאור האדרא, שאמר שם בלע הוא בחינת הדעת, שהוא נשמת ו"ק, ובלוע בתוכם. ומתחיל למנות השבעה מלכים מחסד ולמטה, עיין שם.

123

ע"ח ש"ח ש"ט פ"ג מ"ת דמ"ד ע"א – וזה סוד תפלת יוצר דשחרית דשבת, שתקנו בו שבעה פעמים **הכל**, והטעם היות לו יתרון זה הוא, כי אם לא היה בו כח **שיוכל לעלות עד הדעת, שהוא נשמת הו"**ק, ושם הוא מקום החמשה חסדים כנודע, שהם בחינת טפת הזרע, לא היה בו יכולת וכח להוריד טפת הזרע (נ"א הזווג) בנקבה בעת הזווג, ולהמשיכם ממש משם, מן הדעת.

ע"ח ח"ב שכ"ה ה דרוש ב' מ"ב, כללים של חו"ג, כלל ט"ז ד"ז ע"ג – דע **שהדעת הוא נשמת ו"**ק, ודע ששורש חמשה חסדים נשארין בדעת תמיד, אך ענפיהם הם החסדים המתפשטים בו"ק, ואלו הענפים הם המגדילין את ז"א מבחוץ כנזכר לעיל, והם מבחוץ, ושרשם מבפנים, ומקבלין הארה מרשרשם דרך מחיצות שביניהן, ומגדילין לגופא דז"א עצמו.

ע"ח ח"ב שמ"ו פ"ו מ"ת דק"ד ע"ב – והנה שם שם יאהדונה"י אשר בהיכל לבנת הספיר, הנזכר פרשת פקודי, הנה הוא נמשך מן הדעת העליון שבאותו העולם, כפי מה שהוא והוא יורד ומתגלה למטה ביסוד שהוא בחינת לבנת הספיר, בסוד נשמת היכל זה, **בסוד הדעת שהוא נשמת שש קצוות** כנודע.

124

שער הכוונות, דרושי קבלת שבת, דרוש א', ענין הבו להוי"ה דס"ה ע"ב – אבל נודע כי **אין שום דבר עולה למעלה ממדרגתו, אם לא על ידי כח שם בן מ"**ב, אשר למעלה ממנו, כי הוא סוד שלוש פעמים י"ד,

פעמים י"ד, בסוד[125] היד[126] הגדולה, היד[127] החזקה, והיד[128] הרמה. וכמו שמבואר לקמן, כאשר היד הגדולה הוא סוד
ספירת החסד, היד החזקה הוא סוד ספירת הגבורה, והיד הרמה הוא סוד ספירת התפארת. כך ששלושה הידים הללו הם
בחינת חג"ת, ושם[129] מ"ב דאנא בכח הוא בעולם היצירה, ועולם היצירה הוא בחינת ו"ק, חג"ת נה"י, שבהם היה מקרה
המלכים. ולכן גם תיקון המלכים נעשה על ידי שם מ"ב הזה, ושם[130] מ"ב זה הוא המעלה את עולם העשיה לעולם
היצירה, כמבואר[131] בסידור הטהור למרן הרש"ש.

בסוד הידים האוחזים בדבר, ומעלים אותו למעלה. ונמצא כי צריך עתה שתי בחינות, והם בחינה אחת הארת
אלו השבעה הבלים דאצילות בשבעה תחתונות דעשיה, כדי שיוכלו להעלות למעלה ממדרגתם. ואז נמשכת
הבחינה השניה, והוא ענין שם בן מ"ב שביצירה, אשר למעלה מן העשיה, ועל ידיו עולות שבעה תחתונות
דעשיה למעלה ממקום מדריגתם כנזכר לעיל. **וזכור היטב** ענין שתי בחינות אלו שיש בכל מקום, שאיזה דבר
עולה למעלה, **ואל תשכחהו**. ונודע כי שם בן מ"ב דיצירה הוא אבגית"ץ כו', היוצא מראשי תיבות אנא בכח
כו'. גם נודע שמתחלק לשבעה שמות, והם מתחלקים מחסד עד מלכות. גם נודע כי יש בחינת נשמה אל שם בן
מ"ב הזה שביצירה, והוא סוד שבעה הוי"ת, האחת מנוקדת כולה בסגול, והשניה כולה בשבא, והשלישי כולה
בחולם, כמו שמבואר סוד כללות הנזכר.
125

ע"ח ח"ב של"ג פ"א מ"ת ד"מ ע"ב – הבחינה השלישית הוא הנקרא מדה, הוא מצד התפארת שבז"א,
אשר מצדו נקראו כולם בחינת מ"ב. לפי שהתפארת כלול משלוש ידות, **שהם יד הגדולה מימינא, יד החזקה
משמאלא, יד רמה באמצעית**. והיד האמצעית כוללת עמו יד הימין והשמאל, ומן שלוש פעמים י"ד נעשה
מ"ב, אחד בתפארת עצמו, לכן בחינת מ"ב הוא בתפארת.
ע"ח ח"ב של"ה פ"ג מ"ק דנ"ב ע"ג – ואמנם המ"ן נעשה על ידי שרים והנדיבים, שהם האבות, שחקקו
בה חותמם, שהוא צורת **ש'**. וזהו והיה שדי בצריך, אל תקרא בצריך אלא בצירך. כי היסוד נקרא שדי, שהוא
שד"י ונעשה על ידי הצירים שב ועל שמו נקרא שד"י דשדי, **וד"י** אותיות **י"ד**. פירוש, מן
הידים העליונים, **שהם יד חזקה, יד הגדולה, יד הרמה, שהם חג"ת**, מהם נעשה שם שדי שהוא **ש'** י"ד. וזה
סוד מקדש אדנ"י כוננו ידך, כי הכוננות של אדנ"י שהוא המלכות, הנה בנין יסוד שלה שהוא עיקר כוננותה,
נעשה על ידי הידים העליונים, והוא סוד יצחק מיעך באצבע, **ואין להאריך בזה**.
126

שמות י"ד ל"א – וירא ישראל את **היד הגדלה** אשר עשה הוי"ה במצרים וייראו העם את הוי"ה ויאמינו
בהוי"ה ובמשה עבדו.
127

שמות י"ג ט' – והיה לך לאות על ידך ולזכרון בין עיניך למען תהיה תורת הוי"ה בפיך כי **ביד חזקה** הוצאך
הוי"ה ממצרים.
128

שמות י"ד ח' – ויחזק הוי"ה את לב פרעה מלך מצרים וירדף אחרי בני ישראל ובני ישראל יצאים **ביד רמה**.
129

כרם שלמה ש"ט פ"ב אות ד' – מה שכתב **כי שם מ"ב הזה מדבר בסוד המלכים**. ר"ל כי הראשי תיבות
שלו הוא מדבר על בחינת המלכים האלו, שהם שבעה מלכים שמתו. והוא כי שם מ"ב של אב"ג ית"ץ הוא
בעלמא בעולם היצירה, ועולם היצירה בעלמא הוא בחינת ז"א בבחינת העולמות. כשתחשוב כי א"ק הוא כתר
של העולמות. והאצילות הוא חכמה, שהוא אבא. והבריאה היא בחינת אימא. והיצירה היא בחינת ז"א. והעשיה
היא בחינת מלכות. בסוד אימא מקננא בבריאה, וז"א מקננא ביצירה, ומלכות מקנן באופן, שהוא העשיה. **ולכן
היצירה היא כנגד ז"א, וז"א רומז ליצירה, ונקרא בשם יצירה**. וזהו שכתב - כי כבר ידעת כי שם מ"ב מדבר בסוד
ביצירה, ויצירה הוא בחינת ז"א כנודע, שהוא סוד השבעה מלכים. נמצא כי שם מ"ב הזה הוא מדבר בסוד
המלכים.
130

נהר שלום דכ"ה ע"ד – הקדמת **אנא בכח**. והנה ענין שם מ"ב הוא זה, הנה נודע כי כל עולם ופרצוף עליון,
הוא מקור ושורש למה שלמטה ממנו כנודע. כי במלכות דיצירה נתפשטו עשרה ענפים מעשר ספירות דיצירה

עוד צריך לדעת כי[132] התפילה דשם דאנא בכח חוברה על ידי רבי נחוניא בן הקנה, ושמות האלו יוצאים מ**מ"ב** האותיות הראשונות שבתורה הקדושה, מאות[133] **ב' ד**ב**ר**אשית עד אות **ה'** דב**הַ**ו. בתמורות וצרופי אותיות, כמבואר[134] בפרדס לרבינו הרמ"ק, ולא[135] התיבות אנא בכח וכו' הם שם מ"ב, נמצא[136] כי ה**ראשי תיבות** של תפילת אנא בכח הוא

והם שרשים לעשר ספירות דעשיה. וכן במלכות דבריאה נתפשטו עשרה ענפים מעשר ספירות דבריאה, והם שרשים לעשר ספירות דיצירה. וכן במלכות דאצילות נתפשטו עשרה ענפים מעשר ספירות דאצילות, והם שורש עשר ספירות דבריאה. ובמלכות דעקודים נתפשטו ענפי עשר ספירות דעקודים, והם שורש לעשר ספירות דאצילות. וכן על דרך זה מעולם לעולם שלמעלה מנו, עד שנמצא שכולם ענפים מסתעפים מעשר ספירות דא"ק, שהם שורש ומקור לכל העולמות, והם משורשים ביחידה שלו. וכל זה בכללות, וכן הוא בפרטות, מפרצוף לפרצוף, וכן בפרטי פרטות מספירה לחברתה. והנה טבע האור העליון, חפצו וחשקו ותאוותו לעלות למקורו ושורשו, להכלל ולהדבק שם כשלהבת קשורה בגחלת, ואם ככה יעשה יתבטל מהות תיקונו, לפיכך שם המאציל לכל בחינה יראה פנימית, שלא יעלה האור ההוא ויכנס פנימה יותר מהראוי לו, וגם יראה חיצונית, וחק וגבול שלא ירד למטה ויצא יותר ממדריגתה. **והנה יראה זו היא שם מ"ב שהוא בחינת גבורה**, כמספר יראה, ושם זה הוא האוחז ומעכב לאור העליון שלא יעלה יותר מהראוי לו, ושלא ירד יותר מגבולו, ושם זה הוא ביצירה, ר"ל בחג"ת, שהם בחינת כלים האמצעיים, שהוא פרצוף האמצעי דשבעה תחתונים דכל בחינה, והוא מעכבו מלעלות לחב"ד, ועל כן נקראו ידים שהם חג"ת, וכן יש בו שלוש פעמים י"ד אותיות, והוא מתחלק לשבעה שמות, לעומת שבעה תחתונות חג"ת נהי"ם. כל שם משש אותיות בספירה אחת, וכל שם כלול מכולם, ויש בו פרטות כולם, נגד פרטות שבעה תחתונות שבספירה ההיא. ועל שם מ"ב זה נאמר - בשתים יכסה פניו, ובשתים יכסה רגליו, ובשתים יעופף, ר"ל שבשתי אותיות ראשונות שבכל שם יכסה פניו, שהם חב"ד דכל ספירה, אות אחת לכסות אור פנימי, ואות שני לכסות אור המקיף, שלא לעלות לשורשו. ובשתי אותיות שניות שבכל שם יכסה רגליו, שהם פנימי ומקיף דנה"י דכל ספירה, שלא יתפשט וירד למטה ממדרגתו. ובשתי אותיות אחרונות יעופף, בפנימי ומקיף בחג"ת דכל ספירה, לעלות בעת עליית העולמות למקום הצריך לו, ולא יותר, כי שני אותיות ראשונות אוחזים ומעכבים לו, שלא להתעלות יותר, וכל זה הוא על ידי שמות הרמוזים בפסוק זה.
131

תרשים ב – י"א.
132

הפרדס לרמ"ק, שער כ"א פרק א' הוא שער פרטי השמות דצ"ו ע"ד – הנרצה בשער הזה הוא לבאר ענין גדול ונפלא, שנמצא ברוב דברי המפרשים, ובפרט בתפלת רבי נחוניא בן הקנה ייחס שם שמות מיוחדים ומפורשים אל הספירות, כמו שם ע"ב, **ושם מ"ב**, ושם י"ב, וכיוצא בהן. ורצוננו לבאר אותם כל אחד ואחד מוצאיו ותכונתו, לכל אשר תשיג ידינו למצוא בהן מי שידבר בהם בין רב למעט, כי דברים אלו הם מסורים בקבלה, ולא ניתן להוסיף בהם ולא לגרוע.
133

בראשית א' פסוקים א' וב' – **בראשית ברא אלהי"**ם את השמים ואת הארץ. **והארץ היתה תהו ובהו** וחשך על פני תהום ורוח אלהי"ם מרחפת על פני המים.
134

תרשים ב – י"ב.
135

כרם שלמה ש"ט פ"ב אות ד' – תחילה צריך לידע כי שם המ"ב הזה, הרמוז באב"ג ית"ץ וכו', אינו זה השם שהוא אב"ג ית"ץ, זהו שם בן מ"ב, כי כולו זה אינו כי אם מ"ב אותיות, ואנן בעינן מ"ב שמות. ואם תחשוב כי המ"ב והוא כי זאת האנא בכח היא תפילה בעלמא, דהיינו **אנא** הוא שם הראשון, **בכח** הוא שם השני, עד מלת **תעלומות** הוא שם המ"ב, איך אנחנו מזכירים אותם בפינו. אלא כמו שכתב בשער רוח הקודש דנ"ז ע"ב - ששה שמות הראשונים מאלו המ"ב, הוא כי זאת האנא בכח היא תפילה בעלמא, שתיקן אותה תפילה **רבי נחוניה בן הקנה**, ורמז בראשי התיבות שלה ראשי תיבות שמות הקודש של שם בן מ"ב.
136

שם מ"ב, ולא התיבות עצמם. וכן[137] הוא בסידור הטהור למרן הרש"ש בשיר של יום, שהוא מקום הורדת השפע ליצירה.

עוד צריך לדעת כי[138] שם זה דמ"ב נקרא גם הוא השם המפורש, ובו הרג משה רבינו את המצרי.

וּבָזֶה[139] תבין סוד שם מ"ב שבו רמוזה מיתת זו"ן ותיקונם, וביטול אחורי או"א, **שֶׁהוּא** שם בן שבעה שמות שכל שם שבהם בעל שישה אותיות, הראשון **אַבְּ"ג יתֵ"ץ**, השני **קְרַ"ע שֹטְ"ן**, השלישי **נֵֶ"ד יֶכַ"שׁ**, הרביעי **בְּטַ"ר צֵתַ"ג**, החמישי **חֵֶֹק"ב טֵנַ"ע**, השישי **יֵֶ"ל פֵֵ"ק**, והשביעי **שַקְ"ו צֵי"ת,** יחד הם מ"ב אותיות. [140]**כִּי**[141] **כְּבָר יָדַעְתָּ כִּי שֵׁם מ"ב הוּא**[142] בעולם

כרם שלמה ש"ט פ"ב אות ד' – נמצאת למד כי אלו המ"ב אותיות של אב"ג ית"ץ וכו', הם הראשי תיבות של שם מ"ב שמות, שראשי תיבות שלהם הם אלו אב"ג ית"ץ וכו'.
137

תרשים ב – י"ג.
138

ילקוט ראובני, בראשית דכ"ב ע"ב – כי שבעתים יקם קין. הוא משה שהיה לו שבעה שמות, והרג המצרי שהוא גלגול קין. וגם יתרו היה לו שבעה שמות. כי כשהרג המצרי **בשם המפורש, בשם מ"ב, כדי לעלות נפשו**, ואז נדבק ביתרו ונתגייר, וכפר בעבודה זרה.

רבינו בחיי, שמות ב' י"ב – ויך את המצרי, ראוי היה משה משמשת ימי בראשית לעשות המעשה הזה להרוג את המצרי, כי כחו של מצרי הוא כחו של קין, שהוא מצד הטומאה, ודע כי הכאה הזאת בלשון היתה, כי המית אותו ברוח שפתיו, וכן דרשו ז"ל... **ושם המפורש של מ"ב אותיות היה**, ויש בכתוב התעוררות על זה, וכן אמר דוד ע"ה – **בך** צרינו ננגח בשמך נבוס קמינו, ואמר זה על **מ"ב אותיות**, ועל זה נאמר – כי נשגב שמו לבדו.
139

כרם שלמה ש"ט פ"ב אות ג' – ומה שכתב ובזה תבין שם מ"ב וכו'. ר"ל כי מיתת הזו"ן ותיקונם היא רמוזה בשם המ"ב הזה. ולכן מיתת הזו"ן היא רמוזה בשם הראשון, שהוא רמוז למלך הראשון, וירידת אחורי או"א היא רמוזה בשם השני, שהוא רמוז למלך הגבורה, להורות לי שלא נגמרו אחורי או"א לירד, עד שמת גם כן מלך השלישי שהוא הגבורה. וזהו **קְרַ"ע שֹטְ"ן**, קריעה בעלמא.
140

יפה שעה)ג(– כי כבר ידעת ששם זה של מ"ב הוא ביצירה, והיצירה הוא בחינת ז"א כו'. ואם תסתכל תראה, איך שם מ"ב הוא במוחין, והוא נקרא טעמים, והוא כנגד האצילות. ואחר כך הטעמים של ס"ג, הוא בבריאה. והנקודות שלו הוא ביצירה. פירוש, כי שם מ"ב לעולם הוא ברישא כנודע. פשוט בכתר, מלא בחכמה, מלא דמלא בבינה. וכשנעשה ג' מדרגות בעולמות שבאו עד השתא בכללות. נמצא ע"ב דע"ב בכתר, ע"ב דס"ג באורות אח"פ. והנקודות הם מדרגה השלישית, והם כנגד אצילות בריאה ויצירה. נמצא מדרגה השלישית רומז לנקודות. ורומז לשם מ"ב, ורומז ליצירה. ואם כן הוא מ"ב דיצירה הרומז לזעיר אנפין.]**אח"י** – איך שם מ"ב הוא במוחין, יש כאן טעות סופר, וצ"ל שם ע"ב[
141

בית לחם יהודה ש"ט פ"ז דכ"ז ע"ג – כי כבר ידעת כי שם מ"ב הוא ביצירה. היינו שם מ"ב ד**אבגית"ץ** הוא ביצירה, אבל שם מ"ב שבבריאה הוא **אהי"ה יה"ו**, העולים גימטריא מ"ב. ושם מ"ב שבאצילות הוא מ"ב אותיות ד**הוי"ה דאלפי"ן פשוט, ומלא, ומלא דמלא**, כמבואר בפרק ז' דשער מ"ו, ובשער הכוונות בדרוש ה' דלילה דף נ"ה ע"ב, ובמזמור הבו להוי"ה, ובמזמור שיר ליום השבת דף ס"ה ע"ד, ודף ס"ו ע"א. ועיין עוד בפרק ג' דשער מ' ד"ה וממשיכין. ובאוצרות חיים הנזכר שם – כי כבר ידעת כי זה שם מ"ב של מ"ב וכו'. והיא נוסחא נכונה.
142

הַיְצִירָה, ושם[143] זה דמ"ב מעלה את עולם העשיה ליצירה, **וְעוֹלָם הַיְצִירָה**[144] **הוּא בְּחוֹנַת ז"א** פרצוף **כַּנּוֹדָע** שהוא[145] בחינת ו"ק, חג"ת נה"י[146], **שֶׁהוּא סוֹד הַשִּׁבְעָה הַמְּלָכִים** דמיתו, **נִמְצָא כִּי שֵׁם מ"ב זֶה** דאנא בכח וכו' **מְדַבֵּר בְּסוֹד הַמְּלָכִים** דעולם הנקודים, למעלה שם מ"ב דבריאה, ושם מ"ב דאצילות● בכללות[147] יש א"ק ואבי"ע, ובפרטות[148] יש א"ק ואבי"ע דא"ק ואבי"ע, וכן על דרך זה בפרטי פרטות,

---

שער ההקדמות, דרוש בסדר ירידת ז' מלכים ונפילתם וירידת אחוריים דאו"א ואיך נעשה הכל ביחד דכ"א ע"ג – ובזה תבין סוד שם מ"ב הנקרא אבגית"ץ וכו', כי נודע כי שם בן מ"ב הוא בעולם היצירה, כנזכר בתיקונין מכתב יד. ונודע כי היצירה הוא בחינת ז"א, אשר הוא סוד שבעת המלכים שמתו כנזכר. ואם כן ענין מיתת שבעת המלכים הוא מכרח שתהיה נרמזת בשם מ"ב הנזכר.
[143]

שער הכוונות, דרושי הלילה, דרוש ה' דנ"ה ע"ב – ואחר כך תכוין כאלו נפטרת מעולם העשיה, ונפשך עולם מעשיה אל היצירה, ותכוין ממש כאלו נפשך פורחת ועולה מזה מעולם העשיה אל היצירה, **והעליה זו היא בכח שם מ"ב אבגית"ץ כו', שקוצי"ת, שהם שבעה שמות כנגד שבעה ספירות מחסד עד מלכות.** ולכן אחר הודוי עם הכוונות הנזכרות, תאמר תפלת אנא בכח כו', ואל תזכור שם בן מ"ב בפיך ממש, אבל תכוין איך נרמז בראשי תיבות של תפלה זו דאנא בכח כו'. ואחר שאמרת תפלה הנזכרת **אשר על ידה עולה נפשך אל היצירה** הנזכר בסימן תפלת השחר, כי אין שום עליה אלא על ידי שם בן מ"ב, גם נתבאר שם **כי שם בן מ"ב זה, הוא ביצירה.**
[144]

ע"ח ח"ב ש"מ דרוש י"א מ"ב דפ"ה ע"ב – ודע כי כל הפנימיים שיש בכל עולם ועולם מאלו החמשה עולמות הם בחינות יחידה חיה נשמה רוח נפש שבאותו עולם עצמו, וחיצוניות שלו הם הכלים והגוף, שבתוכם מתלבשים היחידה וחיה כו'. נמצא עתה כי כל העולמות הם בחינת פרצוף אחד מעשר ספירות בלבד, וא"ק בכל בחינותיו, הוא הכתר שבהם. והאצילות אבא שבהם. והבריאה אימא שבהם. **והיצירה ז"א שבהם.** ועשיה נוקבא שבהם. וכולם פרצוף אחד לבד, ויש עצמות שהוא הפנימיות, והכלים שהוא החיצוניות, ובתוך כולם אור א"ס, אשר כולם נקראים בערכו כלים וחיצוניות לבד, והוא לבדו בתוכם, עצמות ופנימיות.

ע"ח ח"ב שמ"ב פ"ה מ"ב דצ"א ע"ג – ועתה נחזור לבאר כלל גדול באורך בע"ה, בענין כל העולמות כולם של אבי"ע. הנה נודע כי אצילות אבא, והוא חיה. בריאה אימא, והיא נשמה. **יצירה ז"א, והיא רוח.** עשיה נוקבא, והיא נפש. והבן ושמע.

ע"ח ח"ב שמ"ב פי"ד מ"ב דצ"ב ע"ד – ואם תאמר למה מעקה הבריאה והעשיה הם מהוי"ת, ומעקה יצירה הוא משם א"ל. הטעם הוא כנודע כי תמיד אנחנו מכנים שם הוי"ה אל **יצירה, שהוא סוד ז"א, הנקרא הוי"ה כנודע.** כי בינה ומלכות שהם בחינת בריאה ועשיה, הם שמות אהי"ה אדנ"י, לכן אין מעקה יצירה נעשית מעצמותה שהוא הוי"ה, רק משם א"ל. אמנם בריאה ועשיה שאין עצמותה בחינת הוי"ה, לכן נעשית המעקה מבחינת שם הוי"ה כנזכר לעיל.
[145]

ע"ח ח"ב של"ו פ"ב מ"ב דנ"ו ע"ד – ואמנם עוד נתוסף עתה בבית ראשון הארה גדולה, והוא זה הענין כמו שמבואר במקום אחר **כי הז"א היה ו"ק חג"ת נה"י**, ואחר כך עלו חג"ת ונעשו חב"ד, ונה"י נעשו חג"ת, והוצרכו הבינה להתפשט בו ולעשות נה"י חדשים.

ע"ח ח"ב שכ"ט פ"ד מ"ב דכ"ב ע"ג – ונבאר עתה ענין ז"א **בעצמו**, איך נתפשט ונתגדל. כי הנה כל שיעורו ביניקה אינו אלא ו"ק, **חג"ת נה"י**, ובהתלבש בתוכו נה"י דתבונה, נמצא כי שיעור חצי התבונה שהם נה"י גדולים, ככל **הז"א שהם חג"ת נה"י**, והיא נכנסת תוך הז"א.
[146]

תרשים ב – י"ד.
[147]

תרשים ב – ט"ו.
[148]

53

כל בחינה מתחלקת לא"ק ואבי"ע פרטים. וכן[149] בכל עולם מא"ק ואבי"ע בכללים והפרטים מתחלקים[150] לחמשה פרצופים, שהם א"א, או"א, וזו"ן. וכן כל בחינה ובחינה כללית ופרטית מתחלקת לעשר ספירות, שהם כח"ב חג"ת נהי"ם. ולכן[151] בכל אחד מהפרטים אלו יש בחינת יצירה וז"א פרטים, וכן הוא בפרטות האורות היוצאים מא"ק, כמו שהרב ז"ל מבאר לקמן.

ואם[152] **תסתכל**[153][154] ותתבונן בעומק הענין, ותקיש מילתא למילתא, ותחלק את האורות היוצאים מא"ק,

תראה[155] **איך שם ע"ב** דא"ק, ר"ל כל העסמ"ב דע"ב דא"ק, **הוא במוזין** דא"ק, **והוא**[156]

נהר שלום די"א ע"ג – והנה בתיקון העולמות נכללו ונתקשרו כל העולמות זה בזה, באופן כי א"ק ואבי"ע דא"ק, נעשו א"ק לכל העולמות, כי א"ק שבו נשאר בבחינת א"ק לאבי"ע הפנימי שבו. והאצילות שבו נעשו א"ק לאבי"ע דאצילות. ובריאה שבו נעשה א"ק לאבי"ע דבריאה. ויצירה שבו נעשה א"ק לאבי"ע דיצירה. ועשיה שבו נעשה א"ק לאבי"ע דעשיה. באופן כי מה שהיה אבי"ע דא"ק מתפשט באורך נעשה בעובי. וכן על דרך זה א"ק ואבי"ע דאצילות, נעשה אצילות לאבי"ע דא"ק ואבי"ע. וכן א"ק ואבי"ע דבריאה, נעשה בריאה לכולם בעובי. וכן א"ק ואבי"ע דיצירה, נעשה יצירה לכולם בעובי. וכן א"ק ואבי"ע דעשיה, נעשה עשיה לכולם בעובי. כמבואר כל זה באורך בהקדמה, עיין שם. באופן כי א"ק דא"ע המתפשט עתה באורך, שהוא הא"ק ואבי"ע הפנימי המלביש לקו האור של הא"ס, כל פרטי בחינותיו נעשו מא"ק דכל החמשה עולמות, כי הא"ק שבו הוא הא"ק שהיה בו תחלה, ותחתיו האצילות שבו שנעשה מא"ק דאבי"ע דאצילות, ותחתיו בריאה שבו שנעשה מא"ק דאבי"ע דבריאה, ותחתיו יצירה שבו שנעשה מא"ק דאבי"ע דיצירה, ותחתיו עשיה שבו שנעשה מא"ק דאבי"ע דעשיה. ועל הא"ק ואבי"ע הזה דא"ק, מלבישים א"ק ואבי"ע דאצילות שוה בשוה, אשר כל בחינותיו נעשו מאאצילות דכל החמשה עולמות, כי א"ק שבו נעשה מהאאצילות דא"ק, ותחתיו אצילות שבו שנעשה מאאצילות דאבי"ע שבו, ותחתיו בריאה שבו הנעשה מאאצילות דאבי"ע דבריאה, ותחתיו יצירה שבו, ותחתיו עשיה שבו, שנעשו מאאצילות דאבי"ע דיצירה ועשיה. ועליהם מלבישים א"ק ואבי"ע דבריאה, הנעשה מבריאה דכל החמשה עולמות. ועליהם מלבישים א"ק ואבי"ע דיצירה, ועליהם מלבישים א"ק ואבי"ע דעשיה, הנעשים מיצירה ועשיה דכל החמשה עולמות על דרך הנזכר לעיל. **וכן הוא בפרטי פרטות** כי החמשה בחינות הנזכרות שהם שורש, ונשמה, וגוף, ולבוש, והיכל, הוא בכל עשר ספירות דכל פרטי פרצופי א"ק, וכן הוא בפרטי פרצופי האצילות)המלבישים לא"ק מטיבורא דיליה ולתתא(.
149

ע"ח שמ"ז פ"ב מ"ק דק"ו ע"א – ואמנם כבר ידעת כי עשר ספירות דאצילות נתחלקו לחמשה בחינות, שהם א"א או"א זו"ן, וכולם כללות אדם אחד, וכל אלו הם מתנענעים על ידי מחשבה אחד, כדרך כל איברי האדם שמתנענעים על ידי מחשבתו.
150

תרשים ב – ט"ז.
151

כרם שלמה ש"ט פ"ב אות ד' – ומה שכתב **ואם תסתכל** וכו', **כוונת מ"ב לעלות** וכו'. כי הוקשה, כי למה אמרנו שבעולם היצירה הוא שם מ"ב, וכן שעולם היצירה היא דווקא רומזת לז"א שהם השבעה מלכים. והלא בכל עולם שהוא האצילות ובריאה ויצירה, בכל אחד יש שם מ"ב כנודע, כמו שמבואר בסוף שער מ"ו, שער כסא הכבוד, ולא ביצירה דווקא. וכן בכל עולם יש ז"א, ולא ביצירה דווקא. לזה אמר **ואם תסתכל** וכו', כי הזו"ן שהם השבעה מלכים, הם מכוונים ליצירה יותר מעולם אחר.
152

איפה שלימה, שער הנקודים פ"ח די"א ע"א)א(– ואם תסתכל תראה איך שם ע"ב הוא במוחין וכו'. ר"ל ע"ב דא"ק שהוא כנגד אצילות. וטעמים דס"ג בבריאה, ר"ל אח"פ דא"ק. והנקודות שלו ביצירה, ר"ל עולם הנקודים שנעשה מנקודות דס"ג דא"ק, כמבואר במבוא שערים ש"ב ח"ב דף ט' פ"ז ע"ב, יעו"ש. ועיין בהרב יפה שעה אות ג' שגירסא אחרת נזדמנה לו.
153

נִקְרָא טְעָמִים, וְהוּא נִקְרָא הָאֲצִילוּת עולם דא"ק, וממנו נמשך חיות לעולם האצילות שלמטה.

אַזור כָּךְ הַטְעָמִים שֶׁל ס"ג דא"ק, שהם אורות דאח"פ, והם סמ"ב דע"ב דס"ג, הוּא בְּעולם הַבְּרִיאָה דא"ק, וממנו נמשך חיות לעולם הבריאה שלמטה. וְהַנְּקוּדוֹת שֶׁלוֹ ר"ל של א"ק, שיצאו[157] דֶּרֶךְ הָעֵינַיִם, שהם סמ"ב דס"ג וב"ן דעסמ"ב דב"ן, הֵם[158] בִּיצִירָה ועשיה דא"ק, ומהם נמשך חיות לעולם היצירה ועשיה שלמטה, וְהֵם סוֹד מַלְכִים שֶׁמֵתוּ, כִּי[159] הַנְּקוּדוֹת הֵם בִּבְחִינַת זו"ן דא"ק, שֶׁהֵם יְצִירָה וַעֲשִׂיָה דא"ק, (ל"ג נ"א הוא בבחינת ז"א שהוא יצירה) מאירים אחר התיקון ביצירה ועשיה למטה.

בית לחם יהודה ש"ט פ"ב דכ"ז ע"ד – וְאם תסתכל תראה. פירוש ואם תסתכל בעומק הענין תראה שגם כללות כל עולם הנקודים הוא יצירה ולא ז"א לבדו, והוא כי שם ע"ב דא"ק הוא נקרא אצילות, והטעמים דס"ג שהם אח"ף הם בריאה, והנקודות דס"ג שיצאו מעיני א"ק הם יצירה, וכמבואר במבוא שערים דף ט' סוף ע"ב, (אש"ל).
154

כרם שלמה ש"ט פ"ב אות ד' – וזהו שכתב כאן **ואם תסתכל**. פירוש, תקיש מילתא למילתא, ותראה איך שם במוחין, פירוש במוחין דא"ק, **והוא נקרא טעמים** של חלק הטנת"א. **והוא נקרא אצילות.** פירוש, ששם ע"ב הוא כנגד האצילות שלו, ור"ל ששם ע"ב דא"ק הוא כנגד עולם האצילות שלו, ושל כל מקום. **ואחר כך הטעמים של ס"ג.** פירוש, המדרגה שלמטה מן הע"ב דא"ק, שהוא כנגד אצילות, הוא בחינת הע"ב דס"ג של א"ק, והם בחינת האח"פ דא"ק, והם כנגד עולם הבריאה שלו, ולא בבריאה ממש למטה, כי הוא בא"ק, אלא ר"ל כנגד עולם הבריאה שלו, וגם כן שהחיות של הבריאה מכאן נמשכת. והוא כמו שגרס בלשון מבוא שערים, ונביא לשונינו לקמן בע"ה. וכן מה שכתב **והנקודות שלו** ביצירה, ר"ל הואיל והטעמים שלו בבריאה שלו, ממילא הנקודות שלו ביצירה שלו, וגם כן כנגד היצירה התחתונה, והוא שהחיות של עולם היצירה מכאן נמשך. **ונודע שהנקודות של ס"ג זה הם הם בחינת המלכים שמתו, והם הם בחינת זו"ן.** כי המלכים הם שבעה, והם ו"ק של ז"א, ואחד של המלכות, ולכן הם הם בחינת זו"ן.
155

תרשים ב – י"ז.
156

כרם שלמה ש"ט פ"ב אות ד' – כי הטעמים של א"ק הם כנגד האצילות, ולא שהם בלבד אצילות, אלא שהם כנגד אצילות. וכן הס"ג דהיינו הטעמים דס"ג שהם האח"ף של א"ק, הוא כנגד עולם הבריאה. והנקודות של הס"ג, שהם המלכים האלו, הם כנגד היצירה. ולכן הואיל והמלכים האלו הם בחינת נקודות דס"ג כנודע, ולכן הם מכוונים כנגד עולם היצירה יותר מעולם אחר, והם עצמם גם כן בחינת ז"א, והיצירה גם כן בחינת ז"א.
157

מבוא שערים ש"ב ח"ב פ"ז ד"ט ע"ב – כי שם ההוי"ה דע"ב בטעמים, שהם המוחין. ואם כן יהיו בעולם האצילות. ושם ס"ג, טעמים שלו באח"ף, והם בבריאה. **והנקודות דס"ג, בעיניין**, והם בעולם היצירה, שהם המלכים שמתו, שהם זו"ן, הנקרא יצירה ועשיה.
158

כרם שלמה ש"ט פ"ב אות ד' – ונודע כי הז"א הוא בחינת יצירה, והמלכות כנגד עשיה. וזהו שכתב **שהם יצירה ועשיה**, ר"ל **יצירה ועשיה של א"ק**, ושל תחתונים. ולכן מפני כל אלו הטעמים, נמצא שבחינת המלכים הם כנגד יצירה, וביצירה שולט שם מ"ב הרמוז באב"ג ית"ץ וכו'. ולכן מיתת המלכים נרמזו בשם המ"ב הזה.
159

בית לחם יהודה ש"ט פ"ב דכ"ז ע"ד – כי הנקודות הם בחינת זו"ן שהם יצירה ועשיה. כי ששה מלכים הם יצירה, שהוא ז"א, ומלך השביעי שהיא נוקבא היא עשיה.

כבר נתבאר כי כל כלי מהשבעה מלכים שנשבר ומת, ירד למטה מעולם האצילות, כאשר החלק הפנימי של הכלי ירד לעולם הבריאה, החלק האמצעי לעולם היצירה, והחלק החיצון לעולם העשיה. **צריך לדעת**[160] כי יש חלוק ושינוי בין הקליפות שבכל אחד מהעולמות דאבי"ע. כאשר העולם האצילות הקדושה מרובה מהקליפה, והם לא מחוברים יחד. בבריאה הטוב יותר גדול מהרע, אבל הם מחוברים יחד. ביצירה הטוב והרע הם מחצה על מחצה, ומחוברים יחד. ובעשיה הרע גדול מהטוב, והם מחוברים יחד. **לכן עיקר** הברורים הוא מעולמות יצירה ועשיה, ולעלותם לבריאה על ידי שם מ"ב דבריאה שהוא **אהי"ה יה"**ו, סגולת שם מ"ב דיצירה שהוא **אנא בכח וכו'** הוא לעלות את הברורים **מעשיה ליצירה** ששם רוב המנין ורוב הבנין של הברורים, ולא מעשיה ויצירה לבריאה כמו שפשט הסוגיא כאן.

אמנם[161] **כוונת**[162] **מ"ב זה** דאנא בכח וכו' **הוא להעלות** את **כל הברורים משם** ר"ל מעולמות היצירה והעשיה, **אשר נשארו** בשבירת ומיתת שבעה המלכים ד**מזעיר ונוקבא,** ועיקרם נמצאים **ביצירה ועשיה** ר"ל חלק הכלי האמצעי נמצא ביצירה, וחלק הכלי החיצון בעשיה, **כי**[163] **כל**

160

ע"ח ח"ב שמ"ח פ"ג מ"ב דק"י ע"א – דע כי אף על פי שבכל ארבעה עולמות יש בחינת קליפות, יש שינוי בעולמות בעצמם. כי הנה בעולם **אצילות** של הקדושה הטוב מרובה על האצילות של הטומאה, ואינם מעורבים כלל הקדושה עם הטומאה. ובעולם **הבריאה** הקדושה מרובה על הטומאה של הקליפה דבריאה, אמנם הם מעורבים יחד. **וביצירה** הוא מחצה על מחצה, וגם הם מעורבים יחד טוב ורע. **ובעשיה** הקליפה מרובה על העשיה של טהרה, וגם הם מעורבים יחד, ואין שום דבר בעולם העשיה שלא יהיה מורכב מטוב ורע, קדושה וקליפה מעורבין יחד ממש. והנה הטומאה שבאצילות הם הנקרא קליפה דאצילות הטהור, וכן הטומאה של הבריאה נקרא קליפה דבריאה דטהרה, וכן ביצירה, וכן בעשיה. ואמנם אם קליפות האלו שבכל עולם סביבות העולם, או אם הם למטה בין כל עולם ועולם, זה יתבאר במקום אחר. אמנם ודאי הוא כי הם במדור אחד יחד הקליפות דאצילות יושבים בעולם האצילות, וכן דבריאה כו', והם בחינת טוב ורע. ואמנם ענין התערבות טוב ורע הנזכר לעיל שיש בשלוש עולמות בריאה יצירה עשיה, **אינו חס ושלום** בעשר ספירות המקננות בהם, כנודע כי אימא מקננא בג' ספירן דבריאה כו', **אבל התערובות הוא בעולמות עצמם.**

161

בית לחם יהודה ש"ט פ"ט דכ"ז ע"ד – אמנם כוונת שם מ"ב זה הוא לעלות כל הבירורים אשר נשארו מזו"ן ביצירה ועשיה. כלומר אשר נשארו מהשבעה מלכים ביצירה ועשיה, כי עיקר הקליפות הם ביצירה ועשיה, כי הבריאה רובה טוב, והיצירה היא מחצה על מחצה ומעורבין, והעשיה רובה רע וגם מעורבין יחד, כמבואר בריש פרק ג' דשער מ"ח, יעו"ש. ולכן עיקר הבירורים הם מן הקליפות דיצירה ועשיה, כי שם מ"ב דבריאה הוא יורד ליצירה ומעלה הבירורים דיצירה להבריאה, וכן שם מ"ב דיצירה הוא יורד לעשיה ומעלה בירורי העשיה ליצירה, ומשום הכי אין שם מ"ב בעשיה עצמה, לפי שאין עולם אחרת למטה ממנה, כמבואר כל זה בפרק ז' דשער מ"ו יעויין שם בבאורו. ולפי זה נראה שיש למחוק תיבת "זה", כי אין שם מ"ב זה דאבגית"ץ מעלה את הבירורים מיצירה לבריאה, אלא שם **אהי"ה יה"ו** כמבואר בציונים שכתבתי לעיל בד"ה כי כבר ידעת, יעו"ש.

162

כרם שלמה ש"ט פ"ב אות ד' – ומה שכתב עוד כאן **אמנם כוונת מ"ב זה הוא להעלות כל הבירורים משם**. פירוש, אף על פי שאמרנו ששם מ"ב זה הוא ביצירה, ובו נרמזו מיתת השבעה מלכים, על כל פנים עיקרו הוא **סגולתו** להעלות כל הברורים מן היצירה, והם החלק של שבעת מלכים שנפלו ביצירה ועשיה. כי ידוע ששלוש חלקים נפלו מן השבעה מלכים, שהם הפנימים שלהם, והאמצעים שלהם, והחיצוניים שלהם. והחלק הפנימי שלהם נפל לבריאה, וחלק האמצעי שלהם נפל ליצירה, וחלק החיצון שלהם נפל לעשיה. וסגולת שם זה הוא להעלות החלק ביצירה ועשיה.

163

כרם שלמה ש"ט פ"ב אות ד' – וזהו שכתב כי כל **שם מ"ב הוא להעלות**. ר"ל בין של יצירה, ובין של בריאה, ובין של אצילות. והכא עסקינן במ"ב של יצירה שהוא של אנא בכח.

שֵׁם מ"ב שבכל עולם מעולמות יצירה בריאה ואצילות **הוֹא לְהַעֲלוֹת** את הברורים שבעולם שתחתיו

למעלה **כַּנּוֹדָע, אִם כֵּן וַדַּאי הוּא כִּי בְּשֵׁם זֶה** דמ"ב **נִרְמַז**[164] בדרך עלמא גם סוד **מִיתַת**

הַמְּלָכִים דנקודים, וביטול אחורי או"א, ובסוגיה[165] זאת עסקינן בשם מ"ב דיצירה.◆

הרב ז"ל מבאר כאן, כי[166] מיתת כל שבעת המלכים נרמזת רק בשם הראשון דאנא בכח שהוא אב"ג ית"ץ, שהוא בחינת החסד. וביטול אחורי או"א נרמז בשם השני, שהוא גבורה, כי לא ירדו או"א עד מיתת המלך השלישי שהוא הגבורה כמבואר לעיל בפרקין, לכן בחינת ביטולם של או"א נרמז בשם השני שהוא קר"ע שט"ן.

וְעַל[167] **סֵדֶר**[168] **מִיתָתָן**[169] של המלכים דנקודים **הוּא סֵדֶר הַעֲלָאתָן** וביררום מהקליפות שבעשיה

ומתחת[170] לעשיה, לדוגמה המלך הראשון שנשבר ומת הוא החסד, ואחר כך הגבורה וכו', לכן סדר ביררום והעלאתן

164

כרם שלמה ש"ט פ"ב אות ד' – ומה שכתב אם כן ודאי הוא כי בשם זה נרמז מיתת המלכים. ר"ל אף על פי שסגולתו ומעשיו הוא להעלות הבירורים של אלו השבעה מלכים, על כל פנים הוא שבו נרמזו בו דרך רמז בעלמא מעשה מיתת השבעה מלכים אלו.

165

תיקוני הזוהר, תיקון י' דכ"ו ע"א עם תרגום וביאור – **ואינון שבע לקבל שבע ימי בראשית** אלו השבעה היכלות הם כנגד שבעת ימי בראשית, שהם סוד שבע ספירות חג"ת נה"י, **דרמיזין לשבע שמהן** והם רומזים לשבע שמות של **אבג"ית"ץ** וכו', **ועליידו אתמר** ועליהם נאמר - **שרפים עומדים ממעל לו שש כנפים שש כנפים לאחד, דבהון פרחת צלותא לעילא** ובכח השם הזה דמ"ב פורחת ועלה התפילה למעלה, ור"ל שעל ידי שם זה שהוא שם מ"ב שבעולם היצירה, מתעלים הברורים דעשיה ליצירה, **ואינון תמן מ"ב** ובעולם היצירה הוא שם זה של מ"ב אותיות.

166

שער ההקדמות, דרוש בסדר ירידת ז' מלכים ונפילתם וירידת אחוריים דאו"א ואיך נעשה הכל ביחד דכ"א ע"ג – ולכן מיתתם נרמז בשם הראשון שבו, וביטול אחורי או"א נרמז בשם השני, כמו שיתבאר.

167

איפה שלימה, שער הנקודים פ"ח די"א ע"א)ב(– **ועל סדר מיתתם הוא העלאתם** וכו'. נ"ב לשון שער ההקדמות דף כ"א סוף ע"ג - **ועולים על ידי שם** בן מ"ב הזה למעלה במקומם, כמבואר אצלינו בסדר תפלת שחרית דחול, בענין אנא בכח וכו', כי כל בחינת שם בן מ"ב הם ענין העלאה של הקדושה וכו', יעו"ש. ונראה לי שפירוש דבריו הוא כמו שכתב הרש"ש ז"ל בספרו הקדוש נהר שלום דף כ' ע"ג וז"ל בקיצור - באומרו תפלת אנא בכח יכוין להעלות על ידי ג' שמות הראשונים את חיצוניות חב"ד דעשיה, להלביש לפנימיות מלכות דיצירה, ועל ידי שלשה שמות האחרונים להעלות פנימיות חג"ת דעשיה להלביש חיצוניות מלכות דיצירה וכו', יעוין שם בבאורו. וכן מצינו בקבלת שבת שעל ידי שלשה שמות הראשונים של אנא בכח עולים חג"ת דעשיה במקום חב"ד דעשיה. ועל ידי ג' שמות האחרונים עולים נה"י דעשיה במקום חג"ת דעשיה. כידוע דהיינו שבתחלה על ידי שם הראשון עולה חסד, ועל ידי שם השני עולה גבורה, עד שעל ידי שם הששי עולה היסוד וכו'. נמצא שבתחלה עולים מדרגות העליונות, ואחר כך מדרגות התחתונות. ומוכרח הוא שכל בחינה כשעולה למעלה ממדרגתה, היא מזדככת ומתברת יותר ממה שהיתה בתחלה.

168

כרם שלמה ש"ט פ"ב אות ד' – ומה שכתב **ועל סדר מיתתן הוא סדר העלאתן** וכו'. ר"ל אף על פי שנרמזו בו מיתתם דרך רמז בעלמא. אל תחשוב כי נרמזו בו שלא כסדרן, אלא אחד כאן ואחד כאן, אלא כסדר מיתתן שהוא תחילה החסד, ואחר כך הגבורה וכו', כן נרמזו בו כסדר הזה כדי להעלותן כסדרן. תחילה החסד, שהוא הפסוק הראשון, ואחר כך הגבורה, בפסוק השני, וכן על דרך זה השאר.

169

יהיה באותו סדר, קודם יתוקן החסד, ואחריו הגבורה וכו', והעלאתן נעשה **עַל**[171] **יְדֵי** הַ**בֵּירוּר בְּכֹחַ** כל

שֵׁם דאנא בכח **זֶה**[172] מתחילתו עד סופו. **וְלָכֵן** כל **מִיתַת שִׁבְעָה מְלָכִים נִרְמַז בְּשֵׁם**

הָרִאשׁוֹן זֶה[173] של אב"ג ית"ץ, שהוא חסד, **וּבִיטוּל** אֲחוֹרַיִים **דְּאַבָּא וְאִימָא נִרְמַז בְּשֵׁם**

הַשֵּׁנִי שהוא קר"ע שט"ן, והוא הגבורה, כי ביטולם של או"א נגמר על ידי מיתת מלך הגבורה.

הרב ז"ל מבאר שמספר הזוהר משמע כי היתה שבירה ומיתה בשבעה המלכים התחתונים, וביטול ופגם באו"א, ואפילו בכתר, **וְהַשְּׁאֵלָה** אם חלקים דאו"א והכתר ירדו רק בגבול האצילות, או גם חלקים מהם ירדו לבי"ע, או אפילו מתחת גבול עולם העשיה. **וְהָעִנְיָן כִּי בֵּן הָאַדְרָא**[174] רַבָּא[175] וְאִדְרָא[176] **זוּטָא נִרְאָה** וּמוּבָן **שֶׁלֹּא** נשברו

שער ההקדמות, דרוש בסדר ירידת ז' מלכים ונפילתם וירידת אחוריים דאו"א ואיך נעשה הכל ביחד דכ"א ע"ג – ועולים על ידי שם בן מ"ב הזה למעלה במקומם, כמבואר אצלינו בסדר תפלת שחרית דחול, בענין אנא בכח וכו', כי כל בחינת שם בן מ"ב הם העלאה של הקדושה למעלה. ונמצא כי מוכרח הוא שמיתת המלכים תהיה נרמזת בשם מ"ב הזה.
170

תרשים ב – י"ח.
171

כרם שלמה ש"ט פ"ב אות ד' – אבל אל תחשוב כי כמו שנפלו מעורבים בסיגים, כן הוא כשעולים ועדיין הם מעורבים בסיגים, אם כן מה הועילה שבירתם. אלא השם הזה של מ"ב יברר אותם, ויעלה אותם. וזהו שכתבת **הוא סדר הֶעֱלָאָתָן עַל יְדֵי בֵּירוּר בְּכֹחַ שֵׁם זֶה**, ולכן הואיל וכן הוא שבו נרמזו מיתתם כסדר, לכן מיתת השבעה מלכים שהיא התחילה מיתתם מעת שמלך הראשון, שהוא החסד, נרמזו בפסוק רשון שהוא כנגד החסד.
172

בית לחם יהודה ש"ט פ"ב דכ"ז ע"ד – ולכן מיתת השבעה מלכים נרמז וכו'. קאי על מה שכתב לעיל - נמצא כי מיתת המלכים מתחלת להקרא וכו', אבל ביטול אחוריים דאו"א וכו'. ועל זה קא מסיים הכא - ולכן מיתת השבעה מלכים וכו', ולא קאי למאי דסמיך ליה וכמו שכתב לעיל בד"ה - עם כל זה וכו'.
173

כרם שלמה ש"ט פ"ב אות ד' – ואחוריים דאו"א שלא נתבטלו, שלא נתבטלו עד מיתת המלך הגבורה, שהוא נרמז בפסוק השני של אנא בכח. לכן ביטול אחוריהם נרמזו גם כן בפסוק השני, שהוא כנגד הגבורה. וזה שסיים **ולכן מיתת שבעת מלכים נרמז בשם הראשון זה, וביטול אחוריהם דאבא ואימא נרמז בשם השני,** ופשוט.
174

זוהר, אדרא רבא דקל"ה ע"א עם תרגום וביאור – **תָּאנָא בְּצִנְיְעוּתָא דְסִפְרָא** למדנו בספרא דצניעותא. **עַתִּיקָא דְעַתִּיקִין** א"ק הנקרא עתיק דעתיקין, שהוא עתיק יותר מכל פרצופי האצילות, **עַד דְלָא זַמִין תְּקוּנֵי** עד שלא הזמין ולא תיקן את פרצופי האצילות, המלבישים אותו מטבורו ולמטה. **בָּאֲנִי מַלְכִין** היה בונה את המלכים, ר"ל שהמליך את שבעה מלכים דאדום, שהם סוד עולם הנקודים. ואיך היה בונה את המלכים האלו, **כְּנַס מַלְכִין** בתחילה אסף א"ק את האורות שמתחת לטבורו והעלה אותם למעלה מהטבור, וכל זה לצורך העלאת מ"ן שע"ב ס"ג דא"ק שבו יזדווגו. **וּמְשַׁעֵר מַלְכִין** והיה משער את המלכים שיצאו בשיעור קצוב, שיצאו רק בחינות ב"ן דעסמ"ב דרך העינים דא"ק, ונתגלו מן הטבור ולמטה, **וְלָא הֲווֹ מִתְקַיְימִי** אבל הם לא יתקיימו, ונשברו ומתו המלכים, **עַד דְּדָחֵי לוֹן** עד שדחה את הכלים דשבעת המלכים, ר"ל שירדו שברי הכלים שלהם לבי"ע, **וְאַצְנַע לוֹן לְבָתַר זִמְנָא** והצניע את האורות שלהם באימא דאצילות, עד זמן התיקון. **הֲדָא הוּא דִכְתִיב** וזהו שכתוב - **וְאֵלֶּה הַמְּלָכִים אֲשֶׁר מָלְכוּ בְּאֶרֶץ אֱדוֹם. בְּאֶרֶץ אֱדוֹם** הבינה היא הבינה שהולידה את מלכים האלו, **בְּאֲתָר דְּכָל דִּינִין מִתְקַיְימִין תַּמָּן** מקום שכל הדינים נמצאים, ויוצאים משם כל שבעת המלכים דמיתו, **וְכוּלְּהוּ לָא אַתְקַיְימוּ** וכל המלכים האלו לא יתקיימו.

ומתו וירדו רק הַשִׁבְעָה מלכים לבי"ע בִּלְבַד, ומבוארשים אזורים בְּסִפְרָא[177] דצניעותא שֶׁסֵּפֶר הַזֹּהַר משמיע כי גם בְּפרצופי או"א יֵשׁ בִּיטוּל וּפָגָם, וכמעַט אפילו בְּכתר שהוא בעצם פרצופי עתיק יומין וא"א היה פגם בעלמא.

כבר[178] יתבאר לעיל כי בחינת פנים ואחור דזו"ן הם הבחינות דפרצוף[179] חיצון ואמצעי דיליה, שהם חג"ת נה"י, כאשר חג"ת נקרא פנים בערך נה"י הנקראים אחור. ועוד צריך לדעת כי[180] כל פרצוף ופרצוף נקרא זו"ן בערך למה שלמעלה

175

הגירסה באוצרות חיים – אדרא רבא.
176

זוהר, אדרא זוטא דרצ"ב ע"א עם תרגום וביאור – **פתח ואמר – כתיב ואלה שבעת המלכים אשר מלכו בארץ אדום. הדא הוא דכתיב** זהו שכתוב - **כי הנה המלכים נועדו עברו יחדיו** נועדו הוא לשון ועד ואסיפה וחיבור, **נועדו באן** והיכן הם היו המלכים בחיבור ואסיפה ביחד, הלא שיצאו ממעי אימא הם היו בבחינת רשות הרבים, והתשובה - אלא **אתר בארץ אדום** תוך מעי דאימא, הנקראת ארץ אדום, **באתר דדינין מתאחדין תמן** מקום שהדינים מתאחדים שם. ומה שכתוב - **עברו יחדיו**, הכוונה היא כשעברו האורות של שבעת המלכים מכלי אל כלי, עברו כולם ביחד, ר"ל שתחילה נכנסו כל האורות של השבעה מלכים בכלי הדעת, ומלך הדעת לפי שעה ונשבר ומת, כי הכלי דדעת לא היה יכול לסבול את ריבוי האורות, לכן נשבר ומת, וירדו חלקי הכלי לבי"ע, ושאר האורות יתלבשו בכלי החסד, ומלך החסד לפי שעה, ונשבר ומת מאותה סיבה של כלי הדעת, וכן כל שאר המלכים, **דכתיב** כמו שכתוב, **וימת וימלוך תחתיו. המה ראו** ר"ל הכלים התחתונים ראו מה שקרה לכלים שמעליהם **כן תמהו** על ריבוי האורות, **נבהלו נחפזו** כל אחד מהמלכים ונחפזו להכנס בכלים שלהם כדי למלוך, אבל גם הם נשברו ומתו, והכלים ירדו לבי"ע, **דלא אתקיימו באתרייהו** ולא יתקיימו הכלים במקומם, והסיבה היא **בגין דתקונין דמלכא לא אתקנו** לפי שעדיין לא יצא המלך השמיני שהוא הדר לתקנם.
177

זוהר, ספרא דצניעותא, פ"א דקע"ו ע"ב עם תרגום וביאור – **תאנא, ספרא דצניעותא** למדנו בספר הצניעות הזה, **ספרא דשקיל במתקלא** ספר השקול במשקל הקודש, שכל דיבור ודיבור בו נוקב את ים החכמה. **תנא** למדנו בברייתא, **דעד לא הוה מתקלא** עד שלא היה העולם כעין משקל, ר"ל לפני התיקון, עד שלא היו הפרצופים בסוד ג' קוין, והיו הספירות עומדות בחד סמכא, **לא הוה משגיחין אפין באפין** בזמן זה לא היו הפרצופים מסתכלים פנים בפנים, אפילו או"א היו בבחינת אחור באחור, **ומלכין קדמאין מיתו** ומסיבה זאת שבע המלכי הקדם, שהם שבעת מלכי אדום, והם שבעה הנקודות התחתונות דנקודים, נשברו ומתו, והכלים שלהם ירדו לבי"ע, **וזיווניהון לא אשתכחו** והאורות שלהם לא נמצאו, כי עלו והתלבשו בכלים דכח"ב, **וארעא אתבטלת** וגם הארץ נתבטלה, ר"ל המלכות נקראת ארץ, גם הכלים שלה נשברו ומתו, וירדו לבי"ע, ומין הראוי היה שלא ישבר כלי המלכות, כי רק אור המלכות התלבש בכלי של המלכות, אבל בגלל חלישות כלי המלכות, גם הוא נשבר ומת. **עד דרישא דכסופא דכל כסופין** והשבירה היתה עד ראש החמוד מכל החמודות, והוא פרצוף עתיק יומין, שכולם נכספים ומתאוים להסיג הארה ממנו, וכאשר יצא מהמצח דא"ק שם מ"ה החדש, והתחבר עם שם ב', נתקן פרצוף עתיק יומין **ולבושי דיקר אתקין** והתקין לעצמו לבושי כבוד, שהוא פרצוף א"א שבו הוא מתלבש, **ואחסין** וגם הנחיל פרצוף עתיק יומין לפרצוף א"א את פרצופי או"א וזו"ן המלבישים אותו.
178

ע"ח ח"ב ש"ל דרוש א' מ"ב דכ"ו ע"ד – גם תבין כי פרצוף האמצעי אף כי נקרא אחור בערך השלישי הפנימי מכולם, **אמנם לפעמים נקרא פנימי בערך החיצון שבכולם**. ובזה תבין מה שנתבאר אצלינו כי בעת מיתת המלכים של ז"א היה בו אחור ופנים, והוא לסבת היות בו תמיד נה"י חג"ת, ו"ק, שהם פרצוף החיצון ואמצעי כנזכר לעיל. **ואז החיצון נקרא אחור, ואמצעי פנימי בערך החיצון**, והבן זה.
179

ממנו, לכן בכל פרצוף היתה שבירה ומיתה בערך העליונים ממנו, וכן[181] הוא בדרך תיקונם של הפרצופים. לכן כאשר אנחנו מדברים על זו"ן דאצילות, כן הוא בכל פרצוף ופרצוף, ובכל עולם ועולם.

ואמנם[182] הָעִנְיָן הוּא בעומק **כי ודאי שֶׁמִכל עֲשָׂרָה הַנְּקוּדוֹת נָפְלוּ** [דמ"א ע"א 181] **מֵהֶם בְּזִזְיָנוֹת** מסוימות, **וּבְכוּלָם הָיָה** בחינה של מיתה או **בִּיטוּל** או פגם. **רַק**[183] שמהנקודות

ע"ח ח"ב ש"ל דרוש א' מ"ב דכ"ו ע"ד הגה"ה השמ"ש [ב] – נ"ב גם מכאן יש ראיה והכרע גדול למה שכתב לעיל, **כי כשנאצל הז"א, נאצל בשני הפרצופים, החיצון והאמצעי,** כי זהו החילוק שהיה בין הכלים דאו"א לכלים דזו"ן, כי הכלים דאו"א נפלו האחוריים שלהם, שהוא הפרצוף החיצון שלהם, **וכלים דזו"ן נפלו פנים ואחור, שהם השני פרצופים החיצון והאמצעי,** הנרמזים בתוהו היער, וכן עיקר.
180

רחובות הנהר ד"ד ע"ג – והנה כבר נתבאר לעיל **כי כל פרצוף תחתון מחבירו נקרא בן אליו,** והוא מברר בירורי פרצוף העליון ההוא, ומעלה אותם לפרצוף ההוא שעליו לתקנם כנזכר לעיל, וכך היא המדה לכל הפרצופים. **וגם נתבאר כי כל חמשה פרצופי דכל עולם הם זו"ן לחמשה פרצופי דעולם שלמעלה מהם,** ונמצא כי חמשה פרצופי האצילות הם זו"ן לחמשה פרצופי א"ק.

נהר שלום דמ"א ע"ב – וכל כוונתינו וכל דרושי הרב ז"ל, כולם מדברים בפרצוף המוחין דזו"ן דכל העולמות, כי אנחנו בנים לזו"ן, כמו שאמר הכתוב - בנים אתם להוי"ה אלהי"ם. ועל ידי מעשינו אנו מתקנים פרצוף המוחין דזו"ן, וזו"ן שהם בנים לאו"א, מתקנים פרצוף המוחין דאו"א, **הנקרא גם הם זו"ן בערך מה שלמעלה מהם,** וצריכים עבור יניקה ומוחין, והכל נתקן על ידי זו"ן דאצילות שהם בנים שלהם. **ועל דרך זה או"א לא"א ונוקבא, וא"א ונוקבא לעתיק ונוקבא, ועתיק יומין ונוקבא לא"ק.** והכל תלוי כפי מעשינו ופעולתינו, על ידי קיום התורה והמצות, **וכל מה שאנו פועלים בזו"ן דאצילות, כן גורמין ופועלים זו"ן לאו"א, וכן על דרך זה כולם.** כי מה שנתקן על ידי המאציל יתברך בעת התיקון העולמות הוא זו"ן הכוללים דכל פרצוף ופרצוף, שהם השבעה תחתונות דכל פרט ודכל כלל פרטי א"ק, ועתיק יומין, וא"א, ואו"א, וזו"ן דאבי"ע. **וכל דרושי הרב ז"ל כולם הם בנויים על ערכי הכנויים,** כי לפי ערכנו אנחנו בנים לזו"ן, וזו"ן דאצילות דוקא הם החסרים עבור יניקה ומוחין, וצריכים להשלימם על ידינו, אמנם או"א הם שלמים, וכל שכן הפרצופים שלמעלה מהם, וזה כלל גדול שכל עבודתינו, וזה כוונת התפילות, והתורה, והמצות, והכל הוא בפרצופי המוחין דזו"ן.
181

נהר שלום דכ"ד ע"א – והזו"ן דכללות דיום שני נגמרו להתתקן בבחינת אחור באחור, ובליל שלישי מסתלקים המוחין מז"א דיום שני, ונכנסים בנוקבא על דרך הנזכר לעיל בזו"ן דיום ראשון, עד תשלום כ"ד שעות דיום שלישי נגמר תיקונם, והמוחין דזו"ן דיום ראשון יורדים בליל שלישי לבי"ע לברר, ועולים עם הבירורים בארבעה חלקי תפלת שחרית כנזכר לעיל. והרי נשלם תיקונם במדריגת זו"ן דאצילות, שהם בחינת רוח. ואחר כך בליל רביעי עולים להתתקן ולהשתלם במדריגת או"א, **כי מדריגת זו"ן בערך או"א, הוא כמדריגת בי"ע בערך זו"ן,** וכן הוא מפרצוף לפרצוף, כמבואר לעיל בהקדמה, **ונתקנים שם במדריגת או"א על דרך שנתקנו במדריגת זו"ן** כנזכר לעיל. ואחר כך **עולים להתתקן בא"א על דרך הזה,** והבירורים דיום שני כבר נשלם תיקונם בזו"ן, ועתה עולים להתתקן באו"א על דרך הזה, וכן על דרך זה נעשה לכל הבירורים.
182

כרם שלמה ש"ט פ"ב אות ה' – ומתרץ **ואמנם הענין הוא, כי ודאי הוא מכל העשרה נקודות נפלו מהם בחינה מה.** אבל הנפילה בהם אינה שוה, כי זו"ן הואיל ונפלו הפנים והאחוריים, לכן נזכרו **באידרא רבא,** והואיל וכולם ירדו, לכן נקרא בשם **מיתה.** ושם דרשו פסוקים של ואלה המלכים אשר מלכו, **וימת** וכו' וימת, ולכן על זו"ן דוקא דרשו שם. אבל אבא ואימא הואיל ולא ירד מהם רק בחינת האחוריים, ולא הפנים גם כן, לכן יקראו בשם **ביטול** בעלמא, ולא מיתה. והכתר שלא ירד ממנו רק הנה"י שלו, שנכנסו בתוך או"א בסוד הלבשת מוחין שלהם, ולכן ירדו עמהם, ולא נקרא בו אפילו ביטול, כי **אם פגם בעלמא,** מה שאין כן או"א, שכל האחוריים דהעשר ספירות שלהם נתבטלו.

דזו"ן **נפלו כולם,** [184]**בין בבזיונת היותן אזור באזור** ר"ל כל הבחינות דנה"י דזו"ן הנקראים אחור בערך החג"ת הנקראים פנים, **ובין בבזיונת היותן פנים** [185] **בפנים** ר"ל כל הבחינות דחג"ת דזו"ן הנקראים פנים בערך הנה"י הנקראים אחור, **והנה** בזו"ן בחינה זו **נקרא מיתה** [186] שהוא ביטול ההנהגה לגמרי, **כי הכל ירד לגמרי. אבל** בפרצופי **אבא ואימא** שהם או"א עילאין וישסו"ת, **שלא ירד מהם רק בבזיונת אזורריים** שלהם, שהוא הפרצוף החיצון של כל אחד מהם, **יקרא ביטול ולא מיתה** [187] שהוא הנהגה פחותה. **וכתר** [188] שהוא א"א **שלא נפלו ממנו רק**

183

בית לחם יהודה ש"ט פ"ב דכ"ז ע"ד – רק זו"ן נפלו כולם בין בבחינת היותם אחור באחור, ובין בבחינת היותם פנים בפנים. פירושו פשוט, שר"ל שכל כליהם נשברו בין צד אחוריהם ובין צד פניהם. אמנם בסוף פרק א' דשער ל' כתב וז"ל - ובזה תבין מה שמבואר אצלינו כי בעת ביאת המלכים של ז"א היה בו אחור ופנים, והוא לסיבת היות בו תמיד נה"י וחג"ת, ו"ק שהם פרצוף חיצון ואמצעי כנזכר לעיל, וזה החיצון נקרא אחור, והאמצעי פנימי בערך החיצון והבן זה, עד כאן לשונו.

184

איפה שלימה, שער הנקודים פ"ח די"א ע"ב)ג(– בין בבחינת היותם אחור באחור וכו'. נתבאר בשער ל' סוף פרק א' וז"ל - ובזה תבין מה שנתבאר אצלינו כי בעת מיתת המלכים של ז"א, היה בו אחור ופנים, והוא לסבה היות בו תמיד נה"י חג"ת, ו"ק, שהם פרצוף חיצון ואמצעי כנזכר לעיל. ואז החיצון נקרא אחור, ואמצעי פנימי בערך החיצון, עד כאן לשונו. וכתב **השמ"ש** נ"ב גם מכאן יש ראיה והכרח גדול, למה שכתב לעיל כי כשנאצל הז"א נאצל בשני הפרצופים, חיצון ואמצעי, כי זהו החילוק שהיה בין הכלים דאו"א לכלים דזו"ן, כי הכלים דאו"א נפלו האחוריים שלהם, שהוא הפרצוף החיצון שלהם)ר"ל נה"י שלהם(, וכלים דזו"ן נפלו הפנים ואחור, שהם השני פרצופים החיצון והאמצעי, הנרמזים בתוהו הישר, וכן עיקר, עד כאן לשונו. ודלא שכתב בהגהות וביאורים בשער השבירה פרק ב' באות א', יעו"ש. והרב נותן כאן טעם למה השבעה מלכים יקרא בהם מיתה, שהוא לפי שנשברו האחוריים והפנים שלהם. מלבד הטעם האחר שכתב בסמוך, מי שיורד מעולם לעולם וכו'.

185

הגהות וביאורים)א(– צריך לומר מה ענין פנים ואחור אלו, דהלא אין בו רק ו"ק חג"ת נה"י. ויש לומר בבחינת היותם ו"ק כל אחד כלול מעשר ספירות כנזכר בשער השבירה סוף פרק ז', ויוצדק לומר פנים ואחור שהם ג"ר ו"ק דו"ק, או בבחינת חג"ת נה"י עצמם. דחג"ת נקרא פנים ונה"י נקרא אחור, כנזכר בשער ל' פרק א', ועיין עוד שם פנים ואחור ומשם תבין. עוד נראה והוא דבחינת אחוריים דאו"א הוא בחינת רבוע ע"ב קס"א, וזו"ן נפלו פנים ואחור, והיינו בבחינת השמות הכלים הנזכר בשער השמות פרק ג', בין בבחינת פנים של השמות ביושר, ובין באחוריים ברבוע. ועיין בבחינת העיבור בשער כ"ז פרק ג', ומשם תבין. עוד שער רפ"ח פרק ב'. שמן ששון.

186

כלל – מיתה היא ביטול ההנהגה לגמרי.

187

כלל – ביטול הוא הנהגה פחותה.

188

שער ההקדמות, דרוש בסדר ירידת ז' מלכים ונפילתם וירידת אחוריים דאו"א ואיך נעשה הכל ביחד דכ"א ע"ד – אבל מן א"א שהוא הכתר, לא נפל ממנו רק אותה **הבחינה התחתונה של אחורי נה"י שלו** בלבד, **המתלבשים בסוד מוחין תוך או"א כנזכר לעיל,** ולכן אפילו בשם ביטול אינו נקרא, רק בשם פגם בעלמא.

בְּזוֹהֵנָת האחוריים[189] של נֵצַח הוֹד יְסוֹד שֶׁלוֹ שהם[190] נה"י דנה"י דא"א, שֶׁנִּכְנְסוּ[191] בְּסוֹד מוחין דְּאַבָּא וְאִימָא, כַּנִּזְכָּר[192] לְעֵיל בפרק ו' דשער ח', אֲשֶׁר אֵין בְּזוֹהֵנָת זו נִכְנָסָה אֲפִילוּ בְּעֵרֶךְ אֲזוֹרַיים, לָכֵן לֹא נִקְרָא בִּיטוּל בְּכֶתֶר, רַק פְּגָם בְּעָלְמָא.

הרב ז"ל מבאר מה היא **מיתה**, ומביא ראיה מהאדרא רבא, שמיתה[193] היא ירידה מעולם עליון לעולם תחתון, והראיה היא על[194] מות פרעה, ומפרש רש"י שנצטרע[195], וידוע[196] כי מצורע חשוב כמת. וזה[197] שאומרים על מי שנפטר –

189

ע"ח ש"ח פ"ב מ"ת דל"ו ע"ב – אמנם השבעה מלכים תמאין מתו, לפי שכליהם נעשו מהסתכלות עין בחוטם פה לבד, והיה חסר מהם אור האזן העליונה. והנה גם בג"ר עצמם יש בהם חילוק בין זו לזו, והוא)נ"א והנה(כי מן הכתר לא ירד ממנו אפילו האחוריים, **אלא האחוריים של נה"י בלבד**. אבל באו"א של הנקודים ירדו האחוריים שלהם לבד, ונשארו הפנים במקומה.

190

תרשים ב – י"ט.

191

בית לחם יהודה ש"ט פ"ב דכ"ז ע"ד – שנכנסו בסוד מוחין דאו"א כנזכר לעיל. הוא בפרק ו' דנקודים.

192

ע"ח ש"ח פ"ו מ"ת דט"ל ע"ב – והנה מה שמבואר שנפלו האחוריים דאו"א, הוא על בחינת חו"ג המגדילים האחוריים, ומחזירים פנים בפנים, לכן אל תתמה אם אנו אומרים ומכניס בחינה זו פעם פנים בפנים, ופעם אחור באחור. והוא על בחינת החו"ג אלו,)שהם הבחינה שהגדילו האחוריים, וכל זה נפל למטה(, והוא)על(**בחינת חו"ג שלוקחים או"א מן הכתר, שהוא א"א**, כדי להחזירם פנים בפנים.

193

ע"ח ח"ב שמ"ב פי"ד מ"ב דצ"ב ע"ד – ולהבין טעם הדבר, נמשיל לך ונאמר, כי ארבע העולמות האלו הם כדמיון ארבעה בתים זה למעלה מזו, וכולן שוין בארכן וברחבן, אלא שהם עומדים זו למעלה מזו. והנה בית העליון הוא עולם האצילותף והנה בגג הבית הזה אין לנו רשות לדבר, כי מן הכתר דאצילות ולמעלה נאמר עליו במופלא ממך אל תדרוש. אמנם נתחיל לדבר מן הבית השני שהוא עולם הבריאה, שהוא בחינת בינה כנזכר לעיל, אשר היא נקרא בי"ת רבתי דבראשית. וזהו כי תבנה בית חדש, בית עילאה דבריאה, והנה גג הבית הזה הוא עצמו קרקע עולם האצילות, כי קרקע בית העליונה, שהוא מסך הנזכר לעיל, הוא עצמו גג של הבית השני, הנקרא בריאה, כי רגלי בני העליה העליונה שהם זו"ן דאצילות, דורכין על גבי מסך, ההוא והוא קרקע להם, וגג לדרים בבית השני, שהוא בריאה. והנה בזה המסך שבין אצילות לבריאה הנקרא גג הבריאה כנזכר לעיל, צריך לעשות בו מעקה אחד, גבוה עשרה טפחים. והענין הוא, כי האמת הוא שאור האצילות אינו יכול ליפול בבריאה, כי מסך ההוא מפסיק בנתים, אמנם אם לא יהיה שם מעקה בצדדי הגג, יוכל ליפול אור האצילות דרך צדדי גג הבריאה, ועד סיום העשיה, בחוץ למחיצת הבריאה ויצירה ועשיה, אחורי הכתלים אשר להם. ואם יפול האור שם, ימות. **וביאורו הוא כי סוד המיתה הוא ענין פרידת הדבר, ועקירתו מעולמו, וממקומו ללכת אל עולם אחר למטה ממנו**, על דרך מיתת שבעה מלכים שמלכו בארץ אדום, **כי ירדו בבריאה, ודבר זה נקרא מיתה**, כמו שמבואר בדרוש המלכים. אמנם או"א אף על פי שירדו למטה, **כיון שלא ירדו ויצאו חוץ מעולם אצילות, לא נזכר בהם מיתה**. וזה שאמר הכתוב, כי יפול הנופל ממנו, כי כאשר לא יהיה מעקה בצדדי הגג, יפול משם אור האצילות באחורי השלושה עולמות בי"ע, ואז יקרא אור ההוא מת כנזכר לעיל.

194

שמות ב' כ"ג – ויהי בימים הרבים ההם **וימת מלך מצרים** ויאנחו בני ישראל מן העבדה ויזעקו ותעל שועתם אל האלהי"ם מן העבדה. **ומפרש רש"י** – נצטרע, והיה שוחט תינוקות ישראל ורוחץ בדמם.

195

הלך[198] אל בית עולמו. לעומת שבעה המלכים דמיתו, או"א ירדו ממקומם, ועם כל זאת נשארו בגבול עולם האצילות, במקום זו"ן, וירדו[199] או"א ממדרגת מלכים למדרגת שרים[200], וירידתם[201] היא ביטול בעלמא.

גמרא נדרים דס"ד ע"ב – מה טעמא דרבי אליעזר, אמר רב חסדא, דאמר קרא - כי מתו כל האנשים, והא מיתה דנולד הוא, מכאן שפותחין בנולד. ורבנן מאי טעמייהו, קסברי הנהו מי מייתי והא אמר רבי יוחנן משום רבי שמעון בן יוחאי, כל מקום שנאמר נצים ונצבים, אינן אלא דתן ואבירם, אלא אמר ריש לקיש - שירדו מנכסיהן. אמר רבי יהושע בן לוי - כל אדם שאין לו בנים חשוב כמת, שנאמר - הבה לי בנים ואם אין מתה אנכי. ותניא ארבעה חשובין כמת, עני, **ומצורע**, וסומא, ומי שאין לו בנים. עני דכתיב - כי מתו כל האנשים. **מצורע** דכתיב - אל נא תהי כמת. וסומא דכתיב - במחשכים הושיבני כמתי עולם. ומי שאין לו בנים דכתיב - הבה לי בנים ואם אין מתה אנכי.
196

מדרש רבה, שמות א' ל"ד – וימת מלך מצרים, **שנצטרע**, והמצורע חשוב כמת שנאמר - אל נא תהי כמת, ואומר - בשנת מות המלך עוזיהו.
197

גמרא שבת דקנ"ב ע"א – כי הולך האדם **אל בית עולמו**, אמר רבי יצחק מלמד, שכל צדיק וצדיק נותנין לו מדור לפי כבודו. משל למלך שנכנס הוא ועבדיו לעיר, כשהן נכנסין, כולן בשער אחד נכנסין, כשהן לנין, כל אחד ואחד נותנין לו מדור לפי כבודו.
ויקרא רבה י"ח א' – כי הולך **האדם אל בית עולמו**. בית העולם לא נאמר, אלא בית עולמו. מלמד שכל צדיק וצדיק יש לו עולם בפני עצמו. משל למלך שנכנס למדינה, ועמו דוכסין ואיפרכין ואיסטרטיוטין, אף על פי שהכל נכנסין בפולין, אחד כל אחד ואחד שרוי לפי כבודו, כך אף על פי שהכל טועמין טעם מיתה, כל צדיק וצדיק יש לו עולם בפני עצמו.
198

קהלת י"ב ה' – גם מגבה יראו וחתחתים בדרך וינאץ השקד ויסתבל החגב ותפר האביונה **כי הלך האדם אל בית עולמו** וסבבו בשוק הספדים.
199

ע"ח שי"א פ"ח מ"ת דנ"ד ע"ג – ולכן עמדו בתחלה או"א אחור באחור, ובזה לא מתו כשאר מלכים שמתו ממש, וירדו לעולם הבריאה. אמנם האחוריים שלהם, אותן אשר לא יכלו לקבל אור עליון, אפילו בהיותן בסוד אחור באחור, **נתבטלו והכלים שלהם של בחינת האחוריים ההם, ירדו למטה, ונשארו בעולם אצילות,** במקום שהיתה נוקבא דז"א בחינת הכלי של הנקודה שלה כנודע, וכמבואר שכל העשר כלים יצאו קודם שיצאו האורות, ועיין לעיל אימתי נשתברו האחוריים דאו"א, כי שם נתבאר באורך. והנה כאשר ירדו אלו האחוריים ירדו אחורי אבא כלולים מעשר ספירות, ואחורי אימא כלולים מעשר ספירות גם כן, ואחורי אבא ירדו ונפלו ועמדו נגד הפנים של נוקבא דז"א, ואחורי אמא ירדו גם הם ונפלו ועמדו נגד האחוריים של נוקבא דז"א, והיא נשארת עומדת באמצעיתא, אלו באחור, ואלו בפנים, ונשארו או"א אחור באחור, **ונמצא כי הכלים של מלכים דזו"ן כאשר נשברו מתו ממש ונפלו לעולם הבריאה, במקום הקליפות,** אשר היא בחינת המות כנודע, בסוד - בלע המות לנצח וגו', שהם הקליפות. אבל אחוריים דאו"א נקרא **ירידה מגדולתם לבד,** כי נפלו ממדרגתן העליונה שהיו באחורי או"א, והיה למטה במקום נוקבא דז"א באצילות, באופן כי מתחלה היו האחוריים האלו נקרא **מלכים** ממש, וברדתן למטה נעשו **שרים**. וזה סוד הפסוק - כי יאמר הלא שרי יחדיו)כולם(מלכים, כי השרים האלו שהם נקראו **שרים** בהיותם למטה, במקום נוקבא דז"א, הנה בתחלה בהיותן למעלה היו **מלכים**, כמו שנבאר בע"ה.
200

ישעיהו מ"ג י"ח – כי יאמר הלא שרי יחדו מלכים.
201

בראשית ל"ח א' – ויהי בעת ההוא **וירד יהודה מאת אחיו** ויט עד איש עדלמי ושמו חירה. **מפרש רש"י** - למה נסמכה פרשה זו לכאן, והפסיק בפרשתו של יוסף, **ללמד שהורידוהו אחיו מגדולתו,** כשראו בצרת אביהם אמרו אתה אמרת למכרו אלו אמרת להשיבו היינו שומעים לך

עוד יֵשׁ[203] **טַעַם אַחֵר**[202] למה רק בשבעה המלכים נאמר מיתה, **וְהוּא כִּי אֵינוֹ נִקְרָא מִיתָה,**

רַק מִי שֶׁהוֹלֵךְ מֵעוֹלָם לְעוֹלָם, וְנִבְדַל מֵעוֹלָמוֹ ר"ל[204] עוזב את העולם שהוא נמצא בו, ויורד

או עולה לעולם אחר, **וְלָכֵן שִׁבְעָה מְלָכִים** דנקודים **שֶׁהָיוּ בְ**עולם **הָאֲצִילוּת** לפני תיקון **וְיָרְדוּ**

אֶל הַבְּרִיאָה עולמות יצירה ועשיה, שהם מתחת לעולם האצילות, **יִקָּרֵא** בהם בלשון **מִיתָה מַמָּשׁ,**

כְּמוֹ[205] **שֶׁכָּתוּב בָּאִדְּרָא** דף[206] **קל"ה** ע"ב - **לָא תֵימָא דְּמִיתוּ** אם תאמר הרי כתוב שמתו,

אֶלָּא צריך לדעת **כָּל מַאן דְּנָחִית מִדַּרְגָּא קַדְמָאָה דַּהֲוֵי בֵּיהּ** כל מי שיורד מהמדרגה שהוא

202

שער ההקדמות, דרוש בסדר ירידת ז' מלכים ונפילתם ויירידת אחוריים דאו"א ואיך נעשה הכל ביחד דכ"א ע"ד – עוד יש סיבה אחרת והיא, כי שם מיתה אינו נופל אלא על המסתלק ונבדל מעולם לעולם. ולכן בשבעת המלכים שירדו אל עולם הבריאה, שייך בהם שם מיתה, וכמו שאמרו באדרא נשא - לא תימא דמיתו אלא דנחתו מדרגייהו כמה דאת אמר וימת מלך מצרים וכו'. אבל אחורי דאו"א לא ירדו בעולם הבריאה, אלא בעולם האצילות עצמו, ירדו ממקומם למטה, במקום ז"א ונוקבא כנודע, וכמו שיתבאר בע"ה, ולכן נקרא ביטול בלבד, להיות שלא במקומו, אבל איננה מיתה גמורה.

203

כרם שלמה ש"ט פ"ב אות ו' – לכן כתב **טעם אחר,** כי אפילו אם תרצה לומר שמה שנפל מן זו"ן לא נקרא בחינת פנים, מפני שמעיקרא כלי הפנימי שלהם לא יצאו כי אם בתיקון, נקראים בשם **מיתה, מפני** שהלכו לעולם אחר. ולכן הואיל והשבעה מלכים הלכו לבריאה, שהיא תחת האצילות, לכן נקראים בשם מיתה.

204

ע"ח שח"י פ"א מ"ת דפ"ה ע"ג – הנה נתבאר כי שבעה נקודות תחתונים, הנקראים שבעה מלכים, שהם בחינת זו"ן דשם ב"ן הנזכר לעיל, שיצאו מנקבי עינים דא"ק. כאשר יצאו בחינת הכלים תחילה, וכאשר יצאו אחר כך אורות לכנוס בכלים בכלים שלהם, האלו לא יכלו הכלים ההם לסבלם, ונשברו ויירדו הכלים למטה, במקום שהוא עתיד להיות עולם הבריאה אחר כך. והאורות נסתלקו, ועמדו למעלה באצילות, כמבואר אצלינו לעיל באורך. **ויירידה זו נקרא מיתה,** לפי **שכל שיוצא מעולמו, ויורד והולך לעולם אחר, זולתו נקרא אצלו מיתה.** והנה אלו שבעה מלכים הם בחינת שבעה מלכים תחתונות, שהם הנקרא זו"ן של עולם האצילות, **וכיון שירדו אל הבריאה נקראם אצלם מיתה.** מה שאין כן באחוריים דאו"א, שנפלו ולא מתו, כמו שביארנו. **והוא אצלם כדמיון אדם התחתון בעולם הזה, כשמת, שאז נפרדת נפשו מגופו, ונפשו מסתלקת ותשוב למקומה האמיתי, אל האלהי"ם אשר נתנה, וגופו שהוא עפר ישוב אל הארץ, ויירד ממדרגתו שהוא בחינת אדם, ועניין זה נקרא מיתה.** וכך אירע אל המלכים האלו, כי נשמתן שהם אורות שלהם, עלו אל מקומם הראשון, שהוא אצילות, **אמנם גופם שהם הכלים שלהם, ירדו לעולם הבריאה, ושם היה קבורתם.**

205

כרם שלמה ש"ט פ"ב אות ו' – וזהו מה שהביא מן **האדרא - כל מאן דנחית מדרגה קדמאה וכו',** קרי ביה **מיתה.** כמו שכתב על מלך מצרים, שדרשו רז"ל על שנצטרע וירד ממדרגתו, כתוב ביה וימת.

206

זוהר, אדרא רבא דקל"ה ע"ב עם תרגום וביאור – ושואל **ואי תימא והא כתיב וימת,** הרי משמע ממלת וימת, **דאתבטלו לגמרי** שהתבטלו ומתו לגמרי. והתשובה **לאו הכי איהו** אין הדבר כך. **אלא כל מאן דנחית מדרגא קדמאה דהוה ביה** אלא כל מי שירד מהמדרגה הקודמת שהיה עומד בה, **קארי ביה מיתה** אומרים עליו שהוא מת. **כמה דאת אמר** כמו שנאמר על פרעה מלך מצרים, **וימת מלך מצרים** ומפרש רש"י שנצטרע, כלומר **דנחת מדרגא קדמאה דהוה קם ביה** שירד מהמדרגה שהיה עומד בה, כי הוא היה מלך, ונצטרע, ומצורע חשוב כמת. כן הוא עם השבעה מלכים, שנשברו וירדו ממדרגת עולם האצילות, לעולמות בי"ע, ולכן הם נקראים מתים.

נמצא בה, למדרגה יותר נמוכה, **קְרֵי בֵּיהּ מִיתָה** קורא אותו מיתה. **כְּמוֹ שֶׁכָּתוּב - וַיָּמָת מֶלֶךְ מִצְרַיִם** ומפרש רש"י, נצטרע, ומצורע חשוב כמת.

אָמְנָם [207] **אֲזוֹרֵי אוֹ"א אַף עַל פִּי שֶׁנָּפְלוּ, לֹא יָרְדוּ** בְּעולמות **בְּרִיאָה** יצירה ועשיה, מהם המדרגות שמתחת לעולם האצילות, **אֶלָּא נִשְׁאֲרוּ** למעלה בְּגבול **עוֹלַם הָאֲצִילוּת עַצְמוֹ** במקום זו"ן, [208] **לָכֵן לִהְיוֹתָן שֶׁלֹּא בִּמְקוֹמָן** האמיתי, שהוא במקום הג"ר, **יִקְרָא בִּיטוּל** בעלמא **אֲבָל לֹא יִקְרָא מִיתָה.**

הרב ז"ל מבאר כאן איך נרמז מיתת שבעה המלכים בשם הראשון דמ"ב, שהוא בחסד. ועוד איך ביטול אוֹ"א נרמזו בשם השני דמ"ב, שהוא בגבורה. **וִידוע** כי שם מ"ב הבנוי [209] משבעה שמות הוא [210] בחג"ת נהי"ם דז"א. **עוֹד צָרִיךְ לָדַעַת כְּלָל חָשׁוּב** כי [211] בכל מקום בחינת המלכות, שהיא העשיה של אותה ספירה, נקראת נקודה. בערך פרצוף הכולל את כל א"ק ואבי"ע הפרטים שלו, שהם עשרה נקודות דאותה ספירה. ובערך פרצוף הכולל עשרה ספירות.

207

כֶּרֶם שְׁלֹמֹה שַׁ"ט פ"ב אוֹת ו' – אמנם אחורי אוֹ"א הואיל ולא ירדו לבריאה, כי אם באצילות עצמם נפלו, דהיינו במקום האורות דזו"ן, לא הלכו לעולם אחר, לכן לא קרי ביה מיתה, כי אם ביטול בעלמא, מפני שאינם במקומם האמיתי שהוא למעלה במקום הג"ר, כי אם במקום זו"ן. ובתחילה נקראים **מלכים** ועכשיו נקראו **שרים**, כמו שדרש הרב ז"ל לקמן פסוק אחד עליהם. וכך הוא הפסוק - **כי יאמר הלא שרי יחדיו כולם מלכים**, וכו', באופן כי מתחילה היו האחוריים האלו נקרא **מלכים** ממש, וברדתן למטה נעשו **שרים** וכו', עיין שם.
208

אֵיפֹה שְׁלֵימָה, שַׁעַר הַנְּקוּדִים פּ"ח דִי"א ע"ב)ד(– ולכן להיותן שלא במקומם יקרא ביטול וכו'. בשער הקדמות דף כ"א ע"ד הלשון יותר מתוקן, וז"ל שם - אבל אחוריים דאו"א לא ירדו בעולם הבריאה, אלא בעולם האצילות עצמו, ירדו ממקומם למטה במקום זו"ן כנודע. ולכן נקרא ביטול בלבד, להיותו שלא במקומו, אבל איננה מיתה גמורה, עד כאן לשונו.
209

שַׁעַר מַאֲמְרֵי רשב"י דמ"ד ע"ג – הענין הוא כי אחר שנאצלו אלו השבעה ספירות הנזכרים, אז נבררו ונצרפו שבעה המלכים הראשונים, ומקור שרש הדין שהיה בהם יצא מהם, והוברר סוד הפסולת, ונשאר למטה, ושאר הטוב אשר בהם עלה ונכלל ונתחבר בשבעה הספירות הנזכרות, כל אחת כפי מקומו הראוי לו. **כי הנה אלו השבעה מלכים הם בחינת שבעה ספירות חג"ת נהי"מ**, כמבואר אצלנו. ומה שהיה מהמלך הראשון נכלל בחסד, ומהמלך השני נכלל בגבורה, וכיוצא בזה, עד תשלום השבעה.
210

תרשים ב – כ.
211

ע"ח ש"ט פ"ח מ"ב דמ"ז ע"א – ודע כי באצילות המלכים לא יצאו בזו"ן רק השבעה מלכיות, שבשתי בחינות, החיצונה והתיכונה, והם המלכות דנה"י חג"ת, ולכן נקרא המלכים נקודות, **כי נקודה היא מלכות** כנזכר לקמן.
ע"ח ח"ב ש"ל פ"ז מ"ב דל"ב ע"ב – והבן זה מאד מאד **ענין נקודה בכל מקום מה ענינה, שהיא עשייה** של הבחינה ההוא. אך לשון ספירה הוא בהיותה שלימה בכל חלקי אבי"ע שבה, והבן היטב ג' חלוקות אלו, נקודה וספירה ופרצוף. **כי נקודה היא עשייה שבספירה**, וספירה הוא בחינת הספירה שלימה מאבי"ע שבה, ופרצוף הוא קשר עשר ספירות, וכל ספירה מהם שלימה מאבי"ע, **וזכור מאד מאד כלל זה.**

וּנְבָאֵר[212] עַתָּה שֵׁם מ"ב הַנִּזְכָּר לְעֵיל, וְהוּא כִּי הַשֵּׁם הָרִאשׁוֹן דמ"ב הוּא **אבג"ית"ץ**, הוּא[213] בִּסְפִירַת חֶסֶד כַּנּוֹדָע,[214] וּלְפִי[215] שֶׁבַּמֶּנּוּ מִתְחִיל (לֹא גוֹרְסִים **בִּיטוּל**) מִיתַת הַמְּלָכִים כַּנִּזְכָּר לְעֵיל ר"ל בְּסוּגְיָא זֹאת הַמֶּלֶךְ הָרִאשׁוֹן שֶׁמֵּת הוּא הֶחֶסֶד, וְגַם הַתִּיקּוּן מַתְחִיל מִמֶּנּוּ, בְּסוֹד הַפָּסוּק[216] - יוֹמָם יְצַוֶּה הוי"ה חַסְדּוֹ, בְּסוֹד[217] יוֹמָא דְּכָל יוֹמִין כְּלִילָן בֵּיהּ, **לָכֵן בְּשֵׁם זֶה**[218] דאבגית"ץ שֶׁהוּא חֶסֶד, וּלְפִי שֶׁמִּמֶּנּוּ הִתְחִילָה מִיתַת הַמְּלָכִים, לָכֵן **נִרְמַז** בְּשֵׁם זֶה כָּל **מִיתַת שִׁבְעָה מְלָכִים.**

וְהוּא[219] **פֵּירוּשׁ** הַשֵּׁם הָרִאשׁוֹן דמ"ב שֶׁהוּא **אבג"ית"ץ**, וְשֵׁם זֶה יָכוֹל לְהִתְחַלֵּק לִשְׁנֵי חֲלָקִים, **כְּמוֹ אבג"י**[220] **ת"ץ**,[221] כִּי אבג"י גִּימַטְרִיָּא י"ו, וְהֵם סוֹד[222] הַשִּׁבְעָה מְלָכִים אֵלּוּ, וְאֵיךְ

212

כרם שלמה ש"ט פ"ט אות ז' - מה שכתב **ונבאר** וכו', רצונו עכשיו לבאר איך נרמזו השבעה מלכים בשם הראשון דשם מ"ב זה. ועוד איך נרמז אחריו או"א בשם השני, ועוד איך נרמז ביטול אחריו או"א בו, ולא שבירה, אלא ביטול בעלמא. וזהו מה שכתב - **ונבאר עתה שם מ"ב הנזכר לעיל, והוא כי שם אב"ג ית"ץ הוא בספירת החסד**, ר"ל הואיל והוא ראשון, לזה הוא רומז לחסד, **לפי שממנו מתחיל מיתת המלכים כנודע כנזכר לעיל, לכן בשם זה נרמז מיתת שבעה מלכים**, ר"ל כמו שבתיקון כולם נכללים בו, בסוד יומם יצוה הוי"ה חסדו, יומא דאזיל עם כולהו יומי, והוא הולך עם כולם, כך בשבירתו כולם היו כלולים בו, ולכן נרמזו בו כולם.

213

שער ההקדמות, דרוש בסדר ירידת ז' מלכים ונפילתם וירידת אחוריים דאו"א ואיך נעשה הכל ביחד דכ"א ע"ד - והנה שם הראשון הנקרא אבגית"ץ הוא כנגד החסד כנודע, ולפי שבחסד התחיל מיתת המלכים כנזכר לעיל, לכן בשם זה נרמז מיתתם.

214

איפה שלימה, שער הנקודים פ"ח די"א ע"א)ה(- ולפי שממנו מתחיל וכו'. בע"ח כתב יד נ"ב **א"מ** אף על פי שמתחיל מן הדעת, הנה אינה ספירה. או נאמר שהדעת אין בו רק חו"ג, נמצא בהתחלת השבירה מתחלת מחסד. והראשון עיקר, שהרי אי אפשר לומר כן בגבורה, עד כאן דבריו. וכבר הארכתי בזה לעיל בפרק ז', יעו"ש.

215

בית לחם יהודה ש"ט פ"ט דכ"ז ע"ד - ולפי שממנו מתחיל ביטול המלכים. אף על פי שביטול המלכים הוא מתחיל מהדעת, מכל מקום שם מ"ב עצמו אינו מתחיל מהדעת אלא מן החסד, ונמצא כי מן החסד מתחיל ביטול המלכים, שכנגד שם מ"ב הנזכר, ולא למעלה מזה.

216

תהילים מ"ב ט' - יומם יצוה הוי"ה חסדו ובלילה שירה עמי תפלה לא"ל חי.

217

זוהר, פרשת בלק דקצ"א ע"ב עם תרגום וביאור – **דכתיב** כמו שכתוב - **יומם יצוה הוי"ה חסדו** הרי החסד נקרא יומם ולא יום, **וכתיב** וכתוב **אם לא בריתי יומם ולילה** והסיבה שהחסד נקרא יומא, כי הוא יומא **דכל יומין כלילן ביה** יום שכל הימים שהם חסדים דז"א כלולים בו, והוא כי בחסד הראשון כלולים כל החסדים, **יומא דשאר יומין איהו שאר כל יומין ודאי** והוא יום שכולל את שאר כל הימים. **ועל דא אקרי יומם ולא יום** על כן נקרא יומם בלשון רבים, ולא יום בלשון יחיד.

218

מבוא שערים ש"ב ח"ב פ"ז ד"ט ע"ג - והנה שם אבגית"ץ זה חסד, **ולפי שממנו התחילה מיתת המלכים**, לכן כל השבעה נרמז ביחד בו.

219

אפשר, שבעה המלכים הם ז' ושם אבג"י הוא ט"ז. אלא כיצד, **כי**[223] המלך השביעי נרמז באות י', **והוא במלכות, שהיא נקֻדה אחת לבד** ר"ל נקודה כינוי למלכות, **והוא** אות י' **שׁל** אותיות **אבג"י. ואותיות אב"ג הם ששׁה בגימטריא** שהם חג"ת נה"י, **והם** ו"ק דז"א, **והרי** ביחד **הם שׁבעה מלכים**, כך שאותיות אבג"י הם ז' ולא ט"ז.

הרב ז"ל מבאר כאן באופן כללי ביותר את **שורש** המצוה וההלכה[224] של רשות הרבים ורשות היחיד, ומהפסוקים[225] בתנ"ך דהלכה הזאת. לקמן[226] יתבאר ענין זה[227] של רשות הרבים ורשות היחיד בפרטות. **וזה**[228] **סוד**[229]

כרם שלמה ש"ט פ"ב אות ז' – זהו היכן נרמזו כאן בשם זה, הוא בשם **אבגית"ץ**, כי שם זה חלקנו לשנים, כזה **אבג"י ת"ץ**. כי **אבג"י** הם גימטריא י"ו, שהם אלו השבעה מלכים הם גימטריא י"ו. ומפרש ואזיל איך הם גימטריא י"ו, והלא הם שבעה, אלא המלכות הואיל והיא יצאה בסוד נקודה אחת קטנה, ואין נקודה פחותה מן י' שהיא עשרה, לכן נחשבת לעשרה. ונשארו ששה מלכים שהם למעלה ממנה, שהם חג"ת נה"י, שנרמזו בשם **אב"ג**. ולכן נעשו י"ו, וזהו **אבג"י** שהוא גימטריא י"ו. נמצא שנרמזו השבעה מלכים כולם שהם גימטריא י"ו בשם הראשון שהוא **אב"ג ית"ץ**.
220

ציצים ופרחים לרבי יעקב חיים (**הבן של הרי"ח הטוב), פרשת וישב ד"כ ע"ב** – וישב יעקב וכו'. **וישב, וי שב,** הינו שבעה מלכים הרמוזים ב**אבג"י** דאנא בכח, שהם סוד י"ו אמה, העלה והשיב **בארץ מגורי אביו**, לבחינת אבא, לתקן שם.
221

הגהות וביאורים (**ב**) – א"ה עיין שער רוח הקודש דף י"א ע"ב, בענין זיכוך הנפש.
222

ברכת הרי"ח, פרשת כי תצא – ועל ידי זה תצא למלחמה, ועל ידי זה ונתנו הוי"ה אלהי"ך בידך, ושבית שביו, שב, י"ו. ר"ל שבעה פעמים י', **שהוא סוד בירור שבעה מלכים, שהוא סוד י"ו**, בסוד רשות הרבים רוחבו י"ו אמה.
223

שער ההקדמות, דרוש בסדר ירידת ז' מלכים ונפילתם וירידת אחוריים דאו"א ואיך נעשה הכל ביחד דכ"א ע"ד – וזהו ענין שם אבגית"ץ שהם אותיות אבג"י ת"ק, והם בחינת שבעה מלכים, כי המלך השביעי שהוא המלכות נרמז באות **יו"ד** של **אבג"י**, להיותה נקודה קטנה כנודע. ושלושה אותיות אב"ג הם **בגימטריא ששה**, שהם שש המלכים הנכללים בז"א.
224

גמרא שבת דצ"ו ע"ב – אמר רבי יוחנן דאמר קרא - ויצו משה ויעבירו קול במחנה, משה היכן הוה, יתיב במחנה לויה, ומחנה לויה רשות הרבים הואי (ומחנה הלוים היה רשות הרבים, שכל ישראל נכנסים ויוצאים במחנה), וקאמר להו לישראל (ומשה אמר לישראל) לא תפיקו ותיתו מרשות היחיד דידכו לרשות הרבים (אל תצאו מרשות היחיד שלכם, לרשות הרבים), וממאי דבשבת קאי (ומהיכן מוכח שמדובר ביום השבת), דילמא בחול קאי (אולי מדובר ביום חול) ומשום דשלימא לה מלאכה (משום שנשלמה הבאת הנדבות למשכן), כדכתיב - והמלאכה היתה דים וגו'.

רמב"ם, ספר הזמנים, שבת פי"ד הלכה א' – ארבע רשויות לשבת. **רשות היחיד, ורשות הרבים,** וכרמלית, ומקום פטור. **אי זו היא רשות הרבים** -מדברות, ועיירות, ושווקים, ודרכים המפולשין להן. **ובלבד שיהיה רוחב הדרך ט"ז אמה**, ולא יהיה עליו תקרה. ואי זו רשות היחיד - תל שגבוה עשרה טפחים ורחב ארבעה טפחים על ארבעה טפחים, או יתר על כן. וכן חריץ שהוא עמוק עשרה ורחב ארבעה על ארבעה, או יתר על כן. וכן מקום שהוא מוקף ארבע מחיצות גובהן עשרה וביניהן ארבעה על ארבעה, או יתר על כן. על כן אפילו יש בו כמה מילין, אם הוקף לדירה, כגון מדינה המוקפת חומה שדלתותיה ננעלות בלילה, ומבואות שיש להן שלשה כתלים, ולחי ברוח רביעית. וכן חצר ודיר וסהר שהוקפו לדירה, כולן רשות היחיד גמורה הן.

שולחן ערוך, אורח חיים סימן שמ"ה סעיף ב' – איזה רשות היחיד, מקום המוקף מחיצות גבוהים עשרה טפחים, ויש בו ארבעה טפחים על ארבעה טפחים או יותר. וכן חריץ עמוק עשרה ורחב ארבעה על ארבעה, וכן תל גבוה עשרה ורחב ארבעה על ארבעה. **הגה:** יש אומרים דבעינן באלו מרבעה על מרבעה הן ומלכסונן, וכמו שיתבאר לקמן סימן שמ"ט (הגהות אשירי פרק קמא דשבת, ותוספות עירובין דף נ"א).

שולחן ערוך, אורח חיים סימן שמ"ה סעיף ז' – איזה רשות הרבים, רחובות ושווקים הרחבים ט"ז אמה, ואינם מקורים, ואין להם חומה. ואפילו יש להם חומה אם הם מפולשים משער לשער (ואין דלתותיו נעולות בלילה) – טור(, הוי רשות הרבים. ויש אומרים שכל שאין ששים רבוא עוברים בו בכל יום, אינו רשות הרבים.
225

שמות ט"ז כ"ט – ראו כי הוי"ה נתן לכם השבת, על כן הוא נתן לכם ביום הששי לחם יומים, **שבו איש תחתיו אל יצא איש ממקמו ביום השביעי.**
ירמיהו י"ז כ"א וכ"ב – כה אמר הוי"ה השמרו בנפשותיכם **ואל תשאו משא ביום השבת והבאתם בשערי ירושלם, ולא תוציאו משא מבתיכם ביום השבת,** וכל מלאכה לא תעשו, וקדשתם את יום השבת כאשר צויתי את אבותיכם.
226

שער ההקדמות, דרוש בסדר ירידת ז' מלכים ונפילתם ויריד אחוריים דאו"א ואיך נעשה הכל ביחד דכ"א ע"ד – וזהו סוד רשות הרבים, שרחבו ששה עשר אמה, **וכמו שיתבאר לקמן,** כי אלו השבעה מלכים הם סוד רשות הרבים, בהיותם בתחילה קודם התיקון, ואחר שנתקנו נקראו רשות היחיד.
227

ע"ח ש"ט פ"ג מ"ת דמ"ב ע"ד – והנה לטעם זה עצמו היה גם כן שינוי אחר בין ג"ר שהם כח"ב, אל השבעה מלכים התחתונים, כי הג"ר יצאו בקצת תיקון בראשונה, והוא כי כאשר יצאו בראשונה נתפשטו כסדר ג' קוין, מה שאין כן שבעה תחתונות, שיצאו זו למטה זו. וזה שכתוב באדרא רבא - עד אימת ניתב בקיימא דחד סמכא. ר"ל נתקן התיקון שהוא דרך קוין, אבל קודם שהיו זה על גבי זה הוי קיומא דחד סמכא. וכבר ביארנו כי התיקון האצילות הוא בהיות ו"ק עשוי בבחינת ג' קוים קשורים זה בזה, בסוד השלישי המכריע ביניהן, **ואז נקרא רשות היחיד.** אבל בהיותן זה על גבי זה, והם נפרדין אחת מחברתה, **אז נקרא רשות הרבים.** ולכן הג"ר נתבטלו אחוריהם ולא מתו, ושבעה מלכים מתו פנים ואחור, כי יצאו בלי תיקון כלל.
ע"ח שי"א פ"ה מ"ת דנ"ב ע"ג – ומלבישין אותו גם העשר נקודות שבה, היו קשורים כולם זה בזה בסוד קוין, מתפשטין זו בזו. ופירוש ענין הקוין האלו נתבאר למעלה, וכן על דרך זה גם שתי הנקודות של חו"ב היה כך, שכל אחד היתה כלולה מעשר וכולן קשוריין זה **בזה דרך קוין.** אבל אלו השישה חלקים נקודות של ז"א, יצאו נפרדות זו מזו, שלא כדרך קוין, רק זו על גבי זו, **נפרדות ולא מקושרות יחד,** ואז היו נקראים **אלו השישה רשות הרבים,** כי לא היה בהם יחוד והתקשרות ואחדות, **רק כדמיון אנשים נפרדין איש לדרכו פנה, ולא היה ביניהם אהבה וחבה.** ולכן לא יוכלו לסבול אלו הכלים שלהם בחינת האורות ומתו, כמו שכתוב חבור עצבים אפרים הנח לו, **כי החבור גורם קיום והעמדה.** ומשל הדיוט אומר אם תקח עשרה קנים כל אחת לבדו ישתברו, ואם תקח שלוש לבד ביחד, יתקיימו ולא ישתברו.
ע"ח שי"א פ"ז מ"ת דנ"ד ע"ב – ודע כי אף על פי שאנו אומרים שנתקנו אלו השבעה מלכים של זו"ן, עם כל זה בהכרח הוא שלא נגמר בירור שלהם להצטרף, ונשאר קצת ניצוצי קדושה שלהם בתוך הקליפות, הנקראים סיגים שלהם, **והם נקרא רשות הרבים,** בסוד - הן רבים עתה עם הארץ, שהם הקליפות, לפי שלא נתקנו ונשארו נפרדין, בבחינת רבים.
228

שפת אמת ש"ט פ"ב אות א' ד"י ע"ד – וזה סוד שאמרו רז"ל רשות הרבים רחבו י"ו אמה, וכמו שנבאר בע"ה, כי השבעה מלכים נקראים רשות הרבים, בהיותם קודם התיקון. וכתוב בהגה"ה – אמר מאיר רשות הרבים הוא שעוברים בו שישים רבוא. וכתבו תלמידי האר"י זלה"ה כי כל כלי שנשבר נחלק לשישים רבוא ניצוצות, גם לפי שהיו מעורבים עם הקליפות, והם נקראים רבים, אלהים אחרים, אלהות רבה, עד כאן. לכאורה נראה שבה לתת טעם למה נקרא קודם התיקון רשות הרבים, והשיב לפי שאין נקרא וכו'. ואחרי נשיקת ידי ורגלי קודשו, דהלא כבר כתב ונתן לנו טעם לשבח רז"ל במקום אחר, באומרו כי לכך נקרא נקרא רשות

שֶׁאָמְרוּ רז"ל כי רשות הרבים רזחבו י"ו אמה ר"ל ט"ז אמה, ואסור[230] להוליך חפץ ברשות

הרבים בשבת, או מרשות היחיד לרשות הרבים, או מרשות הרבים לרשות היחיד, ושורש המצוה וההלכה הזאת היא,

כי הרי אלו השבעה מלכים הם הנקראים[231] **רשות הרבים** שהיו נפרדים אחד

מהשני בלי חיבור כלל, וגם[232] יצאו עם סיגים הנקראים רבים[233], בסוד[234] הפסוק - הן רבים עתה עם הארץ, וכל זה

הרבים לפי שיצאו תחלה נפרדים זה מזה, ולכן יקראו רשות הרבים, לפי שהיו בחינת רבים, מה שאין כן אחר
התיקון שאז נתקשרו בהיותם בעיבור במעי אימא, ונעשו פרצוף אחד ומיוחד, קשור בבחינת קום. וכן כתב
רז"ל לקמן בפרק ג' וז"ל - אבל בהיותם זו על גבי זו הם נפרדות אחת מחברתה, ואז נקרא רשות הרבים, ויש
לומר דהכי קאמר ומעיקרא למה יצאו נפרדים זה מזה, ויקראו רשות הרבים, לפי שהיו מעורבים בהם הקליפות
הנקראים רבים, אלהות הרבה, והם הגורמים הפרוד, ובכלל דברי רבים דבריו, ואחר כך ראיתי זה בספר מבוא
שערים ש"ב ח"ב פ"ד דף ז' ע"א בהדיא וז"ל - ועיקר הטעם הוא היות סיגים מעורבים בהם, והם הגורמים
הפירוד עד אחר התיקון, שאז נתבררו מהסיגים והקליפות, ואז נתחברו וכו', יעו"ש. וא"ש את"מ.
229

כרם שלמה ש"ט פ"ב אות ז' – ומה שכתב, **וזה סוד מה שאמרו רז"ל כי רשות הרבים רוחבו י"ו אמה
וכו', הם נקראים רשות הרבים.** פירוש, כי קודם התיקון היו המלכים נפרדים אחד מחבירו, ואינם קשורים
ומחוברים זה בזה כמו אחר התיקון. ולכן נשברו להיותן מופרדים, ונראים רבים, ולא מחוברים כאחד. לכן
נקראים קודם התיקון **רשות הרבים.** וגם כן הוא לסיבת הקליפות שהיו מעורבים בהם, והם נקראים בשם
רבים, בסוד הן רבים עתה עם הארץ, שהם הקליפות, כמו שכתב הרב ז"ל לקמן בשער י"א פרק ז'. לכן
נקראים אלו המלכים קודם התיקון בשם רשות הרבים. ולהיות כשהם מופרדים הם י"ו, ולכן אמרו רז"ל רשות
הרבים הוא רחבו י"ו אמה.
230

כרם שלמה ש"ט פ"ב אות ז' – להיות כשהם מופרדים, הם י"ו, לכן אמרו רז"ל רשות הרבים רחבו י"ו
אמה, והמוליך בו בשבת חפץ ארבע אמות, או מוציא מרשות היחיד לרשות הרבים, נעשה שמשתמש ברשותם
בשבת, ועושה מלאכה, וגורם שהשבירה תרד ותכנס לשם ברשותם בשבת, **ותברר אוכל מתוך פסולת, וזה
אסור, כי בשבת אין בירור אלא אוכל מתוך אוכל.** אבל אחר התיקון נקראים אלו המלכים בשם **רשות
היחיד,** מפני שנתחברו ונעשו פרצוף אחד, ורשות אחד.
231

איפה שלימה, שער הנקודים פ"ח די"א ע"ב)ו(– הם נקראים רשות הרבים וכו'. בע"ח הנזכר נ"ב א"מ -
רשות הרבים הוא שבוקעים בו ששים רבוא, וכתבו תלמידי הרב ז"ל כי כל כלי שנשבר נחלק לששים רבוא
ניצוצות. גם לפי שהיו מעורבים עם הקליפות, והם נקראים בלשון רבים, והם אלהים אחרים אלהות הרבה. אבל
הקדוש ברוך הוא אחד ומיוחד, איהו וגירמוהי חד בהון, עד כאן לשונו. ונראה לי ליתן טעם למה רשות הרבים
הוא שש עשרי אמה, ולא טפח, או מדה אחרת, שידוע שהמילוי הוא בחינת הארה בעלמא. והנה חשבון אמה
הוא גימטריא מ"ו, שהוא כמנין המלוי דע"ב, שהוא הארת האזן. ולפי שזו"ן חסר מהם הארת האזן, כי אפילו
הארה בעלמא לא קבלו מהאזן, שהוא בחינת טעמים עליונים דע"ב דס"ג, לכן זה גרם להם שלא קבלו גם אור
היסוד של א"ק שהוא רמז לאות וא"ו וניקוד שורק שבתוכו, העולה גימטריא ט"ז, ולהורות על חסרון הארת
אור האזן, ואור היסוד דא"ק מהם, לזה אמרו רז"ל רשות הרבים ט"ז אמה, לומר שהשבעה מלכים שנקראו
רשות הרבים, נחסר מהם בחינת י"ו, שהוא אור היסוד דא"ק, וגם נחסר מהם הארת האזן, שהוא מילוי ע"ב
שעולה גימטריא אמ"ה.
232

ע"ח שי"ט פ"ג מ"ת דצ"א ע"ג – והנה אלו המלכים עדיין לא נגמרו להתברר עד ימות המשיח, כי אז
יובררו לגמרי, **והסיגים יתבטלו,** בסוד - בלע המות לנצח, והטוב שבהם יתברר ויתחבר עם הקדושה, אשר
בהמשך זמן זה מתברר מעט מעט בכל יום, ובביאת המשיח יושלמו להתברר.
233

אח"י – ראשי תיבות רבי"ם הם רומי, יון, בבל, [ישמעאל], מצרים [מדי], שהם הגליות שגלו ישראל.

בהיותן קודם התיקון, ואמנם אזר התיקון עולם הנקודים נקרא[235] רשות היחיד,

והתלבשו[236] ונכללו כל הפרצופים אלו בתוך אלו, ונעשו[237] נשמה זה לזה.❖

234

שמות ה' ה' – ויאמר פרעה הן רבים **עתה עם הארץ** והשבתם אתם מסבלתם.

235

שער מאמרי רשב"י דנ"ח ע"א – והנה בבא זמן תיקון השבעה ספירות התחתונות, אשר בתחילה היו נבדלות כל אחת מחבירתה הבדל גמור, ועתה רצה המאציל העליון לחבר ולייחד כל השש קצוות בפרצוף אחד, מיוחד, ומחובר, **ויהיה עתה נקרא רשות היחיד**, כמבואר אצלנו במשנת הקיטע יוצא בקב שלו, וגם השביעית שהיא ספירת המלכות תהיה מיוחדת וכלולה עמהם, לצורך הייחוד הראוי שיהיה אליה עמו כנודע. וכדי לחברם ולייחדם כנזכר, הוצרך להכניסם בסוד העיבור בבטן המלאה, ושם יתייחדו ייחוד גמור, ואז יצאו אחר כך משם בעת הלידה בבחינת פרצוף אחד שלם, מיוחד בכל פרטיו, וגם המלכות כלולה עמהם כנזכר.

ע"ח שי"ט פ"ג מ"ת דצ"א ע"ג – ואלו השבעה תחתונות הם בחינת ז"א, שהוא כולל ו"ק, והשביעית היא נוקבא. ואלו כולם יצא נפרדין זה מזה, שלא בדרך קוין כנזכר לעיל, ולא היו מקושרים זה בזה, אלא כל אחד ואחד בפני עצמו, זו תחת זו כנזכר לעיל. ואז נקרא רשות הרבים, כי אין רבים אלא אבנים כנזכר לעיל. ואחר כך כאשר נכנסו במעי אמם, בינה, בסוד עיבור כנזכר לעיל, **נתקנו ונעשו רשות היחיד**, אשר גבהו עשרה, ורחבו ארבעה. והענין כי נתחברו ונתקשרו ונאחזו זו תוך זו, ומלובשים זו תוך זו, כמבואר היטב בדרוש א"ק ועתיק עיין שם, ואז נקרא כל הו"ק פרצוף **אחד ומיוחד**, הנקרא ז"א, אשר רחבו ארבעה, שהם ארבעה אותיות הוי"ה, וגבוה עשרה, שהם עשרה אותיות במילוי אלפי"ן, שהם בז"א כנודע.

ע"ח שי"א פ"ז מ"ת דנ"ד ע"ב – ואז נעשה רשות היחיד, כי נעשו כולם יחוד ואחדות אחד, וזה סוד שאמרו בתיקונים קס"ו – רשות היחיד גבהו עשרה, דאינון יו"ד ה"א וא"ו ה"א, ורחבו ארבעה, הו"י ה. פירוש, כי נודע דהוי"ה דמלוי אלפי"ן הוא בז"א, אשר המלכים הששה שלו נתחברו יחד, ונתקנו ונתקשרו, ונעשה מהם בחינה הוי"ה זו דאלפי"ן, מקושרת אות באות יחד בשם **אחד יחיד ומיוחד**, ונקרא רשות היחיד.

236

ע"ח שי"י פ"ג מ"ת דמ"ח ע"ג – והנה מציאת מקום התפשטות כל אלו פרצופי הזכרים והנקבות, הנעשין מהתחברות מ"ה וב"ן כנזכר לעיל. הנה מקומם במקום שהיו תחלה הנקודות שיצאו דרך נקבי העינים, והוא מטבורא דא"ק עד סוף רגליו, ואור המצח הנקרא שם מ"ה, אף על פי שיצא מלמעלה מן המצח, הנה מתפשט משם ולמטה, ומתחיל מציאותו מן הטבור עד סוף סיום רגליו כנזכר לעיל. אבל מה שנשתנה עתה מבראשונה, בעת יציאת נקודות העינים הוא זה, כי אז היתה נקודת הכתר במקומה לבד בפני עצמה, ואחריה נקודת החכמה לבדה בפני עצמה, וכן על דרך זה היו כל העשר ספירות. אבל עתה נתוסף תיקון גדול, והוא כי נקודת הכתר נמשכה ונתפשטה ממקומה עד למטה, קרוב אל סיום רגלי א"ק, כמו שנבאר בע"ה, וזה ההתפשטות הוא כל שיעור הנקרא בשם עולם אצילות, ונקודה זו היא נקראת נוקבא)בנ"ב נקודת(דעתיק יומין, וכן על דרך זה עתיק יומין דדכורא, הנעשה מטעמים דמ"ה כנזכר לעיל, גם הוא מתפשט לשיעור הנזכר לעיל, וכן עשו כל השאר, א"א ונוקבא, ואו"א, וזו"ן, **והלבישו זה את זה**, עד בחינת זו"ן, באופן שכל רגלי הפרצופים דאצילות, בין דעתיק, בין דא"א, בין דאו"א, בין דזו"ן, כולן שוין בסיומם, והם מסתיימים יחד מעט למעלה מסיום רגלי א"ק, ושם הוא סיום האצילות כולו. ועל ידי כך נעשה נשמה זה לזה, וזה מלביש לזה.

רחובות הנהר ד"ה ע"ד – ועוד שינוי אחר היה בהם קודם התיקון כי כל אחד היה זה למעלה מזו, ואין זו מתלבשת בזו כלל, ואז נמצא שכולם נקראו פרצוף אחד לבדו, וגם בלתי התלבשות שום ספירה בחברתה, והיתה שיעור קומתו כמו שהוא עתה ממש, כל אורך האצילות. ואחר כל התיקון, נתפשטו כל הפרצופים, מחמת שניתוסף בהם שלימות עשר ספירות, ונתארך כל אחד מהם אורך כל האצילות, **ונכללו אלו באלו, ונתלבשו אלו בתוך אלו**, שוים בקומתם בהשואה גמורה, עד שהנוקבא מלבשת לכל הפרצופים בשוה לכל קומתם. ולא זו בלבד היה, אלא אפילו פרטי העשר ספירות דכל פרצוף נתארך כל אחד אורך כל האצילות,

הרב[238] ז"ל ביאר את סוד אותיות אבג"י, הרומזים לשבעה המלכים דמיתו. כאן רומז הרב ז"ל על סוד האותיות **ת"ץ** של אבגית"ץ, שהוא מעשה השבירה, והוא מפני שאותיות **ת"ץ** הוא מלשון נתיצה ושבירה ומיתה.

וְהִנֵּה[239] הַשִּׁבְעָה מְלָכִים דנקודים הַנִּקְרָאִים ורמוזים באותיות **אבג"י** דשם אבגית"ץ, הֲלֹא הֵם נִתְּצוּ, וְנִשְׁבְּרוּ וָמֵתוּ, וְזֶה[240] סוד[241] אותיות **ת"ץ** שֶׁל אבגית"ץ, וְיַעַן[242] שֶׁמֵּן ספירת הַחֶסֶד[243] הִתְחִיל מִיתַת הַמְּלָכִים כנזכר לעיל, לכן נִרְמְזוּ בַּשֵּׁם זֶה הָרִאשׁוֹן כל מיתת שבעה המלכים, ונשברו הכלים שלהם.•

וְנִכְלְלוּ אֵלּוּ בְּאֵלּוּ, וְנִתְלַבְּשׁוּ אֵלּוּ בְּתוֹךְ אֵלּוּ, שוים בקומתם. המשל בזה, עתיק נשלם לעשר ספירות, וכל אחד מהם כלולה מעשר ספירות, ונתארכה כל אחת אורך כל האצילות, ונכללו אלו באלו, ונתלבשו אלו באלו. עד שנמצאו עשר פרצופים, זה בתוך זה, שוים בקומתם בהשואה גמורה, וכולם הם פרצוף עתיק. ועל דרך זה מלבישים עליו עשר פרצופי א"א, וכולם א"א. ועליו עשר פרצופי אבא, וכולם אבא. ועליו עשר פרצופי אימא. ועליו עשר פרצופי ז"א. ועליו עשר פרצופי נוקבא. וכל זה ההתכללות, וההתלבשות, וההתפשטות, הוא בנקודה אחת, וכן בשאר הנקודות.
237

תרשים ב – כ"א.
238

כרם שלמה ש"ט פ"ב אות ז' – ועד עכשיו פירשנו אותיות **אבג"י** של **אבגית"ץ** של השם הראשון, והם י"ו, שרומזים על השבעה מלכים. ועכשיו נשארו שתי אותיות **ת"ץ**, ובהם נרמזו מעשה השבירה, שהם **נתצו, ונשברו, ומתו**. וזהו **ת"ץ** מלשון נתיצה.
239

שער ההקדמות, דרוש בסדר ירידת ז' מלכים ונפילתם וירידת אחוריים דאו"א ואיך נעשה הכל ביחד דכ"א ע"ד – והנה שבעה מלכים אלו הנרמזים במלת אבג"י, הם **שנשברו, ונותצו, ומתו**. וזה ענין אותיות **ת"ץ**.
240

תרשים ב – כ"ב.
241

מבוא שערים ש"ב ח"ב פ"ז ד"ט ע"ג – ואלו השבעה מלכים שהם אבג"י, נתצו. וזהו ת"ץ, **כי נשברו כליהם.**
242

כרם שלמה ש"ט פ"ב אות ז' – ומה שנרמזו כל מעשה השבעה מלכים כאן במות החסד, כבר מבואר למעלה. יען שהוא התחיל בתחילה בשבירה.
243

הגהות ובאורים)ג(– עיין תורת חכם שהקשה שבכאן כתב שמתחיל השבעה מלכים מן החסד ובשער הנקודים פרק ד' כתב שמתחילים מן הדעת, ותירץ שם כאיש גבורתו. ולי נראה בקיצור שזה בפנימיות, וזה בחיצוניות, והראיה שכאן מונה נצח הוד לב' מלכים, ושם מונה נצח והוד לאחד. עיין שער השמות, שבפנימיות הם ב' ובחיצוניות הם אחד, אב"ח אשכנזי. א"ה עיין שמן ששון שהאריך בזה, אחר כך מצאתי בעזהשי"ת הגה"ה בע"ח כתב יד של החסיד המחבר בעל יסוד ושורש העבודה, והוא מספר אוצרות חיים וז"ל - נראה לעניות דעתי שהוא על פי מה שכתב בדרושי המלכים על ביאור אדרת נשא, שאמר שם בלע הוא בחינת דעת, שהוא נשמת הו"ק, ומבלע בתוכם. וזה סוד בלע, ומתחיל למנות השבעה מלכים מחסד ולמטה, עד כאן לשונו. ובזה מתורץ הכל על נכון, ודוק.

וְיֵשׁ[244] **מְפָרְשִׁים** כי שם **אֲבַגִּיתַ"ץ** הוא **מִלְּשׁוֹן הַגְּמָרָא** בלשון ארמי, בתלמוד[245] בבלי)ואין לשון זה בתלמוד שלנו(**הַהִיא אַבְגָּא דְּבֵי רַב, פֵּירוּשׁ** אבגא הוא **הַשֵּׁטָ"ן**, שֶׁהָיָה נִמְצָא בְּבֵית הַמִּדְרָשׁ הַהוּא. **וְנִמְצָא**[246] **כִּי** לא גורסים **אֲבָ"ג** (אֵלֶה צָרִיךְ לִגְרוֹס נ"א שָׁם[247] **אַבָּגִיתַ"ץ**), **הוּא מוּסָב עַל דֶּרֶךְ מַה שֶׁנִּתְבָּאֵר**[248] **לְעֵיל** שֶׁבְּאוֹתִיּוֹת שֶׁעֶטְנֵ"ז גֵּ"ץ, שֶׁצִּירוּפֵי **שַׁטָ"ן עַ"ז גֵּ"ץ** נִרְמְזוּ הַמְּלָכִים דְּמִיתוּ, ר"ל כמו שבצרופי האותיות שעטנ"ז ג"ץ נרמזו שבירת הכלים דשבעה המלכים, כך בשם אבגית"ץ נרמזו שבירת ומיתת השבעה מלכים, ויציאת[249] הסיגים והקליפות.

הָרַב[250] ז"ל ביאר את שבירת ונתיצת שבעת המלכים, הנרמזת בשם הראשון דאנא בכח, שהוא בחסד, והוא **אבגית"ץ**. כאן מבאר הרב ז"ל את ביטול אחורי או"א בשם השני דאנא בכח, שהוא בגבורה, והוא קר"ע **שטָ"ן**. ומבאר כאן הרב

244

שער ההקדמות, דרוש בסדר ירידת ז' מלכים ונפילתם וירידת אחוריים דאו"א ואיך נעשה הכל ביחד דכ"א ע"ד — ויש שפירשו כי מלת אבג"א הוא פירוש **שטָ"ן**, כנזכר בתלמוד בבלי - ההוא אבגא דבי רב. ונמצא כי אבגית"ץ ביאורו ממש כביאור שעטנ"ז]ג"ץ[שביארנו לעיל, שהם אותיות שטָ"ן ג"ץ.

245

הגירסה באוצרות חיים – **בתלמוד הבבלי**.

246

בית לחם יהודה ש"ט פ"ב דכ"ז ע"ד — ונמצא כי אב"ג הוא ממש על דרך מה שנתבאר לעיל באותיות שעטנ"ז ג"ץ. אין חילוק בין פירוש זה לפירוש אחר, רק בבחינת הרמז בלבד, דלפי אחד השבעה מלכים הם רמוזים בארבעה אותיות אבג"י, ולפירוש השני הם רמוזים בשלושה אותיות אב"ג, לפי גירסא שלפנינו שפירושו שטָ"ן כענין שעטנ"ז ג"ץ.

247

הגירסה בספר אוצרות חיים ובשער ההקדמות – **שם.**

248

ע"ח ש"ח פ"ו מ"ת דט"ל ע"ד — אבל הענין כי האותיות שעטנ"ז ג"ץ הם סוד השבעה מלכים שמתו, ולפי שמהם נתהוו ויצאו הקליפות כנודע. לכן הם אותיות **שטָ"ן עַ"ז ג"ץ**, פירוש שהם תגבורת וחוזק עוז הדינין העזים, **אשר ירדו ונעשו מהם השטן**, שהם הקליפות. וכבר נודע מה שכתוב בזוהר באדרא זוטא, ובספרא דצניעותא דף רצ"ב ע"ב, כי אלו השבעה מלכים הם נצוצין דאזדריקו כהאי אומנא דאכתיש בפרזלא, ואפיק זיקין לכל סטר, וזהו ג"ץ, כמו שכתוב - גץ היוצא מתחת הפטיש כו'.

249

מבוא שערים ש"ב ח"ב פ"ז ד"ט ע"ג — כי אבג"י הוא שטָ"ן, כמו שכתוב בתלמוד, אבגא דבי רב, **שהם הקליפות**, והוא כמו אותיות שעטנ"ז, שגם בהם נרמז בחינה זו שטָ"ן ע"ז, כמו שנתבאר לעיל.

250

כרם שלמה ש"ט פ"ב אות ח' — ואם תאמר בשבעה מלכים כתבנו מה שמיתו וירדו לעולם הבריאה, כדי שיתבררו הסיגים שהיו מעורבים בהם, שהם הקליפות, אבל באו"א למה נפלו ממקומם. לזה אמר גם כן הסיבה, מפני שיצא השטָ"ן, שהיה מעורב בהן. וזהו מילת **שטָ"ן** של מילת קר"ע **שטָ"ן**, ר"ל **נקרעו** כדי שיצא **השטן מבינהם**. ואם תאמר מה שטן שייך כאן באו"א, והלא הקליפות יצאו מן השבעה מלכים דוקא כנודע, ולכן אין אחיזה לקליפות כי אם בו"ק, ולא בי"ה. אלא פשוט הוא **כי כל פרצוף יש לו קליפה בערכו**, אף על פי שבערך התחתון ממנו אין נחשבים לקליפה, בערך העליון נחשבים לקליפה. כמו שכתב הרב ז"ל לקמן - כי טומאה באצילות הוא טהרה בבריאה. ולכן אחורי או"א גם כן היה מעורב בהם בחינת קליפות בערכם, וכל כך הם דקים בערך הקליפה דהזו"ן, עד שאין צריך נתיצה ושבירה לכליהם, וירידה לבריאה כדי שיתבררו מהם הקליפה הזאת, אלא בנפילה בעלמא באצילות עצמו יוכלו להתברר.

ז"ל כי באחורי או"א לא היתה שבירה, אלא **קריעה בעלמא** של אחורי או"א, בסוד אבינו מלכינו קרע[251] רוע גזר דיננו, כמבואר בסדור[252] הטהור למרן הרש"ש, ועל ידי הקריעה הזאת יצא **השט"ן** אשר הוא גם רמוז בשם **קר"ע שט"ן**, והם הקליפות דאו"א. **והשאלה היא**, הרי למדנו שהקליפות והסיגים הם בזו"ן, שהם אותיות ו"ה דהוי"ה, שהם סוד י"א סמני הקטורת, ולא באותיות י"ה. אבל **צריך לדעת** כי[253] בכל עולם ועולם, ובכל פרצוף ופרצוף יש[254] קליפה וסיגים בערכו. ומה[255] שנקרא קליפה בעולם או בפרצוף עליון הוא טהרה בעולם או פרצוף תחתון. וכן[256] כל פרצוף הוא זו"ן

251

שער הכוונות, דרושי ראש השנה, דרוש ו' דצ"ז ע"ג – היום הרת עולם וכו'. הוא ענין התקבצות הדינין והגבורות ביסוד הנקבה, שהם דיני דכורין ודינין נוקבין, והם שכ"ה ניצוצין ופ"ר דמנצפ"ך, וכולם בגימטריא הר"ת, ולכן יום זה הוא יום הדין. והיום יעמיד במשפט כל יצורי עולם וכו'. **ענין אבינו מלכנו שנתקן אחר העמידה בכל עשרת ימי תשובה**, באמרך אבינו מלכנו קרע רוע גזר דינינו, תכוין במלת קרע, **אל שם קר"ע שט"ן**, והוא שם השני דשם בן מ"ב, ותכוין שעל ידי שם זה יקרע רוע גזר דין.
252

תרשים ב – כ"ג.
253

תרשים ב – כ"ד.
254

ע"ח ח"ב שמ"ח פ"ג מ"ב דקי"א ע"א – ענין הקליפות, וענין ארבע עולמות אבי"ע, השינוי שיש ביניהן. דע כי גם בקליפות יש בחינת אבי"ע, ובכל עולם יש בו חמשה פרצופים, שהם כללות עשר ספירות של אותו העולם, וכל פרצוף מהם כולל עשר ספירות, על דרך שהוא בקדושה. ונבאר עתה ענינם, דע כי אף על פי שבכל ארבע עולמות יש בחינת קליפה, יש שינוי בעולמות בעצמם, **כי הנה בעולם אצילות של הקדושה, הטוב מרובה על האצילות של הטומאה, ואינם מעורבים כלל הקדושה עם הטומאה**. ובעולם הבריאה הקדושה מרובה על הטומאה של הקליפה דבריאה, אמנם הם מעורבים יחד. וביצירה הוא מחצה על מחצה, וגם הם מעורבים יחד טוב ורע. ובעשיה הקליפה מרובה על העשיה של טהרה, וגם הם מעורבים יחד. ואין שום דבר בעולם העשיה שלא יהיה מורכב מטוב ורע, קדושה וקליפה מעורבין יחד ממש. והנה הטומאה שבאצילות הם הנקראת קליפה דאצילות הטהור, וכן הטומאה של הבריאה נקרא קליפה דבריאה דטהרה, וכן ביצירה, וכן בעשיה.
ע"ח ח"ב שמ"ט פ"ג מ"ב דקי"ב ע"א, הגה"ה צמח – אף על פי שלעיל אמרתי קליפת נוגה דאצילות כולו טוב, **עם כל זה צריך בירור אותו טוב בעצמו**, שהרי גם במלכות דעתיק היתה שבירה, וגם הוא בירר לחלקו חלקים כנזכר לעיל. לכן אמר כאן מעתיק עד חשמל דעשיה, ולקמן אמר כי **נגה דאציילות כולו דין חזק, לכן שייך בה תיקון ובירור**, עד כאן.
255

ע"ח ח"ב ש"מ דרוש ח' מ"ב דפ"ב ע"ב – וממקום אחר תבין מה שהכתוב להלן, **כי הקליפה העליונה דאצילות, היא נקראת טהרה דבריאה**, כי טהרה דבריאה, היא נקרא טומאה דאצילות.
ע"ח שי"ח פ"ו מ"ק דפ"ט ע"ג – וזה שאנו אומרים שהדם היוצא מן מקור האשה בעת לידתה, היא טמא, על כל זה **דע כי יש ברירה, וברירה דברירה**, הכל הוא כפי העולם שאנו מדברים בו, כי אם הוא בנוקבא דאצילות, או באימא עילאה. אם הוא באימא עילאה. הנה אותו הדם היוצא ממנה אף על פי שבערכה הם סיגים, עם כל זה הם עדיין צריכין להתברר בנוקבא תתאה, מלכות. וכן הדם היוצא מנוקבא דז"א דאצילות, שאינו ראוי להיות משם חלקי אצילות, **הנה הם סיגים בערך האצילות, אך הם יורדין בבריאה, ומתברר מה ששייך ממנו לבריאה, והשאר יורד ביצירה, בסוד דם**. וכן הולך **עד שיתברר מכל עולם ועולם**, עד שיורד בנוקבא תתאה דעשיה, ושם מה שיוכל להתברר הוא סיום הבירור, ומה שיוצא משם בסוד דם, הוא סיגים וקליפות גמורות, אשר לא יוצלח לכל, והם סוד הקליפות שתחת העשייה, ששם מקומם.
256

רחובות הנהר ד"ג ע"ג – באופן כי כל הנאצלים מראש א"ק עד סוף העשיה, **כולם בחינת ו"ק, שהם זו"ן**, מ"ה וב"ן, אלא שנפרטים לעשר ספירות שהם עסמ"ב, אותם המ"ה וב"ן הפרטים שהם הזו"ן הפרטים, חוזרים ונפרטים לעשר ספירות. וכן על דרך זה עד סוף העשיה. הרי נתבאר היטב מה שכתב **כי כל פרצופי**

בערך לעולם שמעליו, לכן בכל פרצוף יש בחינת קליפה בערכה, שצריך לברר אותה. **וכן**[257] עליונה נקראת א"ס בערך מה שלמטה ממנה, והכל מבוסס על תורת הערכין.

כל העולמות הם נקראים זו"ן, שהם ו"ק, כל פרצוף נקרא בן, שהוא זו"ן בערך הפרצוף העליון שעליו, שנקרא או"א בערכו, וגם אותו הפרצוף העליון, **גם הוא נקרא זו"ן בערך הפרצוף שלמעלה ממנו,** וכן כולם.

חסדי דוד אות ע"ה דנ"ב ע"א – כל זו"ן דכל פרט, הם חסרים, וצריכים עבור יניקה ומוחין להשלימם. אמנם כה"ב דכל פרצופים הם שלמים, בערך זו"ן דאותו פרצוף, אבל בערך הכולל כל החמשה פרצופים חסרים, **כי הרי כל פרצופי האצילות הם זו"ן,** שהם ענפי מ"ה וב"ן דא"ק, **וכן א"ק עצמו הוא נקרא אדם,** גימטריא הוי"ה דאלפי"ן, מ"ה, שהוא ז"א **בערך מה שלמעלה ממנו.** ולכן בערך הכללות, כלם צריכים עיבור יניקה ומוחין להשלימם.

חסדי דוד אות ע"ו דנ"ב ע"א – ז"א יש בו נפש רוח שלמים, כל בחינה כלולה מכ"ה בחינות, דכן צריך להיות בכל בחינה כדי שתהיה שלימה, בכל בחינה צריך שיהיה בה חמשה בחינות נרנח"י, וכל אחד מהחמשה כלולה מנרנח"י, הרי חמש פעמים חמש, הם כ"ה בחינות. וחסר לז"א כל הכ"ה בחינות דנשמה, וכ"ה דחיה, וכ"ה דיחידה. וכשמקבל המוחין מישסו"ת, הנקרא נשמה דכללות האצילות, ונכנסים בכלי הבינה דז"א, אז יש לו הכ"ה בחינות דנשמה שלימה. וכשמקבל המוחין מאו"א עילאין, הנקרא חיה דכללות האצילות, ונכנסים בכלי החכמה דז"א, אז יש לו כ"ה בחינת חיה שלימותא. וכשמקבל המוחין מא"א, הנקרא יחידה דכללות האצילות, ונכנסים בכלי הכתר דז"א, אז יש לו כ"ה בחינות דיחידה שלים. **אמנם כל זה הוא בערך הכללות,** כי **ישסו"ת גם כן נקרא זו"ן בערך או"א עילאין,** ואין בהם רק נפש ורוח, וצריכים עיבור יניקה ומוחין, כדי להשלים להם נח"י, וכשמקבלים מוחין מאו"א עילאין, הנקרא בערכם נשמה, אז יש להם נשמה שלימה לישסו"ת. וכשמקבלים המוחין מא"א הנקרא בערכם חיה, אז יש להם לישסו"ת חיה שלימה. וכשמקבלים המוחין מאח"פ דא"ק, הנקרא בערכם יחידה, אז יש להם לישסו"ת יחידה שלמה, **כי מה שאמרנו דישסו"ת הם נקראים בנשמה, והם ממשיך מוחין דגדלות לזו"ן, הוא בערך זו"ן.** אמנם בערך מה שלמעלה מהם, **נקרא זו"ן,** וחסרים נח"י, וצריכים לקבלם משלושה מקומות שלמעלה מהם, דהיינו מאו"א עילאין, ומא"א, ומאח"פ דא"ק, כי אלו נקראים נח"י בערך ישסו"ת. וכן או"א עילאין נקרא חיה בערך זו"ן, ונשמה בערך ישסו"ת, **וזו"ן בערך מה שלמעלה מהם,** וחסרים נח"י, וצריכים עי"מ כדי להשלימם, ומקבלים אותם משלושה מקומות שלמעלה מהם, הנקרא בערכם נח"י, דהיינו מא"א נשמה, ומאח"פ חיה, ומשערות הראש ע"ב דא"ק יחידה. וכן א"א נקרא יחידה בערך זו"ן, וחיה בערך ישסו"ת, ונשמה בערך או"א עילאין, **אמנם בערך א"ק הא"א נקרא זו"ן,** ואין בו רק נפש ורוח, וחסר נח"י, וצריך עי"מ כדי להשלים, ומקבלם משלושה מקומות שלמעלה ממנו, הנקרא בערכו נח"י, דהיינו מאח"פ דא"ק נשמה, ומשערות דהיינו ע"ב דא"ק, דהוא חכמה דא"ק חיה, ומקורק היו"ד א"א דא"ק יחידה. כי אח"פ הם מס"ג, ושערות הראש מע"ב ממוחין דא"ק, והם ישסו"ת ואו"א עילאין דא"ק. נמצא כי א"א כשמקבל מישסו"ת דא"ק, אז יש לו נשמה, וכשמקבל מאו"א עילאין דא"ק, אז יש לו חיה. וכשמקבל מא"א דא"ק, אז יש לו יחידה. **כי כמו שזו"ן דאצילות שהם נפש רוח דכללות האצילות, כן א"א דאצילות שהם זו"ן דכללות א"ק, ואין בו רק נפש רוח, בערך כללות א"ק,** נשלמו בו הנח"י מישסו"ת ואו"א וא"א דא"ק, שהם נח"י דכללות א"ק. **וכן א"ק עצמו נקרא יחידה בערך האצילות, אמנם בערך שלמעלה הימנו נקרא גם הוא זו"ן.** אין בו רק נפש רוח, וחסר לו נח"י, כי הרי כל כללות א"ק עומד במקום חצי מלבוש התחתון כנודע, כי כללות המלבוש הוא סוד עסמ"ב, וכשנחלק המלבוש ונקפל חצי התחתון שהוא סוד מ"ה וב"ן, והלביש לחצי העליון שהוא ע"ב ס"ג, המקום הפנוי הנזכר לעיל, שהוא במקום שהיה חצי מלבוש התחתון, נקרא אויר קדמון, והכדור הנעשה בתוכו, שבתוכו עומדים עשר ספירות דא"ק נקרא טהירו, ועל גבי הטהירו בין אויר קדמון למלבוש עומדים עשר ספירות דא"ק עילאה סתימאה, הרי כי א"ק עומד במקום מ"ה וב"ן, שהוא סוד חצי המלבוש התחתון, **ולכן נקרא זו"ן בערך מה שלמעלה ממנו,** וצריך עי"מ להשלימו, ומקבלם משלושה מקומות שלמעלה ממנו, דהיינו מא"ק סתימאה עילאה נשמה. ומאויר קדמון חיה. ומהמלבוש יחידה. **והמבין יבין כי אי אפשר לדבר יותר......**

257

וְהִנֵּה [258] **הַשֵּׁם** הַשֵּׁנִי דאנא בכח **הוּא קר"ע שֹׂט"ן**, הוּא כידוע **בַּגְּבוּרָה**, שֶׁהוּא הַמֶּלֶךְ הַשֵּׁנִי, אֲשֶׁר בְּמִיתָתוֹ נָפְלוּ גַּם **אֲזוֹרֵי דְאִימָּא גַּם כֵּן**, ר"ל [259] כי במות המלך הראשון, שהוא החסד בסוגיה זאת, נפל והחזיר אבא אחוריו בפני אימא, ועמדו או"א אחור בפנים, אחורי אבא בפנים דאימא, אבל עדיין לא יתבטל אחורי אבא. ורק [260] כאשר המלך השני, שהוא הגבורה בסוגיה זאת, ומת, נפלה אימא, והחזירה אחוריה באחור דאבא, ועמדו או"א אחור באחור. **לכן** רק במות המלך השני, שהוא הגבורה, יתבטלו אחורי או"א, ביטול גמור, וירדו או"א בגבול עולם האצילות. **וְלָכֵן** [261] **נִרְמַז בִּיטוּל אֲזוֹרֵי אוֹ"א בְּשֵׁם זֶה.**

וְזֶהוּ [262] **בִּיאוּרוֹ** הַמִּלָּה **קר"ע** מלשון קריעה בעלמא, **ר"ל** כִּי כָּאן לֹא הָיְתָה מִיתָה וּנְתִיצָה שֶׁל הַכֵּלִים דַּאֲחוֹרֵי אוֹ"א **מַמָּשׁ** כי לא ירדו לבי"ע, **כְּמוֹ** בכלים דְּשִׁבְעַת הַמְּלָכִים,

---

מבוא שערים ש"ב ח"ג פ"ה די"ג ע"ד – ונבאר זה בענין עולם האצילות, וממנו יתבאר לשאר העולמות כולם. הנה האור העליון היורד מא"ק אל עולם האצילות, הנה נקרא אותו האור א"ס, כי כל האורות שהם עליונים, נקראים א"ס לבחינת העולם אשר למטה ממנו.
258

כרם שלמה ש"ט פ"ב אות ח' – אחר שרמז נפילת השבעה מלכים בשם הראשון, שהוא החסד, עכשיו מבאר נפילת אחורי או"א בשם השני, שהוא גבורה. מפני שבנפילתו נגמרו אחורי או"א לירד. וזהו שכתב - **והנה השם השני הוא קר"ע שט"ן הוא בגבורה, שהוא המלך השני, אשר במיתתו נפלו אחורי דאימא גם כן.** ר"ל לא מיבעיא אחורי אבא כבר נפלו קודם לה, אלא גם כן אחורי אימא. ולכן הביטול של שניהם, בין אבא בין אימא, נרמזו בשם זה של נפילת אחורי דאימא. והוא שסיים - ולכן נרמז בשם זה ביטול אחורי או"א, שהם שניהם.
259

ע"ח ש"ט פ"א מ"ת ד"מ ע"ב – וכאשר מלך המלך השני, **שהוא חסד**, המשיך החמשה חסדים שיתפשטו בגופא דאבא כנודע. וכשמת ירד הוא בבריאה, והחמשה אורות ירדו בגבורה, במלך השלישי, ואז נפלו האחוריים דאבא הנעשין על ידי התפשטות חמשה חסדים כנזכר לעיל. ועתה נפלו כולם, והחסדים ירדו ביסוד דאבא, **ואז אבא החזיר אחוריו אל פני הבינה, אשר בחינה זו נקרא אחור בפנים**, כי פני הבינה נוכח אחורי החכמה עומדין.
260

ע"ח ש"ט פ"א מ"ת ד"מ ע"ב – ואחר כך מלך המלך השלישי, שהוא גבורה, והמשיך התפשטות החמשה גבורות באימא עילאה)בגופא(, וכשמת ירד לבריאה, והארבעה מלכים)אורות(ירדו בכלי הרביעי, שהוא התפארת, ואז נפל התפשטות הגבורות ביסוד דאימא,)נ"א חמשה גבורות דאימא עילאה שהיו בגופה(, ונפלו גם האחוריים שלה למטה, **ואז גם כן אימא החזירה אחוריה, והיה אחור דאימא באחור דאבא.**
261

שער ההקדמות, דרוש בסדר ירידת ז' מלכים ונפילתם וירידת אחוריים דאו"א ואיך נעשה הכל ביחד דכ"א ע"ד – ואמנם שם קר"ע שט"ן הוא כנגד המלך השני, הנקרא גבורה, כי אז נשברו אחורי או"א כנזכר לעיל. ולכן נזכרו ביטולם בזה השם השני.
262

שער ההקדמות, דרוש בסדר ירידת ז' מלכים ונפילתם וירידת אחוריים דאו"א ואיך נעשה הכל ביחד דכ"א ע"ד – והיכן נרמז בהם **ביטול** ולא **מיתה**, כמו השבעה מלכים, לזה אמר **קר"ע**. ר"ל מלשון קריעה דווקא, והוא כי כאן לא היתה **מיתה ונתיצה** ממש כשהשבעה מלכים שנרמזו בשם הראשון, במלת **ת"ק** של אב"ג ית"ץ. רק **קריעה בעלמא**, ולא נתיצה ומיתה גמורה, כמו בשבעת המלכים, **רק קריעה בעלמא**, ולא נתיצה והריסת הבנין, אלה שנקרע הכלי, ונשאר במקומו באצילות, כי לא מת.

[263]**רק** [264]**קריעה** לא[265] גורסים **ושבירה בעלמא** של אחורי או"א, והוסרו מחלק הפנים שלהם, עם כל

זאת **ונשארו** אחורי או"א **במקומה** בגבול עולם האצילות, במקום זו"ן.

אבל בלשון **נתיצה היא הפלת אבן בכח,** **ממקומה** בבנין **למקום אחר** כנזכר

לעיל, שששבעת המלכים נשברו, והכלים[266] שהם האותיות שלהם, שנקראים[267] אבנים, נפלו בכח מעולם האצילות

---

[263]

איפה שלימה, שער הנקודים פ"ח די"א ע"ג)ז(– רק קריעה ושבירה בעלמא ונשאר במקומו וכו'. הלשון הזה אינו מתוקן, יעיין בשער הקדמות דף כ' ע"א, ובמבוא שערים ש"ב ח"ב פ"ז דף ט' ע"ג וז"ל - כי לא היתה נתיצה ושבירה כמו השבעה מלכים, רק קריעה לבד, כי נקרעו האחוריים, והוסרו מן הפנים, כמו שקורע בגד אחד לשנים. ואינו שבירה ונתיצה והריסה גמורה, כי נשארו במקומם באצילות ככותל הנקרע לשנים, ולא נותצו אבניו, ולא נתפזרו וכו', יעו"ש, וזהו קרע. וחצי השם האחרון שהוא שט"ן הוא רמז לבחינת הלבוש שלקחו מלכים התחתונים מאלו האחוריים בעברם דרך שם, וירד עמהם לבי"ע, כמו שמבואר לקמן אות ט', ונעשו ראש לי"א סמני הקטורת.

[264]

בית לחם יהודה ש"ט פ"ב דכ"ז ע"ד – רק קריעה ושבירה בעלמא. סיבת שבירה נמחק. וכן הוא במבוא שערים דף ט' ע"ג וז"ל - רק קריעה לבד, כי נקרעו האחוריים, והוסרו מן הפנים, כמו הקורע עובי הבגד לשנים, ואינו שבירה ונתיצה והריסה גמורה, כי נשארו במקומם באצילות, ככותל הנקרע לשנים, ולא נתצו אבניו ולא נתפזרו וכו' ועיין)באש"ל(.

[265]

הגירסה בספר אוצרות חיים רק **קריעה,** בלי שבירה. וכן הוא בשער ההקדמות.

[266]

ע"ח ש"ו פ"ה מ"ה דכ"ז ע"ב – והרי הוא ארבעה בחינות אור, והם סוד ארבע בחינות טנת"א כנזכר לעיל, שהיו כולם נכללין כאן בענין העקודים. וזה פרטן, אור ראשון טעמים. אור אחוריים נקודות, כי הנקודות הם לעולם דין. ואור רשימו תגין. ואור של ניצוצין הנופלין על ידי הכאות האורות זה בזה כנזכר לעיל, **הוא** **אותיות, אשר מהם נעשה בחינת הכלים.** והרי נתבאר איך נעשה בחינת הכלים, והוא מהכאות ובטישת האורות כנזכרים לעיל.

ע"ח ש"ח פ"ו מ"ד דט"ל ע"ב – וכבר ידעת כי הטפה המציירת הולד, ומגדיל והוא הבחינה זו)ב"א זהו החו"ג(החו"ג, ואלו הם סוד האותיות, שמהם נוצר הולד, **ועוד כי האותיות תמיד לעולם הם בחינת הכלים** כנודע.

[267]

ספר יצירה פ"ד משנה י"ב – שבע כפולות כיצד צרפן. שתי אבנים בונות שני בתים. ארבע בונות ארבעה ועשרים בתים. חמש בונות מאה ועשרים בתים. שש בונות שבע מאות ועשרים בתים. שבע בונות חמשת אלפים וארבעים בתים. מכאן ואילך צא וחשוב מה שאין הפה יכול לדבר ואין האוזן יכולה לשמוע..........

שער המצוות, פרשת שמיני ד"כ ע"ב – והענין הוא, כי אינו דומה מרובים העושים אחת המצוה למעוטים כו', כמו שדרשו רז"ל על פסוק - איכה ירדוף אחד אלף ושנים יניסו רבבה. וכפי הראוי לפי חשבון אחד ירדוף אלף, לשנים צריך שתי אלפים, ולא עשרת אלפים, שהם רבבה, אלא שבהיות החשבון נוסף כל שהוא, ניתוסף בחינת רבים בו. על דרך הצירוף, **כי תיבה בת ארבעה אותיות בונה כ"ד בתים, ובת חמש בונה ק"ך, ובת** **שש בונה תש"ך בתים.** וכן כאן כי בהתחברות שני הוי"ת דב"ן הרביעי נולדו מיני בהמות מועטים, ובהתחברות שלושה פעמים ב"ן נולדו עופות רבים במאד מאד מכל הבהמות והחיות. ובהתחברות ארבעתם, נולדו הרבה, שהם כחול הים......

פרדס רמונים ש"ל פ"א דס"ח ע"ג – תנן בספר יצירה - שתי אבנים בונות שתי בתים, שלש בונות ששה בתים, ארבע בונות עשרים וארבעה בתים, חמש בונות ק"ך בתים, שש בונות שבע מאות ועשרים בתים, שבע בונות חמשת אלפים וארבעים בתים, מכאן ואילך צא וחשוב מה שאין הפה יכול לדבר ולא האוזן יכולה

לעולמות בי"ע. **ועל**[268] **ידי קריעה** זו דאחורי או"א [דמ"א ע"ב 81] **יצאה**[269] **הקליפה** שהיתה מעורבת בהם **הנקרא שטן** הנאחזת שם, והשאלה איך יתכן שבפרצופי או"א יש קליפה וסיגים, והתשובה לזה כי בכל פרצוף ופרצוף יש קליפה בערכו, ובערך התחתון נקראת טהרה. **וזהו** השם **קר"ע שט"ן**, שהוא השם השני דאנא בכח, **קר"ע** הוא בחינת הקריעה, **ושט"ן** הוא בחינת הקליפה שיצאה מקריעה זאת.

הרב ז"ל רומז את בחינת ביטול האחוריים דאו"א בשמות של הכלים שלהם. **צריך לדעת**[270] כי כאשר השמות הקודש הם לא מנוקדים, מדובר **בשמות הכלים**. וכאשר **השמות מנוקדים** בניקוד של קמץ פתח צרי וכו', מדובר באור המתלבש בכלים, כנזכר[271] בסדור הטהור למרן הרש"ש. **וידוע כי כל**[272] בחינת ריבוע של כל אחד משמות הקודש הוא

לשמוע, עד כאן. כבר בארנו בשער האותיות **כי האותיות הם אבני** מחצב הבינה, שהם כחות נעלמות רוחניות, ואבן אחת לא יבנה בית כלל. אמנם שתי אבנים בונות שתי בתים, כי בחבור שתי אותיות יתהוו שתי תיבות, כל תיבה בית אחת. ופירוש, כי כאשר יתחברו שתי אותיות יחד יעשו שתי תיבות, כזה - א"ב ב"א, כי יתגלגל התיבה מראשה לסופה, ומסופה לראשה. וכאשר יתחברו שלוש אבנים יחד, יבנו מהם ששה בתים, כזה - אב"ג אג"ב, הרי שני בתים בראש כל אחת אל"ף. בא"ג בג"א, הרי שני בתים בראש כל אחת ב'. גא"ב גב"א, הרי שני בתים בראש כל אחת ג', וכללם ששה בתים. וארבע בונות עשרים וארבעה בתים, כיצד..............
268

מבוא שערים ש"ב ח"ב פ"ז ד"ט ע"ג – ואמנם קר"ע שט"ן, הוא כנגד הגבורה, ולפי שביטול אחורי או"א לא גמרו עד הגבורה, כנזכר לעיל פרק ז'. לכן נרמז ביטול האחוריים ההם בשם זה, כי לא היתה נתיצה ושבירה כמו השבעה מלכים, רק קריעה לבד, **כי נקרעו האחוריים, והוסרו מן הפנים, כמו שקורע בגד אחד לשנים**, ואינו שבירה ונתיצה והריסה גמורה, כי נשארו במקומם באצילות, ככותל הנקרע לשנים, ולא נותצו אבניה, ולא נתפזרו, **ועל ידי קריעה זו נמשכו ונתגלו הקליפות**, שהוא השטן, זה שם קר"ע שט"ן.
269

שער ההקדמות, דרוש בסדר ירידת ז' מלכים ונפילתם וירידת אחוריים דאו"א ואיך נעשה הכל ביחד דכ"א ע"ד – ועל ידי קריעה זו, נמשכו ויצאו סוד הקליפות, הנקראים שט"ן, הנאחזות שם.
270

ע"ח ח"ב ש"ב דרוש ח' מ"ב דפ"ג ע"ב – גם תבין כי הפנימי הוא בחינת **האורות והעצמות, שהם הוי"ת מנוקדות** בזכר כנודע, וחיצוניות הם **הכלים שהם הוי"ת בלי ניקוד** כנזכר לעיל.
271

תרשים ב – כ"ה.
272

ע"ח ש"ו פ"ח מ"ב דכ"ט ע"ב – גם יש עוד חילוק אחר, שאור ישר כמעט שהוא נפרד ממקומו, כדי לרדת ולהשפיע לתחתונים, לכן הוי"ת שלהם פשוטות ומלאים כולם, הם הוי"ת באותיות נפרדות זו מזו. אמנם אור החוזר **הוא רבוע** כזה **א' א"ל אל"ה אלה"י אלהי"ם** שתמיד האותיות הם מחוברים, להורות שהם עולין ומחוברים זו בזו, עד שמתחברין עם שרשם ומאצילם, כי רצונם להסתלק מן התחתונים.
ע"ח שט"ו פ"ו דע"ח ע"ב – אמנם בחינת התבונה וישראל סבא, כאשר האחוריים של או"א עילאין מתפשטין בהם, נעשו ישסו"ת בבחינת אחוריים של שמות הוי"ה ואהי"ה דיודי"ן ברבוע שלהם, כי ריבוע של הוי"ה גימטריא קפ"ד, וריבוע של אהי"ה גימטריא תקמ"ד, **כי לעולם הפנים שלה בחינת יושר, ובחינת אחוריים הם בבחינת חשבון ורבוע**. נמצא כי או"א בבחינת הפנים שלהם שהם הוי"ה אהי"ה דיודי"ן, גימטריא **רג"ל**, וישסו"ת הפנים שלהן הם שני שמות הנזכרים לעיל, כי מה שהוא אחוריים למעלה, הוא בבחינת פנים למטה. ואמנם זהו שאנו אומרים כי אלו הרבועים הם אחוריים של או"א עליונים, זה בבחינת כשמתפשטין אבא ואימא בסוד ישראל סבא ותבונה, אבל כל זמן שלא נתפשטו אז אחוריים עצמן דאימא הם ק"ך צרופי אלהי"ם, אלא שאין ק"ך צרופים אלו ניכרין, אלא באחוריים של ארבעה תחתונות דאימא. והנה כאשר האחוריים, דהיינו האלהי"ם האלו מתפשטין מהם לעשות הישראל סבא והתבונה, הפנים שלה ושל ישראל סבא הם שני רבועים הנזכרים לעיל של הוי"ה אהי"ה, ואמנם בחינת אלהי"ם עצמן אינן

בחינת אחור, שמשם באה השכחה לאדם, ומבחינת השמות דפנים באה הזכירה בסוד הפסוק[273] - זכור ואל תשכח. ובסוד[274] יחוד הזכירה הנזכר[275] בסדור הטהור לרש"ש, ובכוונת[276] שים שלום דעמידה, כמבואר[277] בסדור הטהור למרן הרש"ש. במקומות אחרים הרב ז"ל מבאר כי[278] השכחה באה מחמת מדרגת נפש האדם שבה נאחזים הקליפות. גם[279] חז"ל הביאו סיבות שיכולים לגרום לשכחה, והם מפוזרים לאורך ורוחב כל התלמוד, ההלכה[280], המדרשים והזוהר.

נגלין בפנים דפנימיות שלה, רק בפנים דאחוריים,)נ"א בפנים שלה רק באחוריים שלה כמ"ש(. ונחזור לבאר ענין הפנים והאחוריים דישראל סבא ותבונה, והנה הפנים שלהם הוא רבוע דהוי"ה דיודי"ן, והוא גימטריא קפ"ד, וזהו פנים דישראל סבא, ורבוע דאהי"ה עולה תקמ"ד, והוא פנים דתבונה, ולכן הפנים של ישראל סבא הוא גימטריא קפ"ד, לרמז כי על ידי זה שהוא הפנים שלו, הוא מזדווג עם התבונה, ופוק"ד אותה. וגם גימטריא מקד"ם, להורות כי מה שהיה שם זה למעלה באבא בבחינת אחור, בכאן בישראל סבא הפנים, הנקרא קדם, בסוד אחור וקדם צרתני, וזה סוד וישכן מקדם לגן עדן, וגם הפנים של התבונה שהוא גימטריא תקמ"ד, הוא סוד קדמ"ת עדן, להורות כי למעלה היה זה בבחינת אחור בבינה העליונה, וכאן הוא פנים שהוא קדמ"ת, מלשון אחור וקדם צרתני, כנזכר בזוהר. והנה כשנצרף שני שמות האלו יהיו גימטריא תשכ"ח, כי הנה אלו הם האחוריים העליונים כנזכר לעיל, ומהם נעשה פנים למטה מהם, ונמצא שיש בהם בחינת בינה הנקרא ס', ובחינת תבונה הנקרא הנקרא מ' סתומה, והקליפה שכנגד בינה ותבונה נקרא מ"ס. וזהו הטעם ששר של שכחה נקרא מ"ס, כי אלו השמות שהם גימטריא תשכ"ח, הם בבינה ותבונה, הנקרא מ"ס, **ומשם יש שכחה, לפי שהם אחוריים** והקליפות הנקרא מ"ס, אוחזין בהם. וזה סוד שארז"ל אינו דומה שונה פרקו מאה פעמים, לשונה פרקו מאה ואחת פעמים, לפי שעד מאה פעמים יש לו שליטה כמנין מ"ס, ולא יותר. ואמנם הפנים של או"א הם עולין גימטריא רג"ל, כנזכר והם גימטריא **זכור**, ומשם בא הזכירה, שהם אותיות זכ"ר י"ה, שהם או"א הנקרא י"ה, לפי ששם אין קליפה נאחזת.
273

דברים ט' ז' – זכר אל תשכח את אשר הקצפת את הוי"ה אלהי"ך במדבר למן היום אשר יצאת מארץ מצרים עד באכם עד המקום הזה ממרים הייתם עם הוי"ה.
274

שער רוח הקודש, יחוד ט"ו ד"ל ע"ב – יחוד אחד מועיל אל ענין הזכירה לכל אדם.....והבאר עניינו באורך.......ולכן מועיל כוונת יחוד הזה אל לזכירה, כי זכירה יש בו אותיות **זכר י"ה**, כי שם תלוי ענין הזכירה, כי החיצונים והקליפות אשר מהם באה השכחה, אינם באחזים שם. **וזה סוד שני שמות או"א, שהם הוי"ה דיודי"ן, ואהי"ה דיודי"ן**, שהם בגימטריא **זכו"ר**, וזהו זכירה - זכ"ר י"ה.
275

תרשים ב – כ"ו.
276

שער הכוונות, ענין כוונת העמידה, דרוש ו' דל"ז ע"ג – גם תכוין כי אותיות שורק, הוא אותיות קשר, ושרק הכל אחד. פירוש, כי היסוד מחבר ומקשר כל העולמות, ומחבר יחד זו"ן, והיו לבשר אחד. ותכוין לקשר על ידי היסוד, כל העשר ספירות דז"א בעשר ספירות דנוקבא. **ודע שעל ידי כוונה זו, יועיל לך מאד לענין הזכירה.** ותכוין כי ניקוד הוי"ה זו היא בשרק, שהיא אותיות קשר, שאתה מקשר כל העולמות על ידי היסוד, שניקודו הויה בשורק, **ובכח זה יתקשרו דברי חכמה בלבד, ולא ישתכחו ממך.**
277

תרשים ב – כ"ז.
278

ע"ח ש"ו פ"ב מ"ת דכ"ה ע"ב – והבן ותראה כי כן כיוצא בזה, **בהיות האדם התחתון בסוד נפש, אז הוא דבוק ונאחז עם היצר הרע, שהוא סוד הקליפות**, בסוד ונפש כי תחטא. ובהיותו בסוד רוח, אינו כל כך חוטא, בסוד לב טהור ורוח נכון וגו'. ובהיותו בסוד נשמה, הוא רחוק מן החטא, אך צריך שמירה מן האחוריים. ובהיות נשמה לנשמה אז אינו חוטא כלל ועיקר, ודי בזה.

ע"ח שכ"ב פ"ג מ"ג דק"ה ע"א – והנה כל כח שכחה שיש באדם נמשך לו ממוחין דקטנות אלו, ומי שיוכל להורידן על ידי מעשיו למטה, על ידי שימשיך מוחין דגדלות, וידחה אלהי"ם דקטנות, ויסלקם מז"א לגמרי, **אז יהיה לו זכירה נפלאה בתורה ויבין כל רזי התורה**, כי כל זכור הוא בדכורא, רק אלהי"ם דקטנות

מונע ההארה דדכורא, **בסוד זכור**, ואמנם מי שיורידם גם מנוקבא עד הבריאה, זהו ודאי **לא יהיה שום שכחה** לו, **ויתגלו לו רזי התורה כתקונן.**

שער המצות, פרשת ואתחנן דל"ב ע"א – מצות תלמוד תורה, כתיב - והיו הדברים האלה וגו', ושננתם לבניך וגו'. בתחילה אכתוב בענין השכחה, אשר באנשים כי היא נותנת עצלות ותרדמה לימנע מעסק התורה, באמרם כי הנה ח"ו נמצאים יגעים לריק ולבטלה, כיון שהכל נשכח מהם, ולכך נודיעך ענין השכחה, מה עניינה. הנה נודע מאמרי הזוהר פרשת משפטים, בתחילת הפרשה באומרו - כי האדם תחילה נותנים לו נפש, ואי זכי יתיר יהבין ליה רוחא, וכו'. **הנה הנפש היא מן הנקבה, ובה ענין השכחה**, וכל זמן שלא השיג האדם חלק רוח הבא מן הזכר, ובו סוד הזכירה, הוא שוכח והולך. והנה טורח ומתקן הנפש על ידי טרחו ועמלו בתורה, ואף על פי ששוכח מה שלומד, אינו יגע לריק ח"ו, **יען כי בעולם הבא ולעתיד לבא יזכירו לו כל מה ששכח**, כמו שאמרו רז"ל]זהר ח"א דף קפ"ה[- ואם עתה בחיים הוא שוכח. הטעם הוא כי המקום גורם לכך, כי הוא מתקן הנפש, הנקרא עלמא דנוקבא, ואינו ח"ו יגיעו לריק, ומחוייב הוא לתקן בראשונה הנפש, ואחר כך יתנו לו הרוח, **הרי הקדמה ראשונה. הקדמה שניה בענין השכחה מה עניינה**. דע כי השכחה נמשכת מן אחוריים דאו"א, כי הנה נודע שהפנים שלהם הם הוי"ה ואהי"ה במילוי יודי"ן, ושניהם גימטריא זכו"ר, כי מהם נמשכת הזכירה, וזה הוא ענין זכירה, זכ"ר י"ה, כי הזכירה היא באו"א הנקרא י"ה, בבחינת הפנים שלהם, שהם ע"ב קס"א. אבל והאחוריים שלהם הם הריבוע והאחוריים של שני שמות הנזכרים, שהם הוי"ה ואהי"ה דמילוי יודי"ן ושניהם גימטריא תשכ"ח, **ומאלו השני אחוריים נמשכת השכחה, לפי שאין אחיזת החיצונים אלא באחוריים, שאין השכחה מצויה אלא על ידי אחיזת החיצונים**. ועל שני הבחינות האלו כתוב בתורה - זכור ואל תשכח. וכבר הודעתיך כי אימא נחלקת לשני בחינות, הנקרא בינה ותבונה, והם אותיות ס"מ כמבואר אצלינו. ולכן שר הממונה על השכחה נקרא מ"ס, והטעם הוא לפי שהוא נמשך משני אחוריים אלו של בינה ותבונה, הנקרא מ"ס כנזכר. לכן כם בקליפות שכנגדם נקרא מ"ס, ולפי שהאחורים הם עולין תשכ"ח כנזכר, לכן קליפה זאת ממונית על השכחה. וזה סוד מה שאמרו רז"ל]חגיגה דף ט'[- אינו דומה שונה פרקו מאה פעמים לשונה פרקו מאה ואחד פעמים, ואין דברים אלו מכלל הדברים שהם דרך גוזמה, אלא הדברים הם כפשטן, כי השר הזה הנקרא שמו מ"ס, שהוא גימטריא מאה, והשונה פרקו מאה פעמים, יש בידו יכולת לשכחו, ומשם ואילך אין בו יכולת לשכחו. גם על דרך הפשט כמו שאמר רז"ל]הוריות דף י"ג[כי יש דברים גורמים שכחה באדם, כשאוכל כמו הזיתים, וכיוצא בהם, ודע כי **אין זה אלא במי שאוכלה בלא כונה**, כעם הארץ, אך כל מי שמכוין באכילתו אל הכוונות שיתבארו בפרשת עקב לקמן, בפסוק - ואכלת ושבעת כו'. אדרבא נותנים בו זכירה, כיון שאוכלה בכוונה, ומברר ומתקן אותם על ידי הכונה ההיא כנזכר שם. ובענין מה שאמר רז"ל]הוריות דף י"ג[- הקורא כתב שעל גבי הקבר משכח, אין זה אלא בכתיבה בולטת, לא בשוקעת. ובענין תיקון השכחה, נתבאר כוונה אחרת בברכת שים שלום דתפלת שחרית, ועיין שם. ובשער רוח הקודש כתבתי יחוד אחד המועיל לזכירה.

ספר הלקוטים למהרח"ו, פרשת בראשית ד"ג ע"ב – וזה סוד זכור ושמור בדיבור אחד נאמרו, **כי זכור הוא בדכורא, ושמור בנוקבא**, ששם השכחה. וזה שכתב בעמלק זכור, ומסיים לא תשכח, פירוש מה שאני מצוך הוא שתזכירהו בפה, כי בודאי שלא תשכח.

פרי עץ חיים, שער הנהגת הלימוד פ"א – הנה, ענין הקורא ושוכח מה שלומד. אין ראוי לומר כי מאחר שהכל נשכח ממנו, נמצא יגע לבטלה, ואולי מפני זה ח"ו ימנע מעסק בתורה. והטעם שקורא ושוכח, **הוא שעדיין לא השיג רוח דוכרא, שממנו הזכירה, רק השיג נפש הנוקבא שממנה השכחה**. ואמנם הקורא ושוכח, מתקן בעולם הנוקבא, **ולעתיד יזכירוהו כל מה ששכח**, ואם כן מוכרח לתקן תחלה בעולם הנוקבא, כי שם אי אפשר רק על ידי שכחה, כי המקום גורם לו. ותיקונו הוא כדי להסיר השכחה, יתגלגל בשלג שעולה כמנין שכחה, ויכוין..........

שער הכוונות, דרושי ברכת השחר ד"ב ע"ב – ודע שאין טוב לאדם ללבוש שני מלבושיו ביחד, **והעושה כן קשה לשכחה**, וסוד הדבר הוא כי הנה מלבוש האדם הוא מן הקדושה, ועל ידי העבירות שהאדם עושה, גורם להתלבש בקליפות, ושיתאחזו הקליפות במלבושיו. והנה המלבושים יש בהם בחינת אור המקיף מחוץ להם כנודע, כי יש אור פנימי בפנים, ונכלל בתוך הגוף, והמלבוש סובב את הגוף ועל המלבוש, הם האורות המקיפים, ועומדים מחוץ המלבושים. והנה לכל לבוש ולבוש יש בחינת אור מקיף, ואין לך דבר שדוחה את הקליפות כמו אור המקיף, לפי שאין יכולת בקליפות לינק ולהתאחז באור המקיף, לכן הוא עומד בחוץ, ואין לו

פחד מן הקליפות. ונמצא כי המחבר שני מלבושיו ולובשם ביחד, אינו נותן מקום לאור המקיף ליכנס תוך שני המלבושים יחד, ולהקיף בין כל לבוש ולבוש, ועל ידי כך אין הקליפות נדחות משם, **ונודע שאין השכחה מצויה אלא מחמת הקליפות,** כי הזכירה היא מצד הקדושה, בסוד - ואין שכחה לפני כסא כבודך.

פרי עץ חיים, שער התפילה פ"ב – ולא ילבוש שני מלבושים ביחד, כמו שיש מי שעושין בימי החורף והקור, רק ילבוש כל אחד ואחד בפני עצמו, **והעושה כך הוא קשה לשכחה.** וטעם הדבר, דע כי מלבוש האדם הוא מן הקדושה, אמנם על ידי העבירות שהאדם עושה, גורם שיתלבש בקליפות, ושיתאחזו הקליפות במלבושיו. והנה בחינת הלבושים, יש בהם בחינת אור מקיף מבחוץ, כנודע כי יש אור פנימי מבפנים בתוך הגוף, והמלבוש מלביש וסובב את הגוף, ואם כן הם אורות מקיפים העומדים בחוץ על המלבושים. ואמנם לכל לבוש ולבוש, יש אור מקיף אחד, ואין דבר שהוא דוחה את הקליפות כמו אור מקיף כנודע, כי אין הקליפה נאחז שם, כי לכן הוא עומד מבחוץ בבחינת מקיף, ואינו מתיירא מן הקליפות שיינקו ממנו. נמצא כי הלובש שני לבושים ביחד, אינו נותן מקום אל האור המקיף שיכנוס ויעבור בין כל מלבוש ומלבוש, ועל ידי כך אין הקליפה נדחה מן הלבושים, **ואז השכחה מצויה מצד הקליפות.**

קב הישר פמ"ו, שלא ללבוש שני בגדים כאחד – עוד יש בדבר עכוב לכל דבר שבקדושה, כשלובש שני בגדים כאחת. דהיינו כשהלבוש אחד הוא בתוך חברו. וקבלה היא בידינו מתלמידי האר"י ז"ל שזהו קשה מאוד למעשה האדם, שיש קצת רשות לסטרא אחרא להתקרב אליו על ידי כן. ובפרט בבגדי שבת שצריכין שמירה מעולה יותר כאמור, כי הסטרא אחרא הולך וסובב סביב נגד האדם להתדבק בו, ובפרט בבגדים של שבת.

279

גמרא הוריות די"ג ע"ב – תנו רבנן, חמשה דברים משכחים את הלימוד, האוכל ממה שאוכל עכבר, וממה שאוכל חתול, והאוכל לב של בהמה, והרגיל בזיתים, והשותה מים של שיורי רחיצה, והרוחץ רגליו זו על גבי, זו ויש אומרים אף המניח כליו תחת מראשותיו.

גמרא הוריות די"ג ע"ב – עשרה דברים קשים ללימוד, העובר תחת האפסר]הגמל], וכל שכן תחת גמל]עצמו], והעובר בין שני גמלים, והעובר בין שתי נשים, והאשה העוברת בין שני אנשים, והעובר מתחת ריח רע של נבילה, והעובר תחת הגשר שלא עברו תחתיו מים ארבעים יום, והאוכל פת שלא בשל כל צרכו, והאוכל בשר מזוהמא ליסטרון, והשותה מאמת המים העוברת בית הקברות, והמסתכל בפני המת, ויש אומרים אף הקורא כתב שעל גבי הקבר.

גמרא פסחים דקי"א ע"א – תנו רבנן שלשה אין ממצעין, ולא מתמצעין, ואלו הן הכלב והדקל והאשה, ויש אומרים אף החזיר, ויש אומרים אף הנחש.

280

בן איש חי, שנה ראשונה הקדמה – הנה בזה מובן בסיעתא דשמיא הטעם שמצות ציצית מסוגלת לזכור את מצות הוי"ה, כדכתיב - וראיתם אותו וזכרתם את כל מצות הוי"ה, והוא כי הציצית **הוא בחינת אור מקיף,** כמו שכתב רבינו האר"י ז"ל, ולכך יש בו כח לדחות את הקליפות, וכיון דדוחה את הקליפות, **לכך מועיל לזכירה,** דידוע מה שכתב רבנו ז"ל בשער הכוונות בסוד המלבושים, **שלובש האדם שצריך להזהר שלא ילבש שתי מלבושים בבת אחת, והעושה כן קשה לשכחה,** וסוד הדבר כי **לכל לבוש יש בחינת אור מקיף,** ואין דבר **שדוחה הקליפות כמו אור המקיף,** לפי שאין להם יכולת לינק ולהתאחז בו, ונמצא כי המחבר שני לבושיו ולובשם ביחד, אינו מניח מקום לאור המקיף ליכנס תוך שני המלבושים, ולהקיף בין כל לבוש ולבוש, ועל ידי כן אין הקליפות נדחות משם. **ונודע שאין השכחה מצויה אלא מחמת הקליפות, כי הזכירה היא מצד הקדושה,** בסוד - ואין שכחה לפני כסא כבודך, עד כאן לשונו, יעוין שם.

בן איש חי, שנה ראשונה, פרשת וישלח סעיף ט"ז – יזהר שלא ילבוש שני מלבושים בהיותם זה בתוך זה ביחד **דקשה לשכחה,** גם ידקדק בחלוקו ללבשו כדרכו, ואם לבש חלוקו הפוך יפשטנו וילבשנו כראוי.....

בן איש חי, שנה ראשונה, פרשת שמיני סעיף ח' – ינגב ידיו היטב קודם שיבצע, שהאוכל בלא ניגוב ידים כאלו אוכל לחם טמא, ויש מחמירין אפילו בנוטל ידיו בבת אחת, ושופך עליהם רביעית בבת אחת, עם כל זה צריך נגוב קודם אכילה, **ולא ינגב ידיו בחלוקו דקשה לשכחה.**

כף החיים על אורח חיים, הלכה ב' סעיף ב')ג(– המניח מלבושיו מראשותיו **משכח למודו.** הוריות סוף פרק בתרא. הטובל אצבעו במלח ואוכל מחזיר למודו. המסתכל בפני המת או הקורא כתב שעל גבי הקבר **משכח לימודו.** לקוטי פר"ח והביאו פרי מגדים באשל אברהם אות א'. ומידו מה שכתב -המסתכל בפני המת

וְהִנֵּה[281] הכלים דְאו"א של בחזיַנֹת הַפָּנִים בְּפָנִים שלהם, הוּא הוי"ה דְיוֹדִי"ן בָּאבָּא שהוא יו"ד ה"י וי"ו ה"י, והוא בגימטריא ע"ב, וְאֶהְיֶ"ה דְיוֹדִי"ן בָּאימָא שהוא אל"ף ה"י יו"ד ה"י, והוא בגימטריא קס"א, וְשְׁנֵיהֶן[282] ר"ל שני השמות הנזכרים לעיל ע"ב וקס"א הם בַּגִּימְטְרִיא רג"ל, וְרגל הוּא גימטריא זכור, כי הַזְכִּירה בָּאה מִצַּד פָּנִים דאו"א. וּבְבְחִיַנֹת דְאֲזֹור בַּאזֹור הכלים דְאֲזֹור בַּאזֹור של או"א, הֵם[283] אזוֹרייַם שֶׁל שְׁנֵי שֵׁמוֹת הַנִזכָּרים לְעֵיל, שֶׁהם אזורייַם דַהֲוָי"ה דְיודי"ן, כָּזֶה יו"ד, יו"ד ה"י, יו"ד ה"י וי"ו, יו"ד ה"י וי"ו ה"י, בָּאבָּא והוא בגימטריא קפ"ד. וְאזוֹרי אִימָא דיודי"ן, כָּזֶה אל"ף, אל"ף ה"י, אל"ף ה"י יו"ד, אל"ף ה"י יו"ד ה"י, והוא בגימטריא תקמ"ד, אֲשֶׁר שְׁנֵיהֶן שם קפ"ד ושם תקמ"ד הם גִּימְטְרִיא תשכ"ח וְהם בגימטריא מרחפ"ת, מַת רפ"ח, לרמוז כי גם באו"א יש בחינת שבירה, בסוד[284] - אין

או הקורא כתב שעל גבי הקבר משכח לימודו צריך עיון. דבהוריות שם איתא "קשה ללימוד", ופירש רש"י - קשה לשמוע. ויש לומר דהיינו נמי **על ידי השכחה**. וכתב שער המצוות פרשת ואתחנן - דווקא כתיבה בולטת, אבל כתיבה שוקעת ליכא למיחש. ועיין שם בגמרא שיש עוד כמה דברים שקשים לשכחה, ויש דברים שיפים ללימוד. האוכל בכלים שבורים יהיה לו שכחה, והטעם, **שהם רומזים אל בחינת הקליפות והשכחה היא מהם**, כמו שיתבאר לקמן אות ו'.

כף החיים על אורח חיים, הלכה ב' סעיף ב')ג(– יזהר שאין ללבוש שני מלבושים ביחד כי **קשה לשכחה**. שער הכוונות בדרוש ברכות השחר, והביאו מגן אברהם סימן קטן ל'. והטעם מבואר בשער הכוונות, כי לכל לבוש ולבוש יש בחינת אור מקיף, והמחבר שני מלבושיו ולובשם ביחד אינו נותן מקום לאור המקיף ליכנס תוך שני המלבושים יחד, ולהקיף בין כל לבוש ולבוש, ועל ידי כן אין הקליפות נדחות משם. **ונודע שאין השכחה מצוייה אלא מצד הקליפה.** עיין שם. ונראה לומר דהוא הדין נמי אם לובש שני כובעים זה בתוך זה, יש לחוש לטעם זה דקשה לשכחה, ולכן לא יפה עושים אותם שלובשים הכובע של על גבי הראש שהוא אדום הנקרא פ'יס, בתוך הכובע הגדול בוניטא וכדומה להם לפי מנהגנו, ללובשם זה בתוך זה, כי גם זה גורם לשכחה והוא ברור. רוח חיים אות ג'.

281

כרם שלמה ש"ט פ"ב אות ח' – לזה כתב, והנה או"א הבחינה של פנים בפנים שלהם היא נקראת **זכור**, מפני שהיא גימטריא הוי"ה דיודי"ן ואהי"ה דיודי"ן, מפני שהזכירה היא נמשכת משם, מהפנים של או"א, כנודע **ביחוד הזכירה**, שמכוונים בחיבור שני שמות הללו. ובחינת של אחור באחור שלהם היא בגימטריא **תשכח**, שהם הריבוע של שני השמות אלו של הפנים כנודע. כי כל רבוע הוא בסוד אחורים, **והשכחה** היא נמשכת משם. ולכן צוונו הכתוב **זכור ואל תשכח**. נמצא שבאחוריים דאו"א יש רבוע הוי"ה דיודי"ן, ורבוע אהי"ה דיודין, שהיא בגימטריא שם קר"ע שט"ן, והוא לרמוז לי כי אחוריים דאו"א הם נפלו ונתבטלו בעת מות המלך הגבורה, שהוא רמוז בשם השני של מ"ב, שהוא קר"ע שט"ן. ולכן נמצא שנרמז בשם הזה הביטול ולא שבירה, וגם כן נרמז בו שהביטול הזה הוא של אחוריים דאו"א, ולא של פרצוף אחר, וכן לא של פנים ח"ו, אלא של אחוריים, ופשוט.

282

תרשים ב – כ"ח.

283

תרשים ב – כ"ט.

284

הגהות הרמ"ז והרנ"ש אות קי"ז – נראה לעניות דעתי נתן, **כי מרחפ"ת גימטריא תשכ"ח.** להורות שגם כן שבירת או"א רמוזים במלת מרחפת.

שכחה לפני כסא כבודך, וזה רמוז **כי השכחה** באה[285] **מצד אזוריים** ששם הקליפות. **ואמנם**
השם **קר"ע שט"ן** הוא גם בג'ימטריא תשכ"ז עם הכולל, כמנין **האזוריים** דאו"א,
וזה בה **לרמוז על נפילת אזורי אבא ואימא** שנתבטלו במות המלך השני, שהוא הגבורה, הרמוז
בשם קר"ע שט"ן.

הרב ז"ל ביאר[286] בפרק א' דשער זה, כי השבירה והמיתה דכלי התפארת, נעשתה בשני שלבים, השלב הראשון היה
כאשר נתלבשו האורות בשליש העליון דתפארת, והוא נשבר ומת, והשלב השני כאשר האורות התלבשו בשני השלישים
התחתונים דתפארת, והם נשברו ומתו.

ונחזור[287] **לענין ראשון** של ירידת האחוריים דאו"א עילאין, **כי**[288] **הנה כאשר עדיין לא**
מת שליש העליון של ה**תפארת** דנקודים, **עדיין**[289] **לא נגמר ירידת ונפילת** כל אזורי

285
מבוא שערים ש"ב ח"ב פ"ב ד"ז ע"ג הגהה לצמח)ב(– אפשר שזה סוד הכתוב מוסף של ראש השנה -
כי אין שכחה לפני כסא כבודך, ומפני שהשכחה נמשכה משתי אחורײם שהם מאו"א, לכן נרמז גם כן אבא
בתיבת לפני, אשר הוא קודם ולפני אימא, הנקרא כסא]אח[י - אימא נקראת כסא, באופן כי תיבת לפני,
מורה אל בעלה ובחינתה.

286
ע"ח ש"ט פ"א מ"ת ד"מ ע"ב – ואחר כך מלך המלך הרביעי, והוא תפארת, **ובהגיע אור אל שליש עליון**
שלו, שהוא עד החזה, אז המשיך בחינת כללות חמשה חסדים ביסוד אבא, וחמשה גבורות ביסוד אימא.
כנודע כי לכן היסוד נקרא כל, שכולל חמשה חסדים וחמשה גבורות, וכבר בארנו בזה הציור כי דעת כולל
רישא דאו"א, והחסד הוא גופא דאבא, וגבורה הוא גופא דאימא, ושליש תפארת עליון הוא היסוד דאו"א. **והנה**
כאשר הגיע האור לשני שלישים תחתונים דתפארת אז)נגמרו כל אחורי או"א עילאין לירד, והמשיך החו"ג
ברישייהו דישראל סבא ותבונה, כי שם הוא מקום ראשם יחד. וכשמת שלישה מלכים בכלי החמישי שהוא
נצח**(**, ואז ירדו החסדים מרישא דישראל סבא וגבורות מרישא דתבונה עד למטה בגופא דילהון.

287
שפת אמת ש"ט פ"ב אות ב' די"א ע"א – ונחזור לענין ראשון, כי הנה כשעדיין לא מת שליש התפארת, לא
נגמר ירידת ונפילת אחורי או"א לגמרי וכו', אבל אחר שמת שליש עליון דתפארת שאז נפלו שם אחורי או"א
וכו'. הנה לכאורה צריך עיון גדול איך המלכים האחרונים ביציאתם היו מתלבשים באחור או"א, והלא לא
נגמרה נפילתם עד מות שליש עליון דתפארת, ובנפילתם התפשטותם היה על דרך חו"ג שהם למעלה
מהתפארת, ומלכי נהי"ם יצאו מכלי התפארת הנשבר, וירדו למטה למלוך בכליהם. ועוד כי כבר נזכר לעיל
שהשבעה מלכים יצאו כשלשלת בקו האמצעי, ואחורי או"א נתפשטו בשני הקוין ימין ישמאל, ואיך היו אלו
מלכים נהי"ם ביציאתם מתלבשים באחורי או"א, ומכל שכן שמעיקרא התפשטות אחורי או"א לא הגיע להם
כנזכר. והנראה לעניות דעתי ליישב בהקדמה אחת שכתבה רז"ל בשער רפ"ח ניצוצין פרק ב' וז"ל - דע כי
כשיצאו העשר נקודות דמנקבי העינים דא"ק וכו', והנה מנקודות כתר התיקון נעשה אחר התיקון פרצוף א"א,
ומנקודות חו"ב נעשו ב' פרצופי או"א, ומחסד עד יסוד נעשה פרצוף ז"א, ומנקודת עשירית נעשה פרצוף
נוקבא דז"א. ואמנם בזמן התיקון שאז הלבישו זה את זה, לא הונחו במקום הראשון וכו', ומהראוי היה שאו"א
יהיו למעלה במקום חו"ב דא"א, אבל לא כך היה, אלא שהלבישו את חו"ג דא"א וכן ז"א וכו', יעו"ש. הנה
נמצינו למדים מהתם כי התשעה ספירות דעולם הנקודים שהם חו"ב, ושבעה מלכים שנשברו, נשתנה מקום
אחר התיקון, כי ירדו למטה ממקומם, וקודם התיקון היו במדרגה עליונה. והנה כמעט תפארת דנקודים היה
במקום כתר דז"א דאחר התיקון. ולקמן בפרק ג' מבואר בהדיא שנפילת אחורי או"א והתפשטות היה עד מקום
הראוי להיות אחר כך מקום החסד והגבורה האמתיים אחר התיקון, ועל פי הדברים האלה בא הכל על נכון, כי

דאבא ואימא עילאין לגמרי, וכאשר היו המלכים האלו ר"ל המלכים דדעת, חסד, גבורה, ושליש עליון דתפארת דנקודים **נכנסים** כל אחד **בכלי שלהם, היו** האורות שלהם **מגולין**

במיתת שליש עליון דתפארת אז נגמרו אחורי או"א ליפול לגמרי, ונתפשטו עד מקום חו"ג דאחר התקון, שהוא למטה ממקום התפארת של עתה דקודם התקון, ואז כשנשברו גם ב' שלישי התפארת התחתונים, ויצאו אורות מלכי נהי"ם מתוכו, וירדו למלוך בכליהם גם הם, הנה בהכרח שעוברים בין שני האחורים דאו"א העומדים בקו ימין ושמאל, ואז בעוברם בתוך בהכרח שקונים איזה הארה מבחינת האחוריים הנזכרים, ומתלבשים בהם, והיינו דאהניא להו שלא היתה שבירתם כל כך גדולה כמו העליונים, אך בשני שלישי התפארת עדיין הדבר קשה קצת. הנה ראיתי בהגה"ה לאחד מן הקדושים שכתב מענין הנ"ל וז"ל - אמר מורי נר"ו לעניות דעתי שצריך להבין מה שכתב שאחורי או"א נתפשטו וכו', שנראה שלצורך חו"ג ונה"י היה התפשטות, והלא בלאו הכי ירידתם מוכרחת כי יפול הנופל מהם מצד עצמם פגם כנזכר לעיל. אמנם יובן במה שכתב לקמן וז"ל - ואמנם כשהיה אחר כך זמן התקון וכו' במקומם הראשון וכו', עיין שם. המורם משם הוא זה שאחורי או"א נפלו למקום חו"ג, שהם עתה למעלה במקום שיעמדו אחר התיקון חו"ב עצמן, נמצא כפי זה שמשמחת הפגם שהיה בהם ירדו האחוריים הנזכרים עד שם, אמנם לצורך הלבשת חו"ג ונצח הוד נתפשטו עד למטה עד מקום שיהיו חו"ג דרך ב' קוים עד החו"ג, כי באמת על ידם ובסבתם היתה התפשטות זו, עד כאן לשונו. הנה מתרוצו זה מובן שמצד פגם עצמם ירדו עד החו"ג, שהם עתה למעלה במקום שיעמדו אחר התקון חו"ב דהיינו או"א, אמנם לצורך הלבשת חו"ג ירדו ירידה אחרת ונתפשטו עד למטה, עד מקום שיהיו חו"ג אחר התיקון. והנה לכאורה ישוב זה נכון אך ראיתי אחרי רואי דברי רז"ל בספר מבוא שערים ש"ב ח"ב פ"ו)א"ה נראה לעניות דעתי דכוונת הרב במבוא שערים אפילו שהלשון דחוק, מוכרחים לומר דכוונתו לומר דמכוח הנפילה היתה עד שם, ולא יותר. אמנם לצורך הלבשת האור היתה החפשטות יותר עד חו"ג של אחר התיקון, וההכרח לזה ממה שכתב הרב לקמן שאי אפשר להתפשט יותר מאו"א, ומצינו ראינו שהשכתר נתפשט עד סוף התפארת, ואם כן מוכרח שגם אחורי או"א יתפשטו יותר עוד, כמו שכתב אמר מורי נר"ו. ועיין בהגה"ה השמ"ש פרק ד' משער זה, ובזה יתיישב ומה שהניח בצריך עיון, לעורר המעיין(. ימאן זה החלוק שכתב וז"ל - ונמצאו עתה אחורי או"א עילאין יושבים פה למטה באופן זה, כי אחורי אבא יושבים בקו ימין במקום וכו', ובכח היות אלו האחורים שנפלו עד פה זה הוא בחינת הכלי החדש שעשו או"א שנתפשטו עד פה, ועלו שם אור החו"ג והתפשטות הוא עצמו בחינת האחורים האלו שנפלו עד פה ולא נפלו יותר למטה, כי שם נגמרה נפילתם שהיה מצד עצמם, והתפשטותם שלצורך הלבשת חו"ג, ונצח הוד הכל היה בפעם אחד, ולא שתחלה נתפשטו מעט, ואחר כך חזרו ונתפשטו יותר למטה, כי דייק מלשון רז"ל. ובכח היות אלו האחורים שנפלו עד פה, ושינה ושליש בזה הלשון. ולעיקר הקושיה שהוקשה דהאמת אפשר ירידתם מצד פגם עצמם , ולמה נפלו בשני קוין ימין ושמאל, ולא ירדו גם הם למטה בסוף האצילות, כאחורי ישסו"ת שירדו בתחתית האצילות במקום כלי מלכים דנקודים כנודע, אם כן ירידתם והתפשטותם פה בשני קוין ודאי כל זה הוא לצורך חו"ג ונצח הוד, כדי שיתלבשו בהם, ויתחיל מציאות התיקון, שהוא ענין הקוין כנזכר שלהי פרק ד' יעו"ש, וא"ש אח"מ.
288

בית לחם יהודה ש"ט פ"ב דכ"ז ע"ד - כי הנה כאשר עדיין לא מת שליש תפארת עדיין לא נגמר ירידת ונפילת אחורי או"א לגמרי. עיין בפרק א' דלעיל בד"ה - ואין לו אחוריים וכו'.
289

כרם שלמה ש"ט פ"ב אות ט' - מה שכתב **עדיין לא נגמר ירידת ונפילת אחורי דאבא ואימא לגמרי,** מפני שבנפילת שליש עליון דתפארת עדיין היסוד שלהם לא נפל, ואז הואיל ואחורי או"א לא נגמרו עדיין כולם ליפול, לכן האורות של הדעת וחסד וגבורה ושליש עליון דתפארת, שהיו יוצאים זה מזה כדי להיכנס בכלים שלהם, אז לא מוצאים שום דרכם שום כלים כדי להתלבש בהם, אף על פי שהאחוריים דאו"א אמרנו במקום אחר שנפלו במקום החג"ת דזו"ן, זהו אחר שנגמרו אחורי או"א ליפול. אבל בכאן עדיין לא נפלו בעת יציאת אלו האורות, שהם של החסד וגבורה ושליש עליון דתפארת, ולכן היו יוצאים האורות אלו מגולים, **ומה שביארנו זה כי צריך להקדמה זאת אחר כך.**

בָּאוּר גָּדוֹל מפני שלא היו להם עדיין שום כלי להתלבש בו, כי עדיין לא נגמרו אחורי או"א עילאין לירד למקום

זו"ן דנקודים.

אֲבָל [290] אַזוֹר שָׁמַת שְׁלִישׁ עֶלְיוֹן דְּתִפְאֶרֶת, אֲשֶׁר [291] אָז נָפְלוּ שָׁם למקום חג"ת דז"א כל **הָאֲזוֹרִיים דְּאו"א** עילאין. **הִנֵּה** [292] כַּאֲשֶׁר יָצְאוּ משָׁם שְׁאָר הָאוֹרוֹת הַנִּשְׁאָרִים שהם האורות דשני שלישים התחתונים דתפארת, נצח הוד, יסוד ומלכות, **כְּדֵי לִכְנוֹס בַּכֵּלִים שֶׁלָּהֶם,** מצאו את אחורי או"א עילאין במקום חג"ת דז"א דנקודים, ואז הם [293] **הָיוּ** [294] **מְלוּבָּשִׁים**

290

בית לחם יהודה ש"ט פ"ב דכ"ז ע"ד – אבל אחר שמת שליש עליון דתפארת וכו'. נראה שכלי התפארת לא נשבר בפעם אחת, אלא בשתי פעמים, השליש לחוד, וב' שלישים לחוד, וכמו שמבואר בדברינו בפרק ג' דשער רפ"ח ד"ה - ולכן בעת וכו', יעו"ש.

291

כרם שלמה ש"ט פ"ב אות ט' – ומה שכתב **אבל אחר שמת שליש עליון דתפארת וכו',** ר"ל אף על פי שלא נגמרו כל אחורי או"א לירד עד ירידת המלכות, על כל פנים אחורי או"א עילאין כבר נפלו בנפילת השליש העליון דתפארת, ונהיו במקום החג"ת דז"א.

292

כרם שלמה ש"ט פ"ב אות ט' – ולכן כאשר יצאו שאר האורות, שהם מן השני שלישים דתפארת ולמטה, ורוצים להכנס בכלים שלהם, היו מוצאים על דרכם בירידתם ליכנס בכליהם, היו מוצאים אחורי או"א אלו העילאין שהם יושבים במקום החג"ת דז"א, והיו מתלבשים בהם. ואף על פי שאחר כך היו יוצאים גם כן מתוכם, כדי לכנוס בכלים שלהם, על כל פנים הואיל ונכנסו בתוכם זמן מועט, היו לוקחים מהם מלבוש דק, ומתלבשים בהם, כדי שיועיל להם אחר כך בהכנסם בעת התיקון בתוך הנה"י, כמו שמבאר הרב ז"ל התועלת של זה לקמן בסמוך.

293

איפה שלימה, שער הנקודים פ"ח די"א ע"ד)ח(– היו מלובשים באלו האחוריים וכו'. עיין להרב יפה שעה בפירושו על מבוא שערים ש"ב פ"ו דף ח' ע"ד, שכתב דבריו בהגהות וביאורים שם באות ה', שכתב וז"ל - לא ידעתי היאך ובמה אופן מתלבשים ועוברים בתוכם, הלא כל פרקי שער זה מתבאר מדברי רבינו ז"ל סדר יציאת אורות הנקודים, כי הג"ר שהם כח"ב יצאו בצורת קוים, כתר למעלה, וחכמה למטה בצד ימין, ובינה לצד שמאל, וכל שאר השבעה תחתונות יצאו אמצעי קו נפרדות כל אחד מחברו, זו תחת זו, אחד לאחד, ואם כן כשנתארכו ונתפשטו קוי החכמה והבינה, נתארכו ונתפשטו דרך קוים שלהם, ונתפשט קו החכמה עד כנגד מקום החסד, ונתפשט קו הבינה עד כנגד מקום הגבורה. ואם כן היאך כשיצאו האורות משליש עליון דתפארת ולמטה, נתלבשו ועברו דרך אותם קוים דחו"ב שנתפשטו, וצריך עיון, עד כאן לשונו. ונראה לעניות דעתי על פי מה שמבואר לקמן בפרק ט' ופרק י' אות א' שהתפשטות אחוריים דאו"א כדי להלביש האורות הוא עד חו"ג שלאחר התיקון, וכמו שנכתוב בזה באורך בעזרת ה'. אם כן כשבאים האורות מחזה ולמטה למליך בכליהם, הם עוברים בין שני אחוריים הנזכרים, ומוכרח הוא שמקבלים איזה הארה, ומתלבשים בה כדי למלוך בכליהם.

294

בית לחם יהודה ש"ט פ"ב דכ"ז ע"ד – היו מלובשים באלו האחוריים שנפלו. עיין להרב שפת אמת דף י"א ע"א שכתב - צריך עיון גדול איך המלכים האחרונים ביציאתם היו מתלבשין באחורי או"א. והלא לא נגמרה נפילתם עד מת שליש עליון דתפארת, ונפילת האחוריים היתה עד מקום חסד וגבורה שהם למעלה מהתפארת. ומלכי נהי"ם יצאו מכלי התפארת הנשבר וירדו למטה למלוך בכליהם. ועוד כי כבר נתבאר לעיל כי השבעה מלכים יצאו כשלשלת בקו האמצעי, ואחורי או"א נתפשטו בב' קוין, ימין ושמאל, ואיך היו מלכי נהי"ם

ר"ל מתלבשים **באלו האזוריים** דאו"א עילאין שֶׁנָּפְלוּ וְנִשְׁאֲרוּ[295] **בָּאֲצִילוּת** במקום חג"ת דז"א

דנקודים **כַּנִּזְכָּר לְעֵיל**, והיו יוצאין המלכים האזורונים דנהי"ם דנקודים **מלובשים**

בָּאֲזוֹרֵי אוֹ"א עילאין במלבוש דק שלהם וירדו עמהם לבי"ע, כדי שלבוש זה מאו"א עילאין יועיל להם, כמו

שיתבאר לקמן, ולכן **וְזֶה**[296][297] הלבוש דאחורי או"א עילאין אוֹ"א[298] **נִשְׁאַר לָהֶם** למלכים דנקודים (נ"א וְעַל

ביציאתם מתלבשין באחורי או"א, ומכל שכן שמעיקרא התפשטות אחורי או"א לא הגיע להם וכו', יעו"ש מה
שתרץ. ונראה לעניות דעתי לתרץ, והוא כי מבואר בפרק ג' שבסמוך, כי יש כח באורות המגולין לשנות את
מקומם, לעלות או לרדת להימין או להשמיאל, שהרי אור הדעת ירד מרצונו למטה כדי להאיר בכלי שלו שנפל
בבריאה. גם אור התפארת חשש המאציל פן יחזיר ויעלה לכלי הבינה, אף על פי שהבינה היא בקו שמאל,
והתפארת הוא בקו האמצעי, ועם שהבינה היא למעלה ממנו, עדיין לא נתפשטה למטה. גם אור הנצח שביםין
עלה בכלי הבינה דבשמאל, גם בפרק ה' דלקמן בענין אמרפל וחביריו כתב כי הנה"י רצו להתגבר על החג"ת,
ולהלביש עליהם, יעו"ש. מכל זה מבואר שכל זמן אשר האורות בלא כלים יוכלו לעלות ולירד כפי רצונם,
ולכן גם פה בראותם שנפלו אחורי או"א אז כל אחד מהאורות לקח איזה חלק מאחוריי או"א בו, בחשבו אולי
שעל ידי התלבשות הזה יתמעט אורו, ויהיה כח בכלי לסבול אותו, ולא ישבר.
295

כרם שלמה ש"ט פ"ב אות ט' — ולכן היו יוצאים האורות של המלכים האלו האחרונים, שהם של התפארת
ונהי"ם, בעת שהכנסו בתוך כליהם, היו מלובשים בלבוש דק של האחוריים דאו"א עילאין, שעומדים ונופלים
במקום עד החזה, שהוא עד חג"ת דז"א. וזהו מה שכתב **ונשארו באצילות**, ר"ל שלא נפלו בבריאה כמו הזו"ן,
אלא נשארו באצילות, והוא במקום החג"ת דז"א.
296

יפה שעה)א(— וזה נשאר להם תמיד, עד שיכלו כל הבירורין לצאת עד לעתיד לבוא כו'. שאף על גב שרז"ל
כתב בשער יעקב ולאה, שכל האחוריים דאבא, כבר נגמרו להתברר, ומהם נבנה ונתקן פרצוף יעקב יעו"ש,
כבר העניין מפורש לעיל בעניותין.
297

איפה שלימה, שער הנקודים פ"ח די"א ע"ד)ט(— וזה נשאר להם תמיד עד שיכלו כל הבירורין לצאת
וכו'. משמע מכאן שהלבוש שלקחו מלכים התחתונים מאחוריים דאו"א ירד עמהם לבי"ע, וזה מלבד אחוריים
דאו"א שנעשו מוחין לשבעה מלכים, ונקראו על שם הזו"ן שירדו עמהם לבי"ע, כמו שכתוב במבוא שערים
בפ"א משער הקליפות דף נ"ה ע"ד, שכתב שם ואל תתמה וכו', להיות להם מוחין, ובאותו בחינה נחשבת כזו"ן
ממש וכו' יעו"ש. שכוונתו שם על בחינת או"א שנתלבשו בשבעה מלכים בבחינת מוחין, קודם שנשברו
השבעה מלכים, וכמו שכתב הרב יפה שעה ז"ל בשער הנקודים פרק א' אות ב', ובשער ל"ד פרק ב' כלל ט' דף
קי"ד ע"ב יעוין שם בדבריו. ואלו השני בחינות אחר שעולים מבי"ע למעלה עד מקום הזו"ן, עם שארית
הבירורים של זו"ן שמבררים אנחנו על ידי התפלות ומעשים טובים, אז הזו"ן עצמם מבררים אלו האחוריים
שעלו עם הבירורים שלהם מבי"ע, וגם מבררים מאחוריים דאו"א וישסו"ת, העומדים בגבול האצילות, שלא
ירדו כלל לבי"ע ומעלים כל אלו האחוריים דאו"א וישסו"ת עם הבירורים השייכים לזו"ן עצמם עד או"א, ועל
ידי זה מתקנים או"א בירורי זו"ן. ואלו השני בחינות שהם אחוריים דאו"א שירדו לבי"ע, ואחוריים דאו"א
שנשארו בגבול האצילות רמז הרש"ש ז"ל בספרו הטהור נהר שלום דכ"א ע"א וז"ג — כך ניתן כח בזו"ן דכל
פרט מחלקי בירורי או"א וישסו"ת ומחלקי האחוריים ההם דאו"א וישסו"ת דזו"ן הם וכו', יעוין שם
בדבריו. **והנה** לפי מה שכתב הרז"ל במבוא שערים שם, משמע שהיה גם למלכים הראשונים בחינת לבוש
מנה"י דאו"א שנתלבשו בהם בבחינת מוחין, ואם כן איך כתב רז"ל לעיל מזה שהמלכים העליונים מהדעת עד
שליש עליון דתפארת היו מגולים, בלתי לבוש, והתחתונים באו מלובשים באחוריים דאו"א, שנתפשטו עד
מקומם, והלא גם העליונים היה להם לבוש מנה"י דאו"א, כמו שכתוב במבוא שערים הנזכר, ובשער תיקון
הנוקבא פרק ב' כלל ט', יעו"ש. ונראה לי לתרץ שנה"י דאו"א שהיו בחינת מוחין לשבעה מלכים, אינם
נקראים לבושים ממש, לפי שהם בחינת טיפות הנמשכים מאו"א, כמו שכתוב בשער המוחין פרק ה' כי או"א
נותנים תרין טיפין, אחת גופנית, ואחת רוחנית, יעו"ש. משום הכי נקראים העליונים בלתי לבוש. אבל

דרך זה נעשים) תמיד כדי[299] שיתלבשו המוחין הניתנים לזו"ן בהם, **עד שיכלו כל הבֵּרוּרים** דניצוצי הקדושה **לָצֵאת** מתוך הקליפות והסיגים, וזה יהיה **עד לעתיד לבא** במהרה בימינו אמן.

וזה[300] סוד הַעֲלָאַת[301] מ"ן אשר מעלין זו"נ אל אבא ואימא תתאין, שהם ישסו"ת, וישסו"ת מעלין מ"ן לאו"א עילאין, כדי שיזדווגו להוליד נשמות דפנימיות העולמות, וכן[302] כל פרצוף תחתון מעלה מ"ן לפרצוף שמעליו, והוא דוגמת המ"ן שבני ישראל הקדושים מעלין לזו"ן, שהם הכלים ורפ"ח ניצוצים אשר בבי"ע, על[303]

התחתונים לקחו עוד מהארת הכלים דאחורים דאו"א שנתפשטו עד מקומם, מלבד מה שלקחו גם כן בחינת מוחין מישסו"ת, וזה יקרא לבוש ממש שהוא מכלים דאו"א, וא"ש את".
298

בית לחם יהודה ש"ט פ"ב דכ"ח ע"א – וזה נשאר להם תמיד עד שיכלו כל הבירורים לצאת עד לעתיד לבוא במהרה בימינו. מבואר מזה שלבוש שלקחו מלכים התחתונים, מאחוריים דאו"א ירד עמהם לבי"ע. וזה מלבד האחוריים דאו"א שנעשו מוחין לשבעה מלכים שירדו גם כן עמהם לבי"ע, כנזכר במבוא שערים דף נ"ו ע"ד. ושני בחינות אלו אחר שעולים מבי"ע למעלה עד מקום הזו"ן, עם שארית הבירורים דזו"ן שמברריין אנחנו על ידי התפלות ומעשים טובים, אז הזו"ן עצמם מבררין אלו האחוריים שעלו עם הבירורים שלהם מבי"ע, וגם מבררים מאחוריים דאו"א וישסו"ת שבעולם האצילות, שלא ירדו כלל לבי"ע, ומעלים כל אלו האחוריים דאו"א ודישסו"ת עם הבירורים השייכים לזו"ן עצמם עד או"א, ועל ידי זה מתקנים או"א בירורי זו"ן, (אש"ל). ולא זכיתי להבין דבריו, והלא הלוקחים בחינת האחוריים דאו"א הם היו בחינת האורות דז"א, ולא הכלים דז"א ומאחר שאורות השבעה מלכים לא ירדו לבי"ע, אם כן גם האחוריים שלקחום לא ירדו לבי"ע, והיכי קאמר האש"ל מבואר מזה וכו'.
299

כרם שלמה ש"ט פ"ב אות ט' – ומה שכתב **וזה נשאר להם תמיד** וכו', זהו ענין אחר, ר"ל אף על פי שאחר כך נתבררו, ועלו אחורי או"א האלו למקומם, לא כולם נתבררו, אלא חלק מהם של אותה שעה, והשאר נשאר לצורך הזו"ן תמיד כדי שיתלבשו בהם כל זמן שנמשך להם מוחין.
300

כרם שלמה ש"ט פ"ב אות ט' – וזהו סוד העלאת מ"ן אשר מעלין זו"ן וכו'. ר"ל הוא על פי ההקדמה המבואר לעיל פרק א', כי תמיד הבנים הם מעלים מ"ן לצורך אביהם ואימם. ובשלמא אנחנו בני ישראל, שאנחנו בנים דזו"ן, מה שמעלים מ"ן לצורך זו"ן עם נשמותינו, הוא מן הכלים שלהם, שנפלו בבי"ע, ומן אורות דרפ"ח ניצוצין אשר שם. אבל הזו"ן כבר נודע שגם הם מעלין מ"ן לצורך אבא ואימא, ומה בחינה של מ"ן מעלין להם, לזה אמר שהם מעלין מאלו האחוריים שנפלו.
301

שער הכוונות, דרושי כוונת קריאת שמע, דרוש ו' דכ"ג ע"ב – אמנם עיקריות ההוא רוחא הם זו"ן, ולסיבה זו כאשר רוצים או"א להזדווג לצורך הנשמות, שהם פנימיות העולמות, אין זווגם רק על ידי עליית זו"ן עד או"א בסוד מ"ן. וזאת היא עיקר כונתינו בענין התפלות והמצות, לתקן את זו"ן, כדי שיכלו לעלות בסוד מ"ן אל או"א, עתה בזמן החורבן אשר הם נופלים ואובדים בעונותינו הרבים, ואנו צריכים להקימם ולהעלותם על ידי מעשינו הטובים.
302

תרשים ב – ל.
303

גמרא ברכות די"ז ע"א – רבי יוחנן כי הוה מסיים ספרא דאיוב אמר, הכי סוף אדם למות, וסוף בהמה לשחיטה, והכל למיתה הם עומדים. **אשרי מי שגדל בתורה ועמלו בתורה, ועושה נחת רוח ליוצרו**, וגדל בשם טוב, ונפטר בשם טוב מן העולם, ועליו אמר שלמה - טוב שם משמן טוב ויום המות מיום הולדו. מרגלא בפומיה דרבי מאיר, גמור בכל לבבך ובכל נפשך לדעת את דרכי, **ולשקוד על דלתי תורתי נצור תורתי**

ידי תלמוד תורה, תפילה ומעשים טובים, כנזכר[304] בסידור הטהור לרבינו הרש"ש, כך[305] גם זו"ן מעלין מ"ן לישסו"ת,

ומ"ן זה **הוא מסוד אלו האזוריים דאו"א, שירדו שם למטה באצילות עצמו כנזכר לעיל,[306] אשר לקוזום הם** ר"ל המלכים דנקודים, וכן[307] הוא שכל בחינה תחתונה מעלה מ"ן לבחינה שמעליה, ומתקנת אותה.

בלבך, ונגד עיניך תהיה יראתי, שמור פיך מכל חטא, וטהר וקדש עצמך מכל אשמה ועון, ואני אהיה עמך בכל מקום. מרגלא בפומייהו דרבנן דיבנה, אני בריה וחברי בריה, אני מלאכתי בעיר והוא מלאכתו בשדה, אני משכים למלאכתי והוא משכים למלאכתו, כשם שהוא אינו מתגדר במלאכתי, כך אני איני מתגדר במלאכתו, ושמא תאמר אני מרבה והוא ממעיט, **שנינו אחד המרבה ואחד הממעיט ובלבד שיכוין לבו לשמים**. מרגלא בפומיה דאביי לעולם יהא אדם ערום ביראה, מענה רך משיב חמה, ומרבה שלום עם אחיו ועם קרוביו, ועם כל אדם, ואפילו עם נכרי בשוק, כדי שיהא אהוב למעלה ונחמד למטה, ויהא מקובל על הבריות. אמרו עליו על רבן יוחנן בן זכאי שלא הקדימו אדם שלום מעולם ואפילו נכרי בשוק. מרגלא בפומיה דרבא, תכלית חכמה **תשובה ומעשים טובים**.
304

תרשים ב – ל"א.
305

ע"ח ש"ט פ"א מ"ת ד"מ ע"א – אמנם מ"ן שלהם הגורם להם העמדה וקיום, הבחינת דפנים בפנים, היו מציאות שבעה מלכים אלו, אשר היו במעי בינה, ואלו היו מ"ן דילה, כי כן הוא תמיד שהבנים הם מ"ן דאימא. **[אח"]י** – אימא היא ישסו"ת כנודע].

רחובות הנהר ד"ג ע"א – כי הנה ידוע כי תמיד אי אפשר לבירורים בשום אופן לעלות למ"ן, בלי מי שיעלה אותם, והוא על ידי התחתונים, ר"ל על ידי הפרצופים התחתונים שכבר יצאו ונתקנו, והם נקראים בנים בערך הפרצופים העליונים שעליהם. והענין כי כל פרצוף תחתון מחבירו, נקרא בן אליו, והוא מברר בירורי פרצוף העליון ההוא שעליו, ומעלה אותם לפרצוף שעל גבי פרצוף שעליו, לתקנם.
306

איפה שלימה, שער הנקודים פ"ח די"א ע"ד)י(– אשר לקחום הם וכו'. באוצרות חיים כתב יד, ובע"ח כתב יד נ"ב וז"ל - דהיינו שמעלים הניצוצות ומתלבשים באחוריים אלו, לעלות בסוד מ"ן כדי שאו"א יתקנו את אחוריהם, כי נודע שטבע האורות לתקן כל הנמשך מהם ובזה ישארו מתוקנים גם הניצוצות העולים, עד כאן לשונו.
307

רחובות הנהר ד"ג ע"ג – המשל בזה, הנה ידוע כי ישראל נקראו בנים לזו"ן דאצילות, ועל ידי התורה והתפלות והמצות שעושים ישראל, מתבררים מבחינת בירורי המלכים דזו"ן, ומבחינת הנשמות ומעלים אותם למ"ן לישסו"ת לתקנם, וכפי ריבוי או מיעוט אותם הבירורים שמעלים ישראל, מבחינת הזו"ן, כך כפי אותו השיעור ניתן כח **בזו"ן ומבררים גם הם מבירורי ישסו"ת**, ומעלים אותם לאו"א עילאין לתקנם, כי הזו"ן נקראים בנים לישסו"ת. **וכן ישסו"ת שנקראים בנים לאו"א עילאין, מבררים גם הם מבירורי או"א עילאין**, כפי ערך אותו השיעור שנברר מהם, ומעלים אותם הבירורים לא"א לתקנם. **וכן על דרך זה או"א שנקראים בנים לא"א, מבררים מבירורי א"א**, ומעלים אותם לעתיק לתקנם, וכן על דרך זה, **א"א שנקרא בן לעתיק, גם הוא מברר מבירורי עתיק**, ומעלה אותם לפרצוף הקודם אליו לתקנם. וכל זה הוא בערך מה שנתברר ועלה מן הזו"ן ...... אמנם תיקון כולם עליונים ותחתונים תלוי בתיקון זו"ן דאצילות, ותיקון זו"ן דאצילות תלוי ביד ישראל, הנקראים בנים לזו"ן דאצילות. ועל ידי התפלות של ישראל, מתבררים מבירורי המלכים דזו"ן, מבחינת העולמות, ומבחינת הנשמות, שיעור קצוב בכל תפלה ותפלה, ומעלים אותם למ"ן, **וכפי גודל כונתם, וזכותם, ומעשיהם, וזכות הזמן שבו נאמרה התפלה ההיא**, כך גודל תיקונם להעלות ניצוצות רבים דמ"ן, **אם בכמות אם באיכות**, ובכל יום מעלים ניצוצות חדשות מחדש, ואין יום דומה לחבירתה, ואין בריה דומה לחבירתה, ואין צדיק דומה לחבירו.

וְהִנֵּה [308] [309] **נִמְצָא שֶׁאֵלוּ הָאוֹרוֹת** דשני שלישים תחתונים והנהי"ם דנקודים, המתלבשים בכלים **שֶׁהֵּמִּחָזֶה וּלְמַטָּה, בָּאִים מְכֻסִּים** בלבושין של הכלים דאחוריים דאו"א, והאורות דדעת, חסד,

---

חסדי דוד אות ק"א דנ"ג ע"ג – דע כי אנחנו מעלים מ"ן לזו"ן, ועליית מ"ן הוא לברר מהכלים, והרפ"ח ניצוצין, והמאורות שנפלו לבי"ע, כפי החלק הנוגע לאותה מצוה או תפלה, אנו מעלין אותם לזו"ן. וזו"ן מעלין מ"ן לאו"א, וכן או"א מעלין מ"ן לא"א, דהיינו שמבררים אחורי נה"י שלו. וכן על דרך זה מעלין מ"ן לזה עד למעלה, ומזדווג הא"ק ע"ב וס"ג שלו, יורדין המוחין לעתיק, ומזדווג עתיק וממשיכים לא"א, וא"א מזדווג וממשיך לאו"א, ואו"א מזדווג ויוצאים מוחין. והמוחין הן הנה הברורים הנזכרים שנתבררו מאנ"ך, ומתלבשים בצלמי המוחין דאו"א, וצלמי המוחין מאחורי או"א שבירתו זו"ן. **וכן הוא לעולם**, שהברורים הם נעשים המוחין, וביררורי הזו"ן שהם אחוריים דאו"א, הם נעשים צלמי המוחין דזו"ן, ובתוכם מתלבשים המוחין דזו"ן. וכן על דרך זה ביררורי זו"ן שמבררים לאו"א, הם המוחין דאו"א, וביררורי או"א שמבררים לא"א, נעשים צלמי המוחין דאו"א, וביררורי או"א שמבררין לא"א, הם המוחין לא"א, וביררורי א"א שמברר לעתיק, הם צלמי המוחין דא"א, ובהם מתלבשים המוחין. וכן על דרך זה תקיש לשאר, באופן שהמוחין של כל פרצופים הנעשים מהביררורים הנוגעים לאותו פרצוף, מתלבשים בצלמי המוחין הנעשים מהאחורים של הפרצוף שלמעלה ממנו. **דהיינו מוחין דז"א בצלמי המוין דאחורי או"א**, ומוחין דאו"א בצלמי המוחין דאחוריים א"א, ומוחין דא"א בצלמי המוחין דאחור עתיק, ומוחין דעתיק בצלמי המוחין דאחורי נה"י דא"ק. **נמצא שהמוחין דז"א הם נשמה פנימי, תוך כל צלמי המוחין של כל הפרצופים שלמעלה ממנו**, שהרי מוחין דז"א מלובשים תוך צלמי המוחין דאו"א, וצלמי המוחין דאו"א הן הן עצמם מוחין דאו"א, והם מלובשים תוך צלמי המוחין דא"א, וצלמי המוחין דא"א הם הם מוחין דא"א, והם מלובשים תוך צלמי המוחין דעתיק, וצלמי המוחין דעתיק הן עצמם מוחין דעתיק, והם מלובשים תוך צלמי המוחין הנעשים מן הבחינה שלמעלה ממנו, **מה שאין הפה יכולה לדבר**. ולכן כשהזו"ן שוין בקומתם, והם שני מלכים משתמשים בכתר אחד, אז הנה"י דאו"א עילאין נעשים צלמי המוחין דז"א, והם האחוריים דאו"א עילאין, שנפלו במקום ז"א, ונה"י דישסו"ת נעשים צלמי המוחין דנוקבא, והם האחוריים דישסו"ת שנפלו במקום הנוקבא, כמו שכתוב.
308

בית לחם יהודה ש"ט פ"ב דכ"ח ע"א – והנה נמצא שאלו האורות שמחזה ולמטה באים מכוסים. מבואר מזה כי אור התפארת לא נכנס בפעם אחת בכלי התפארת, אלא אחר שנשבר שליש העליון נתלבש האור של ב' שלישים התחתונים באחורי או"א, ונכנס בשתי שלישים התפארת.
309

יפה שעה)ב(– ונמצא שאלו האורות שמן החזה ולמטה באים מכוסים כו'. ואם כן לא יהיו שוין שבירת הכלים שמן החזה ולמטה שהם ב' שלישי דתפארת ונהי"ם, אל שבירת הכלים של הדעת והחו"ג ושליש עליון של תפארת, כי ודאי יותר גדולה תהיה שבירת העליונים, משבירת התחתונים. לכן בבא התיקון של ז"א בעת תיקון פרצופו. בא להיפך, כי מב' שלישי התפארת ולמטה היו אורותיו והחסדים שבהם מגולות עד כאן. ולכאורה לפי זה יש להקשות מה שכתב רז"ל בשער רפ"ח פרק ב' ז"ל - צריך שתדע כי מספר הניצוצות שירדו מכל הוי"ה מאלו הארבעה, אינם שוין, לפי שם ע"ב העליון מכולם לא היתה בו כל כך שבירה גדולה כמו הס"ג, וכן כיוצא בזה בשאר, ובודאי כי משם ב"ן ירדו ניצוצות יותר מכל השאר. וממ"ה פחות מב"ן, יע"ש. ושם כתב רז"ל כי שם ע"ב הוא בחסד, וס"ג בגבורה, ומ"ה בתפארת, וב"ן במלכות. ונמצא כי ספירות התחתונות נשברו יותר מן העליונות. אלא שהתירוץ לזה פשוט, היות בכלים הנשברים שתי בחינות, חדא בחינת הכלים עצמם, שנית אורות דרפ"ח שנשארו בתוכם. ומצד הכלים עצמם כמות שהם, שבירת העליונים שהם דעת וחו"ג ושליש עליון דתפארת, היתה גדולה, יען האורות היו נכנסים בתוכם בלי לבוש, ושבירת התחתונים שהם מב' שלישי תפארת ונה"ל לא היתה, גדולה כל כך כמו העליונים, יען האורות היו נכנסים בתוכם מלובשין. אבל מצד הניצוצות דרפ"ח שנשארו בתוכם, היה להיפך, כי מב' שלישי התפארת ולמטה חלקי אורות דרפ"ח הנוגע להם, היתה בהם השבירה יותר, ונשארו בהם יותר מרובים ניצוצות, ממה שהיתה השבירה דרפ"ח משליש התפארת ולמטה שלא היתה השבירה כל כך גדולה, באורות וחלקי הרפ"ח שבהם, לא נשארו כל כך מרובים ניצוצות כמו למטה. אמנם מה שצריך לעמוד הוא, במה שכתב רז"ל שם בפרק ד',

גבורה ושליש עליון דתפארת נכנסים לכלים שלהם עם לבוש, ויתבאר לקמן מה היה ההבדל בין האורות עליונים ותחתונים, **וכבר**[310] ידעת כי התעלמות האור וכיסויו במלבושין **הוא מציאות תיקונו, כי על ידי כך יש כזז בכלי לסבול האור להיותו בא מלובש** ועל ידי

מלבוש הזה יוכל להשפיע לתחתונים לפי כוחם, והם יכלו ליהנות ממנו.

ואם[311] **כן**[312] מאחר שהאורות התחתונים שהתלבשו בתוך הכלים שלהם, באו מלובשים באחוריים דאו"א עילאין,

לכן **לא יהיה שוין שבירת הכלים שמזווה ולמטה, שהם שני שלישים תתאין דתפארת ונה"י ומלכות** דנקודים, שכל אלו באו למלוך בתוך הכלים שלהם מלובשים באחוריים דאו"א עילאין, **אל שבירת הכלים של** המלכים העליונים, שהם **הדעת, וחסד,**

שחלקי הניצוצות שירדו במלכים דנה"י, לא עמדו בתוכם, אלא לסיבה שכתב רז"ל שם, עלו בכלי התפארת, ונשארו כלים דנה"י בלא ניצוצות דרפ"ח בתוכם, עד שכתב רז"ל ז"ל - ועתה תבין וראה, איך נשארו הכלים של נה"י בלתי ניצוצות עצמן, ולכן יניקת הקליפה הוא מהם, עד כאן. והשתא אם הנה"י שבזמן השבירה, היו בלא ניצוצות אורות דרפ"ח בתוכם. לאחר התיקון כשנתתקן פרצוף ז"א, יכולים לסבול ובאו האורות דנה"י דז"א מגולים. חסד וגבורה ושליש עליון דתפארת שבזמן השבירה, היו בתוכם חלקי ניצוצי אורות דרפ"ח, שהרי בחסד היה הע"ב דע"ב, ובגבורת ע"ב דס"ג, וכן בתפארת, ועם כל זה לאחר התיקון היו בהם האורות בכיסוי. וצריך לומר, שעיקר הכל תלוי במה שהיה בעת השבירה ממש, דוקא באותה שעה, ובאותה שעה גדלה שבירת כלים העליונים בעצמם, יותר מכלים התחתונים, וכיון שכלים התחתונים בריאים וגם טובים מצד עצמם, באו האורות בתוכם בגילוי, כי מצד עצמם יכולים לעמוד. ונמצא בכלים דנה"י חדא לטבותא, וחדא לגרעותא, לטבותא שהרי האורות שבתוכם באו בגילוי, ולגרעותא שיניקת הקליפות הוא מהם.
310

כרם שלמה ש"ט פ"ב אות י' – מה שכתב **נמצא שאלו האורות באים מכוסים.** פירוש, האורות של שני שלישי תפארת ונה"ם, כשיורדים ממקומם לכנוס בכליהם, ועוברים דרך אחוריים דאו"א, מתלבשים בהם, ואחר כך נכנסים בגליהם. וזהו היא תועלת להם, כי האור כל מה שנתרבה כיסויו ולבושו, יוכלו התחתונים ממנו או הכלי שלו לקבלו. ולכן בתיקון המלכים האלו אז נתרבו ונגדלו הכלים, ואז היה יכולת באור לכנוס באותו הכלי, מפני שנגדל הכלי. וכאן גם כן, הואיל והם מתלבשים באחוריים דאו"א, קונים משם איזה לבוש, ומתקנים מעט, כי מתכסים אורותיהם באותם האחוריים דאו"א. וזהו שכתב **וכבר ידעת כי התעלמות האור וכיסויו הוא מציאות תיקונו, כי על ידי כן יש כח בכלי לסבול האור להיות בא מלובש.**
311

בית לחם יהודה ש"ט פ"ב דכ"ח ע"א – ואם כן לא יהיו שוין שבירת הכלים שמחזה ולמטה. עיין באש"ל אות ט' שהקשה והלא גם למלכים הראשונים היה להם בחינת לבוש מנה"י דאו"א שנתלבשו בהם בבחינת מוחין, כמו שכתב במבוא שערים דף נ"ו ע"ד, ובפרק ב' דשער ל"ד סוף כלל ט', יעו"ש. והיכי קאמר שהמלכים העליונים היו מגולים, יעו"ש מה שתירץ. ונראה לעניות דעתי לתרץ כי מלכים העליונים היו האורות שלהם מבחוץ והמוחין מבפנים, כי אורות דשבעה מלכים הם אור העצמות מלבד בחינת המוחין הנמשכין להם. ונמצא כי האורות הם מגולים, אבל הכא היה להיפך, כי אחורי או"א היו מלבישין על גבי אורות התנה"י.
312

כרם שלמה ש"ט פ"ב אות י' – וזהו שכתב ואם כן לא יהיו שוין שבירת הכלים שמהחזה ולמטה, **שהם שני שלישים תתאין דתפארת, ונהי ומלכות.** פירוש, כי אלו כשבאו האורות ונכנסו בתוך כליהם, באו מכוסים **אל שבירת הכלים של הדעת וחסד** גבורה ושליש עליון דתפארת, כי אלו כשבאו ונכנסו בתוך כליהם באו מגולין, ולכן **כי ודאי יותר גדולה תהיה שבירת העליונים משבירת התחתונים.**

גבורה, ושליש עליון דתפארת דנקודים, [313]כי[314] ודאי יותר[315] גדולה תהיה שבירת הכלים העליונים שהם הכלים דדעת, חסד, גבורה, ושליש עליון דתפארת דנקודים, משבירת הכלים התחתונים שהם שני שלישים תחתונים דתפארת ונהי"ם דנקודים.

313

איפה שלימה, שער הנקודים פ"ח די"א ע"ד)י"א(— כי ודאי יותר גדולה וכו'. בע"ח כתב יד נ"ב יוס"ד קשה והלא נפילת המדריגות דעסמ"ב הוא להיפך, כמבואר בשער רפ"ח פרק ב' כי מע"ב נשארו באצילות ששה מדרגות, ומס"ג ארבעה, אבל ממ"ה דתפארת ומן י"ה דנה"י לא נשארו כי אם שנים, ומב"ן אחד. ויש לומר לפי הערכים הוא. כי ע"ב לפי ערכו היה ראוי לישאר באצילות י"ב מדרגות, הן חסר והן יתר בידיעתו יתברך, והמ"ה וי"ה לפי ערכן היה מן הראוי שלא ישאר מהם כי אם מדרגה אחת. והב"ן לא ישאר בו ח"ו מאומה. אבל השתא שהעליונים מגולים והתחתונים מכוסים, אין הבדל ביניהם כל כך שכולם ישתוו בסדר המדרגות בנכון, ונשאר באצילות מה שראוי ברצונו יתברך, עד כאן לשונו. וכן הקשה הרב יפה שעה בפרקין אות א', ובשער רפ"ח פרק ב', ותירץ דהכא מדבר בבחינת הכלים עצמם, ששבירת כלים העליונים היתה גדולה, יען האורות היו נכנסים בתוכם בלי לבוש, ושבירת התחתונים לא היתה גדולה, יען שהאורות היו נכנסים בתוכם מלובשים. אבל מצד הניצוצות היו להיפך, כי משני שלישי תפארת ולמטה נשבר יותר, ונשארו שם ניצוצות מרובים יותר ממה שנשאר משליש תפארת ולמעלה וכו', יעוין שם בדבריו. וכך כתב הרב שפת אמת אות ג', והרב אמת ליעקב מערכת שי"ן אות ק"ד משם מהרי"ץ ז"ל, והרב שמן ששון בשער רפ"ח פרק ב' אות ב', יעו"ש. ונראה לי להוסיף בכוונת דברי הרב יפה שעה ז"ל כי כלים התחתונים שבא להם האור מלובש באחוריים דאו"א, ולא היה בהם שבירה כל כך, משום הכי היו מכילים ניצוצות הרבה. אבל כלים העליונים שבא להם האור מגולה, והיתה שבירתם גדולה, לא היו מכילים כל כך ניצוצות. ועדיין צריכים ליתן מעם למה נשתנו הע"ב מהס"ג, אשר שניהם אורות מגולים, שירד מהס"ג ניצוצות יותר מע"ב, אף על פי ששניהם שוים במציאותם. וכן הב"ן ירדו ממנו ניצוצות יותר מתנה"י שהם בחינת מ"ה יו"ד ה"א. והטעם הוא כי הע"ב שאורו זך ומעולה יותר מס"ג לא ירדו ממנו כל כך ניצוצות כמו הס"ג. וכן אורות התנה"י שהם זכים ומעולים מאירים מהב"ן, לא ירדו מהם ניצוצות, כמו שירדו מב"ן, אף על פי שהם שוים במציאותם, ששניהם באו מלובשים באחוריים דאו"א. ומה שכתוב במבוא שערים ש"ב ח"ב פ"י דף י' ע"ב וז"ל כי ע"ב לא היה בכלי שלו כל כך שבירה כמו ביותר התחתון ממנו וכו'. ר"ל כי לא היה בתוך כלי שלו כל כך ניצוצות שנשברו וירדו תוך כלי שלו, כמו ביותר התחתון ממנו.

314

בית לחם יהודה ש"ט פ"ב דכ"ח ע"א — כי ודאי יותר גדולה תהיה שבירת העליונים משבירת תחתונים. עיין להרב יפה שעה ז"ל שהקשה והלא בפרק ב' דרפ"ח כתב וז"ל - וצריך שתדע כי מספר הניצוצות שירדו מכל הוי"ה מאלו הארבעה אינם שום, לפי ששם ע"ב העליון מכולם לא היתה בו כל כך שבירה גדולה כמו הס"ג, וכן כיוצא כזה בשאר, ובודאי כי משם ב"ן ירדו ניצוצות יותר מכל השאר, וממ"ה פחות מב"ן, יעו"ש. נמצא כי ספירות התחתונות נשברו יותר מן העליונות, אלא שהתירוץ לזה הוא פשוט כי בכלים הנשברים היו ב' בחינות, חדא הם הכלים עצמם, ב' הם בחינת הרפ"ח ניצוצין שנשארו בתוכם. והנה מצד הכלים עצמם שבירת העליונים היתה גדולה, ולכן לא היו הכלים מכילים כל כך ניצוצות, ושבירת התחתונים לא היתה גדולה, משום הכי היו הכלים השבורים מכילים ניצוצות הרבה. והכא מדבר בשבירת הכלים, ובפרק ב' דרפ"ח מדבר בשבירת הניצוצות, יעו"ש,)עיין אש"ל(.

315

שפת אמת ש"ט פ"ב אות ג' די"א ע"א — כי גדולה תהיה שבירת העליונים משבירת התחתונים, ולכן וכו', וכתוב בהגה"ה א"מ לקמן בשער רפ"ח ניצוצות פרק ב' כתוב בהפך, וצריך עיון, עד כאן לשונו. וכוונתו להקשות ממה שכתוב התם וז"ל - גם צריך שתדע כי מספר הניצוצות שירדו מכל הוי"ה מאלו הארבעה אינם שום, לפי ששם ע"ב העליון שבכולם לא היתה בו כל כך שבירה גדולה, כמו בשם ס"ג וכו', יעו"ש. ואנכי הקטן נבהלתי מראות על קושיא זאת. ואחרי נשיקת ידי ורגלי קודשו דלפום חורפיה לא דק בזה, דהתירוץ לזה הוא פשוט וברור כשמש, והוא כי ידוע דהרפ"ח ניצוצות דאשתארו במאנין תבירין הם מעצם האורות, וכנזכר

בעת התיקון, כשפרצוף ז"א מקבל מוחין מאימא, שהיא ישסו"ת, נה"י[316] דאימא מתלבשים תוך כל פרצוף ז"א, נצח דאימא תוך חח"ן דז"א, הוד דאימא תוך בג"ה דז"א, ויסוד[317] דאימא בגלל שהוא קצר, מתלבש עד מקום החזה דז"א, שהוא השליש העליון דתפארת דיליה. ונמצא[318] שיסוד דאימא מכסה את הספירות דחסד גבורה ושליש עליון דתפארת דז"א, והם סתומים בתוכו. והספירות דשני שלישים תחתונים דתפארת, ונה"ים דז"א הם מגולים, ומאירים[319] בז"א. וזה

התם בשער רפ"ח. ומזה הצד אמר הרב ז"ל התם ששבירת העליונים לא תהיה כשבירת התחתונים, אבל הכא מיירי רבי על בחינת הכלים עצמם. כך נראה לעניות דעתי ליישב. וא"ש את"מ, ועיין יפה שעה שתירץ כן.
316

ע"ח ח"ב של"א פ"א מ"ת דל"ג ע"ד – והענין כי הנה נתבאר שמוח הדעת דמצד או"א, מלובשים תוך כלים דיסוד אבא ואימא, וכל דעת משניהן כולל חו"ב כנזכר לעיל. והנה היסוד של אימא אינו כמו הנצח הוד, שכל אחד יש בו שלושה פרקים כנזכר לעיל, אבל הוא פרק אחד לבד, והוא נכנס ומתלבש תוך כלי הדעת של ז"א, ושם נעשה בחינת מוח דעת דז"א בראשו. ונודע כי כלי היסוד של הנוקבא אין בו בחינת המשך והתפשטות, רק אותו השיעור של היסוד הנתון באמצע בין שני ראשי פרקי עליונים דנצח הוד שלה, ויש בחינה אחרת והיא אותה הנקרא בגמרא על אייללונית, שאין לה שפולי מעים כנשים, והוא בחינת בשר התפוח, כעין עטרה בסיום היסוד שבה. והנה היסוד עצמה שלה הוא מתלבש למעלה בדעת של ז"א בראשו, אבל הבחינה השני הנקרא עטרה, מתפשטת יותר למטה **ומתלבשת תוך שליש תפארת דז"א, עד מקום החזה שלו**, ומשם ולמטה אין עוד התפשטות כלי יסוד של אימא כלל. והנה בזה תבין שינוי אחד שיש בג' קוין, כי קו ימין ושמאל אשר בתוכם מתפשטין ומתלבשין מוח חו"ב, המלובשים בנצח הוד של אימא כנזכר לעיל, הנה האורות ההם סתומים, ולכן הם קוין בלתי רחבים ועבים, כי הם בחינת הזרועות והשוקיים שהם ארוכים בלתי רחבים. אבל קו האמצעי הוא תפארת והוא הגוף שהוא רחב מאד, מה שאין כן בשאר הקוים, וטעם הדבר לפי שאורות מוח הדעת האמצעי מתפשטין בתוכו, והנה שם עומד ומתלבש בחינת עטרה של יסוד דאימא, הנקרא רחובות הנהר.
317

ע"ח ח"ב שכ"ה דרוש ב' מ"ק ד"ד ע"א – ונודע כי בהתלבש נה"י דאימא עם מוחין דז"א, תוך גופא דז"א, **הנה עטרת יסוד אימא הוא מגיע עד סוף שליש עליון דתפארת**, שהוא עד החזה דז"א.
318

ע"ח ח"ב שכ"ה דרוש ב' מ"ק ד"ד ע"א – והנה נתבאר כי החסדים הם חמשה, לכן בצאתן מתפשטים בחמשה מקומות, שהם ראשון בחסד דז"א, השני בגבורה, השלישי בתפארת, הרביעי בנצח, החמישי בהוד. והנה נודע כי מחזה ולמטה דתבונה השלישית, היא אשר מתלבשת בז"א, ובסיום התפארת שלה שם יחד מחוברים ראשי נה"י שלה, שהוא בסיום הגוף שלה, במקום המתנים, ומשם ולמטה מתפרדין ומתפצלין, ובהתלבשותם תוך ז"א נמצא כי ראשי נה"י שלה מחוברים עד שיעור סיום הגרון דז"א, ומשם ולמטה התפצלות והתחלקות נה"י דתבונה תוך הז"א. ואז הנצח דאימא מתפשט תוך זרוע ימין דז"א, והוד תוך זרוע שמאל דז"א, ועטרת היסוד בקו אמצעי תפארת דז"א. ואז משם ולמטה כל אחד מהם יש לו מחיצה בפני עצמו. נמצא כי מקום שלוש פיצולין אלו הם תחת הגרון, בשליש העליון דתפארת דז"א. והנה כאשר שני חסדים הראשונים רוצין להתפשט בחו"ג דז"א, אין יכולין לצאת, **כי הם מוגבלים ומוקפים תוך מחיצת עטרת יסוד דאימא**, ואיך יצאו להכנס אל הצדדים שהם הזרועות, והרי פי היסוד הוא למטה מן הזרועות במקום החזה, דרך מטה ולא מן הצדדים. **האמנם ענינו כך כי שני חסדים שרשם נשארו שם תוך שליש עליון דתפארת, תוך מחיצות יסוד אימא**, והארתן לבד בוקעת ועוברת דרך צידי המחיצות דיסוד אימא, ונכנס אל הזרועות **אך שרשן נשאר ביסוד**. ונקוט האי כללא בידך ואל תשכח. **גם שליש החסד השלישי המתפשט בתפארת דז"א גם הוא נשאר שם תוך יסוד אימא המסתיים עד החזה**, ושאר שני שלישי חסד המתפשטים בשני שלישים תחתונים דתפארת, וגם שני החסדים התחתונים המתפשטין בנצח הוד, **הם עצמן יורדין ומתגלין ומתפשטים למטה כל אחד במקומו**, ושמור כלל זה. נמצא כי **שני חסדים ראשונים ושליש עליון הם חסדים הסתומים, ושני שלישים)חסד השלישי(דתפארת, ושני חסדים)תחתונים(דנצח הוד הם מגולים, ומאירין אל הז"א בגלוי גמור**.
319

תרשים ב – ל"ב.

הפך מה שקרה בסוגיה זאת, כמו שהרב ז"ל מבאר לקמן. **וצריך לדעת** כי[320] גם לפני התיקון אימא המשיכה מוחין לז"א, לכן אין באמת חילוק בין לפני התיקון או אחרי התיקון.

[321]**ולכן בבא התיקון** העולמות, ונתינת חו"ג ומוחין לז"א על ידי אימא, **ז"א בעת התיקון פרצופו** כשמקבל מוחין מאו"א, אז **באו להיפך** מסוגיה זאת, **כי**[323] **משני שלישים דתפארת ולמטה** שהם נה"י דיליה, **היו אורותיו והחסדים שבהם מגולין** ומאירים, **וזהו**[324] **לפי שיש בהם יכולת לקבלם, שלא על ידי מסך בינה** שהוא היסוד שלה, **לפי שלא היתה שבירתן גדולה** בגלל המלבושים דאו"א, [325]**אבל** הספירות **העליונים,**

320

ע"ח ח"ב של"ד פ"ד פ"ב מ"ב כלל ט' דמ"ו ע"ג – הטעם הוא כי נודע **כי לעולם אפילו קודם התיקון דנה"י דאימא היו נכנסין תוך גופא דז"א**, על דרך שאר הזמנים.

321

מבוא שערים ש"ב ח"ב פ"ו ד"ח ע"ד - ולכן בבא התיקון של ז"א, שהוא הצלם של המוחין, שנבאר בע"ה בש"ה ח"א פי"ג, שאז נגמר תיקון ז"א בעיבור השני לגמרי, אז מתהפכין כחומר חותם, ואז האחוריים הנזכרים ההם של או"א, מתלבשין בהם המוחין דז"א, כמבואר שם בסוד - כונן שמים בתבונה, שהוא סוד הצלם דז"א המתלבש אימא, והבן זה מאד מאד. **והאורות והמוחין העליונים שמן הראש עד החזה, באים סתומים באותם האחוריים כנודע**, כי גם אחורי אבא נתונים בתוך אחורי אימא, ובתוך שניהם המוחין דז"א, שהם סוד אלו האורות שנשארו באצילות אחד מיתת המלכים. **ושאר האורות והמוחין התחתונים המתפשטים בגופא דז"א, הם מגולים מהחזה ולמטה.**

322

כרם שלמה ש"ט פ"ב אות י' – והואיל וכן הוא, ולכן בבא התיקון ז"א בעת תיקון פרצופו בא להיפך. פירוש, החצי העליון מהחצי התחתון, כי העליון מכוסה והתחתון מגולה. ופירוש הדבר כי המוחין של ז"א שבאים לו בעת התיקון הם מן הראש ועד החזה, הם מכוסים בתוך הצלם של הנה"י דאו"א, ואין כל כך הארה מהם כשהם מכוסים. והסיבה היא מפני שהכלים העליונים האלו שלו בתחילה נכנסו האורות אלו בהם כשהם מגולים, ובלתי לבוש של אחוריים דאו"א.

323

בית לחם יהודה ש"ט פ"ב דכ"ח ע"ח – כי מב' שלישי תפארת ולמטה היו אורותיו והחסדים שבהם מגולים. ואף על פי שיצאו מלבושים בנרתיק האור דיסוד אימא כמבואר בריש פרק ח' דשער ל"ב, יעו"ש. אותו המלבוש אינו סיתום גמור כמבואר התם.

324

בית לחם יהודה ש"ט פ"ב דכ"ח ע"ב – וזהו לפי שיש בהם יכולת לקבלם. נראה לעניות דעתי דמטעם זה נמי בזמן השבירה נשארו בהם הרבה ניצוצות, וירדו עמהם לבי"ע, לפי שהיו יכולים לקבלם.

325

איפה שלימה, שער הנקודים פ"ח די"ב ע"ב)י"ב(– אבל העליונות וכו'. יש לדקדק שמשמע מלשונו כי טעם שבאו אורות ז"א מחזה ולמטה מגולים, ומחזה ולמעלה מכוסים, הטעם הוא לפי שהעליונים היתה שבירתם גדולה, והתחתונים לא היתה שבירתם גדולה. ובכמה מקומות משמע מהרז"ל שעד מקום שמסתיים יסוד אימא שהוא עד החזה, באו האורות סתומים, ומחזה ולמטה שכבר נסתיים יסוד אימא באו האורות מגולים. משמע שיסוד דאימא גורם כיסוי האורות וגלויים. ונראה לי לתרץ על פי מה שכתב בע"ח בשער כ"א פרק ג' שיסוד דאימא אינו נקשר עם השני קוים, שהם הנצח והוד, ימין ושמאל, והוא עולה ויורד, יעו"ש. ועוד כתב שם שעל ידי חטא האדם הראשון ירד יסוד דאימא למטה מהחזה, יעו"ש. והנה מהראוי היה שיהיה יסוד אימא למעלה מתרין פרקין עלאין דנצח והוד, ויהיו אורות החג"ת כולם מגולים, כמו שכתוב בשער הנקודים פרק ג' וז"ל - כי בחינת היסוד לעולם הוא גבוה למעלה מתרין פרקין עלאין דנצח והוד כנראה בחוש, ומבשרי

שֶׁהֵם מֵרֵישָׁא דז"א עַד הֶחָזֶה דיליה, בָּאוּ החסדים בְּתִיקוּן, סְתוּמִים וּמְלוּבָּשִׁים עַתָּה תּוֹךְ מָסַךְ הַבִּינָה, שֶׁהוּא יְסוֹד שֶׁלָּהּ כַּנּוֹדָע שהוא סתום עד החזה, ומהחזה ולמטה נתגלו ממנו החסדים והאורות. וְזֶהוּ לְפִי שֶׁבְּתְחִלָּה הָיוּ האורות דדעת, חסד, גבורה, ושליש עליון דתפארת מְגוּלִּין, ולכן הָיְתָה שְׁבִירָתָן של הכלים שלהם גְּדוֹלָה.

[326]וְאַף עַל פִּי שֶׁגַּם ששני הפרקים התחתונים שֶׁל הַנֶּצַח[327] וְהוֹד[328] דאימא, שבתוכם המוחין דחו"ב השייכים לז"א, הֵם מְכוּסִים וּסְתוּמִים לאחר התיקון תוך מלבושי נצח הוד דאימא, המתפשטים עד סוף רגלי ז"א, שהם נצח והוד דז"א, עִם כָּל זֹאת הֲרֵי נִתְבָּאֵר בִּמְקוֹמוֹ בשער[329] דרושי צלם, כִּי[330] הַחֲסָדִים[331] שיצאו מיסוד אימא, והתפשטו בשני השלישים התחתונים דתפארת ובנצח הוד דז"א, והם הנקראים

אחזה וכו', יעו"ש. אבל טעם שנתפשט עד החזה ולא למעלה או למטה, הוא מטעם שכתב הרב ז"ל לפי שחסד וגבורה ושליש עליון דתפארת אינם יכולים לקבל אורות החסדים בגילוי, לפי שהיתה שבירתם גדולה וכו', והתחתונים שהיו אורותיהם מלובשים באחורי או"א יכלו   קבל וכו', משום הכי הגיע יסוד דאימא עד החזה, ובאו אורותיהם מגולים.
326

איפה שלימה, שער הנקודים פ"ח די"ב ע"א)י"ג – ואף על פי שהנצח והוד וכו'. בע"ח נ"ב **השמ"ש** המוחין דנצח והוד דז"א הם מכוסים וסתומים תוך תרין פרקין תתאין דנצח הוד דאימא, עם כל זה הנה השני חסדים דנצח והוד אחר שחוזרים לעלות באור חוזר, להגדיל החסדים העליונים, חוזרים להתפשט תוך נצח והוד דז"א, ומפסיקים בין נצח והוד דאימא, לנצח והוד דז"א, ומכים בנצח והוד דאימא, ומגלים אור המוחין שבתוכם לחוץ, לתוך נצח והוד דז"א, עד כאן לשונו.
327

השמ"ש [א] – נ"ב)ד(ר"ל המוחין דנצח והוד דז"א הם מכוסים וסתומים תוך תרי פרקי תתאין דנצח והוד דאימא, עם כל זה הנה הב' חסדים דנצח והוד אחר שחוזרין לעלות באור חוזר, להגדיל החסדים העליונים חוזרים להתפשט תוך נצח והוד דז"א, ומפסיקים בין נצח והוד דאימא, לנצח והוד דז"א, ומכים בנצח והוד דאימא, ומגלים אור המוחין שבתוכם לחוץ לתוך נצח והוד דז"א.
328

הגהות וביאורים)ד(הגהה זאת היא נוגעת להגהת השמ"ש – עיין מבוא שערים דף כ"ג סוף ע"א, ועיין שער ההקדמות.
329

ע"ח ח"ב שכ"ה דרוש ב' כלל ג' ד"ו ע"ב – ויש פירוש שני, והוא שהחסדים אינן נכנסין תוך היסוד, אלא חוזרין ועולין מחוץ הדפנות דיסוד אימא, ומפסיקין בין גופא דז"א ליסוד דאימא)וחלל(שביניהן, והם גם כן עולין בקו ימין ושמאל, ומקיפין לנצח הוד דאימא על דרך הנזכר לעיל. ונמצא שהאורות המוחין הפנימים שבשני הקוים שבתוך נצח הוד דאימא, מאירין מבפנים, **והארת קו האמצעי שבתוך היסוד דאבא מאירין מבפנים, ואלו החסדים העולין ומקיפין מאירין מבחוץ, ומכים זה בזה, ומתגדלות הארתן,** ונתוספו מאד. וזה סוד הגדלה, ומקום קו האמצעי המגולה מקיפין ליסוד אבא, אשר שם והיסוד דאבא הוא שד"י, במלואו תקי"ד, והוא יסוד אבא שבתוך ז"א.
330

בית לחם יהודה ש"ט פ"ב דכ"ח ע"ב – כי החסדים המגולים מכים בהם ואורם יוצא לחוץ. פירושו מבואר בהגהות השמ"ש ז"ל, ומקור הדברים הוא בפרק ב' דשער כ"ה כלל י"ד, יעו"ש.
331

הגהות וביאורים)ה(– עיין שער כ"ה כלל ג', ובסוף פרק ג'.

החסדים **המגולין, מכים בהם**[332] ר"ל בפרקין תתאין דנצח הוד דאימא המלובשים תוך נצח הוד דז"א, **ואורם** של המוחין המלובשים תוך המלובשים דנצח הוד דאימא **יוצא כזווג** מתוך הכלים דנצח הוד דאימא, להאיר תוך פנימיות ז"א.

[333]**והנה**[334] **במיתת** המלכים דנקודים, הנקראים פרצוף ז"א אחרי התיקון, הנה כבר נתבאר[335] כי במיתת הדעת חסד גבורה ו**עד שליש עליון דתפארת שלו** ר"ל של הז"א דנקודים, שהוא המלך הרביעי, **כבר ירדו אזורי** [דמ"א ע"ג 82] **או"א** עילאין, **אבל אזורי ישראל סבא ותבונה לא נגמרו** לרדת, **עד מיתת נוקבא דז"א** הנקראת לפני התיקון מלכות דנקודים, שהיא המלך

332

מבוא שערים ש"ב ח"ב פ"ו ד"ח ע"ד – כי גם המוחין המכוסים בנצח והוד דז"א, **מכין בהם החסדים המגולים, ומגלים הארתם, והבן זה היטב**, כי לסיבת היותם בתחילה מגולים העליונים, היתה שבירת כליהם גדולה, ועתה באו מכוסים, כי הכיסוי והעלם הוא התיקון כנודע. אך התחתונים שבתחילה באו מכוסין, יכלו להתגלות אחר כך אחרי התיקון, והיה יכולת בהם לקבלו, שלא על ידי מסך אחורי הבינה, וזה סוד הגדלות של ז"א, של כניסת מוחותיו המלובשים בצלם דאבא ובצלם דאימא, הנזכר בכל מקום, **והבן זה מאד, כי הוא כלל גדול.**

333

מבוא שערים ש"ב ח"ב פ"ז ד"ט ע"א – נמצא עתה, כי גמר נפילת אחורי או"א. היה במות המלך הרביעי, שהוא התפארת עד החזה לבד, ואז נגמרו אחוריים דאו"א ליפול, במקום דעת חסד וגבורה ושליש תפארת בז"א, ושם נשארו. אמנם אחוריים דישראל סבא ותבונה, לא נגמרו לנפול, עד מות המלך השביעי, היא מלכות נוקבא דז"א, ולכן גם האחוריים האלו נפלו במקום המלכות נוקבא דז"א. ונודע כי מקום נוקבא דז"א, היה מן החזה דז"א ולמטה, כי היא מלבישתו משם ולמטה, דוגמת ז"א שאינו מלביש את או"א, אלא מהמחזה שלהם ולמטה, בבחינה היות כל פרצופים פרצוף אחד. שנמצא בהתחלקם, שיהיו ישראל סבא ותבונה מהמחזה שלהם ולמטה.

334

כרם שלמה ש"ט פ"ב אות י"א – מה שכתב **והנה במיתת ז"א עד שליש עליון דתפארת, כבר ירדו אחורי או"א, אבל אחורי ישסו"ת לא נגמרו עד מיתת נוקבא.** אף על פי שכבר אמורה זו לעיל, מפני שר"ל מה שכתב אחר כך **כי אחורי או"א לוקחם הז"א, ואחורי ישסו"ת לקחתם המלכות** וכו'. ואף על פי שהמוחין דנוקבא דז"א לוקחתם מן ז"א, כי היא מלבישה להנ"ה דז"א, ולוקחת מוחותיה על ידי הנה"י דז"א, כי הדבר מפורש לקמן בשער יעקב ולאה פרק ב'. ובענין שלנו במבוא שערים כי כאן מדבר על קודם התיקון, ועדיין הז"א אין הנה"י שלו מתפשטת עד למטה, עד מקום הנוקבא כמו אחר התיקון, אלא הספירות דז"א הם מגיעים עד החזה דז"א, ותחתיו הם יושבים הספירות דנוקבא, הם מגיעים עד סוף הנה"י דז"א של אחר התיקון. ולכן שפיר הוא מה שכתב כאן כי **אחורי דאו"א עילאין לוקחם הז"א**, מפני שהספירות דז"א הם מגיעים עד שם, שהוא עד החזה דז"א, שהוא קודם התפשטות הנה"י דז"א במקום הנה"י שלו האמיתים. ולכן הז"א לוקח האחוריים דאו"א, מפני שעד שם הם מתפשטים. וכן הואיל והנוקבא היא מתפשטת משם ועד סוף הנה"י דז"א, לכן היא לוקחת האחוריים דישסו"ת.

335

ע"ח ש"ט פ"א מ"ת ד"מ ע"א – פשוט הוא שלא נגמרו אחוריים דאו"א לירד, עד כלות שבירת שבעה כלים, שכל בחינת שבירת מלך אחד היה היה גורם ירידת קצת מאחוריים דאו"א, וזהו ביאור הענין. הנה כאשר נעריך מציאות השבעה מלכים אלו בארבעה פרצופים של חכמה ובינה, ישראל סבא ותבונה כנזכר לעיל, **נמצא כי עד שליש ספירת תפארת, שהוא המלך הרביעי, אז נגמרו לירד אחוריים דאו"א עילאין**, וכאשר נשברו כל השבעה מלכים אז ירדו גם אחוריים דישראל סבא ותבונה.

השביעי. **336וּלכן** לפני תיקון פרצופי זו"ן, **הָאֲחוֹרַיים דאו"א** עילאין **לוּקחוּם** פרצוף ז' א,
וְהאֲחוֹרַיים דיִשׂראל סבא ותבוּנָה]דמ"א ע"ד 82[שנפלו למקום שני שלישי התתארת התחתונים
ונהי"ם דנקודים, שהוא מקום נוקבא דז"א אחרי התיקון, **לוּקחתם הַמלכות** שהיא פרצוף נוקבא דז"א לפני
התיקון, **וּמתלבשים הָאורות שלָהם** והמוחין של הנוקבא **בהם** ר"ל באחוריים דישסו"ת,
דוּגמת האורות וְהַמוחין **דפרצוף ז"א** שמתלבשים אחרי התיקון באחורי או"א עילאין, והמוחין דפרצוף
נוקבא מתלבשים אחרי התיקון באחורי ישסו"ת.

בדרך כלל הרב ז"ל מסדר את סדר העמדת י"ב הפרצופים דאצילות זה למטה מזה, וזה למטה מזה. ר"ל הפרצופים
העליונים הם עתיק יומין ונוקבא, ומתחת להם פרצופי א"א ונוקבא, **ותחת להם או"א עילאין, ותחת להם ישסו"ת**,
ותחת להם ישראל ולאה הגדולה, והאחרונים הם יעקב ורחל הקטנים. וכל פרצוף עליון משפיע שפע ומוחין לפרצוף
שתחתיו, כך שאו"א עילאין משפיעים לישסו"ת, וישסו"ת לזו"ן. כך337 שנמצא אבא עילאה מעל ישראל סבא, וישראל
סבא מעל ז"א. וכן אימא עילאה מעל התבונה, והתבונה מעל הנוקבא דז"א. בסוגיה זאת סדר הוא לא כך, אלא או"א
עילאין נותנים מוחין לז"א, וישסו"ת לנוקבא דז"א, ואיך יתכן שאו"א עילאין ידלגו על ישסו"ת ויתנו ישירות מוחין
לז"א. **וכל המפרשים נחבטו בדברי הרב ז"ל בשאלה הזאת**, ותירצו כל אחד את תירוצו הקדוש, כמו שנראה
בדבריהם. מרן הרש"ש מבאר סוגיא זאת בדרכו הנפלאה, הוא שואל את השאלה שכולם שואלים - איך אפשר דכשהזו"ן
שורים בקומתם פנים בפנים, הוא שהנה"י דאו"א בז"א, והנה"י דישסו"ת בנוקבא, **והלא או"א מלבישים לא"א מהגרון
עד החזה, וישסו"ת תחתיהם מן החזה עד הטיבור דא"א**, כנזכר בכמה מקומות. מרן הרש"ש338 מבאר סוגיא זאת על

336

איפה שלימה, שער הנקודים פ"ח די"ב ע"ב)י"ד(– ולכן האחוריים דאו"א וכו'. בע"ח כתב יד נ"ב **א"מ**
צריך עיון, בכמו שכתוב להלן פרק א' מ"ק שכל האחוריים בין דאו"א בין דישסו"ת הכל נקרא ישסו"ת. אם כן
איך מחלק כאן שאו"א הם לז"א, וישסו"ת לנוקבא, אף על פי שיש שמה ליישב שכנגד או"א חלק ישסו"ת,
שהם אחוריים דאו"א, זה שייך לז"א, דהיינו מחזה ולמעלה, עם כל זה עדיין הדבר מגומגם וצריך עיון, עד כאן
לשונו. ונראה לעניות דעתי לתרץ שדייק מהרח"ו ז"ל וכתב שכל זה נקרא בסוד ישסו"ת, משמע שנקראים
בשם בעלמא דווקא, אבל אינם ישסו"ת ממש.

337

כרם שלמה ש"ט פ"ב אות י"א – נמצא שזה הסדר האמור כאן הוא לפעמים ולא תמיד. ואף על פי
שכשהזו"ן הם שווים בקומתם, הם פנים נגד פנים, ולא זה למעלה מזה, כמו האחוריים דאו"א לגבי האחוריים
דישסו"ת. אם כן איך לוקחין זה האחוריים דאו"א, וזה אחוריים דישסו"ת, והוא כעין קושית **הרש"ש** דהכא.
אלא כבר תירץ **הרש"ש** ז"ל שכאן מדבר על בחינת האבא, שהוא בצד ימין דא"א, וכלול ממ"ה וב"ן, ונקרא
או"א עילאין, אבל הוא אבא לבד, וכן ישראל סבא בכללו הוא, וכולם בצד ימין. ונודע כי איהו בנצח, דהיינו
הז"א בעת הזיווג הוא מלביש לכל הנצחים, נצח דא"א, נצח דאבא, נצח דישראל סבא. ומתפשטים בו הנצח
דאבא והנצח דישראל סבא. ואיהי בהוד, דהיינו המלכות בצד שמאל, והיא מלבשת לכל ההודות, הוד דאימא,
והוד דתבונה, והוד דא"א, דהיינו מתפשטים בה. ואבא וישראל סבא שהם בצד ימין, הכלולים ממ"ה וב"ן,
נקראים או"א עילאין, ולוקחם הז"א. ואימא עילאה ותבונה הנכללים גם כן ממ"ה וב"ן נקראים ישסו"ת,
ולוקחתם הנוקבא.

338

ע"ח שי"ט פ"ח מ"ב דצ"ד ע"ג – הרי נמצא כי כפי האמת, **אבא הוא כללות או"א עילאין** יו"ד שבשם,
ואימא היא כללות ישראל סבא ותבונה, ה' ראשונה שבשם.
רחובות הנהר ד"ז ע"ב – וסדר התחלקות והתחברות עשר ספירות דמ"ה עם עשר ספירות דב"ן דפרצופי
אבי"ע היה בזה באופן זה. והנה אם היו מתבררים ועולים ונתקנים כל האורות של המלכים, שהם המלכיות דב"ן
הנזכרים לעיל, אזי היו יוצאים גם כן התשע ספירות העליונות דב"ן דכל פרט שלמים בכל בחינות, עם שם
מ"ה, על ידי הזיווג הנזכר לעיל דע"ב וס"ג דא"ק, והיה שם ב"ן שלם בעשר ספירות שלימות. ואז היו
מתחברים עשר ספירות דמ"ה עם עשר ספירות דב"ן, כתר עם כתר, וחכמה עם חכמה, כו', וכנזכר בפרק ו'

פי חלוקת הספירות דמ"ה וב"ן לי"ב הפרצופים[339]. **ונבאר כאן רק את הנוגע לנו**, והם[340] פרצופי או"א וישסו"ת. ולפי[341] חלוקה זאת אבא לוקח את הכתר וחכמה דבינה דמ"ה, וחג"ת נה"י דחכמה דב"ן. אימא לוקחת בינה דבינה דמ"ה,

מ" שער שבירת הכלים, ובכמה מקומות. אמנם לא נתבררו כל האורות דמלכיות דמלכים דב"ן הנזכרים, אלא מקצת מהם, אותם חלקי האורות המוכרחים לתקן מהם, פרצופי אבי"ע המתייחסים לאותו העת והזמן, אשר הם מוכרחים להמצא קודם בריאת אדם הראשון, ושארית הבירורים נשארו להתברר על יד התפילות והמצות שיעשה אדם הראשון ע"ה. וכיון שגרם החטא ולא נעשה על ידו כי אם מה שהיה על ידו ראוי ומתייחס אליו בלבד, **כידוע כי לו יתברך נתכנו עלילות**, נשאר להתברר בכל דור ודור על ידי התפילות והמצות שיקיימו ישראל בכל דור ודור, שהם הנשמות הנמשכות ממחצב הנשמות, ובאות בכל דור ודור להשלים הבירורים דמחצב הספירות והנשמות, המתייחסים לאותו הדור, כפולים ומכופלים מהנשמות ישנות, להשלים הבירורים של הדורות ההם, שעברו עד שיושלמו להתברר כל הבירורים דב"ן, ואז ישתוו חיבור עשר ספירות דמ"ה, עם עשר ספירות דב"ן, כתר עם כתר, כו'. וזה יהיה בעת ביאת משיח צדקנו במהרה בימינו, כן יהי רצון. והנה המ"ה כלול ממ"ה וב"ן, וכן הב"ן כלול ממ"ה וב"ן, כי הם הזו"ן דא"ק, כל אחד כלול מחג"ת נהי"ם, כי הו"ק דכל אחד הם המ"ה שבו, והמלכות ב"ן שבו, אמנם בערך עצמם כל אחד כלול מע"ב ס"ג מ"ה ב"ן, שהם טנת"א שבו. והנה **עתיק** נתקן ונעשה מעשר ספירות דכתר דמ"ה, ומבירור חצי עליון דכתר דב"ן, וניתוספו לו מחדש חצי תחתון דכתר, ותשעה ספירות אחרות להשלים עשר ספירות לכתר דב"ן. וגם לקח ג"ר דחכמה דב"ן, וארבע ראשונות דבינה דב"ן, ושבעה כתרים דשבעה תחתונות דב"ן, וכל אלו שלקה הם מאותן התשעה ספירות דב"ן דכל פרצוף, שיצאו מחדש, אשר לא היתה בהם שבירה, ומכל אלו נעשו דכר ונוקביה דעתיק, הדכורא ממ"ה וב"ן דמ"ה, ועומד בצד הפנים, והנוקבא ממ"ה וב"ן דב"ן, ועומד בצד האחור, ופני שניהם לחוץ, וכל אחוריהם ביתה, מחוברים חיבור נפלא, ונכללו אלו באלו, ונתלבשו אלו באלו, והלבישו לתפארת נצח הוד יסוד דיושר דאדם קדמון, עד קרוב לסיום רגלי אדם קדמון כנזכר לעיל. **וא"א ונוקבא** נתקנו ונעשו מעשר ספירות דחכמה דמ"ה, ומחצי התחתון דכתר דב"ן, ונתוספו לו עוד חצי עליון דכתר דב"ן, ותשעה ספירות אחרות להשלים עשר ספירות דכתר דב"ן, הדכורא ממ"ה וב"ן דמ"ה, ועומד בצד ימין, והנוקבא ממ"ה וב"ן דב"ן, ועומד בצד שמאל, ונכללו אלו באלו, ונתלבשו אלו באלו, והלבישו לחג"ת ונהי"ם דיושר דעתיק, עד סוף האצילות, **וכל אלו הארבעה פרצופים נקראים חב"ד שבכתר, שהם שורשי המוחין**, חו"ב הם עתיק ונוקביה, ודעת הכולל חו"ג, הם אריך אנפין ונוקביה, והם נר"ן דנשמה... ..... ונמצא כי אבא נתקן ונעשה משבעה תחתונות, שהם זו"ן דחכמה דב"ן, והם מ"ה דב"ן, ומאבא וז"א דבינה דמ"ה, והם מ"ה דמ"ה, ונתחברו אבא דבינה דמ"ה, עם ז"א דחכמה דב"ן, ונכללו אלו באלו והלבישו לצד ימין דא"א, מהגרון עד החזה מכל צדדיו, כנגד שני חסדים וחצי הסתומים דיסוד דעתיק, **ושתי בחינות אלו נקראים או"א עילאין, ובכללות נקרא אבא עילאה.** וכן נתחברו ז"א דבינה דמ"ה, עם מלכות דחכמה דב"ן, ונכללו אלו באלו והלבישו לצד ימין דא"א, מהחזה עד הטיבור מכל צדדיו, כנגד שני חסדים וחצי המגולים דיסוד דעתיק, ושתי בחינות אלו נקראים **או"א תתאין, ובכללות נקראים ישראל סבא, וגם נקראים ישראל סבא ותבונה.** ואימא נתקנה ונעשית מו"ק, שהם זו"ן דבינה דב"ן, והם ב"ן דב"ן, ומאימא ונוקבא דז"א דבינה דמ"ה, והם ב"ן דמ"ה, ונתחברו אימא דבינה דמ"ה עם ז"א דבינה דב"ן, ונכללו אלו באלו, והלבישו לצד שמאל דא"א, מהגרון עד החזה מכל צדדיו, כנגד שני גבורות וחצי המגולים דיסוד דעתיק, שכנגד הסתום דיסוד דעתיק, ושני בחינות אלו נקראים ישסו"ת עילאין, ובכללות נקראים אימא עילאה, **כי בערך או"א עילאין הנזכר לעיל נקראים אלו ישסו"ת עילאין, ובערך מה שאותם או"א נקראים אבא עילאה, גם אלו נקרא אימא עילאה.** וכן נתחברו נוקבא דז"א דבינה דמ"ה, עם נוקבא דז"א דבינה דב"ן, ונכללו אלו באלו, והלבישו לצד שמאל דא"א, מהחזה עד הטיבור מכל צדדיו, כנגד שני גבורות וחצי המגולים דיסוד דעתיק, ושתי בחינות אלו נקראים ישסו"ת תתאין, ובכללות נקרא תבונה. הרי הם שמנה פרצופים דמ"ה וב"ן, והם ארבעה זוגות..... ונתחברו ו"ק דז"א דמ"ה, עם ו"ק שהם ז"א דב"ן, ונכללו אלו באלו, ונתלבשו אלו באלו, והלבישו לתנה"י דא"א מהטיבור ולמטה, מכל צדדיו פנים ואחור, ונקראים זו"ן הגדולים, כי ו"ק דב"ן נקרא רחל הגדולה, מלכות שבגופו, ולפעמים נקראת בשם לאה, ובכללותם נקראים ז"א, וו"ק דמ"ה, נקראים אותיות עצמם ממש. וו"ק דב"ן נקרא בחינת חשבון דאותיות דז"א. וכן נתחברו מלכות נוקבא דזעיר אנפין דמ"ה, עם מלכות נוקבא דז"א דב"ן, ונכללו אלו באלו, ונתלבשו אלו באלו, והלבישו לתנה"י דזו"ן הגדולים, ואלו נקראים יעקב ורחל, ובכללותם נקראים נוקבא דז"א.

339

וגבורה תנה"י דבינה דב"ן. ישראל סבא לוקח חג"ת נה"י דבינה דמ"ה, ומלכות דחכמה דב"ן. התבונה לוקחת מלכות דבינה דמ"ה, ומלכות דבינה דב"ן. ומבאר הרש"ש - **הרי כי או"א עם ישסו"ת, הם זה כנגד זה, ולא זה תחת זה, כי או"א הם חכמה דאצילות, וישסו"ת הם בינה דאצילות, שתמיד הם מכוונים זה כנגד זה כנודע.** ומסיים הרש"ש - **נמצא**[342], **כי בכללות או"א, הם חו"ב דכללות האצילות, ובפרט יש בכללם ישסו"ת, והם פרצוף אמא דכללות** ברוך הוא, **וברוך הוא וברוך שמו שבחר במשנתו של מרן הרש"ש.** ולכן המוחין דז"א מתלבשין באו"א עילאין העומד בצד ימין, והמוחין דנוקבא דז"א מתלבשין בישסו"ת העומדת בצד שמאל. והיע"ב.

[343]**ובזה**[344] **תבין מה שביארנו** שסדר[345] זה אינו תמיד כך **אחרי התיקון**, כי לז"א ונוקבא דז"א יש מדרגות שהם נגדלים שלב אחרי שלב, ובזמן[346] שז"א מקבל מוחין, הנוקבא מקבלת ממנו, כמבואר בהגהה ח' לרב יפה שעה,

---

תרשים ב – ל"ג.
340

ע"ח ש"כ פ"י מ"ב דק"א ע"א – וכדי שתבין כל זה נבאר ענין או"א היטב. הנה אבא לוקח משם מ"ה, מבינה שבו, **הכתר והחכמה** שבעשר ספירות דבינה זו. ואימא לוקחת **בינה דבינה דמ"ה.** ואפשר שגם הכתר נחלק לחצאין, חציו לו, וחציו לה, אלא שכפי הנראה מדרוש שלוח הקן בש"ע נהורין, כי כתר שלה טמיר וגניז באבא. אם כן נראה שכל הכתר לקחו אבא, ולכך נקרא טמיר וגניז יתיר מינה. וישראל סבא לקח **ו"ק דבינה דמ"ה.** ולכן נקרא ישראל סבא הוא ז"א שבו. ותבונה לוקחת **מלכות דבינה דמ"ה,** לכן נקרא התבונה מלכות נפש תבונה, כנזכר בתיקונים דף מ"ג. וכשם שאו"א לא מתפרשין, וישראל ורחל מתפרשין לזימנין, כן או"א נרמזין בחיבור גדול בי' ראשונה שבהוי"ה, לפי שהם חו"ב דבינה דמ"ה. אך ו"ק דבינה דמ"ה, עם מלכות דבינה דמ"ה, שהם ישראל סבא ותבונה, הם דומין לזו"ן, ואינם כל כך מחוברים חיבור גדול כמו או"א. ואמנם מב"ן לקח אבא **ו"ק דחכמה דב"ן,** כי הרי ג"ר לקחם עתיק לצורך הנקבה שלו, **ומלכות דחכמה דב"ן** לקח ישראל סבא, ולכן נרמז גם הוא בסוד נקבה, **בה'** ראשונה דהוי"ה כנודע. ואמנם מבינה דב"ן הד"ר שהם כח"ב חסד, לקחם עתיק, **ואז חמשה קצוות דבינה דב"ן,** שהם גבורה, תפארת, נה"י, לקחתן אימא. **ומלכות דבינה דב"ן** לקחה תבונה. נמצא כי אבא יש לו מ"ה וב"ן, ואמא יש לה מ"ה וב"ן, וישראל סבא מ"ה וב"ן, ותבונה מ"ה וב"ן.
341

תרשים ב – ל"ד.
342

תרשים ב – ל"ה.
343

יפה שעה)ח(– ובזה תבין מה שאמרנו, כי כאשר הזו"ן הם שוין בקומתם יחד פנים בפנים, אז הנה"י דאו"א הם מוחין דז"א, והנה"י דישסו"ת הם מוחין לנוקבא, ואז הם שוים בקומתם יחד, והבן זה מאד מאד, עד כאן. ובאמת כי צריך עיון, כאשר נצטוינו מרז"ל להבינו, יען קשה מאד דבריו אלו, איך אפשר בעולם, שנה"י דאו"א יעשו מוחין לז"א. ונה"י דישסו"ת יעשו מוחין לנוקבא. ועל ידי כן יהיו זו"ן שוין בקומתם. והלא או"א מלבישין את א"א מן הגרון עד החזה. וישסו"ת מלבישין לא"א מן החזה עד הטיבור. וז"א מלביש לאריך אנפין מן הטיבור עד סוף נה"י שלו. כאשר כל זאת מפורש בדברי רז"ל בשערים הבאים באר לחי רואי, יע"ש. ואם כן איך אפשר לז"א, לקחת נה"י דאו"א עלאין למוחין שלו, והלא כל ישסו"ת מפסיק ביניהם, ומה יעשה כל ישסו"ת המפסיק. ומה גם לפי מה שכתב רז"ל בשער המוחין דז"א פרק ה' ז"ל - אמנם דע, כי לעולם אי אפשר שיקחם אלא על ידי ישסו"ת, כי הרי הם עליונים ממנו. אך הענין הוא, כי א"א להעלות ז"א למעלה ממדרגתו, כי הדי אין מקום פנוי וחלל, אמנם צריך שתחילה תתעלה ישסו"ת למקום או"א, ואז זו"ן יעלו למקום ישסו"ת, ויעלו או"א למקום א"א, ויעלו א"א ונוקבא למדרגה שעליו, וכן על זה הדרך עליה למעלה מעליה, עד שיתחלפו ויתנענעו כולם ממקומם. ונמצא כי בעלות ישסו"ת למעלה במקום או"א, אז נמצא זו"ן במדרגת ישסו"ת. ובעלות ישסו"ת יותר למעלה בא"א ונוקבא, יעלו זו"ן במקום או"א עצמם, ונמצא הם נקרא או"א עצמם, אמנם אינם מקבלים הארת המוחין שלהם, אלא על ידי ישסו"ת שגם הם עלו, ודי בזה, יעויין שם. הנה הבאתי כל דבריו, כדי שלא להטריח להביא גם מה שאמרו רז"ל בספר הכוונות בדרוש ג' לקבלת שבת, המתחיל הקדמה עיקרית בענין החכמה הזאת, יע"ש. וכזאת כתב עוד שם בדרוש א' למועדים וז"ל - וביאור

ענין זה הוא, במה שנקדים לך הקדמה ונאמר, כי אף על פי שאנו אומרים כי ז"א עולה כל המדרגות, עד שיורש מקום או"א עצמו, אל תחשוב כי כפי זה איננו צריך אל המוחין הבאים לו מבחינת נה"י דאו"א, אבל צריך שתדע כי לעולם הוא צריך אל נה"י דאו"א שיהיו לו בסוד מוחין, והענין הוא, כי כמו שהוא עולה עליות האלו, גם או"א עולים העליות ההם כפי סדר מספר ז"א העולה אחריהם, כי צריכים הם לתת מקום לשיעלה שם ז"א, ולעולם הנה"י של או"א הם בחינת מוחין לז"א. ואין חילוק אלא שבימי החול אז הנה"י דאבא ואימא הנעשים מוחין לז"א הם בבחינת התחתונה. ובשבת הם בבחינת העליונה, יעויין שם. הרי הראתה לדעת מכל לו המקומות, שאין מציאות לקבל המוחין, אם לא על ידי ישסו"ת, לעולם עולים למעלה ממנו, ואפילו בעליית שבת בשעת המנחה, שעולה ז"א במקום א"א, המוחין שלו מקבל על ידי ישסו"ת, שעלו כבר למעלה ממקום א"א. ולפי זה מה מאד יגדל התימה, איך כתב רז"ל, שכשזו"ן יחד פנים בפנים שוין בקומתם, ז"א לוקח מוחין דאבא ואימא, ונוקבא לוקחת מוחין נה"י דישסו"ת, וכי איך אפשר בעולם לקבל שום מוחין לזעיר אנפין, שלא על ידי נה"י של ישסו"ת, מאחר שהוא מפסיק בין או"א עלאין לז"א. ודע דכל כהאי גונא ממש יש להקשות, במה שכתב רז"ל בשער הזווגים פרק ה' ז"ל - וזה התבונה נקרא עולם הבא, עלמא דאתי, לפי שהוא יורדת למטה, ואתגלית תמיד. אבל בינה עליונה היא נשארת למעלה ואינה יורדת, לכן הבינה נקרא לעתיד לבוא, המוחין העליונים דזעיר אנפין המלובשין בנה"י הבינה העליונה הם עתידים לבא אחר כך, כאשר יגדל מעלתו, ויהיו לו מוחין עליונים תמיד מן הבינה, ולא מן התבונה ואז יהיה לעתיד לבוא. אבל המוחין דנה"י דתבונה הם נמשכין בו תמיד, ולעולם הם נמשכים ובאים, וזהו פירוש עולם הבא, עלמא דאתי, כי תמיד הוא נמשך ובא, וזהו ההפרש שיש בין עולם הבא ובין לעתיד לבוא, כי זה בתבונה, וזה בבינה, יע"ש. גם כאן קשה מאד כאמור. ומה שכתב רז"ל בדרושי שבת כי ביום השבת בחזרת המוסף, עולים שניהם עד כתר דאו"א, אינה ענין לכאן, כי היא צריכה אליו, ואינה מקבלת אורותיה אלא על ידו. וראש חדש ויום טוב שאינה צריכה אליו, ואינה מקבלת אורותיה על ידו, אינו ענין לכאן כלל כלל כלל, כי התם כל המוחין אינם נכנסים אלא בז"א, ואחר כך כשיוצאים האורות מגופא דז"א, יעקב ורחל העומדים זה לימינו של ז"א וזה לשמאלו, כל אחד לוקח חלקו לעצמו, והיא אינה צריכה להמתין עד שיקחם הוא, ויתנם אליו, ולפי מה שהוא יום טוב, כך מקום יציאת האורות, אם בחסד, אם בגבורה, אם בנצח, הכל לפי הזמן, כמו שכתב רז"ל בדרוש א' לראש חודש. ועוד, דפשוט הוא שאפילו בחזרת המוסף דשבת, או בתפלת המנחה ביום טוב, כי שניהם עולים בכתר דאו"א עלאין, לעולם הוא על דרך וסדר הכלל שלמדנו רז"ל, שלעולם ישסו"ת עולים למעלה מזו"ן. ובחזרת המוסף נמצא ישסו"ת עלו בדיקנא קדישא דא"א, ועלו זו"ן בכתר או"א עלאין, ולעולם המוחין אינם מקבלים זו"ן, אלא על ידי ישסו"ת כמו שכתב רז"ל, והובא לשונו לעיל. ואין חילוק, אלא שבימי החול אז נה"י דאו"א הנעשין המוחין לז"א הם בבחינה התחתונה, ובשבת הם בבחינה העליונה, יע"ש. גם מה שכתב רז"ל בדרוש הפורים, כי כל אותו זמן היו נכנסים המוחין מלובשין בנה"י דישסו"ת תוך הנוקבא, עד שהוציאה בחינת מרדכי לחוץ, יע"ש. כלל כלל לא אינו ענין לכאן, כי שם היה ז"א בסוד הדורמיטא כמו שכתב רז"ל התם, ויצאו המוחין מז"א ונתלבשו בנוקבא, מידי דהוה הנסירה הנעשית בכל ראש השנה, והשינה שבכל לילה ולילה שז"א ישן, והמוחין מלובשין בנה"י ומתלבשים בנוקבא, עד שנגדלת ככל שיעור ז"א כנודע. באופן איש אשר רוח בו, לבבו יבין כי כל אלו המקומות מיוסדים על אדני פז, לפי הכלל שהשמיענו רז"ל להועיל, שלעולם אין הז"א מקבל מוחין דיליה אלא על ידי ישסו"ת, כי בכל עליות של ז"א, אל כל המקום אשר הוא עולה, כבר קדמה עליית ישסו"ת למעלה ממנו. ועל כרחין לחלק בהכי, שהרי רז"ל כתב בספר הכוונות בדרש מוסף לשבת ז"ל - ונמצא כי בחזרת מוסף ירש ז"א מקום אביו, ונוקבא מקום אימא. וזה הוא הנכון, יע"ש. ובדרוש תפלת המנחה דשבת כתב ז"ל - דע כי בתפלת מוסף דחזרה עלה ז"א עד הכתר דאבא, ונוקבא עלתה בפעם אחת א' אמצעיות חג"ת, וג"ר חב"ד, וגם הכתר של אימא, ואז נמצא שניהם שוים, ז"א בכל קומת אבא, ונוקבא בכל קומת אימא, יע"ש. ובדרוש א' למועדים כתב רז"ל וז"ל - עוד יש הפרש בין שבת ליום טוב, דע כי בשבת עלה ז"א במקום אבא, ונוקבא במקום אימא, והם נפרדים, זה באבא לבדו, וזה באימא לבדו, וביאור הענין כו'. ואחר שהקדמנו לך הקדמה, נחזור אל ביאורנו, כי הנה בשבת כשעלה ז"א במקום אבא, לוקה הנה"י שלו לבחינת מוחין אליו לבדו, ונוקבא עולה באימא, ולוקחת נה"י שלה, להיותם מוחין אליה. והטעם הוא, כי בשבת נפרדים אבא לעצמו, ואימא לעצמה. אבל ביום טוב או"א נכללים זה בתוך זה, ואבא מתלבש ומתעלם תוך אימא, ונמצא כי בעלות שם זו"ן, צריך שז"א ילביש חציו הימיני של אבא, ונוקבא חציו השמאלי, והוא ממש על דרך הלבשת אבא ואימא את אריך אנפין, יעויין שם. הנה מפורש יוצא, היות בכל שבת ושבת נטל הנוקבא כל

קומת אימא עילאה, עד הכתר שבה, וגם לוקחת נה"י דאימא עילאה, למוחין אליה, וכיון שלוקחת הנה"י למוחין, ממילא שתפארת דאימא נעשה כתר אליה, והרי היא דומיא דזעיר אנפין ממש, שוה אליו בכל. וביום טוב שאו"א מתלבשים זה בתוך זה, ז"א עולה ומלביש נצח דאבא, ואימא ונוקבא עולה ומתלבשת הוד דאו"א, ונמצא תפארת דאו"א כתר על שניהם, וכל זאת באו"א עילאין, כמפורש בכל דרושי רז"ל הנזכר. ולפי זה איך מצאנו ידינו ורגלינו, במה שכתב רז"ל בפרק ב' משער מיעוט הירח ז"ל - והענין הוא, כי נודע שמן התפארת דאימא, נעשה כתר דז"א, וכאשר גם היא תעלה עד שם, ויהיה כתרה בתפארת של אימא כמוהו, ויהיו כתריהם שוים, ויהיו שניהם אחד כו', ואז לא תצטרך היא לקבל הארתה על ידי ז"א, ויהיו שניהם מקבלים הארתם מאימא, כל אחד על ידי עצמו, ולא יצטרכו זה לזה, ויהיו שוים במציאותן, כדמיון או"א, פנים בפנים, כחדא נפקין וכחדא שריין, וזה תכלית הגידול שלה כו'. וכתב שם שזאת היא המדרגה השביעית, יע"ש. ובפרק ב' כתב ז"ל - ואחר כך כאשר נבנה בית ראשון על ידי שלמה, עוד בחינה אחרת והיא כי בין בשבת בין בחול, לעולם היתה עמו פנים בפנים בבחינת השישית. אמנם בחינת השביעית, שהיא היות ב' מלכים משתמשים בכתר אחד, לא היתה כך לעולם, עד לעתיד לבוא, יע"ש. והשתא נחזי אנן, איך כתב שלזאת המדרגה להיות ב' מלכים משתמשים בכתר אחד, לא הגיע לעולם, והרי שבתות ויום טוב שאפילו בזמן הזה, שכתב שבשבת היא לוקחת נה"י דאימא למוחין שלה לה לבדה, וממילא שתפארת דאימא נעשה כתר לה, וכן ביום טוב שאינה צריכה לזעיר אנפין כמו שכתב רז"ל, וכיון שז"א מלביש קו ימין דנה"י דאבא ואימא, והיא מלבשת קו שמאל דנה"י דאו"א, ושניהם שוים פנים בפנים דומיא דאו"א, ממילא שתפארת דאימא נעשה כתר על שניהם, ושניהם כאחד טובים, הרי שני הדרושים של רז"ל סתרי אהדדי, ואיך יכונו שניהם. אלא ודאי שכל דרושי רז"ל האמורים בענין שבת ויום טוב, מדברים על פי הקדמתו הקדושה שאיש ממנו להועיל בקבלת שבת כל האמור, שבשבת עולים זו"ן ויורשים אביהם מקום דאבא ואימא עלאין, היינו שמסתלקין הכלים דאבא ואימא ועולים למעלה למעלה. אבל עצמות אורות דאו"א נשאר במקומם, ושכן הדרך כל העליות דשבת לכל הפרצופים, ועולים זו"ן ומלבישים עצמות האורות דאו"א, ועולים עד הכתר דאו"א, ויורשים מקומם לגמרי. ואף על פי שעלו למקום הגדול ההוא, אף על פי כן צריכים הם למוחין, ונה"י דאבא ואימא עלאין נעשה להם מוחין, כמו שכתב רז"ל בדרוש המועדים, הובא לשונו לעיל. ונה"י הנעשה להם מוחין, הוא נה"י דישסו"ת שעלו כבר למעלה מזו"ן, ונקראים בשם אבא ואימא, ובפרט בהיותם במקום גבוה כזה. ומה שכתב רז"ל שבשבת לוקח ז"א נה"י דאבא למוחין לו לבדו, והיא לוקחת נה"י דאימא למוחין לה לבדה, וביום טוב נה"י דאבא מתלבש תוך נה"י דאימא, וז"א עולה בקו ימין ונוקבא בקו שמאל, הכל הוא בנה"י דישסו"ת. ונמצא שעיקר המקום שעלו זו"ן, הוא מקום דאבא ואימא עלאין ממש, ובהיותם במקום הזה המוחין הנמשכין להם מלובשין בנה"י, הם מוחין דישסו"ת בנה"י, דקיימי במקום או"א עלאין ולמעלה מהם, כפי המדרגות שעולים זו"ן, והוא כמו שכתב רז"ל כללא הוא, שאין מציאות לעולם לזו"ן לקבל מוחין שלהם, אלא על ידי ישסו"ת העליונים מהם. ומה שכתב רז"ל בשער מיעוט הירח, שמדרגה השביעית היא היות תפארת דאימא כתר על נוקבא, היינו תפארת דאימא עילאה, אשר לזאת המדרגה לא הגיע אליה מעולם, מיום הוסדה הארץ, והם המוחין העתידים לבא לעתיד לבוא. והשתא חזרנו לקושייתנו הראשונה, שגם לעתיד לבוא שיגיעו זו"ן למדרגה השביעית, שהיא שתעשה תפארת דאימא עילאה כתר על שניהם, ויהיו שניהם שני מלכים משתמשים בכתר אחד, לא זה צריך לזה. איך יהיה הדבר הזה, והלא ישסו"ת מפסיקים בין אמא עילאה לזו"ן. נראה לעניות דעתי אי ניחא קמי קודשא בריך הוא ושכינתיה, והוא בהקדים מה שכתב רז"ל בשער זו"ן שלהי פרק ב' ז"ל - וזכור הקדמה זאת, כי בכל פעם שרוצים אבא ואימא להזדווג, לצורך מוחין לז"א. נעשה הכל פרצוף אחד בלבד לאבא ולישראל סבא, ופרצוף אחד לבינה ולתבונה, וזכור ענין זה לכל המקומות שתצטרך להקדמה זו. וכן כתב בשער אבא ואימא פרק ח' ז"ל - וגם הבינה עם התבונה לפעמים נכללות יחד, ויש בזה שני פנים, אחד שתעלה התבונה ונכללת בבינה, שני שיורדת הבינה ונכללת בתבונה. ואמנם הזווג שהוא להוציא מוחין דז"א, הוא הנקרא עיבור ב', הוא שירידה הבינה ונכללת בתבונה, ושם היה הזווג למטה, יע"ש. ועיין גם בפרק ד' דשער אנ"ך מה שכתב רז"ל שם. באופן כי נמצינו למדים, שאי אפשר בעולם להיות שום זווג דישסו"ת, או באבא ואימא עלאין, כשהוא להוליד מוחין לז"א, אלא עד שנכלללו אבא עילאה וישראל סבא ויעשו פרצוף אחד לבדו, ובינה היא אימא עילאה ותבונה בפרצוף אחד, והתכללות זה נעשה במקום ישסו"ת, שיורדים אבא ואימא עילאין במקומם דישסו"ת. וההפרש בין החול לבין השבת הוא זה, כי בחול כל הפרצופים עומדין במקומם הראוי להם בזמן הזה, ובעת הגיעה צורך הזווג, כדי להוליד המוחין לזו"ן, יורדים אבא ואימא

ונכללים בישסו"ת למטה במקומם של ישסו"ת, אבא וישראל סבא בפרצוף אחד, ואימא ותבונה בפרצוף אחד, ושם נעשה הזווג, ונולדים המוחין, ונמשכים מלובשין בנה"י דישסו"ת תוך זו"ן, ובשביל כך כל המוחין דחול, נקרא מוחין דישסו"ת, כי אינם לוקחים רק מוחין דפנים ואחור דישסו"ת, אלא שבעמידה דלחש לוקחים מבינות דישסו"ת, ובחזרת העמידה לוקחין המוחין דחכמות דישסו"ת, כמו שכתב רז"ל בשער מוחין דז"א פרק ט', ובכל דרושי הכוונות דחול. ולעולם המוחין נקראים מוחין דישסו"ת, כי במקומם ובגבולם נעשה הזווג. ובשבת שעולים זו"ן כל אותם העליות, וכשזו"ן במקום ישסו"ת כבר קדמה להם עליית ישסו"ת, ונמצא ישסו"ת במקום או"א עילאין. וכשזו"ן עולים במקום אבא ואימא עלאין, כבר קדמה להם עליית ישסו"ת במקום אריך אנפין. וכשז"א עולה במקום א"א, שהוא תכלית עלייה שלו במנחה בשבת, כבר קדמה עליית ישסו"ת למעלה למקום עליון וגבוה מזה, וכל הזווגים הנעשים כדי להוליד המוחין לזו"ן, לעולם הוא על דרך האמור, שיורדים אבא ואימא עילאין, ונכללים בישסו"ת במקום שהם כפי העלייה, ונקראים המוחין דשבת מוחין דאבא ואימא עלאין, יען ישסו"ת במקום ובגבול אבא ואימא עלאין. והואיל ונעשה הזווג במקומם נקראים על שמם. והם הם דברי רז"ל האמורים בכל הדרושים, אשר כבר הובאו, וזה הסדר הנעשה בין בחול בין בשבת, ולעולם אין שום מציאות שימשכו המוחין לזו"ן, אלא עד שיתלבשו בנה"י דישסו"ת. אמנם לעתיד לבוא, ההתכללות הזה שנכלל אבא וישראל סבא ונעשים שניהם פרצוף אחד, ובינה ותבונה פרצוף אחד, נעשה באופן הראשון שכתב רז"ל, שתעלה התבונה למעלה ותתכלל בבינה, וישראל סבא יעלה ויתכלל באבא עילאה, ויהיה הזווג נעשה על ידי אבא ואימא עילאין. ועיין מה שכתב רז"ל בפרק ג' דשער אח"פ ז"ל - גם יש מציאות אחד שלישי, והוא שכמו שלפעמים עולה רחל ז"א כך התבונה היא שוה שוה בערכה, ותעלה התבונה עצמה, ומתלבש הבינה בתבונה והם שוות יע"ש. וגם בשער הזווגים פרק ד' כתב רז"ל - וכאשר ז"א ותבונה זו שהיא הבחינה השלישית המתלבשת בז"א כנזכר לעיל, בהיותם שניהם עולים עד למעלה אצל הבחינה השנית, שהיא בחינת מ' סתומה כו', ואז נכללה התבונה השניה בתבונה הראשונה, ואז שתיהן נקרא תבונות, ואז ז"א נאמר עליו ואיש תבונות ידלנה, כי הרי עלה עמהם למעלה, ונכלל בשתיהם כו', וכאשר הוא נכלל בשתי התבונות, עולים שלשתן למעלה עד הבינה, ואז כולם נקראים בינות, ואז ז"א נקרא עם בינות, יע"ש. ובפרק ו' כתב ז"ל - ואמנם כאשר תעלה למעלה, ותהיה בסוד אחוריים הבינה העליונה, אז אין אחיזה כו', לפי שהיא סומכת אותם כאשר יעלו למעלה, על דרך הנזכר לעיל שיוכללו זה בזה, ותעלה התבונה להיותה בסוד אחוריים בבינה העליונה הנקרא סמ"ך, יע"ש. נמצינו למדין, כאשר ההתכללות נעשה מתתא לעילא, הוא שעולים ישראל סבא ותבונה ונכללים למעלה באו"א באחוריים שלהם, ונמצא שאין שם אלא ב' פרצופין לבד, שהם אבא, ובו כלול ישראל סבא באחוריו. ואימא ובה כלולה תבונה, שהיא אחוריים דבינה. וכאשר יהיה ההתכללות הזה בזה האופן, נמצא ארבעה פרצופים, שהם אבא ואימא וישסו"ת, מסתיימים כאחד. והרי זו"ן עומדים תחתיהם ממש, ואין שום הפסק בין אבא ואימא עלאין לזו"ן, וכאשר יהיה נעשה הזווג כדי להוליד המוחין לזו"ן, הרי הוא נעשה על ידי אבא ואימא עלאין, אלא שאבא כלול בו ישראל סבא מאחוריו, ואימא כלולה בה תבונה באחוריה, ועיקר הזווג הוא על ידי אבא ואימא עילאין, וימשכו המוחין לזו"ן מלובשין בנה"י דאבא ואימא עילאין, ולא יהיו ישסו"ת מפסיקין ביניהם. וזה הסדר הוא מה שיהיה לעתיד לבוא. וזהו מה שכתב רז"ל, שלעתיד לבוא ימשכו המוחין מלובשין בנה"י דאימא עילאה לז"א, כי הרי ישסו"ת נכללו באחוריהם דאבא ואימא למעלה, ואין מפסיקין בין אבא ואימא עילאין לזו"ן. והיא היא המדרגה השביעית שעדיין לא היתה מעולם שתעשה תפארת דאימא כתר על שניהם, ויהיו ב' מלכים בכתר אחד משתמשים, ואינם צריכים זה לזה, כי יהיה סדר ההתלבשות הנה"י דאבא ואימא עילאין למוחין לזו"ן, כמו שהוא סדר השבת או היום טוב, כמו שכתב רז"ל בדרוש א' למועדים, ויהיה תפארת דאימא עילאה כתר על שניהם שוים. ומה שכתב רז"ל בדרושינו זאת, כי כאשר הזו"ן הם שוים בקומתם יחד פנים בפנים, אז הנה"י דאבא ואימא הם מוחין דז"א, ונה"י דישסו"ת הם מוחין לנוקבא, אז הנה אפשר שאז שם למעלה במקום או"א עילאין, יהיו הזווגים כפולים, זווג דאו"א, וזווג דישסו"ת הכלולים באחוריהם דאו"א, ומזיווג או"א ירדו המוחין מלובשין בנה"י לז"א, ומזיווג ישסו"ת ירדו המוחין מלובשין בנה"י שלהם לנוקבא. ותפארת דאימא נעשה כתר לשניהם, שהרי אימא ותבונה כלולים יחד, שהתבונה היא אחוריים דבינה כאמור.

[347]רק **כי כאשר הֹוֹ"ן הם שוין יזוד פָּנים**[348] [דמ"ב ע"א 83] **בפנים**[349], או[350] **הִנִּצוֹז הוֹד יסוד דאו"א** עילאין, הנקראים[351] אבא דכללות, או חכמה, והם בחינת הזכר בערך ישסו"ת הנקראים

בית לחם יהודה ש"ט פ"ב דכ"ב ע"ב – ובזה תבין מה שכתוב. הוא בשער ההקדמות דף נ"ג ע"ב, ונעתיק לשונו בדבור הסמוך לזה, ועיין עוד בפרק ב' דשער ל"ד סוף כלל י"ד, ובהגהות השמ"ש דהתם. ועיין עוד בשער הכוונות בענין השנוים שבין יום טוב לשבת דף ע"ז ע"ב.
345

ע"ח ח"ח של"ד פ"ד מ"ב כלל י"ד דמ"ז ע"א – תחילה היתה הנקבה דבוקה באחוריו, יען הכלים שלה עדיין קטנים בבחינת עיבור, ואחר כך נתפשט בבחינת יניקה, ואחר כך בבחינת גדלות. וכל זמן זה הנפש שלה, או הרוח, או הנשמה, היה נמשך לה מתוך פנימיותו, ויוצא לה לחוץ דרך איבריו. ועל כן הוכרחה להתדבק שם, שרוחניות העובר מתוך מחיצותיו ומחיצותיה מתדבקים אותם שם, ונעשים גוף אחד. וכשנכנס הרוחניות שלה היתה (היא) אחוריו, והוא לבדו מלביש נה"י דאימא, ונמצא אימא ז"א ונוקבא, זה תוך זה, בסוד נר"ן. ואחר כך נסרה, ומסתלק הרוחניות שלה מתוך ז"א, ועל ידי זה אין המדבקות כנזכר לעיל, ונפרדין. **ואז נהפכין פנים בפנים**, והם שוין ושניהן ביחד, מלבישין לאו"א, ולנצח הוד דא"א, דהיינו ז"א מלביש לאבא, ואבא מלביש לנצח דא"א, והיא מלבשת לאימא, ואימא מלבשת את הוד דא"א.
346

כרם שלמה ש"ט פ"ב אות י"א – ומה שכתב זה הסדר אינו תמיד כן, רק לפעמים, דהיינו כשהם שוים, והנוקבא גדלת כמוהו. כי הסדר האמיתי הוא כי הז"א לוקח המוחין שלו בתחילה, על ידי ההתלבשות של הנה"י דמלכות דישסו"ת, ואחר כך על ידי החג"ת דישסו"ת, ואחר כך על ידי הכחב"ד שלהם. ואחר כך על ידי החמשה פרצופים של ז"א שלהם. ואחר כך על ידי החמשה פרצופי הבינה שלהם. ואחר כך על ידי החמשה פרצופי החכמה שלהם. ואחר כך על ידי החמשה פרצופי הכתר שלהם. **והיא הנוקבא לוקחת ממנו**, על ידו.
347

איפה שלימה, שער הנקודים פ"ח די"ב ע"א)ט"ו(– כי כאשר זו"ן וכו'. נ"ב השמ"ש צריך עיון, איך אפשר דכשהזו"ן שוים בקומתם פנים בפנים הוא שהנה"י דאו"א בז"א, והנה"י דישסו"ת בנוקבא, והלא או"א מלבישים לא"א מהגרון עד החזה, וישסו"ת תחתיהם מן החזה עד הטבור דא"א, כנזכר בכל מקום. ונראה לעניות דעתי על דרך מה שכתב בכל מקום ובפרט בשער א"א פרק ט', כי כשנחלקו מ"ה וב"ן בין ששה פרצופי האצילות, אז אבא לקח חכמה דב"ן, וחצי בינה דמ"ה, ומהם נעשי או"א, ושניהם נקראים אבא לבד, חכמה דאצילות. ואימא לקחה בינה דב"ן, וחצי בינה דמ"ה, ומהם נעשו ישסו"ת, ושניהם נקראים אימא לבד, בינה דאצילות. הרי כי או"א עם ישסו"ת הם זה כנגד זה, ולא זה תחת זה, כי או"א הם חכמה דאצילות, וישסו"ת הם בינה דאצילות, שתמיד הם מכוונים זה כנגד זה כנודע. נמלא כי בכללות או"א הם חו"ב דכללות האצילות, ובפרט יש בכללם ישסו"ת, והם פרצוף אימא דכללות. וכן על דרך זה בחצאי פרצופיהם התחתונים הנקראים ישסו"ת, בכללות המלבישים את א"א מהחזה עד הטבור. הנה בפרטות גם בהם יש או"א, והם ישראל סבא דכללות, וישסו"ת והם תבונה בכללות כנזכר לעיל. ובזה יובן גם כן]זה תיבאר למה שהקשה בסמוך[ב' בחינות יעקב ולאה היוצאים אחד מז"א ואחד מנוקבא, עד כאן לשונו. וכתב הרב אליהו מני בהגהותיו כתב עוד וז"ל - **נמצא** לפי דברי קדשו הוא שמ"ש רז"ל, כי כשזו"ן שוים בקומתם פנים בפנים אז הנה"י דאו"א הם מוחין לז"א, ונה"י דישסו"ת הם מוחין ברישא דנוקבא. הכוונה שצד המ"ה והב"ן דישראל סבא הנקרא או"א, הם מוחין לז"א. וצד המ"ה והב"ן דתבונה הנקרא בפרטות ישסו"ת, הם מוחין לנוקבא. וכן על דרך זה בעלותם למקום או"א עילאה. אך לא ידעתי איך מתיישב עמו דברי רז"ל במה שכתב לקמן סמוך - ונראה והנה במיתת ז"א עד שליש העליון דתפארת שלו כבר ירדו אחורי או"א, אבל אחורי ישסו"ת לא נגמרו עד מיתת הנוקבא, עד כאן לשונו. וזה ודאי מדבר באו"א עילאה ממש, המלבישים לא"א עד החזה, ובישסו"ת ממש המלבישים מהחזה עד הטבור, ועליה מסיים ולכן אחורי דאו"א לוקחם ז"א, ואחורי ישסו"ת לוקחתם המלכות וכו', דוגמת המוחין דז"א, עד כאן לשונו. ועליהם סיים ובזה תבין וכו', וצריך עיון, עד כאן לשונו. ונראה לעניות דעתי לתרץ קושית הרב אליהו מני שכוונת הרש"ש ז"ל שכאשר מזדווגים כללית או"א מהגרון עד הטבור, צד ימין עם צד שמאל, אז אבא נותן לאימא חצי תחתון שלו שהוא ישראל סבא, הנקרא בינה שלו, ואימא נותנת לו חצי עליון שלה, שהיא אימא עילאה, הנקראת חכמה שלה, ובזה יהיה כל חצאי העליונים בצד

ימין, וחצאים התחתונים בצד שמאל. וזה שנקרא ישראל סבא, בינה דאבא, הובא בסוף פרק ד' משער ט"ו במ"ב, יעו"ש. ובינה דאבא שהיא ישראל סבא בכללותה נקראת מ"ה דב"ן, אבל בפרטותה היא כלולה ממ"ה ומב"ן כמו שכתב הרש"ש ז"ל בברכת הנותן לשכוי בנהר שלום דף י"ז ע"ז ע"ג, כי מתחלת הלילה עד חצות הוא ב"ן דב"ן, ומחצות הלילה עד הבקר הוא ב"ן דמ"ה. ומהבוקר עד חצות היום הוא מ"ה דמ"ה, ומחצות עד ערב הוא מ"ה דב"ן, יעוין שם בדבריו. וכל חלק מאלו הארבעה חלקים יש בו מ"ה וב"ן כידוע לעובדי ה' בכוונה, רק שבכללות אנחנו אומרים שמתחלת הלילה עד חצות הוא ב"ן דב"ן, ונקרא בג"ה דצלם דאימא בכללות, גם כאן מוכרחים לומר שבינות והגבורות שנתן אבא לאימא בכללות נקראים מ"ה דב"ן, אבל בפרטות יש בה מ"ה וב"ן. דאי לא תימא הכי אלא כפשט הרב שאחר חילוף הכללי יהיה בנה"י דאבא מ"ה וב"ן דמ"ה, שהוא כללות מ"ה החדש, וזהו שמתלבש בז"א, אם כן איך יוצא ונתקן בחינת יעקב, שהוא אחוריים, שהוא ב"ן של המלכים על ידי יסוד אבא, שהוא מ"ה וב"ן דמ"ה החדש שיצא מהמצח, אלא מוכרח כדכתיבנא, ודוק כי קצרתי.
348

הגהות וביאורים)א(– א"ה עיין בשער ל"ד פרק ב' בהגהת השמש.
349

השמ"ש]א[– נ"ב צריך עיון, איך אפשר דכשהזו"ן שום בקומתם פנים בפנים, הוא שהנה"י דאו"א בז"א, והנה"י דישסו"ת בנוקבא, והלא או"א מלבישים לא"א מהגרון עד החזה, וישסו"ת תחתיהם מן החזה עד הטיבור דא"א, כנזכר בכמה מקומות. ונראה לעניות דעתי שהוא על דרך מה שכתב בכמה מקומות, ובפרט בשער א"א פרק ט"ו]אח"י - דרוש זה לא נמצא בשער א"א, ובעץ חיים שנת עת"ר דרוש זה הוא בשי"ז פ"ח ופי"ט[, כי כשנחלקו מ"ה וב"ן בין ששה פרצופי האצילות, אז אבא לקח חכמה דב"ן וחצי עליון דבינה דמ"ה, ומהם נעשו או"א, ושניהם נקרא אבא לבד, חכמה דאצילות. ואימא לקחה בינה דב"ן, וחצי תחתון דבינה דמ"ה, ומהם נעשו ישסו"ת, ושניהם נקרא אימא לבד, בינה דאצילות. הרי כי או"א עם ישסו"ת, הם זה כנגד זה, ולא זה תחת זה, כי או"א הם חכמה דאצילות, וישסו"ת הם בינה דאצילות, שתמיד הם מכוונים זה כנגד זה כנודע. נמצא, כי בכללות או"א, הם חו"ב דכללות האצילות, ובפרט יש בכללם ישסו"ת, והם פרצוף אמא דכללות. וכן על דרך זה בחצאי פרצופיהן התחתונים, הנקרא ישסו"ת בכללות, המלבישים את א"א מהחזה עד הטיבור. הנה בפרטות גם בהם יש או"א, והם ישראל סבא דכללות וישסו"ת, והם תבונה בכללות כנזכר לעיל. ובזה יובן גם כן ב' בחינות יעקב ולאה, היוצאים אחד מז"א ואחד מנוקבא.
350

בית לחם יהודה ש"ט פ"ב דכ"ח ע"ב – אז הנצח הוד דאו"א הם מוחין לז"א, והנה"י דישסו"ת הם מוחין ונכנסין ברישא דנוקבא. עיין בהגהות השמ"ש והרב יפה שעה ז"ל, שהקשו דהיכי אפשר בהיות זו"ן שויין יחד פנים בפנים, יהיו נה"י דאו"א מוחין לז"א, ונה"י דישסו"ת מוחין לנוקבא, והלא או"א מלבישין לא"א מהגרון עד החזה, וישסו"ת הם תחתיהם, מהחזה עד הטבור. ובפרק ה' דשער כ' כתב וז"ל - אמנם דע כי לעולם אי אפשר שיקחם)הז"א למוחין שלו(אלא על ידי ישסו"ת, כי הם עליונים ממנו, יעו"ש.[ונראה לעניות דעתי כי בזו הקושיא נתקשה רז"ל גופיה, ומשום הכי קאמר הכא - ובזה תבין וכו', כלומר שאין הכוונה על המוחין ממש, משום שאי אפשר להיות נה"י לאו"א מוחין לז"א, ונה"י דישסו"ת מוחין לנוקבא. אלא הכוונה היא על מלבושי הנה"י דאו"א שלקחם הז"א, ועל מלבושי הנה"י דישסו"ת שלקחתם הנוקבא דז"א[. ותרץ השמ"ש ז"ל כי מאי דקאמר רז"ל דאו"א הם מוחין לז"א, הכוונה על נה"י דישראל סבא בלבד, העומד בימין א"א, ולפי שהוא כלול. ממ"ה וב"ן קרי ליה או"א. וכן מה שכתב ונה"י דישסו"ת הם מוחין לנוקבא, הכוונה על נה"י דתבונה בלבד העומדת בשמאל א"א, ולפי שהיא כלולה ממ"ה וב"ן, קרי להו ישסו"ת, יעו"ש. ודבריו תמוהים, לפי עניות דעתי דלפי זה מאי קשיא ליה לרז"ל דאצטריך לומר - ובזה תבין וכו', ותו דהא אחורי או"א ואחורי ישסו"ת דקאי בהו רז"ל הכא, שנתלבשו בהם אורות הזו"ן הם זה למעלה מזה ולא זה לעומת זה. ואחר כך ראיתי באש"ל דף י"ב ע"ב שכתב שכן הקשה גם כן רבי אליהו משען ז"ל בהגהותיו דכתב יד והניח בצריך עיון, יעו"ש. ותו קשה, והא אחוריים דאבא שלקח הז"א הם בחינת אחוריים לעולם הנקודים, שהם ב"ן ולא מ"ה, כי עדיין לא היה המ"ה בעולם, וגם לא נפלו ממנו ח"ו אחוריים דאבא הם דמ"ה, הכי קאמר - ובזה תבין וכו', דמה שייכות יש לזה עם מה שכתב קודם. ועוד קשה כי יעקב הוא נעשה מבחינת האחוריים דאבא דב"ן שנתבטלו, ולא מאחוריים דמ"ה, ותו והא בשער ההקדמות דף

נ"ג ע"ב כתב וז"ל - אבל כאשר הנה"י דחכמה והנה"י דבינה עילאה נכנסין בסוד מוחין בז"א, והנה"י דישראל סבא והנה"י דתבונה נכנסים בסוד מוחין בנוקבא דז"א, אז יהיו זו"ן שוין בקומתם. ואמנם מוכרח שהזכר גובר על הנקבה, אף על פי שהם שוים בקומתם. לכן לקח הזכר נה"י דחו"ב עלאין, ונוקבא לקחה נה"י דישסו"ת תתאין, עד כאן לשונו. הרי מבואר להדיא דישסו"ת הם תתאין מאו"א עלאין, ואינם זה כנגד זה, וצריך עיון. והרב יפה שעה ז"ל תרץ, והוא כי אי אפשר להיות זווג או"א או ישסו"ת אם לא שיהיו נכללים אבא עם ישראל סבא, ובינה עם התבונה, הנזכר בפרק ח' דאו"א, ובריש פרק ב' דשער י"ז, יעו"ש. והנה הזווג דחול יורדים או"א ונכללין בישסו"ת, ונקראים גם הם ישסו"ת,)כמבואר בריש פרק א' דשער ט'ו בד"ה וזווג זה, יעו"ש(וזה בחול. וכמו כן בשבת אף על פי שעולין זו"ן כל אותן העליות, הנה כבר קדמה להם עליית הישסו"ת בכל אותן העליות, כנזכר בפרק ה' דשער כ' ואם כן כל הזיווגים והמשכת המוחין לזו"ן בשבת הוא על דרך האמור שיורדים או"א למטה ונכללין בישסו"ת, בכל מקום ומקום מאותן העליות, ואין זו"ן מקבלין מוחין שלהם כי אם על ידי ישסו"ת, והם הם דברי רז"ל האמורים בפרק ה' דשער כ' הנזכר. אמנם לעתיד לבוא יהיה התכללות הזה באופן אחר, והוא שעולין ישסו"ת למעלה במקום או"א, ויכלל ישראל סבא באבא, ותבונה בבינה, ויהיה הזווג נעשה על ידי או"א עלאין, וימשכו המוחין לזו"ן מלובשין באו"א עלאין, ולא יהיו ישסו"ת מפסיקין בין או"א לבין הזו"ן, לפי שהישסו"ת הם עומדים באחורי או"א. וזהו מדרגה השביעית שעדיין לא היתה בעולם, ודרושינו זה קאי על לעתיד לבוא, ואפשר שאז שם למעלה במקום או"א עלאין יהיו הזיווגים כפולים, זווג דאו"א וזווג ישסו"ת העומדים באחורי או"א, ומזווג דאו"א יורדים המוחין מלובשין בנה"י שלהם לז"א, ומזווג דישסו"ת יורדין המוחין מלובשין בנה"י שלהם לנוקבא. זהו תוכן דברי הרב יפה שעה ז"ל, יעויין שם בבאורו. והנה אף על פי דאין להקשות להרב יפה שעה אמאי הוצרך לפרש התכללות הנזכר על לעתיד לבוא, ולא על זמן הבית, עם שגם בזמן הבית היה זווגא שלים, שעולים הישסו"ת ונכללין באחורי או"א עלאין, או אפילו אחר החורבן שנכללים או"א למטה, הנה גם הישסו"ת הם עומדים באחורי או"א באין הפרש, היינו טעמא לפי שבזמן הבית לא היו נכללין כל אחד בשעת הזווג בלבד, אבל אחר הזווג קודם שיכנסו המוחין בז"א, חוזרים ונפרדים או"א וישסו"ת זה מזה, כמו שמבואר בדברינו בפרק ח' דאו"א ד"ה ואז הוא הזווג, יעו"ש. ואם כן יהיו הישסו"ת מפסיקין בירידתם בין הז"א לאו"א עלאין, אבל לעתיד לבוא אין או"א וישסו"ת נפרדין אחר הזווג לפי דעתו, ולכן אין הישסו"ת מפסיקין בין הז"א לאו"א. מכל מקום עדיין דברי רז"ל קשים לפירושו, והוא כי מאחר שכתב רז"ל הכא דזו"ן הם שוין יחד פנים בפנים וכו', אם כן מוכרח הוא שהז"א יהיה עומד בצד ימין דא"א, והנוקבא בצד שמאל דא"א, כמבואר בפרק ב' דשער ל"ד סוף כלל י"ד, יעו"ש. ולפי זה ראוי שלעתיד לבוא יכנסו בז"א מוחין דאבא וישראל סבא העומדים בימין א"א, ובנוקבא יכנסו מוחין דבינה ותבונה שבשמאל דא"א, ורז"ל כתב דבז"א נכנסין מוחין דאו"א, ובנוקבא נכנסין מוחין דישסו"ת, כי מטעם זה הוצרך השמ"ש ז"ל לפרש דאו"א שניהם הם בימין א"א וישסו"ת שניהם בשמאל א"א. ועוד קשה לפירושו, והוא כי מאחר שהישסו"ת הם עומדים באחורי או"א, אם כן כשלוקה הז"א מוחין דאו"א והנוקבא מישסו"ת, אם כן יהיה סדר עמידת הזו"ן כסדר עמידת או"א עם ישסות, ואם כן תהיה הנוקבא עומדת באחורי הז"א, והיאך מזדווגין הזו"ן ביחד, וצריך עיון גדול. לכן נראה לעניות דעתי דהכא סביר ליה לרז"ל כדסבר בסוף פרק ג' דשער י"ז, דא"וא עלאין הם מזדווגין עם ישסו"ת הנקראים אימא, יעו"ש. ואם כן יהיו או"א בזמן הזווג עומדים בימין דא"א וישס"ות עומדים בשמאל א"א, ובזה יבוא הכל על נכון. ועיין עוד בדברינו בפרק ד' דשער י"ד בד"ה כי לא מצינו זווג וכו'. ועוד מצינו ראינו דאבא מתלבש בז"א והבינה בנוקבא, כמבואר בפרק ז' דשער או"א, שכתב שם וכשמתלבשין חו"ב דאבא לתת מוחין לז"א דאבא כנודע, ודאי שההחכמה מתלבש ורוכב על הז"א עצמו, הנעשה כסא לו, והבינה דאבא רוכבת ומתלבשת על המלכות דז"א וכו', יעו"ש. ואם כן גם הכא מתלבשין או"א עלאין בז"א, וישסו"ת בנוקבא.

ע"ח ש"י'ז פ'"ג מ"ב דפ'"ה ע'"א – אחר כך פרצוף דאבא, הוא חכמה, כלול ממ"ה וב"ן, **שהוא אבא ואימא**, והכל פרצוף אחד, בסוד והבן בחכמה. ויש לו פרצוף אחד בת זוגו, נקרא בינה, נכללת ממ"ה וב"ן, **שהוא ישסו"ת**. ושניהן פרצוף אחד. וכל זה הפרצוף הוא בת זוגו לפרצוף העליון דחכמה. אחר כך הפרצוף דז"א כלול ממ"ה וב"ן, ויש לו פרצוף אחר, בת זוגו, הנקראת מלכות, הכולל מ"ה וב"ן, וכל זה הפרצוף הוא בת זוג, לפרצוף העליון שהוא ז"א. **ואם כן אל תתמה** אם ז"א כלול ממ"ה וב"ן, וכן נוקבא, כי כך חו"ב כל פרצוף מה כלול ממ"ה וב"ן הנזכר לעיל, **והבן זה מאד.**

אימא דכללות, או בינה, ומפני שאו"א עילאין הם בחינת הזכר בערך ישסו"ת **הם** לבושי ה**מוחין לז"א** שהוא בחינת הזכר בערך לנוקבא, וכן **הנ**ה"י **דישראל סבא ותבונה** הנקראים אימא דכללות בערך אבא דכללות, ומפני שישסו"ת הם בחינת נוקבא בערך או"א עילאין, **הם** נעשים לבושי ה**מוחין** לנוקבא דז"א,

ונכנסים ברישא דנוקבא.

[352] **גם תבין** [353] **מה שאמרנו שכשהיו** ז"א ונוקבא דז"א בבחינת **פנים בפנים** וקבלו מוחין מאו"א עילאין, וישסו"ת, **אז** [354] **יוצאין** [355] **שני בחזינות יעקב, אזור בז"א** מהארת [356] יסוד דאבא

352

יפה שעה)א(— גם תבין, מה שאמרנו שיש ב' בחינות יעקב, אחד בז"א, ואחד בנוקבא, כי האחד הוא מאבא, והשני הוא מן ישראל סבא כו'. פירוש כמו שכשנה"י דאו"א מתלבש בתוך יסוד דאימא, מסתיים בחזה דז"א, ויסוד דאבא שהוא יסוד הזכר והוא ארוך, יוצא מיסוד דאימא ומתפשט כולו תוך התפארת יסוד דז"א, ועטרת היסוד שלו תוך יסוד ז"א כנודע, ומהארת היסוד דאבא שבגו גופא דז"א, מב' שלישי התפארת ולמטה, יוצא יעקב לפניו דז"א. כן כשנה"י דישסו"ת מתלבשים בנוקבא, כשהיא שוה אל ז"א גדולה כמוהו, יסוד דתבונה מסתיים בחזה שלה, ויסוד דישראל סבא שהוא ארוך מתפשט תוך גופא עד סוף היסוד שבה, ומהארת היסוד דישראל סבא שבגו גופא, מב' שלישי התפארת שלה ולמטה, יוצא בחינת יעקב שני מלפניה, כמו שהיה עובדא וגדול המעשה בשבעים שנה דגלות בבל, שהיו נה"י דישסו"ת מתלבש בנוקבא, והוציאה את מרדכי, כנודע מדרושי רז"ל בענין הפורים. אלא שקשה, שהרי שם לא יצא מרדכי אלא מהארת היוצאה מסוף היסוד שבה, כמו שכתבו רז"ל שם. וצריך לומר ששם עדיין לא היתה שיעור קומתה כל כך גדול שוה אל זעיר אנפין, לכך יצא למטה.

353

תרשים ב – ל"ו.

354

בית לחם יהודה ש"ט פ"ט דכ"ח ע"ג — אז יוצאים ב' בחינות יעקב, אחד בז"א, ואחד בנוקבא. פירוש שיוצא בחינת יעקב מהארת יסוד אבא המתלבש בז"א מחזה שבו ולמטה. ויוצא גם כן יעקב שני מהארות יסוד ישראל סבא המלובש בנוקבא מחזה שבה ולמטה)יפה שעה(, והוא הדין שיוצאים גם כן ב' בחינות לאה, הנעשים ממלכיות דבינה ותבונה, המתלבשין אחד בז"א, ואחד בנוקבא. ועיין מה שהקשה בהגהות השם"ש האחוריים דאו"א מהם נעשה התפשטותות הנזכר לקמן בפרק ג', ובעת התיקון חזר התפשטותות הנזכר להתאסף למעלה למקומו וכו', יעו"ש. וכלומר ואם כן כבר נתקנו אחוריים דאו"א, ואין יוצא מהם בחינת יעקב, והניח בצריך עיון. ונראה לתרץ במה שכתב רז"ל בספר הליקוטים פרשת יתרו דף ע"ב סוף ע"ג וז"ל - והנה יעקב הוי מאור יסוד דאבא, הנכנס בתוך ז"א, והכלי הם האחוריים דאבא שנפלו בתוך שבירת הכלים, ואבא עצמו הוא המעלה אותם האחוריים שלו שנפלו, כי היסוד דאבא כשיורד בתוך ז"א, עולים לקראתו האחוריים שלו, כי הוא אורו ממש המלבישים אור של יעקב, יעו"ש. ומדקאמר שנפלו בתוך שבירת הכלים וכו', מבואר מזה שבחינת יעקב הוא נעשה מבחינת האחוריים דאבא שהיו מלובשין בסוד מוחין בשבעה מלכים, ונפלו עמהם לבי"ע, ואינו נעשה מהאחוריים דאבא שנפל באצילות.

355

שער ההקדמות, דרוש בסדר ירידת ז' מלכים ונפילתם וירידת האחוריים דאו"א ואיך נעשה הכל ביחד דכ"ב ע"א — גם זהו סוד אחד שנתבאר אצלינו במקום אחר, כי יש שתי בחינות, כל אחת נקרא יעקב, והם יעקב אחד בז"א, ויוצא מבחינת אבא. ויעקב שני בנוקבא, ויוצא מן בחינת ישראל סבא.

356

ע"ח ח"ב של"ז פ"א מ"ת דנ"ח ע"ב — וכבר נתבאר לעיל שבאלו האחוריים לא נזכר בהם מיתה, כי נשארו בעולם אצילות, מה שאין כן הז"ו"ג, וזה שאמרו רז"ל)ג'(נובלות)הן(, נובלות חכמה של מעלה, תורה. גם במסכת דמאי אמרו - נובלות תמרה. פירוש הענין, כי הנה אבא הוא נקרא חכמה סתם דאצילות, ומן אבא

עילאה המתלבש מהחזה דז"א ולמטה, הנקרא אבא בערך אימא עילאה, **ועוד יעקב אזוד בנוקבא** הנקרא[357] גם מרדכי, והוא[358] מהארת יסוד דישראל סבא המתלבש בנוקבא דז"א מהחזה שלה ולמטה, הנקרא אבא בערך אימא, שהם

נפלו אחוריים שלו למטה, במקום הנוקבא של אצילות כנזכר לעיל, והנה יעקב הוא תורה שבכתב, הנעשה מן אחוריים הנובלות מן החכמה העליונה, שהוא אבא, כמו שנבאר בע"ה. ולהיות שהם דינים קשים ומרים, כי הם אחוריים החיצונים שבכולם באו"א, ולכן נקרא נובלת התמרה, לשון מרירות ודינין קשין. או ירצה פירוש אחר, יובן בפסוק - תורה צוה לנו משה מורשה, **כי חכמה זאת הוא בחינת כלי יסוד דאבא, המלובש תוך תפארת דז"א, ומכח האורות שיוצאין ונופלין ממנו מחוץ אל ז"א, שם הוא עושה בחינת יעקב, הנקרא תורה.** וזה סוד תורה צוה לנו משה הוא בחינת יסוד אבא, המתפשט תוך ז"א כמבואר אצלנו, והוא אשר הוציא לחוץ את התורה, שהוא בחינת קהלת יעקב, שבו מתקבצין ונקהלין האורות היוצאין מיסוד אבא לחוץ, ונעשין בחינת פרצוף יעקב.

357

שער הכוונות, ענין פורים, דרוש א' דק"ט ע"א – ולהיות כי ענין מרדכי ואסתר היה בסוף השבעים שנה של גלות בבל כנודע, לכן אז כבר בימיהם התחיל ענין תיקון זו"ן כדי לחזור אפין באפין, ויגאלו ישראל. וענין התחילה זו היא ענין הדורמיטא שנעשה אז בימיהם, וזה סוד הצרה העצומה שהיתה אז לישראל, אשר עליו נאמר והנה אימה חשיכה גדולה כו', ואמרו רז"ל - חשכה זו גלות מדי, שהחשיך עיניהם של ישראל. וענינו הוא לפי שאז היה ז"א בסוד הדורמיטא..... ...ולהיות כי הדורמיטא ההיא היא לטובתן של ישראל, כדי שתתנסר הנקבה מאחוריים, ויחזרו פנים בפנים, ויגאלו ישראל, ויבנה בית המקדש....... ...והנה אף בזמן הדורמיטא אין הנקבה ישנה, כי אז מסתלקין המוחין מן ז"א, ונכנסין בנקבה כדי להבנות ולתקן פרצופה, כדי שתוכל לחזור אפין באפין, כנודע בענין דרוש השופר של ראש השנה. ובהכרח יש הארה והשגחה זו על ישראל מצידה, **וענין אותה הארה היתה ענין מרדכי הצדיק,** כמו שנבאר בע"ה..... ואז השם יתברך ברחמיו האיר הארת נוקבא העליונה, והיא גדולת מרדכי ואסתר, ועל ידם נושעו ישראל מן הצרה הגדולה ההיא כמו שנבאר, וזה ענין מרדכי והארתו. דע כי הנה בזמן הדורמיטיא דז"א, לא בלבד יוצאין המוחין דז"א מצד נה"י דאימא, ונכנסין בנוקבא רחל בהיותה אחור באחור, אלא)אף(גם המוחין דבנה"י דאבא, בסוד ויבן הוי"ה אלהי"ם את הצלע, דא אבא ואימא. ונמצא כי כמו בהיותם המוחין ההם תוך ז"א היו יוצאים מהם שני הארות לחוץ, ומבחינת הארת המוחין דאבא יוצא יעקב מצד פנים דז"א, ומבחינת הארת מוחין דאימא יוצאת רחל מצד אחוריו. גם עתה יוצאות מרחל נוקבא דז"א שני הארות אלו.... ...והוא כי הנה בהיותם תוך ז"א היה היסוד דאימא נשלם בחזה דז"א, והיסוד דאבא שהוא יותר ארוך כנודע, היה נשלם בסיום היסוד דז"א ממש, ולא היה יוצא מחוץ ליסוד כלל. אבל עתה בהיותם המוחין תוך הנקבה, אשר היסוד שלה נוקביי קצר, מוכרח הוא שהיסוד דאבא יתפשט, ויצא מחוץ ליסוד נוקבא ולחוץ, ותתגלה הארתו בגילוי גמור לגמרי. ונודע כי מה שהיה מתלבש ביסוד דז"א הוא בחינת העטרה של היסוד דאבא, שהוא בחינת המלכות דאבא, ואין ספק כי הארה זו הנגלית ממלכות דאבא היא הארה גדולה עד מאד. והנה שורש נשמת מרדכי היתה מן ההארה ההיא, ולכן על ידו היתה תשועת ישראל בזמן ההוא, וזה נרמז בשם מרדכי ממש, שאמרו רז"ל שהוא לשון מורא דכיא, מ"ר דכ"י, והוא תרגום מר דרור, גם נקרא מור עובר. והענין הוא כי ההארה הגדולה ההיא היא מר דרור זך ונקי בתכלית, העוברת מפי יסוד דנוקבא ולחוץ, וזה סוד פרוש וידי נטפו מר כו' עובר. ובזה תבין מעלת מרדכי שעלה לבחינת מלכות, ומשנה למלך, וזה סוד הפסוק - ומרדכי יצא מלפני המלך בלבוש מלכות תכלת וחור ועטרת זהב גדולה, **והמשכיל יבין כל פרטי הפסוק זה,** ענין יציאה זו **מלפני המלך היא רחל,** ועטרת זהב גדולה, מצד עטרה יסוד דאבא, ולכן נקרא גדולה, כי החסד והחכמה נקרא גדולה, בסוד הגדול הגיבור והנורא. **גם המעמיק ישכיל היותו משבט בנימין,** ודי בזה.

358

שער הכוונות, דרושי ראש השנה, דרוש ח' דצ"ח ע"ג – והנה נתבאר כי בתרדמת ז"א, עלו המוחין שבו על ראשו בסוד אור מקיף. ואמנם יש חילוק בזה, כי שנים המוחין הזכרים, שהם חכמה ועטרא דחסד, אלו נשארו בסוד אר מקיף על ז"א. אבל תרין מוחין נוקבין, שהם בינה ועטרת דגבורה נסתלקו עם הנה"י דאימא לגמרי, ולא נשארו עליו אפילו בסוד אור מקיף. ואלו נכנסו תוך רישא דנוקבא להגדילה, בעוד שהז"א ישן, בסוד ויבן הוי"ה אלהי"ם את הצלע, וכמו שנתבאר בדרוש הנסירה, ובברכת המפיל חבלי שינה כו', ועיין שם היטב. ובדרוש ראשון דחג הסוכות נתבאר יותר בביאור, ובדרוש פורים יבואר כי גם המוחין ונה"י דאבא

או"א תתאין, [359] **כי** [360] יעקב **האחד שהוא במוזוין דז"א, הוא** נעשה ב**יסוד אבא ואימא** עילאין, ויעקב **השני שהוא** [דמ"ב ע"ב 83] **במוזוין דנוקבא, הוא** נעשה ב**מיסוד ישראל סבא ותבונה.**

הרב ז"ל כדרכו בקודש **מערבב סוגיות**, זאת כדי להעלים ולהסתיר את דברי קודשו. כאן הרב ז"ל מערבב את הסוגיה דזו"ן [361] הגדולים, שהם נקראים ישראל ורחל הגדולה, או לאה הגדולה, והם מ"ה וב"ן דז"א, ושניהם באותו גודל, רק שישראל בצד ימין דז"א, ולאה הגדולה בצד שמאל. עם הסוגיה של זו"ן, שהם ז"א ונוקבא דז"א הנקראת רחל עקרת הבית. **וצריך לדעת כי** [362] שבעה מדרגות יש לנוקבא דז"א, ומעולם לא היו הבחינות של ז"א והנוקבא דז"א עומדים

נכנסים בנוקבא, ונעשים בה שני הארות אחרות, **יוצאות ממנה יעקב מלפניה**, ורחל אחרת מאחוריה, יעיין שם.
359

איפה שלימה, שער הנקודים פ"ח די"ב ע"ב)ט"ז(– כי האחד הוא מאבא וכו'. נ"ב **השמ"ש** צריך עיון, כי האחוריים דאו"א מהם נעשה התפשטות הנזכרת לקמן בפרק ג', ובעת התיקון חזר התפשטות הנזכר להאסף למעלה במקומו כבראשונה, במקום ג"ר, ומבחינת האחוריים דיסו"ת יצאו בחינה אחת של יעקב ולאה עד כאן לשונו. וכתב הרב אליו מני בהגהותיו כתב יד וז"ל - נראה לעניות דעתי שצריך עיון, זה כבר נתיישב על פי מה שכתב בדיבור שלפני זה, וכמו שכתב הוא עצמו בסוף הדיבור שלפניו, ובזה יובן גם כן וכו', ולא כתב זה אלא לחזק הפירוש שכתב למעלה. ועוד נראה לי שצריך עיון, זה אין כאן מקומו וצריך להיות לעיל באמצע הלשון שלפניו, קודם תיבת ונראה לעניות דעתי, אחר תיבת בכל מקום, ודוק, עד כאן לשונו.
360

מבוא שערים ש"ב ח"ב פ"ו ד"ט ע"ב – ולפעמים כשהז"א פנים בפנים עם נוקבא, שהיא רחל, שוים בקומתם, **אז לוקחת נוקבא המוחין שלה שלא על ידי ז"א בעלה**, אמנם לוקחת ממש מוחותיה, מלובשים בתוך נה"י דישראל סבא ותבונה. ולפעמים כל אחוריהם שלמים, וז"א בעלה לוקח מוחותיו על ידי התלבשותם תוך אחוריים העליונים דאו"א. **ונמצא יוצאים שתי יעקב, אחד מאבא בז"א, ואחד מישראל סבא בנוקבא דז"א.**
361

תרשים ב – ל"ז.
362

ע"ח ח"ב של"ו פ"א מ"ב דנ"ה ע"א – והנה גידול המלכות אינה בפעם אחת, רק בזמנים הרבה נתקנת ונתגדלת מעט מעט מעט כנזכר לעיל. ונבאר עתה באורך כללותן, אף על פי שיש פרטים הרבה. הנה תכלית המיעוט אשר בה אינה פחות מנקודה אחת, כלולה מעשר, שהיא נקודה מלכות האחרונה שבה כנזכר לעיל, ותכלית גידול שלה הוא, שיהיה בה כל העשר ספירות שלה, **ותהיה עם ז"א פנים בפנים, שוה לגמרי, וישתמשו שני מלכים בכתר אחד**, שהוא מה שקטרגה הירח כנודע. והענין הוא כי נודע כי מתתפארת של אימא נעשה כתר לז"א, וכאשר גם היא תעלה עד שם, ויהיה כתר בתפארת של אימא כמוהו, יהיה כתריהן שוין, ויהיו שניהן אחד, כי שניהן יהיו בחינת תפארת דאימא, שהוא ספירה אחת, **ואז לא תצטרך היא לקבל הארתה על ידי ז"א, אלא יהיו שניהן מקבלין הארתן מאימא, כל אחד על ידי עצמו, ולא יצטרכו זה לזה, ויהיו זו"ן שוין במציאותן כדמיון או"א**, כנזכר באדרא - או"א כחדא נפקין וכחדא שריין, וזהו תכלית הגידול שלה, ואז כל העולמות בתכלית התיקון. ואמנם בין זה לזה יש בחינות רבות, ובין כולם הם ארבעה בחינות, וזה סדרן ממטה למעלה. **אחד** - תכלית המיעוט הנזכר לעיל, שתהיה היא נקודה כלולה מעשר, והיא בחינת המלכות שבה, ואז אין לה פרצוף, ואז היא עומדת למטה מהיסוד שלו. **שני** - היותה פרצוף גמור בעשר ספירות, אלא ששיעור קומתה הוא באחור ז"א, מחזה ולמטה, אבל עדיין הארות שלה שיש בחמשה ראשונות של ז"א, כח"ב חסד גבורה לא האירו בארבעה תחתונות שבו, לכן לא נמשכו בה, ולא האירו בה, והבן זה עם הנזכר לעיל. **שלישי** - בהיותה מקבלת אורות שלה מן חמשה ראשונות של ז"א, ואז נגדלת כמוהו, אלא שעדיין כל זה בחינת אורות אחור באחור. והרי הם שלוש בחינות, בבחינת אחור, והטעם שאין ארבעה בחינות באחור הוא, גם כן מפני שאין הכתר ניכר כי אם בפנים, ולזה שלוש בחינות באחור. עוד יש ארבע בחינות, בבחינת

באותו גובה, ר"ל הכתר שלו כנגד הכתר שלה, והחכמה שלו כנגד החכמה שלה, וכו', עד[363] זמן ביאת משיח במהרה בימינו, ויהיו שני מלכים משתמשים בכתר אחד.

ואזו[364] זו"ן הגדולים[365] הנקראים ישראל ולאה הגדולה **הם** נקראים **שני המאורות הגדולים, לא היא** הנוקבא **גדולה ממנו, ולא הוא** ז"א **גדול ממנה, ואינם צריכין זה לזה**

פנים בפנים, והם אלו. **אחד** - שתהיה היא פרצוף שלם פנים בפנים, אלא שבשיעור קומתה הוא מחזה ולמטה דז"א, ועדיין אורות שלה דבחינת פנים שיש בחמשה ראשונות של ז"א, לא נמשכו להאיר בה. והנה בחינה ראשונה שהוא שתהיה גם כן בחינת נקודה אחת כלולה מעשר כנגד היסוד, אין כאן מקום פנים בפנים, ונתבאר במקום אחר בפירוש תפלת השחר, בברכת אבות. **השני** - הוא החמשה ראשונות של ז"א האירו בה מלמעלה, אבל עדיין היא מהמחזה ולמטה, ואז הוא יורד בנצח שלו, והיא עולה בהוד שלו, בבחינת שם בוכ"ו, והוא כופף קומתו, ומזדווג שם עמה. **השלישי** - שתהיה גדולה כמוהו שיעור קומתו פנים בפנים, ותקבל האורות של חמשה ראשונות שם בהיותה היא למעלה עמהם. ואמנם עדיין היא אינה מקבלת אורותיה אלא באמצעית ז"א, והכתר שלו יהיה גדול מכתרה, כי הוא יותר גדול וגבוה למעלה מכתרה. נמצא שהמלכות שבה אין לה בן זוג כנגדה בזכר, כי היא למטה מן היסוד שלו, לכן היא צריכה לו שהמלכות שבה היא למטה מכל שיעור קומתו, ואז צריכה היא לקבל על ידיו, ואז המלכות שלה אין לה בן זוג, ונתעלה עד היסוד שבה עצמה, ונכללין יחד שם בסוד הכללות כנודע אצלינו, ואז תוכל לקבל מן היסוד של ז"א. ונמצא כי בבחינה זו יש בה פרצוף תשע ספירות שבה עליונות לבד, כי העשירית שבה נכללת ביסוד שבה, ואז גם כן הכתר שלו גבוה מכתרה. **הרביעי** - שתהיה גם היא משמשת בכתר אחד כמותו, ומקבלת אורותיה מאימא עצמה, שלא על ידי ז"א, דמיון או"א, ותהיה שלימה בכל עשר ספירות, וזהו תכלית הגידול שלה.

363

ע"ח ח"ב של"ו פ"ב דנ"ו ע"ד – ואחר כך כאשר נבנה בית ראשון, על ידי שלמה, נתוסף עוד בה בחינה אחרת, והיא כי בין בשבת בין בחול, לעולם היתה עמו פנים בפנים בחינה ששית. אמנם הבחינה **שביעית** שהוא היות שני מלכים משתמשין בכתר אחד כנזכר לעיל, לא היתה כך לעולם, עד לעתיד לבוא, ואלו היה כן בבית ראשון, לא היתה אומה ולשון שולטת בנו כלל עוד.

364

בית לחם יהודה ש"ט פ"ב דכ"ח ע"ד – ואז הם שני המאורות הגדולים לא היא גדולה ממנו ולא הוא גדול ממנה ואינם צריכים זה לזה כלל. כל לשון זה אינו לא באוצרות חיים ולא בשער ההקדמות דף כ"ב ריש ע"א, אמנם הוא נזכר בספר מבוא שערים דף ט' סוף ע"א. ותימה באיזה מדרגה משבעה מדרגות הנוקבא קאי הכא, אי במדרגה ששית שכתרו גדול מכתרה, אם כן הוא גדול ממנה, ועדיין היא צריכה לקבל על ידי הז"א, כמבואר בפרק ב' דשער ל"ו. ואי קאי על מדרגה השביעית שהוא היות ב' מלכים משתמשים בכתר אחד, הא מבואר שם שלא היתה כן לעולם, ועד עד לעתיד לבוא, יעו"ש. ובפרקין דהכא לא קאי על לעתיד לבוא.

365

רחובות הנהר ד"ז ע"ד – ונתחברו ו"ק שהם ז"א דמ"ה, עם ו"ק שהם ז"א דב"ן, ונכללו אלו באלו, ונתלבשו אלו באלו, והלבישו לתנה"י דא"א מהטיבור ולמטה, מכל צדדיו, פנים ואחור, **ונקראים זו"ן הגדולים**. כי ו"ק דב"ן נקרא רחל הגדולה, מלכות שבגופו, ולפעמים נקראת בשם לאה, ובכללותם נקראים ז"א, וו"ק דמ"ה נקרא אותיות עצמם ממש, וו"ק דב"ן נקרא בחינת חשבון דאותיות דז"א. וכן נתחברו מלכות נוקבא דזעיר אנפין דמ"ה, עם מלכות נוקבא דז"א דב"ן, ונכללו אלו באלו, ונתלבשו אלו באלו, והלבישו לתנה"י דזו"ן הגדולים, ואלו נקראים יעקב ורחל, ובכללותם נקראים נוקבא דז"א. וכשנמשכים צלמי המוחין מאו"א לזו"ן, **הנה הצלם דמוחין דאבא נמשך ומתפשט בו"ק דמ"ה, הנקרא ז"א דכורא**, והם בחינת אותיות עצמם, **וצלם דמוחין דאימא נמשך ומתפשט בו"ק דב"ן, הנקרא נוקבא דז"א**, והם בחינת מספר וחשבון דאותיות דז"א, וזה בערך ו"ק דמ"ה. אמנם בערך מלכות דב"ן נקראים גם הם בחינת אותיות ממש. ואחר כך יוצא הארת הבינות והגבורות מוחין שנתפשטו בזו"ן, ובונים ומתקנים את יעקב ורחל, כמו שמבואר בכוונת ברכת אבות בע"ה, ואלו יעקב ורחל הם המלכיות הנקראים עטרת היסוד דו"ק דמ"ה ודזו"ן הגדולים עצמם, לא המלכיות דמ"ה וב"ן הנזכרים לעיל, שהם המלך השביעי, כי אותם יש להם בחינת אותיות ומספר, וכמו שמבואר בפרק ז' משער י"ד שער או"א, עיין שם. והם דוגמת בינות דאו"א, וכל אלו הזו"ן הגדולים, עם

כלל[366], אבל נוקבא ז"א הכללית, שהיא רחל עקרת הבית, לעולם לא שוה לז"א, ורק זה יהיה לעתיד לבוא, כאשר הנוקבא תעלה למדרגה השביעית, ושני[367] המלכים יהיו משמשים בכתר אחד, כדוגמת ראש חודש.

אמנם[368] **האחוריים** [369] **של אבא** עילאה שנתבטלו **הם** נפלו **בצד ימין,** שהוא **בחסד דז"א. והאחוריים דאימא** עילאה שנתבטלו **הם** נפלו **בצד שמאל, בגבורה דז"א.** וזה **הדרוש** [דמ"ב ע"ג 84] **יצטרך במקומו** בפרק[370] ג' ופרק[371] ד' דשער זה, ושם יתבאר בע"ה.

הנוקבא שהם יעקב ורחל, הגדולים עם הקטנים, כולם תיקונם נתקן ונעשה על ידי האנשים לבד, וכולם נקראים בחינת דכורא, בערך הנוקבא הכוללת, הנתקנת על ידי הנשים, אשר יש בה כל הפרטות הנזכר לעיל, **ועיין מאד להבין ענין זה היטב.**
366

שער הכוונות, ענין ראש חודש דע"ו ע"ו – גם בזה יתבאר לך ענין משז"ל בענין מיעוט הירח, שלא נתקררה דעתה, עד שאמר לה הביאו עלי כפרה על שמעטתי את הירח, וצדיקים יקראו על שמך. והענין במה שמבואר ענין מיעוט הירח מה עניינו, **והוא כי הנה כשנאצלו זו"ן דאצילות, היו שוים בקומתם ממש, והיו נקראים שני המאורות הגדולים.** ואחר כך נתמעטה הירח, וירדה בבחינת נקודה בראש עולם הבריאה, בהיכל קודש קודשים אשר שם, ושם עומדת הנוקבא תמיד, שלא בשעת התפלה כנזכר לעיל. ....אך על פי שנתמעטה וירדה בהיכל קודש קודשים דבריאה, יש לה תקנה בשעת התפלה דשחרית, כי אז חוזרת היא לחזור ולעלות למעלה באצילות עד נה"י דז"א, ושם תזדווג פנים בפנים עם יעקב, וזה סוד אומרם - צדיקים יקראו על שמך, כי נה"י דז"א הם נקראים צדיקים, והיא תגדל עד שיעור קומתה, ובזה יקראו על שמך. ....לכן אף בזה לא נתקררה דעתה עד שאמר לה הביאו עלי עלי כפרה, **עלי דייקא,** ר"ל כי עתידה היא בכל ראש חודש לעלות עד הכתר שלו, לחזור כקדמותה, להיות שם **שני המאורות הגדולים שוים בקומתם,** בתפלת מוסף דראש חודש כבתחלת אצילותה.
368

יפה שעה)ב(– ואמנם אחוריים של אבא הם בצד ימין של ז"א, ואחוריים של אימא הם בצד הגבורה דז"א כו'. פירוש, כמו שבמיתת המלכים, כאשר מת מלך החסד, נפלו אחוריים דאבא. ובמיתת הגבורה, נפלו אחוריים דאימא. ונמצא החסד לקח אחוריים דאבא, והגבורה לקחה אחוריים דאימא. כך כעת שמתלבשים המוחין בתוך גופא דז"א, אף על פי שבאים נה"י דאבא מלובש תוך נה"י דאימא, ושניהם מלובשין תוך ז"א, מכל מקום כבר נודע מה שמתחלפין המוחין, בינה וגבורה דאבא נעשה חכמה וחסד דאימא. וחכמה וחסד דאימא, נעשה בינה וגבורה דאבא. ולפי זה כל המוחין דאבא באים בקו ימין, בחסד דזעיר אנפין. וכל המוחין דאימא באים מצד שמאל, בגבורה דז"א, והשבירה והתיקון הכל הולך על דרך אחת.
369

בית לחם יהודה ש"ט פ"ב דכ"ח ע"ד – אמנם האחוריים של אבא הם בצד ימין. חוזר על דבריו הראשונים וקאי על עיקר נפילת האחוריים איה הוא מקום נפילתם, כמבואר במבוא שערים דף ח' ע"ד וז"ל - וכאשר מת התפארת וכו', אז נגמרו אחוריים ליפול לגמרי, ונמצא אחורי או"א עלאין יושבים פה למטה באופן זה, כי אחורי אבא יושבין בקו ימין, במקום שהיה חסד דז"א, שהוא מלך השני, ואחורי אימא במקום שהיה מלך השלישי, שהוא גבורה דז"א, כנודע כי או"א היו בסוד קוים כנזכר לעיל, יעו"ש.
370

וְהִנֵּה[372] יתבאר לקמן[373] כי הג"ר דנקודים יצאו בסוד קוים, והשבעה תחתונות יצאו בסוד חד סמכא, וכאשר נשברו ומתו הכלים דשליש עליון דתפארת והחסד והגבורה דנקודים, אחוריים דאו"א עילאין ירדו למקום חג"ת דנקודים, כאשר אבא עילאה בצד ימין, שהוא בחינת החסד, ואימא עילאה בצד שמאל, שהוא בחינת הגבורה, **וְכָאן בְּמָקוֹם הַזֶּה הוּא מְקוֹם יְרִידַת וּנְפִילַת** הכלים **אֲזֹורֵי אוֹ"א** עילאין **שֶׁאָמַרְנוּ לְעֵיל**, שֶׁנִּתְבַּטְלוּ וְיָרְדוּ בִּגְבוּל[374] עולם **הָאֲצִילוּת עַצְמוֹ** אבא עילאה בצד ימין, ואימא עילאה בצד שמאל, **כִּי אַף עַל פִּי שֶׁהַכֵּלִים דז"א נִשְׁבְּרוּ** וירדו לעולמות בי"ע, **עִם**[375] **כָּל זֶה הָאוֹרוֹת דז"א נִשְׁאֲרוּ**

ע"ח ש"ט פ"ג מ"ת דמ"ג ע"ד – ולכן הוצרכה **הבינה להתפשט דרך קו שלה שהוא צד שמאלי** עד מקום הראוי להיות אחר כך מקום הגבורה האמיתי, אחר התיקון......ואז הוצרכה כלי **החכמה להתפשט דרך קו ימיני** עד מקום הראוי להיות חסד האמיתי אחר התיקון....
371

ע"ח ש"ט פ"ד מ"ת דמ"ד ע"ב – ועתה צריך שנבאר מה היה ענין התפשטות הנזכר לעיל, **שנתפשט חכמה ובינה דרך שני קוין**, ימין ושמאל, **עד מקום החסד וגבורה כנזכר לעיל**. והענין הוא כי היה על ידי (אותן) כח האחוריים דאו"א, שנפלו עד מקום חסד וגבורה, ואלו הם הבחינות שנתפשטו דרך הקוין והלבישו.......
372

מבוא שערים ש"ב ח"ב פ"ו ד"ח ע"ג – וכאשר מת התפארת, והתחיל למות ולהסתלק האור משליש הראשון עד החזה, ירדו כללות החמשה חסדים והגבורות דשני היסודות דשני מלכיות דאו"א עילאין, ונגמרו אחוריהם ליפול לגמרי, ונמצאו אחורי או"א עילאין יושבין פה למטה. באופן זה, כי אחורי אבא יושבים בקו ימין, במקום שהיה חסד דז"א, שהוא מלך השני. ואחורי אימא, במקום שהיה מלך השלישי, שהוא גבורה דז"א, כנודע כי או"א היו בסוד קוים כנזכר לעיל פ"ו מחלק א', ובכח היות אלו האחוריים שנפלו עד פה, זהו בחינת הכלי החדש שעשו או"א שנתפשטו עד פה. ועלו שם אחר כך אור החסד והגבורה כנזכר לעיל בפרק ה', והתפשטות ההוא הוא עצמו בחינת האחוריים האלו שנפלו עד שם, ולא נפלו יותר למטה, כי שם נגמרה נפילתם, בעת מיתת החסד והגבורה ושליש התפארת, ולכן נשארו שם. ונתעלמו אחר כך ונתלבשו אורות חסד גבורה בשני האחוריים האלו, וגם אורות הנצח וההוד כנזכר לעיל בפרק ה', אלא שהכל למעלה במקום החסד והגבורה, **והבן זה היטב.**
373

ע"ח ש"ט פ"ג מ"ת דמ"ב ע"ד – והנה לטעם זה עצמו היה גם כן שינוי אחר בין ג"ר, שהם כח"ב, אל השבעה מלכים התחתונים, כי הג"ר יצאו בקצת תיקון בראשונה, **והוא כי כאשר יצאו בראשונה נתפשטו כסדר ג' קוין**. מה שאין כן **שבעה תחתונות שיצאו זר למטה זו**, וזה שכתוב באדרא רבא – עד אימת ניתב בקיימא דחד סמכא, ר"ל נתקן התיקון שהוא דרך קוין, אבל קודם שהיו זה על גבי זה, הוי קיומא דחד סמכא.
374

כרם שלמה ש"ט פ"ב אות י"ב – והנה כאן במקום הזה הוא מקום ירידת ונפילת אחורי או"א שירדו באצילות עצמו. ר"ל שלא תחשוב שירדו עד סוף האצילות, **כמו האורות דז"א**, שבתחילה ירדו עד סוף האצילות. כמו אור הדעת במקום המלכות וכו', וכן אל תחשוב כי כמו שהכלים דזו"ן נשברו וירדו לבריאה, ונשארו יחידים גוף בלא נשמה שלימה, כך האורות שלהם שנשארו באצילות, נשארו אורות פשוטים בלי לבוש. **אלא לפי שעה נתלבשו באלו האחוריים דאו"א שנתפשטו עד כאן**, עד זמן התיקון של הכלים שלהם, שעלו מן הבריאה, ואז נתלבשו בלבוש הגמור שלהם. ואל תחשוב כי דווקא אור החסד ואור הגבורה דווקא נתלבשו באלו האחוריים דאו"א, מפני שעד החג"ת נתפשטו האחוריים דאו"א, ולא גם כן האורות דנצח והוד. לכן כתב כל **קו החסד דז"א באחורי אבא.** ר"ל אור החסד ואור הנצח, וזהו כל קו החסד, ולא כתב חסד לבד, אלא **קו החסד**, **וכאלו כתב קו הימין.** וכן **כל קו הגבורה מלובש באחוריים דאימא.** ר"ל אור הגבורה ואור ההוד דז"א.
375

בזמן התיקון **מלובשים**[376] **באלו האזוריים דאו"א עילאין. כל**[377] **קו הַחֶסֶד דז"א** שהם האורות דחסד ונצח דנקודים, **באזורי אבא** עילאה. **וכל קו הַגְּבוּרָה** שהם האורות דגבורה והוד דנקודים, **מלובש באזוריים דאימא.** **ויש**[378] להוסיף כאן, כי בקו האמצעי התפשט[379] אחורי הנה"י של הכתר דנקודים, ובו נתלבשו האורות דתפארת, דעת, יסוד ומלכות. **והַבֵן הַקְדָמָה זו מאד,** שתתבאר בב"ה פרק ג' דשער זה.

הרב ז"ל כבר[380] ביאר את בחינת המלכים דמיתו, כאן הרב ז"ל מבאר היכן בתורה הקדושה נרמזו נפילת אחוריים דאו"א עילאין וישסו"ת. וכבר נתבאר כי השבעה מלכים שמתו נזכרו בתורה רק הארבעה מלכים שמם ושם אביהם, ושאר המלכים לא נזכר שם אביהם, כל זאת לרמוז שבמיתת המלכים האלו נפלו ארבעה האחוריים של או"א עילאין וישסו"ת. ולכן מוזכר בתורה את שם המלך עם שם אביו רק שהתחילה בו נפילה, או אם הוא הגורם והפועל בנפילה של אביו לחוד, או בסיום הנפילה. ולכן מזכיר בתחילה את **בלע בן בעור,** שהוא בדעת דנקודים, וממנו מתחילה הנפילה וביטול האחוריים דאו"א עילאין, ואחריו את **יובב בן זרח,** שהוא גרם לביטול אחורי אבא, ואחריו הזכיר את **הדד בן בדד,** שבו מסתיימים נפילת אחוריים או"א עילאין, וגם תחילת נפילת אחוריים דישסו"ת. ובסוף הוא מזכיר את **בעל חנן בן עכבור,** שהוא במלכות, שבו אחוריים דישסו"ת גמרו ליפול. **צריך לדעת** כי[381] יש מלכים שנזכר גם שם מקומם, אך הוא לא לענין הסוגיה בפרקין, ויתבאר במקומו ב"ה.

בית לחם יהודה ש"ט פ"ב דכ"ח ע"ד — עם כל זה האורות דז"א נשארו מלובשים. פירוש נשארו בזמן התיקון מלובשים.
376

תרשים ב – ל"ח.
377

בית לחם יהודה ש"ט פ"ב דכ"ח ע"ד — כל קו החסד וכו'. מבואר בהרב יפה שעה ז"ל.
378

ע"ח ש"ט פ"ד מ"ד דמ"ג ע"ב — ולכן רצה המאציל העליון המשיך והגדיל את כלי הכתר, אשר לא נשבר כנודע, ונמשך דרך קו האמצעי כמו שנבאר, כי הג"ר כבר היו מתחילה בציור ג' קוין, ונמשך דרך קו האמצעי עד מקום התפארת, עד אמצעיתו לבד, שהוא עד הטיבור לבד. **ואז עלה אור התפארת ונעלם תוך כלי הנזכר לעיל של הכתר,** שנתפשט עד מקומו.... והנה בעלות אור הדעת במקומו למעלה, אז הגדיל הכלי של הכתר, ונמשך עד נגד מקום סיום כל התפארת, ואז חצי התחתון של אור התפארת שעלה למעלה כנזכר לעיל חזר עתה לרדת במקומו האמיתי כבתחלה, **וסבת הגדלת כלי הכתר היה לסבת אור הדעת שנתלבש בו והגדילו,** וגם כי הנה הדעת הוא כולל כל הו"ק והוא נשמה להם כנודע...ואז יצא היסוד ונכנס בכלי שלו, ומלך במקומו, ונשבר, **ועלה האור דרך קו האמצעי ועלה עד מקום דעת העליון...**ואחר כך יצא אור המלכות למלוך בכלי שלה, ומלכה שם, ונשברה, **ואז האור שלה עלתה גם כן בדעת, דרך קו האמצעי.**
379

ע"ח ש"ט פ"ד מ"ד הגהה למהרח"ו ז"ל דמ"ד ע"ב - נראה לעניות דעתי דעתי חיים. כי מה שנתפשט מהכתר, הוא הנה"י שלו, שגם הם נפלו.
380

כרם שלמה ש"ט פ"ב אות י"ג — מה שכתב **ונחזור** לפרש וכו'. מפני שלעיל בשער הנקודות פרק ד' כבר פירש אלו הפסוקים, והם בענין מיתת שבעה המלכים, איך נרמזו באלו הפסוקים של וישלח. אבל עכשיו הוא חוזר עליהם, מפני שרוצה לפרש ולרמוז אחורי או"א גם כן באלו הפסוקים. ולזה כתב **ונחזור** דייקא פעם אחרת, והוא כדי לרמוז רמז אחורי או"א גם כן.
381

וְנַחֲזוֹר לְפָרֵשׁ את הפסוקים של **פָּרָשָׁה שֶׁל וַיִּשְׁלַח בְּעִנְיָן וְאֵלֶּה הַמְּלָכִים** אשר מלכו בארץ אדום, כִּי[382] **הִנֵּה נִתְבָּאֵר אֵיךְ יָרְדוּ אַרְבָּעָה אֲזוֹרַיִּם דְּאוּ"א** עילאין וישראל **סָבָא וּתְבוּנָה,** לסיבת מיתת המלכים דנקודים, שגרמו לביטולם של אחורי או"א עילאין וישסו"ת. **וּלְכָן**[383]

תרשים ב – ל"ט.

382

כרם שלמה ש"ט פ"ב אות י"ג – ומה שכתב **כי הנה נתבאר איך ירדו ארבעה אחורים** וכו'. ר"ל כי הם ירדו בסיבת מיתת השבעה מלכים, והם גרמו לירידת אחוריים הארבעה האלו, לכן נזכרו ביטול האבות עמהם.

383

יפה שעה)א(– ולכן תמצא כי באלו המלכים, לא נזכרו בכולם שמות אבותם, רק בארבעה שבהם, והם בלע בן בעור, ויובב בן זרח, והדד בן בדד, ובעל חנן בן עכבור. גם תמצא שינוי אחר, כי אפילו באלו הארבעה לא נזכרו שמות אבותיהם, רק בעת המלוכה יע"ש. ואני אפרש כי היכי דלא תקשה לך, ראשון בלע בן בעור שהוא הדעת, מצד שהיה ממשיך חסדים לדעת דאבא, אף על פי שגם היה ממשיך גבורה לדעת דאימא, מצד האב הזכיר הכתוב שם האב. יובב בן זרח, הוא החסד, והוא היה ממשיך כל החסדים לגופא דאבא, ושפיר הזכיר שם אביו. חשם הוא המלך השלישי גבורה דז"א, והוא היה ממשיך הגבורה לגופא דאימא, הילכך לא נזכר, דלבית אבותם כתיב, כמו שכתב רז"ל. הדד בן בדד הוא המלך הרביעי, והוא התפארת, ונזכר שם אביו, אי משום כללות החסדים שממשיך ליסוד דאבא עילאה, אי משום החסדים שממשיך בדעת דישראל סבא. ושמלה הוא המלך החמישי, והוא הנצח והוד, דתרוייהו חד גופא נינהו, כמו שכתב רז"ל, ואף על גב שבמלוכת הנצח, היה ממשיך החסדים לגופא דישראל סבא, והיה צריך להזכיר שם אביו, ומה בלע שהוא הדעת, והדד שהוא התפארת, אפילו שהיו ממשיכים הגבורה לדעת דאימא וליסוד דאימא ותבונה, מצד מה שהיו ממשיכים גם לאביהם, יחסם על שם אביהם, הנצח שאינו ממשיך אלא החסדים לגופא דישראל סבא לבדו, אינו דין שהיה צריך להזכיר שם אביו. ואפשר שהוא על דרך מה שכתב רז"ל, בהדי הוצא לקי כרבא, וגרע טפי חד מלך שאינו אלא פלג גופא, אף על פי שיפה כחו להמשיך החסדים שלמים לישראל סבא, ממלך שלם שהוא הדעת והתפארת, דאיכא תרתי לטבותא, שהם מלכים שלמים בגופם, והיו ממשיכים החסדים לאבא ולישראל סבא. ושאול מרחובות הנהר, הוא היסוד, והוא היה ממשיך כללות החו"ג ליסודות דישראל סבא. ובעל חנן בן עכבור, הוא המלך השביעי. והוא המלכות, והזכיר שם אביו, יען היה מושך כללות החסדים דישראל סבא. ואם תאמר והלא שאול מרחובות הנהר הוא היסוד, והוא היה ממשיך כללות החסדים ליסוד דישראל סבא קודם המלכות, וטפי היה לו להזכיר שם האב דיסוד, כי הוא זכר. צריך לומר שהיסוד והמלכות הכל אחד, שהיסוד הוא הממשיך כללות החו"ג, והמלכות כללות דכללות כנודע, ונמצא שניהם כאחד טובים, מלאכה אחד עשויה בין שניהם. ובחר עוד להזכיר שם האב במלכות, יען כי זאת המלכות רומזת לארבע מלכיות, כמו שכתב רז"ל, כי באבא ואימא עלאין לא נרמז המלכות שלהם, יען מלכות דישסו"ת הוא העיקר, בהתכלל אבא ואימא ויששו"ת בשני פרצופים. תמצא כי שאול מרחובות הוא בחינת היסוד דישסו"ת לבד, אבל בעל חנן בן עכבור כולל ארבע מלכיות, ומצד אבא וישראל סבא, הזכיר שם האב במלכות יותר מביסוד. ודע שאחי וראשי כמוהר"א מנשה נר"ו, כאן היה מקשה, איך כתב רז"ל שבשבעת המיתה לא נזכר שם אביהם, והרי מקרא מלא דיבר הכתוב, וימת בעל חנן בן עכבור, הרי הוזכר בזה גם בשעת המיתה. ועוד, מאי שנא המלך הזה שהוזכר שם אביו בשעת המיתה יותר מאחרים. ולעניות דעתי נראה שהמבותא הוא שאביהם אלו הם אבא ואימא בכללות יששו"ת, והם אשר הולידום והמציאום, ומבטן מי שהיא אימא יצאו למלוך, ולא מבעיא האורות, אלא גם הכלים שלהם, כתב רז"ל לעיל בפרק א' דנקודים שכלים דכתר וחכמה הם אשר הולידו והוציאו כלים של שבעה תחתונות, ובין באורות בין בכלים של כל שבעה מלכים הם ביניהם דאבא ואימא, אמנם עיקר ושורשם הוא מאורות אח"פ הוא עולם העקודים, כמו שכתב רז"ל בשערים דלעיל באורך וברוחב, עד שאין צורך להביא לשונו ז"ל. גם נודע מה שכתב רז"ל בשער העקודים פרק ה', בנותנו טעם לשבח, למה נשבר כלי המלכות אחר שלא נכנס בה שום אור יתר זולתי אור הנוגע לחלקה, וז"ל - וטעם הדבר הוא, מה שהודעתיך למעלה, כי בעקודים כאשר חזרו האורות שנית ליכנס בכלי שלהם, לא נכנסו ממש בכליהם רק כו', ונשאר כלי המלכות ריקן, אשר לסיבה זו נקרא המלכות אספקלריא דלית לה נהורא כו'. הנה כיון שכל אלו המלכים של הנקודים

תמצא כי באלו המלכים[384] לא נזכרו בכולם שמות אביהם, רק בארבעה בלבד, והם בלע[385] בן בעור, יובב[386] בן זרח, ובעל[387] חנן בן עכבור, והדד[388] בן בדד.

יש קושיה גדולה כאן, והיא כי הרב ז"ל מבאר כי כאשר ארבעת המלכים האלו מתו, לא נזכר במיתתם שם אביהם, אלא רק שמם. עם כל זאת המלך בעל חנן בן עכבור, שהוא בחינת המלכות דנקודים, נזכר שם אביו גם במיתתו, כמו[389] שכתוב - וימת בעל חנן בן עכבור וימלך תחתיו הדר. דעת האש"ל והרנ"ש היא כי מדובר בהארה דאחוריים דאו"א וישסו"ת שנפלו עם הכלים דשבעה המלכים לבי"ע ולקליפות, בסוד במוחין[390], שהם סוד י"א סמני הקטורת, לכן נרמז מות בעל חנן בן עכבור עם שם אביו, כי הזכרת שם אביו היא ירידת הארת האחוריים דאו"א וישסו"ת עם שבעה

נעשו מהסתכלות העין בעקודים כנזכר לעיל, לכן כיון ששם היה חסר אור בחינת המלכות מן הכלי שלה, גם זה הכלי של המלכות דנקודים היה חסר, ולא יכלה לקבל האור שלה ונשבר, עיין שם. נמצינו למדים מדברי רז"ל, שהמת שהמלכות עיקרא ושורשה חוצבה ממקום גרוע, גרמא לה להישבר, אמור מעתה שלכך הוזכר שם האב במיתת המלכות, מה שלא הוזכר במלכים הראשונים בשום אחד מהם, לאשמועינן אביה העיקרי והשורשי שלה גרם לה מיתתה.
384

איפה שלימה, שער הנקודים פ"ח די"ב ע"ב)י"ז(– לא נזכרו שמות אבותיהם וכו'. בהגהות אוצרות חיים כתב יד נ"ב וז"ל - אי אפשר, הרי כתיב וימת בעל חנן בן עכבור. ואפשר לומר כי כיון שהוא אחרון ואז נשלמו לירד אחורי או"א, לכן נזכר במיתתה שם אביו, עד כאן לשונו. וכן הקשה יוס"ד ז"ל בגליון ע"ח וז"ל יוס"ד - צריך עיון דהא כתיב וימת בעל תנן בן עכבור, ואפשר להוראת מלכות דישסו"ת, כמו שכתוב לעיל סוף פרק א', עד כאן לשונו. ולא הבנתי כוונת הרב יוס"ד ז"ל, דאם כוונתו לומר לרמוז לנו על מלכות דישראל סבא שירדו אחוריים שלה, הלא די לנו במה שהזכיר שם אביו בזמן המלוכה כמו ג' מלכים הראשונים שהזכיר שם אביהם בזמן המלוכה, כדי לרמוז על ביטול אחוריים דאו"א ולמה בבעל חנן הזכיר שם אביו גם בזמן המיתה. והנראה לעניות דעתי לתרץ והוא, כי נודע שמלבד ארבע אחוריים דאו"א שנשארו באצילות, עוד יש בחינת אחוריים דאו"א וישסו"ת שהיו מוחין לשבעה מלכים, וירדו עמהם לבי"ע, כמבואר במבוא שערים שער הקליפות פרק א' דף ל"ה ע"ד, יעוין שם בדבריו. ועל אותם הבחינות שירדו עם המלכים לבי"ע, כתב שם אביו של בעל חנן גם בזמן המיתה. והוא לפי שאחוריים דאו"א נקראים ישסו"ת, כמו שכתב בשער הנקודים במ"ב שבסוף פרק א', יעו"ש. והנה הישסו"ת נקראים מלכיות דאו"א כמו שכתוב בפרק ו' משער או"א יעו"ש. לכן נרמזו אחוריים דאו"א, אשר נעשו מוחין לשבעה מלכים, וירד עמהם לבי"ע במלך השביעי שהוא מלכות בשם אביו בזמן המיתה, לפי שגם בחינת אחוריים אלו ירדו מעולם לעולם, ולכן רמז גם כן בזמן המיתה.
385

בראשית ל"ו ל"ב – וימלך באדום **בלע בן בעור** ושם עירו דנהבה.
386

בראשית ל"ו ל"ג – וימת בלע וימלך תחתיו **יובב בן זרח** מבצרה.
387

בראשית ל"ו ל"ח – וימת שאול וימלך תחתיו **בעל חנן בן עכבור**.
388

בראשית ל"ו ל"ה – וימת חשם וימלך תחתיו **הדד בן בדד** המכה את מדין בשדה מואב ושם עירו עוית.
389

בראשית ל"ו ל"ט – וימת בעל חנן בן עכבור וימלך תחתיו הדר ושם עירו פעו ושם אשתו מהיטבאל בת מטרד בת מי זהב.
390

הגהות הרמ"ז והרנ"ש אות ק"ח – נראה לעניות דעתי נתן, שעל דרך זה מתורץ כל מה שהקשיתי לעיל, כי מה שנשארו תוך הקליפות מאחורי או"א וישסו"ת, הוא מה שנתלבשו בהם הו"ק, והוא הארה דאחוריים בלבד, שנפלו עם השבעה תוך הקליפות. אבל מה שנשאר באצילות הוא העיקר הארה ועצמות אחורי או"א וישסו"ת והבן זה.

המלכים לבי"ע ולקליפות. דעת הגוב"י היא[391] כי מדובר במלכים הנזכרים בספר דברי הימים, שהם המלכים של הנקודה החמישית, שהיא[392] הנוקבא, ושם לא מוזכר שם אביו של בעל[393] חנן במיתה.

גָּם תִּמְצָא שִׁינּוּי אַזֵר כִּי אֲפִילוּ בְּאֵלּוּ אַרְבָּעָה מלכים לֹא נִזְכַּר שֵׁם אֲבִיהֶם, רַק בְּעֵת הַמְּלוּכָה, וְלֹא בְּעֵת הַמִּיתָה[394], כְּמוֹ שֶׁכָּתוּב - וַיִּמְלֹךְ בְּאֱדוֹם

391

דברי הימים א' א' מ"ג - נ' – ואלה המלכים אשר מלכו בארץ אדום לפני מלך מלך לבני ישראל בלע בן בעור ושם עירו דנהבה. **וימת בלע** וימלך תחתיו יובב בן זרח מבצרה. **וימת יובב** וימלך תחתיו חושם מארץ התימני. וימת חושם וימלך תחתיו הדד בן בדד המכה את מדין בשדה מואב ושם עירו עיות. **וימת הדד** וימלך תחתיו שמלה ממשרקה. וימת שמלה וימלך תחתיו שאול מרחבות הנהר. **וימת בעל חנן** וימלך תחתיו הדד ושם עירו פעי ושם אשתו מהיטבאל בת מטרד בת מי זהב.

392

ע"ח שי"ז פ"ג מ"ב דפ"ה ע"א – גם תירוץ אחר כמו שכתוב שם בנשא קכ"ב בפירוש, **כי שבעה מלכים היו בא"א**, ושבעה מלכים בז"א, ושבעה מלכים בנוקבא. ואם כן השבעה הנזכרים לעיל, ר"ל השבעה שבכל בחינה מהשלושה אלו, **אם כן גם בא"א היו בו השבעה מלכים קדמאין**, בששה קצוות שלו, ובאו השבעה אחרים דמ"ה לתקנם, וכן בז"ו"נ.

מבוא שערים ש"ה ח"א פ"י הגהת הצמח דמ"א ע"ב – מכאן שהמלכים שמלכו ומתו בשבוע ראשונה של בריאת העולם כנודע, ולכן מת **הבל**, **בלע** המות לנצח, שהרי אם מהם בחינת המיתה, כמה מתו עד זמן וישלח יעקב, אלא שהיה מלכותם ומיתתם בשבוע ראשונה, שהרי מהם ומבירורם נבראו כל הנשמות ומלאכים וכל הדברים כנודע, אלא שנכתב עניינים בוישלח יעקב, להודיענו שהם מלכים **דז"א** הנקרא יעקב וישראל כנודע, והמלכים דדברי הימים **דנוקבא**.

דעת ותבונה לרי"ח פ"ח דמ"ב ע"ג – כתב מורנו הרב זלה"ה בספר מבוא שערים ש"ב ח"ג פ"ו וז"ל - אחר שנתבאר בפרקים ענין השבעה מלכים הנזכרים, נבאר עתה עוד כי זה המקרה שקרה אל שבעה מלכים האלו של **כללות עולם הנקודים**, **גם קרה בפרטות**, והוא כמו שכתב בש"ג ח"א פ"א וח"ב פ"א ענין העשר ספירות שהם מקוריות, ושרשים אל כל האצילות, שהם העשר ספירות דא"א עם עתיק יומין, המתחלקים כח"ב בא"א, וחג"ת בז"א, ונה"י בנוקבא. **ולכן שלושה פעמים היה ענין ביטול שבעת מלכים, אחד בארֶיך. שני בז"א. שלישי בנוקבא**, והענין הוא כי כאשר יצא בתחילה **בחינת הא"א** קודם התיקון הנה הג"ר שבו יצאו יותר מתוקנות קצת, להיותם שלשה ראשונות חשובות כאחד, על דרך הנזכר בחלק א', ויכלו לקבל האור שלהם, **אכן בצאת השבעה תחתונות שבארֶיך מן הבינה שבו, שהיא אם הבנים, לא יכלו לקבל האור שלהם ונתבטלו**. וזהו השבעה מלכים שמלכו בארץ אדום היא הבינה דא"א, ונקראת ארץ אדום דא"א, ודינין דדינין מינה מתערין, בכל בחינת בינה בכל מקום שהיא. וכן אחר כך **בצאת ז"א** כלול מעשר ספירות, הנה הג"ר שבו יכלו לסבול האור ולא נשברו, וכאשר יצאו מן הבינה שבו השבעה תחתונות שלו, לא יכלו לקבל האור שלהם ונשברו ומתו, והרי הם שבעה מלכים שניים, מז"א. וכן אחר כך בצאת **נוקבא דז"א** יצאו הג"ר, וכאשר באו לצאת השבעה תחתונות שבה, לא יכלו לסבול האור ומתו, והרי הם שבעה מלכים שלישיים מנוקבא דז"א. וכולם מלכו בארץ אדום היא הבינה שבכל אחד מהם. וזהו ענין שנזכר שלש פעמים דרוש אלו המלכים באדרת נשא, כנגד שלשה פעמים שנתהווה מציאותם. גם לכן נזכר שני פעמים בתורה ענין ואלה המלכים, אחד בפרשת וישלח, ואלה המלכים וכו', **והם המלכים דז"א, כנודע כי התורה היא בחינת ז"א**. והשני בדברי הימים **והם המלכים דנוקבא דז"א, כי כתובים הם בנוקבא כנודע**. אמנם המלכים של א"א לא נזכר כלל בתורה, כי גבה ממנה כי התורה היא בז"א, וכמו שכתוב באדרא דף ק"ל ע"א - שמא דעתיקא סתים מכלא ולא נתפרש באורייתא בר אתר חד וכו'.

393

דברי הימים א' א' נ' – וימת בעל חנן וימלך תחתיו הדד ושם עירו פעי ושם אשתו מהיטבאל בת מטרד בת מי זהב.

394

בֶּלַע בֶּן בְּעוֹר, ולא כתיב וימת בלע בן בעור, רק[395] בלע סתם, וכן **בִּשְׁאָר שְׁלֹשָׁה מְלָכִים** שנזכר רק שמם במיתתם, והם יובב[396], הדד[397], וכמו שנתבאר לעיל כי בעל[398] חנן נזכר שמו ושם אביו במיתתו בפרשת וישלח, עם כל זאת בספר[399] דברי הימים מוזכר רק בעל חנן בלי שם אביו במיתתו.

וְהָעִנְיָן שכתוב רק בארבעה המלכים האלו שמות אבותיהם בעת מלוכתם **הוּא לְהוֹרוֹת כִּי אַרְבָּעָה בְּחִינוֹת אֲחוֹרַיִים** התבטלו **וְיָרְדוּ בֶּן הָאָבוֹת** שהם או"א עילאין וישסו"ת, **וְלֹא יוֹתֵר, וְלֹא יָרְדוּ** הכלים של האחוריים שלהם **עִם בְּנֵיהֶם** לבי"ע **כְּנִזְכָּר לְעֵיל**, אלא[400] רק המוחין המתלבשים בכלים שנשברו ומתו, וירדו לבי"ע, **וְכֵיוָן שֶׁלֹּא מֵתוּ** הכלים דאחוריים של **אָבוֹת**, רק היה בהם **בִּיטוּל בְּעָלְמָא** ונשארו האחוריים דאו"א עילאין וישסו"ת בגבול עולם האצילות, **לָכֵן**[401] **לֹא הוּזְכְּרוּ**

הַגָּהוֹת וּבִיאוּרִים)א(— אמר נתן קשה, וניחו ספר תורה ונחזי שהזכיר בעל חנן בן עכבור, שם אביו במיתתו. אמנם האמת יורה דרכו שבדברי הימים אשר מזכיר מלכים כמו כאן בתורה, ושם לא הזכיר שם אבא בעת מיתה. וכוונת הרב שכתב כאן שבעת מיתה לא נזכרו שמות אביהם, כוונתו כמו שיוזכרו בדברי הימים, ומה שכתוב בתורה שם אביו דמלך, זה בעת המיתה. נראה לעניות דעתי להורות שיש בחינת אחוריים דנה"י דאו"א שמתו ממש כמו השבעה מלכים, כמבואר לקמן בסוד י"א סמני קטורת, נראה לעניות דעתי נכון וברור בלתי ספק. עד כאן מע"ח כתב יד הנזכר לעיל, והובא במבוא שערים.

395
בראשית ל"ו ל"ג — **וימת בלע** וימלך תחתיו יובב בן זרח מבצרה.

396
בראשית ל"ו ל"ד — **וימת יובב** וימלך תחתיו חשם מארץ התימני.

397
בראשית ל"ו ל"ו — **וימת הדד** וימלך תחתיו שמלה ממשרקה.

398
בראשית ל"ו ל"ט — **וימת בעל חנן בן עכבור** וימלך תחתיו הדר ושם עירו פעו ושם אשתו מהיטבאל בת מטרד בת מי זהב.

399
דברי הימים א' א' נ' — **וימת בעל חנן** וימלך תחתיו הדד ושם עירו פעי ושם אשתו מהיטבאל בת מטרד בת מי זהב.

400
מבוא שערים ש"ו ח"ב פ"א דנ"ו ע"ד — ואל תתמה איך מאו"א וישסו"ת היו קליפות, כי זהו מבחינתם מה שמתלבשות בזו"ן למטה, **להיות להם מוחין**, ובאותה הבחינה נחשבת כזו"ן ממש.

401
שפת אמת ש"ט פ"ב אות ד' די"א ע"א — ולכן לא הוזכרו האבות בעת המיתה, אבל להורות שגם בהם היה ביטול הוזכרו בעת המלוכה, עד כאן. ותימה במלך הנצח שהוא שמלה, היה ראוי יותר לכתוב שם אביו, לפי שהוא ביטול אחורים ישראל סבא במיתתו, ממה שיכתוב בבלע בן בעור, שהוא מנע ההסתכלות לבד מאו"א במיתתו. ואף על גב שנצח הוד במיתתם בטלו אחוריים דישסו"ת, והם כלולים במלך אחד, שהוא שמלה ממשרקה, מכל מקום היה לו להזכיר שם אביו, משום צד הנצח דלמשפחותם לבית אבותם כתיב, וצריך עיון.

בעֵת המיתה האבות, רק הבנים לבדם, אבל[402] להורות שׁגם בהם היה ביטול לכן הוזכרו האבות שהם או"א עילאין וישסו"ת בעֵת המלוכה.

ואם[403] תשאל הרי זֹשם שהוא מלך השלישי שהוא הגבורה דנקודים, היה ראוי להזכיר בו שם אביו כמו הדעת והחסד דנקודים שנזכר בהם שם האבא שלהם, הרי המלך השלישי גרם לירידת אחוריים דאימא עילאה, ולכן היה צריך לכתוב פלוני בן פלוני ר"ל[404] חשם בן פלוני, שֶׁהרי נתבאר לעיל כי המלך השלישי הוא המעורר בעת המלוכה שלו התפשטות גְּבורה דאימא, וגם הוא[405] המבֻטל (נ"א ביטול) אזוריים שלה בעֵת מיתתו כנודע.

ויש[406] לומר כי[407] אין הבן נקרא אלא על שם אביו, כמו שכתוב[408] למשפחותם לבית אבותם, וכיון שֶׁהוא ר"ל המלך השלישי, שהוא חשם לא ביטל רק אזוריים דאימא, ולכן

402

בית לחם יהודה ש"ט פ"ב דכ"ח ע"ד – אבל להורות שגם בהם היה ביטול לכן הוזכרו האבות בעת המלוכה. מבואר מדבריו שעיקר זכר האבות היא על הוראת ביטולם, ולא על המשכת החו"ג. והנה בלע ויובב הם בטלו אחורי הדעת והגוף דאבא, אבל חושם אף על פי שביטל אחורי אימא, לא נזכר שם אמו, כי אין דרך להזכיר האם ביחוס. והדד שהוא התפארת נזכר שם אביו, לפי שבמיתתו נגמרו אחורי או"א ליפול, וגם נפלו אחורי הדעת דישסו"ת. ושמלה ממשרקה הוא נצח והוד, ולפי שנצח והוד הם תרי פלגי גופא, והוד שבו הוא ביטל אחורי התבונה שהיא נקבה, לא נזכר שם אביו. ושאול הוא היסוד דישסו"ת, ולפי שבמיתתו לא נגמרו אחורי הישסו"ת ליפול אלא עד שנשברה המלכות, משום הכי לא נזכר שם אביו. ובעל חנן בן עכבור הוא מלכות, וטעם שנזכר אביו, להורות על גמר סיום נפילת האחוריים דישסו"ת, מה שלא היה יכול להזכיר בשאול. ומה שנזכר שם אביו גם בעת הפטירה כתב באש"ל ובהגוב"י אות א' כדי לרמוז על ארבעה אחוריים דאו"א ודישסו"ת שנתלבשו בסוד מוחין בשבעה מלכים, וירדו עמהם לבי"ע, כמבואר במבוא שערים דף נ"ו ע"ד, שהיא היתה מיתה גמורה ממש ולא ביטול.

403

כרם שלמה ש"ט פ"ב אות י"ד – מה שהקשה על **חשם**, שהוא הגבורה, ולא הקשה על השאר השלושה שלא נזכרו, כמו נצח והוד והיסוד, מפני שלא קפיד הרב ז"ל, אלא על המלכים שמעוררים האחוריים דאו"א עילאין, שהם האבות העיקריים. ולא קפדינן על דישסו"ת, מפני שהם ענפים. ולכן הדעת שגרם נפילת אחוריים של הדעת דאו"א עילאין, נזכר שם אביו. וכן החסד שגרם נפילת אחוריים דאבא עילאה, נזכר שם אביו. אבל הגבורה שגם הוא גרם אחוריים דאימא עילאה, לא נזכר שם אביו, דהיינו שם אימא עילאה. לזה תירץ כי אין הבן נקרא אלא על שם אביו.

404

הגירסה באוצרות חיים – **חושם בן פלוני**.

405

ע"ח ש"ט פ"א מ"ת ד"מ ע"ב – ואחר כך מלך מלך השלישי, שהוא גבורה, והמשיך התפשטות החמשה גבורות באימא עלאה)בגופא(. וכשמת, ירד לבריאה, והארבעה מלכים)אורות(ירדו בכלי הרביעי, שהוא התפארת. ואז נפל התפשטות הגבורות ביסוד דאימא)נ"א חמשה גבורות דאימא עילאה שהיו בגופה(, **ונפלו גם האחוריים שלה למטה**, ואז גם כן אימא החזירה אחוריה, והיה אחור דאימא באחור דאבא.

406

אֵין[409] לְהַזְכִּיר הַשֵּׁם פְּלוֹנִי בֶּן פְּלוֹנִית אִמּוֹ, רַק פְּלוֹנִי בֶּן פְּלוֹנִי אָבִיו, [410]וְלָכֵן לֹא הֻזְכַּר שֵׁם אָבִיו, כִּי לֹא בִּטֵּל אַזּוֹרִי אָבִיו, רַק אַזּוֹרִי אִמּוֹ, כִּי הַמֶּלֶךְ[411] זֻשָׁם שהם אותיות חמ"ש, רוֹמֵז לַחֲמֵשׁ לְחֲמִשָּׁה גְּבוּרוֹת דְּהַנּוּקְבָא המתפשטים בחג"ת נ"ה דאימא עילאה, לָכֵן לֹא נֶאֱמַר בֶּן פְּלוֹנִי.

מבוא שערים ש"ב ח"ב פ"ט ד"י ע"א – ואם כן למה לא נזכר שם האב, כמו שנאמר בשני מלכים הראשונים, והלא הוא גם כן מלך השלישי. אך הענין כי אין אומרים פלוני בן פלונית, רק בן פלוני הזכר, על שם האב, **כמו שכתוב למשפחותם לבית אבותם**. והנה חשם רמז אל הנוקבא, שהם חמשה גבורות הנוקבא, לכן לא נאמר בו בן פלונית.
407

תורה לשמה תצ"ט דשנ"ג ע"ד – **שאלה** תלמיד חכם מיוחס, שהיו אביו וזקנו חכמים וגדולי העיר, ויש עוד תלמיד חכם אחר שהוא גדול מזה בחכמה, וגם בשנים, אך אבותיו הם בני אדם פשוטים. איזה עדיף להקדימו הן בחתימה, הן בעליית ספר תורה, הן בהזכרת שמו באיזה מכתב שיהיה, וכיוצא בזה. ובשולחן ערוך יורה דעה לא מצינו שנתפרש יתרון היחס, ולא דבר בזה שם, כי אם שם מפורש יתרון החכמה והזקנה, על כן יורנו מורנו, ושכמ"ה. **תשובה. היחס הוא יתרון גדול**, וקדים על יתרון החכמה והזקנה, וראיה לזה מגמרא דיבמות דף ט"ז ע"א, שאמר רבי יהושע לרבי דוסא, רבי אמור לתלמידך אחר וישב, אמר לו מי הוא, רבי אלעזר בן עזריה, אמר **ויש בן לעזריה חברינו** וכו', תפסו והושיבו על מיטה של זהב. אמר לו רבי, אמור לתלמידך אחר וישב, אמר לו ומי הוא, עקיבא בן יוסף, אמר לו אתה הוא עקיבא בן יוסף ששמך הולך וכו', עיין שם. והנה יידוע שרבי עקיבא הוה קשיש הרבה מרבי אלעזר בן עזריה, יען כי רבי אלעזר בן עזריה בעת שמינהו לנשיא בעובדא דרבן גמליאל ורבי יהושע היה בן י"ח שנה, וכדאיתא בברכות דף כ"ח ע"א, ההוא יומא בר תמני סרי שני הוה, ורבי עקיבא קודם שלמד תורה היה בן ארבעים שנה, ואותו זמן סבר היה מוסמך וגדול, וכמו שכתוב התם בגמרא דברכות, נוקמיה לרבי עקיבא לית ליה זכות אבות, ודילמא עניש ליה רבן גמליאל.....
408

במדבר א' ב' – שאו את ראש כל עדת בני ישראל **למשפחתם לבית אבתם** במספר שמות כל זכר לגלגלתם.
409

כרם שלמה ש"ט פ"ט אות י"ד – הייחוס יתייחס על האבות ולא על האמהות, ולכן הואיל והוא לא גרם נפילת אחוריים דאביו, אלא דאמו, לכן לא נתיחס על שם אמו, ולכן לא נזכר שם אמו, כי אין נקרא יחס על שם האם, ולכן לא נזכר בו שם אמו.
410

איפה שלימה, שער הנקודים פ"ח די"ב ע"ג)י"ח(– בהגהות מהרנ"ש אות ק"ט בע"ח כתב יד, נ"ב יוס"ד לא קשה מירי משום דהווייין חמשה. ובמלכות צריך לכתוב להורות שינוי מלכות דישסו"ת ממלכות דאו"א, כמו שכתוב לעיל. והא דהקשה על חושם, ר"ל ולא בלע, דכיון דכולל החו"ג, עד כאן לשונו. ובשפת אמת בפרק ב' משער השבירה אות ד' הקשה, וז"ל - תימה במלך הנצח שהוא שמלה, שגרם ביטול אחורי ישראל סבא במיתתו, היה ראוי לכתוב שם אביו יותר מבלע, שהוא מנע מנע הסתכלות לבד בא"א במיתתו, ואף על גב שנצח והוד במיתתם בטלו אחוריים דישסו"ת, והם כלולים במלך אחד שהוא שמלה, מכל מקום היה לו להזכיר שם אביו משום צד הנצח דמשפחותם לבית אבותם כתיב, וצריך עיון, עד כאן לשונו.
411

ע"ח ש"ח פ"ד מ"ת דל"ח ע"ד – השם הוא גבורה, כי הוא סוד חמשה גבורות, **ואותיות חשם הוא חמש.** וסופי תיבות חשם מארץ התמני - מי"ץ, וראשי תיבות - חמה. והם סוד הפסוק - כי מיץ חלב יוצא חמה, כי חמה וחמאה הם אותיות שוין, **והם בחינת הגבורות,** שהם דם, ונהפכים בבטן המלאה לחלב, ומן אותו המיץ נעשה חמאה להאכיל התינוק.

לפי השמועה שהמלך הראשון הוא הדעת, אז המלך הרביעי הוא הדד בן בדד, **ובענין**[412] המלך **הדד בן הדד,**

שהוא המלך הרביעי, והוא בבחינת התפארת דנקודים, שנזכר במלוכתו שמו ושם אביו, שעל ידו נפלו ונתבטלו היסודות והמלכויות דאו"א עילאין, בבחינת כללות וכללות דכללות שלהם, ר"ל כללות דחו"ג, וכללות דכללות דחו"ג. וגם המלך הרביעי גרם לנפילת הדעות דישסו"ת.

ועוד[413] סיבה שהמלך הרביעי נקרא בשמו ובשם אביו בזמן המלוכה, ש**נקרא כך לפי שהוא למעלה בבחינת שליש העליון** דתפארת, **מקום הבזה** שהוא **מקום** שני **הדדים, וזהו הדד** שהוא **דד אחד, ובן בדד** הוא דד השני. **וכן אותיות בד"ד פירוש ב' ד"ד, ר"ל דד השני.**

והענין כי כאשר נעריך שאבא עילאה **וישראל סבא נכללין בפרצוף אחד,** [דמ"ב ע"ד 84] **ובינה** שהיא אימא עילאה **ותבונה נכללות בפרצוף אחד, כמו**[414]

412

כרם שלמה ש"ט פ"ב אות י"ד – ומה שנזכר בהתפארת שם אביו, אף על פי שהוא עורר ליסודות דאו"א עילאין, והיסודות אין בהם בחינת אחוריים. אלא מפני באשר הוא שם, שעל ידו נפלו ונתבטלו היסודות והמלכויות, שהם בחינת הכללות דהחו"ג, וכללות דכללות שלהם. וגם נפלו אחורי הדעות דישסו"ת, ועוד דשניהם על ידו, דהיינו על ידי השני שליש נתחתון דתפארת. לכן כאשר נצרף כל זה, ראוי להזכיר בו שם אביו.

413

כרם שלמה ש"ט פ"ב אות י"ד – ועל כל פנים אפילו אם תרצה לומר שעם כל זה לא ראוי להזכיר בו שם אביו, לכן כתב הרב ז"ל - והתפארת נקרא כן **הדד בן בדד** על שם שני דדים הרמוזים בחזה התפארת וכו'.

414

ע"ח שי"ז פ"ב מ"ת דפ"ד ע"ג – ונחזור לענין כי הנה מכח עליית כל האורות הנזכרים לעיל וכללותן למעלה, וכן מכח עליית שני פרקים האמצעיים דנצח הוד דעתיק למעלה, בשני פרקין קדמאין, נוסף שם אור גדול ועצום, ואין בו כח ביסוד דעתיק לסבלו, כי הוא צר מאד, ואז נבקע ונסדק מלמעלה למטה לארכו, ויצא האור לחוץ. **ואז חכמה וישראל סבא העומדין בימין מתחברים, ונעשו פרצוף אחד בלבד. וכן אימא ותבונה שבצד שמאל, נעשו פרצוף אחד לבד.** כי עתה אורות היסוד שוין בענין גילוי בהשוואה אחת, ואין עתה כסוי וגלוי הגורם חילוק פרצופים. ועתה אין שם רק שני פרצופים לבד, אחד מאבא, ואחד מאימא, ושיעורם למעלה מן הגרון עד למטה בטבורא דא"א. **וזכור הקדמה זו** כי בכל פעם שרוצין או"א להזדווג לצורך מוחין לז"א, **נעשה הכל פרצוף אחד לבד לאבא וישראל סבא, ופרצוף אחד לבינה ותבונה,** וזכור זה לכל המקומות שתצטרך להקדמה זו.

שֶׁמְּבוֹאָר בִּמְקוֹמוֹ, כִּי יֵשׁ זְמַנִּים שֶׁמִּתְחַבְּרִין עַל דֶּרֶךְ הַזֶּה. וְהוּא[415] כאשר נבקע

היסוד דעתיק, כנזכר[416] בסידור למרן הרש"ש.

נִמְצָא[417] כִּי כְּנֶגֶד מָקוֹם שְׁלִישׁ עֶלְיוֹן שֶׁל הַתִּפְאֶרֶת דְּז"א, הַנִּקְרָא הַדַּד בֶּן בָּדָד, שֵׁם הוּא כְּנֶגְדָם מְקוֹם הַדַּדִּים שֶׁל הַבִּינָה, וְלָכֵן נִקְרָא שְׁמוֹ הַדַּד עם שם בֶּן בָּדָד,[418] כִּי בְּעֵת מִיתַת הַמֶּלֶךְ זֶה אינו נקרא בן בדד, כי צָמְקוּ דַּדֵי בִּינָה לְהָנִיק את זו"ן, כְּדֶרֶךְ[419] הָאִשָּׁה שֶׁדַּדֶּיהָ צוֹמְקִים בְּמִיתַת הַיֶּלֶד, כי בשבירה והמיתה דכלי התפארת דנקודים, שהוא המלך הרביעי הנקרא הדד בן בדד, נפלו גם כללות חמשה הגבורות שהיו ביסוד דאימא עילאה, שהוא מקום הדדים כאשר פרצופי אימא עילאה ותבונה מתחברים, וידוע[420] כי החו"ג דאימא הם בחינת דם, ומדם[421] זה

<hr>

415

רְחוֹבוֹת הַנָּהָר ד"ז ע"ג – ולפעמים והוא כשנמשכים מוחין דגדלות לזו"ן, **נבקע היסוד דעתיק**, ומתגלין כל החו"ג, ואז נכללים כל השמונה פרצופים הנזכרים, ונעשים שני פרצופים, מהגרון עד הטיבור. וכל זה הוא אחר הפרט האחרון, ואחר שנכללו אלו באלו, ונתלבשו אלו באלו כנזכר בהקדמה.

416

תרשים ב – מ.

417

ע"ח שער הכללים פ"ג ד"ו ע"ד – וסוד החלב הוא שם אהי"ה בבינה כזה, כי אהי"ה דההי"ן פשוט, ומלא, ומלא דמלא, אהי"ה, אל"ף ה"ה יו"ד ה"ה, אל"ף למ"ד פ"ה, ה"ה ה"ה, יו"ד ו"ו דל"ת, ה"ה ה"ה, הם אותיות חלב, עם המלה והכולל. וכבר ידעת כי אהי"ה דההי"ן הוא בדעת ובתפארת, ששם מקום השדיים ודדים, בכל קו כזה אמצעי. גם באופן אחר כי הלא דם נהפך לחלב, והנה הדם הוא אחוריים של שם אהי"ה גימטריא ד"ם, כזה א' א"ה אה"י אהי"ה, ותסיר ממנו ארבע אותיות אהי"ה, וישאר גימטריא חל"ב, שהוא המלוי לבד. וסוד השדיים והדדים הם בסוד ויעבור כו', כי סוד ויעבור - ע"ב מימין, ע"ב מהשמאל, הוי"ה באמצעיתא, וכל זה בבינה, כי היא המנקת. והנה ע"ב ורי"ו הוי"ה גימטריא שד"י, שהוא השדיים, גם נקרא דדים, והם סוד אלהי"ם שבבינה, שהוא א"ל, מימינא מ"י משמאלא, ה' באמצעיתא. תצרף א"ל שבימין עם דד, ויהיה א"ל דד, תצרף מ"י משמאל עם דד, ויהיה מ"י דד, וזה סוד אל"דד ומי"דד מתנבאים במחנה. והנה כאשר אימא היא מניקה לבנים, אז נקראת א"ל שד"י, על שם השדיים המניקים בהם, וכשעולה למעלה ומסתלקת מעל הבנים, שכבר נגמר יניקתם, אז נקראת אימא א"ל עליון גומל חסדים טובים, שאנו אומרים בברכת אבות, וגומל מלשון ויגדל הילד ויגמל, כי נגמרה זמן יניקה.

418

איפה שלימה, שער הנקודים פ"ח די"ג ע"ב)י"ט(– כי בעת מיתת זה המלך וכו'. נ"ב נראה לי שצריך לגרוס כי בעת מיתת זה המלך, אינו נקרא בן בדד, יען כי בעת מיתתו צמקו וכו', הרב עלי נהר בהגהות כתב יד.

419

הגהות הרמ"ז והרנ"ש אות פ"ג – בספר הנזכר שם, והדד בן בדד הוא תפארת, ונקרא ב"ן, כמו שכתוב ח"ב ש"א פ"י, לפי שלפעמים אבא וישראל סבא נעשים פרצוף אחד, וכן בינה ותבונה פרצוף אחד, **ומה שהיה תחלה מקום יסוד דבינה, הוא עתה במקום החזה דבחינת כל הפרצוף, ושם נעשים כל הדדים.** כמא דאתאמר במקום אחר, וזהו הדד בן בד"ד, שני פעמים דד, שהם בחזה דתפארת, וכן אותיות בדד, שני דד, ובמות מלך זה, אי צמקו דדי הבינה, כדרך האשה שדדיה צומקות במות הולד שלה. והם בחינת התפשטות השלישית ביסוד אימא עילאה, כנזכר בפ"ו, שנפלו אז, **אשר הם דם ונעשים חלב**, ועתה צמקו, עד כאן לשונו.

420

נעשה החלב להניק את הולד, ולכן כאשר נשבר ומת המלך הרביעי, ירדו החו"ג דאימא עילאה, שהם בחינת הדם העושה את החלב.

הרב ז"ל לא מבאר כאן את בחינת המלך השביעי דנקודים, שהוא **בעל חנן בן עכבור.**

ע"ח ש"כ פ"ט מ"ב דק"א ע"א – והנה מן זה הנזכר לעיל תבין איך החו"ג שבנה"י דאימא, כולם הם בחינת ב"ן, וכולם הם גבורות, ולכן הם מנצפ"ך כפולות, כי כולם גבורות. והם עשרה דמים שבאשה, חמשה דם טוהר, מהחסדים, וחמשה דם טמא, מהגבורות, ומהם יונקים הקליפות הטמאים, יען הם גבורות דנוקבא, ששם אחיזת הקליפות. גם אפשר כי יש בחינה אחרת והם חמשה גבורות דמ"ה דם טוהר, וחמשה גבורות דב"ן דם טמא.

421

ע"ח ש"כ פ"כ ג מ"ת דצ"ו ע"ב – ולהבין זה, נבאר תחלה מה ענין הלידה, ומי גרם אותה. והענין הוא, כי יש אורות רבות שם בבטן אימא עילאה על ידי העיבור כנזכר לעיל, וזהו גורם שהולד ז"א רוצה לצאת ולהיות, ולהיות פי רחמה צר וסתום, אי אפשר אל הולד לצאת מתוכה. לכן כאשר בא זמן הלידה, שנגמר זמן העיבור, וכבר נתקן ונצטייר העובר, אז בחינת האורות והרוחניות שיש בנה"י דאימא מסתלקין משם, ועולין למעלה בגוף אימא עצמה, במקום שהעובר עומד שם בבחינת עיבור, ואז מתרבים שם האורות, כי הנה יש שם אור של התפארת עצמו דאימא, והאורות של מחצית גוף התחתון שלה כנזכר לעיל, וכל האורות דזו"ן, אשר עומדין שם בסוד העיבור, ואין הבטן שלה יוכל לסבול כל רבוי אורות ההם. ואז האורות של בחינת אימא עצמה, שהם בעל הבית, הם דוחקין את האורות של זו"ן שאינם שלה, שהוא אורחא, ומוציאין אתה לחוץ דרך פי היסוד שלה, ונבקע ונפתח רחמה, ויוצא הולד לחוץ. ונמצא כי עליות והסתלקות אורות דנה"י דאימא מלמטה למעלה כנזכר לעיל הוא לשני תועליות, אחד לצורך הלידה כנזכר לעיל, כי על ידי עלייתן מתרבים שם האורות, ודוחקין את העובר, ומוציאין אותו לחוץ. והשני הוא לצורך המוחין דז"א, כמבואר אצלינו שאינן נכנסים בז"א, אלא אחר היותן מלובשים בנה"י דאימא, ולכן הוצרכו להתרוקן מן האורות שלהם, כדי שיתלבשו במקומם אורות המוחין דז"א, כי שני בחינות האורות שלה ושל ז"א, אי אפשר להיות שם ביחד. והנה כאשר עולין ומסתלקין אורות הנה"י דאימא הם עולין ועומדין בחצי תפארת התחתון דאימא עצמה, שהרי שם הוא מעמד ז"א בסוד העיבור, ודוחקין אותו לחוץ, **ואם כן נמצא שהם עומדין תחת המקום החזה של האימא, ששם עומדין שני דדים של האשה**, והרי הם עושין תועלת שלישית בעלייתן למעלה, כי אז נתוסף הארה גדולה, ובולטין אותן האורות לחוץ, **ונעשים במקום הזה כעין שני דדים**, ונבקעים **ומהם יוצא החלב להניק הולד אחר הלידה**, וזהו סבה וטעם למה אין באיש בחינת שני דדים בולטות כמו באשה. והנה זה נרגש בחוש הראות שתכף **אחר הלידה זב החלב ויוצא דרך הדדים**, מה שאין כן בתחלה, **והנה נודע כי הנה החלב הוא דם מתחלה**, שהיה למטה ברחם שלה, ועלה למעלה משם עד מקום הדדין, **ונהפך לחלב** כי על ידי עליית האורות הנזכרים לעיל, שם למעלה גורם שיתהפך לחלב.

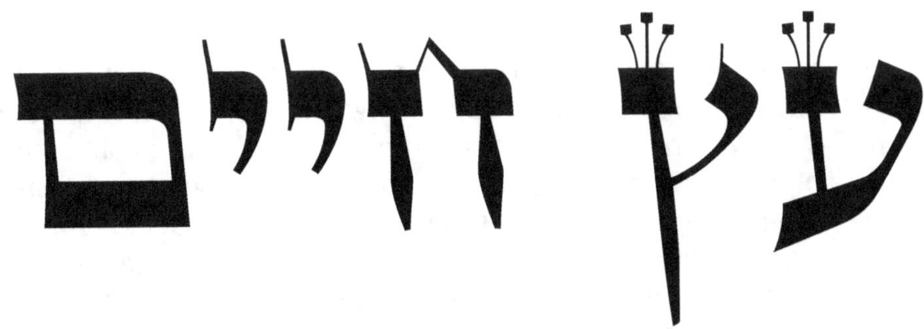

עץ חיים

לרבינו חיים ויטאל

שקיבל ממרן האר"י זלה"ה

שער ט'

שער שבירת הכלים

פרק ב'

חלק התרשימים טבלאות וציורים

שמחת חיים

הקדמה קצרה

דע כי כל התרשימים הציורים והטבלאות, הם אך ורק לשכך את האוזן, ולשבר את העין. וכל הציורים הם לא שלמים.

כתב הרי"ח הטוב ברב פעלים ח"ב בסוד ישרים ה' - אך דע לך כי סדר התלבשות המחצבים שכתב מהרח"ו בשערי קדושה עד עולם הזה שאנחנו עומדים בו. וכן סדר התלבשות הפרצופים אשר בכל מחצב ומחצב, וסדר התלבשות העולמות זה בזה, והיושר והעיגולים, לא איית איניש דכיל למנלע רזא דנא, איך היא עשוי, איך הוא עומד, ולא אפשר לשכל אנושי לצייר כל הנזכר על אמתיתם, ועל בוריין מפני כי שכל האנושי בהיותו עצור ומונח בגוף גשמיי, אי אפשר לי להשיג דבר רוחני, והוא זה דומה לאדם סומא מן הבטן שלא ראה מאורות מימיו, דודאי אי אפשר לו לצייר מראות השמש והירח הנראין לעיני הבריות, וכל שכן מה שיש למעלה למעלה.

וכן כתב ברב פעלים ח"א בסוד ישרים א' - סוף דבר הכל נשמע, ה' אחד ושמו אחד, ואין לו גוף ולא דמות הגוף, ואין לו שום ציור, ותמונה ודמיון כלל ועיקר, וגם כל העולמות וספירות הקדושים למעלה אין להם ציור ודמיון של גופים האלה כלל, ואין מי שיוכל לידע איך הוא עמידתם וסדרם, ואיך עומדים עולמות היושר ועולמות העיגולים, ואיך מתחברים זה עם זה, ואיך נמשך השפע מזה לזה, ואיך הוא תוארם ומראיהם, ואיך הוא מהות השפע המחיה אותם, ומקיים אותם, וכמה הוא שיעור אורכם וגובהן ורחבם, ואיך הם נכללים זה בזה, ומלבישים זה לזה, כי בכל זאת אין שום שכל אנושי יוכל לדעת, ולהבין, ולהשיג, כלל ועיקר.

הרב ז"ל כתב בשער אח"פ תחילת פ"א וז"ל - כבר ידעת כי אין בנו כח לעסוק קודם אצילות עשר ספירות, ולא לדמות שום דמיון וצורה כלל ח"ו, אך לשכך האזן, אנו צריכים לדבר דרך משל ודמיון, לכן אף אם נדבר במציאות ציור שם למעלה, אין הדבר רק לשכך האזן. אמנם דע כי עשר ספירות דאצילות הם שתי עניינים. האחד הוא התפשטות הרוחניות, והשני הוא כלים ואברים אשר העצמות מתפשט בהם. והנה צריך שיהיה לכל זה שורש למעלה לשתי בחינות אלו, ולכן צריכין אנו לדבר בסדר המדרגות מראש עד סוף, והנה נתחיל ונאמר כי הלא הא"ס ב"ה אין בו שום ציור כלל ח"ו כמבואר.

הרב ז"ל כתב בשער תנת"א פ"א - והנה אף על פי שאנו מכנים וקוראים כאן כנויים אלו כגון אדם ראש אזנים וכיוצא אינו רק לשכך האזן לשיובנו הדברים לכן אנו מכנים כנויים אלו במקום גבוה, עד כאן לשונו.

וכן הרמ"ק בפרדס רימונים ש"ו פ"א - וציירו להם המקובלים צורות ביריעות גדולות וקראום אילן. הרב ז"ל כתב בסוף ש"ה פ"ד וז"ל - ואמנם דבר גלוי הוא כי אין למעלה גוף ולא כח גוף חלילה. וכל הדמיונות והציורים אלו לא מפני שהם כך חס ושלום. אמנם לשכך את האוזן לכשיוכל האדם להבין הדברים העליונים הרוחניים בלתי נתפסים ונרשמים בשכל האנושי, לכן ניתן רשות לדבר בבחינת ציורים ודמיונים, כאשר הוא פשוט בכל ספרי הזוהר. וגם בפסוקי התורה עצמה כולם כאחד עונים ואומרים בדבר הזה כמו שאמר הכתוב עיני ה' המה משוטטים בכל הארץ. עיני ה' אל צדיקים. וישמע ה'. וירח ה'. וידבר ה'. וכאלה רבות וגדולה מכולם מה שאמר הכתוב ויברא אלהים את האדם בצלמו בצלם אלהים ברא אותו זכר ונקבה וגו'. ואם התורה עצמה דברה כך גם אנחנו נוכל לדבר כלשון הזה, עם היות שפשוט הוא שאין שם למעלה אלא אורות דקים, בתכלית הרוחניות, בלתי נתפשים שם כלל, וכמו שאמר הכתוב כי לא ראיתם כל תמונה, וכאלה רבות. ואמנם יש עוד דרך אחרת כדי להמשיך ולצייר בה הדברים העליונים, והם בחינת כתיבת צורת אותיות, כי כל אות ואות מורה על אור פרטי עליון, וגם תמונת זו דבר פשוט הוא כי אין למעלה לא אות, ולא נקודה, וגם זה דרך משל וציור לשכך את האוזן כנזכר. ולכן נבאר עתה הקדמה הנזכר על דרך ציור האותיות גם כן ובבחינת ציורים אלו, הן ציור האדם, והן ציור אותיות, שתיהן מוכרחים להבין עניין האורות העליונים, כאשר תראה ספרי הזוהר בנויים על שתי בחינות הציורים האלה, עד כאן לא.

ולכן גם אנחנו הרשינו לעצמינו לצייר ציורים, תרשימים וטבלאות, אך ורק כדי לשכך את האוזן, ולשבר את העין, כדי להבין את הסוגייה.

אח"י

סדר שמות שמות ההיכלות והשערים בעץ חיים

שם היכל	שער	שם השער	א	ב	ג	ד	ה	ו	ז	ח	ט	י	יא	יב	יג	יד	טו
אדם קדמון	א	עיגולים ויושר	א	ב	ג	ד	ה										
	ב	השתלשלות י"ס דרך עגו'	א	ב	ג												
	ג	סדר אצילות למהרח"ו	א	ב	ג												
	ד	אח"פ	א	ב	ג	ד	ה										
	ה	טנת"א	א	ב	ג	ד	ה	ו	ז								
	ו	עקודים	א	ב	ג	ד	ה	ו	ז	ח							
	ז	מטי ולא מטי	א	ב	ג	ד	ה										
נקודים	ח	דרושי נקודות	א	ב	ג	ד	ה	ו									
	ט	שבירת הכלים	א	ב	ג	ד	ה	ו	ז	ח							
	י	תיקון	א	ב	ג	ד	ה										
	יא	מלכים	א	ב	ג	ד	ה	ו	ז	ח	ט	י					
הכתרים	יב	עתיק	א	ב	ג	ד	ה										
	יג	א"א	א	ב	ג	ד	ה	ו	ז	ח	ט	י	יא	יב	יג	יד	
או"א	יד	או"א	א	ב	ג	ד	ה	ו	ז	ח	ט	י					
	טו	זווגים	א	ב	ג	ד	ה	ו									
	טז	הולדת או"א וזו"ן	א	ב	ג	ד	ה	ו	ז								
ז"א	יז	ז"א	א	ב	ג	ד											
	יח	רפ"ח נצוצין	א	ב	ג	ד	ה	ו									
	יט	אנ"ך	א	ב	ג	ד	ה	ו	ז	ח	ט	י					
	כ	המוחין	א	ב	ג	ד	ה	ו	ז	ח	ט	י	יא	יב			
	כא	לידת המוחין	א	ב	ג												
	כב	מוחין דקטנות	א	ב	ג												
	כג	מוחין דצלם	א	ב	ג	ד	ה	ו	ז	ח							
	כד	פרקי הצלם	א	ב	ג	ד	ה	ו	ז								
	כה	דרושי הצלם	א	ב	ג	ד	ה	ו	ז	ח							
	כו	צלם	א	ב	ג	ד											
	כז	פרטי עי"מ	א	ב	ג	ד											
	כח	עיבורים	א	ב	ג	ד	ה										
	כט	נסירה	א	ב	ג	ד	ה	ו	ז	ח	ט						
	ל	פרצופים	א	ב	ג	ד	ה	ו	ז								
	לא	פרצופי זו"ן	א	ב	ג	ד	ה										
	לב	הארת המוחין	א	ב	ג	ד	ה	ו	ז	ח	ט						
	לג	אונאה	א	ב	ג	ד	ה										
נוק' דז"א	לד	תיקון הנוקבא	א	ב	ג	ד	ה	ו	ז								
	לה	הירח	א	ב	ג	ד	ה										
	לו	מעוט הירח	א	ב	ג	ד											
	לז	יעקב ולאה	א	ב	ג	ד	ה										
	לח	לאה ורחל	א	ב	ג	ד	ה	ו	ז	ח	ט						
	לט	מ"ן ומ"ד	א	ב	ג	ד	ה	ו	ז	ח	ט	י	יא	יב	יג	יד	טו
	מ	פנימיות וחצוניות	א	ב	ג	ד	ה	ו	ז	ח	ט	י	יא	יב	יג	יד	טו
	מא	חשמל	א	ב	ג												
אבי"ע	מב-א	דרושי אבי"ע	א	ב	ג	ד	ה	ו	ז	ח	ט	י	יא	יב			
	מב-ב	כללות אבי"ע	א	ב	ג	ד											
	מג	ציור עולמות אבי"ע	א	ב	ג	ד											
	מד	שמות	א	ב	ג	ד	ה	ו	ז								
	מה	מקיפין	א	ב	ג	ד											
	מו	כסא הכבוד	א	ב	ג	ד	ה	ו									
	מז	סדר אבי"ע	א	ב	ג	ד	ה	ו									
	מח	קליפות	א	ב	ג	ד											
	מט	קליפת נוגה	א	ב	ג	ד	ה	ו	ז	ח	ט						
	נ	קיצור אבי"ע	א	ב	ג	ד	ה	ו	ז	ח	ט	י					

טבלת ערכים

עשיה	יצירה	בריאה	אצילות	אדם קדמון	עולמות
נוקבא	ז"א	אמא	אבא	ע"י וא"א	פרצופים
מלכות	חג"ת נה"י	בינה	חכמה	כתר	ספירות
ה	ו	ה	י	קוץ של י'	הוי"ה
נפש	רוח	נשמה	חיה	יחידה	אורות
ב"ן - יוד הה וו הה	מ"ה - יוד הא ואו הא	ס"ג - יוד הי ואו הי	ע"ב - יוד הי ויו הי	שורש הוי"ה	מילוי
אותיות	תגין	נקודות	טעמים	שורשים	טנת"א
אין ניקוד	סגול, שוה, חולם, חיריק, קבוץ, שורוק	צרי	פתח	קמץ	נקודות
עטרת היסוד	גוף וברית	מוח שמאל	מוח ימין	גולגולתא	אדם
כבד	לב	מוח	ל' - מקיף, חיה	מ' - מקיף, יחידה	מל"צ
היכל	לבוש	גוף	נשמה	שורש	שנבג"ה
יעו"ר	זו"ן	ישסו"ת	או"א עלאין	עו"נ ואו"נ	י"ב פרצופים
כלים	לבושים	צלמים	מוחין	אורות	כל צמא
עור	בשר	גידין	עצמות	מוח	אברים
דיבור	ריח	שמיעה	ראיה	מוח	חושים
חושך	מלאכים	נשמות	ספירות	א"ס	מחצבים
צ' כבד	צ' לב	צ' מוח	ל' מקיף א'	מ' מקיף ב'	צלם
דומם	צומח	חי	מדבר	אלוקות	דחצ"ם
עפר	רוח	אש	מים	יולי	יסודות
וילון	מכון, מעון, זבול, שחקים, רקיע	ערבות	ערבות	ערבות	רקיעים
לבנה	ככבים	מזלות	גלגל היומי	גלגל השכל	גלגלים
לבנת הספיר	אהבה, זכות, רצון, נוגה, עצם השמים, לבנת הספיר	קודש קודשים	קודש קודשים	קודש קודשים	היכלות
כו - וד ה ו ה	יט - וד א או א	לז - וד י או י	מו - וד י יי י		מלוי הוי"ה
קנ"א - אלף הה יוד הה	קמ"ג - אלף הא יוד הא	קס"א - אלף הי יוד הי	קס"א - אלף הי יוד הי		אהי"ה

תרשים ב - א

עד מאצ"פ ת"ת

מזווג הספירות	מזווג הנשמות	מזווג המלאכים	מזווג החושך
מזווג הספירות	מזווג הנשמות	מזווג המלאכים	מזווג החושך
מזווג הספירות	מזווג הנשמות	מזווג המלאכים	מזווג החושך
מזווג הספירות	מזווג הנשמות	מזווג המלאכים	מזווג החושך
מזווג הספירות	מזווג הנשמות	מזווג המלאכים	מזווג החושך

א"ק ואבי"ע דא"ק

א"ק ואבי"ע דאצילות

א"ק ואבי"ע דבריאה

א"ק ואבי"ע דיצירה

א"ק ואבי"ע דעשיה

תרשים ב - ב

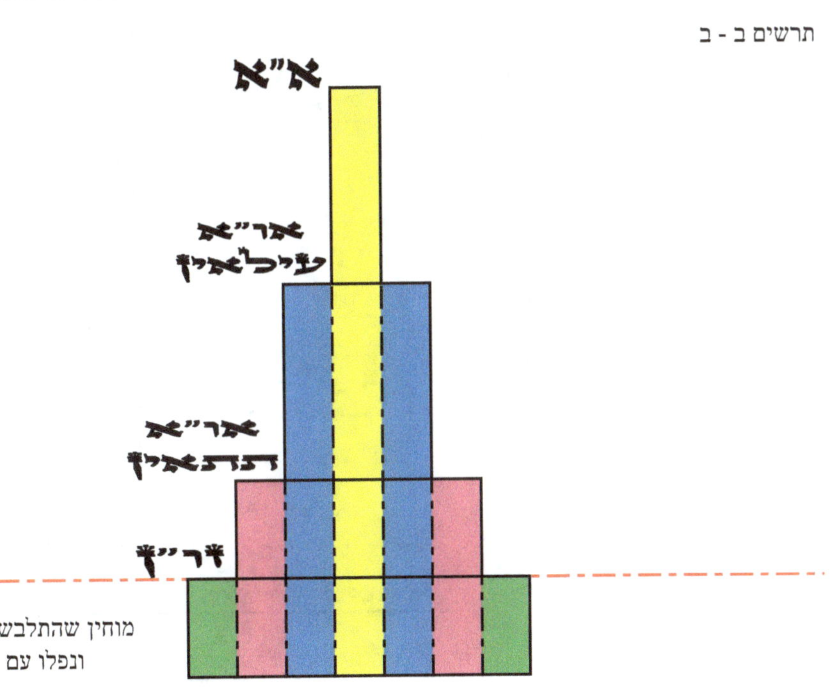

מוחין שהתלבשו בזו"ן דנקודים
ונפלו עם הכלים של זו"ן לבי"ע

תרשים ב - ג

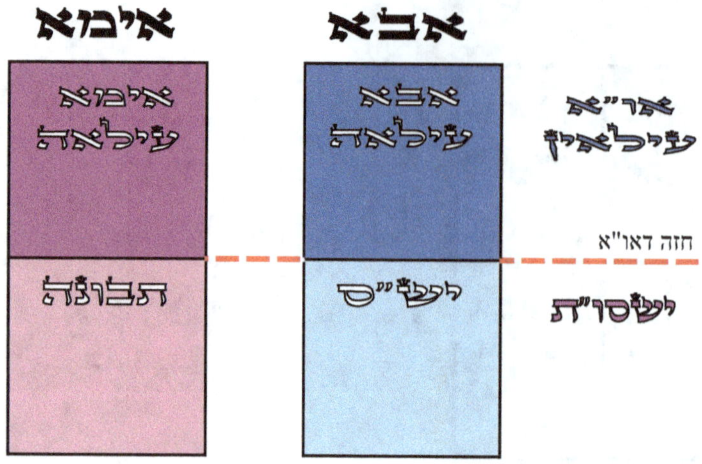

תרשים ב - ד

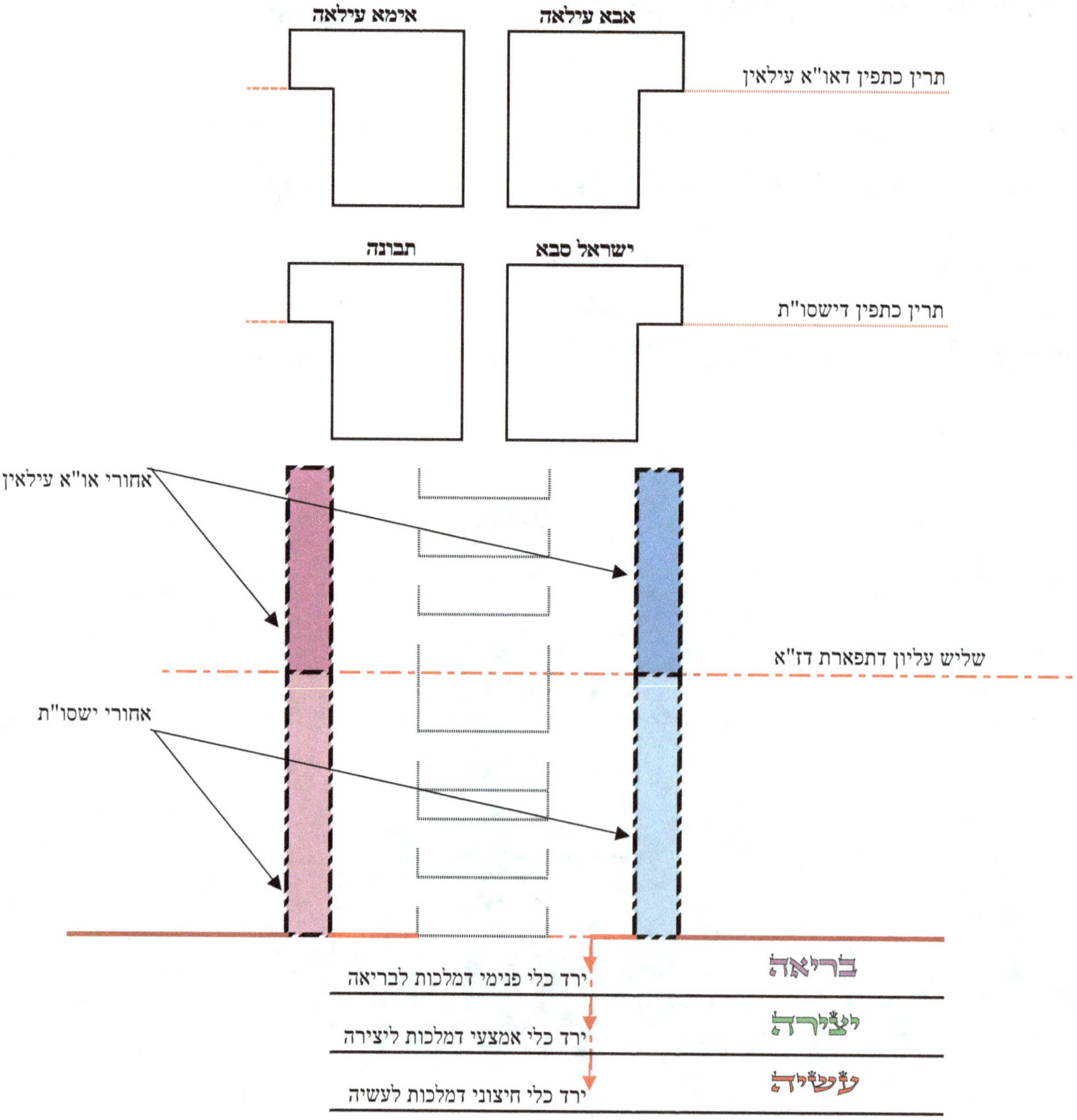

תרשים ב - ה

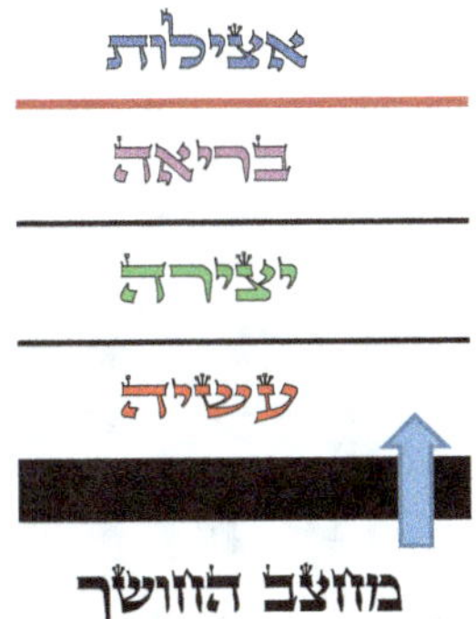

תרשים ב - ו

סידור תפלה להרש"ש   ט

למילויות חב"ד. ופנימיותם למילויות מלכות דז"א. ופנימיותם למילויות נס"י
דיליה. ופנימיותם למילויות חג"ס. ופנימיותם למילו' חב"ד. ופנימיותם למילויות
מל' דאו"א ופנימי' למילו' נס"י דילהון ופנימי' למילו' חג"ס ופנימי' למילו' חב"ד
ופנימיות חב"ד דאו"א למילויות מל' דא"א ופנימיו' מל' דא"א למילו' נס"י
דיליה ופנימיו' למילו' חג"ס ופנימיו' למילו' חב"ד דא"א ופנימיות חב"ד דא"א
למילויות מל' דעתיק ופנימי' מל' דע"י למילו' נס"י דיליה ופני' למילו' חג"ס
ופנימי' למילו' חב"ד דע"י ופנימיו' חב"ד למילויות טולם שלמטלה ממנו ע"ד
הכנ"ל. וכן עד"ס טולים הטולמות מדרגה למעלה ממדרגה עד א"ס :

וע"י אמירת פטום הקטורת יכוין להעלות הקדושה מתוך הקלי' ולהטמידה
בגבול קדושת העשיה להיום מוכן להטשות מילויות למל' דעשיה כמשיה
לקמן בס"ד :

ועתה יכוין להמשיך כתרים ומח"ן בג"ס דס"י דכחב"ד דפנימיות וחילויות
דתבונה עם לגלמי המוחין שבהם. ובתוכם י"ג הויות ואסיה מקיפים בנקודהם
סידרוטות די"ס שהם ימידות וחיות וכשמות ורוחות דגרנח"י דנח"י דנשמה דב"ן
דמ"ה ודב"ן לכתרים ומח"ן בג"ס דס"י דג"פ כחב"ד דב"ן דמ"ה ודב"ן דפנימיות
וחילויות דבינה דז"א. וסם מקיפי **מ** דללם דסכו' והחב"ת דסכו' שהות סל
נדמים לחג"ת דבינה דז"א והנס"י דסכו' שסס **צ** נדמין לנס"י דבינה דז"א.

תרשים ב - ז

<table>
<tr><td align="center">אימא
בינה</td><td align="center">אבא
חכמה</td></tr>
</table>

או"א עלאין	אימא	אבא	חכמות
או"א תתאין	תבונה	ישסו"ת	בינות

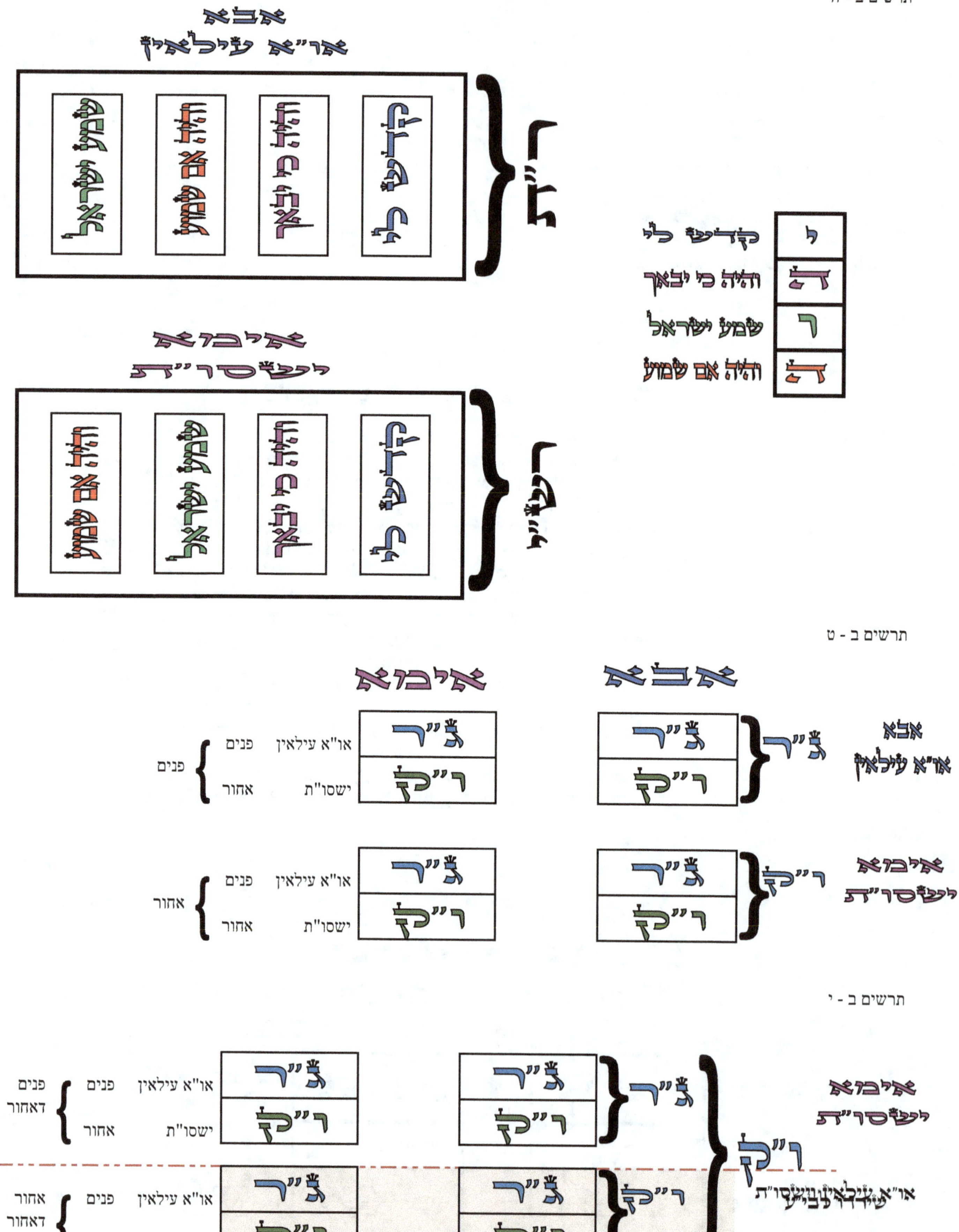
תרשים ב - ח
אבא
אר"א עילאין
אימא
ישסו"ת
ל קדש לי
והיה כי יבאך
שמע ישראל
והיה אם שמע
תרשים ב - ט
אימא
אבא
או"א עילאין פנים
פנים
ישסו"ת אחור
או"א עילאין פנים
אחור
ישסו"ת אחור
אבא
אר"א עילאין
אימא
ישסו"ת
תרשים ב - י
פנים פנים
דאחור או"א עילאין
אחור ישסו"ת
אימא
ישסו"ת
ו"ק
אחור פנים או"א עילאין
דאחור אחור ישסו"ת
או"א דישסו"ת

סידור תפלה להרשי"ש

מחסר דילי' לחסד ונגלח דחכמה דעסיס

אבגית"ץ

אָנָּא   בְּכֹחַ

פנימי   בכ' יכסה פניו.   מקיף

יוד הי ואו הי   יוד הי ואו הי

יוד הי ואו הי   יוד הי ואו הי

וד א או א   וד א או א

לכסות מח"ן דחכמה דחסר ונגלח דחכמ'

גדולת   יְמִינֶךָ

ובכ' יכסה רגליו

פנימי   מקיף

יוד הי ואו הי   יוד הי ואו הי

יוד הא ואו הא   יוד הא ואו הא

לכסות מח"ן דנגלח דחסר ונגלח דחכמה.

תַּתִּיר   צְרוּרָה:

פנימי   וב' יטופף   מקיף

אלהים   אלף הי יוד הי

לטופף בחח"ן דחסד דחסד ונגלח

דחכמה ולהטלום כל כללות מח"ן דחסר

ונגלח להלבים מח"ן דחב"ד דמל' דילירה

שבכ חום   ש

מגבור' דיליר' לגבורה ויסוד דכיל' דעש'

קַבֵּל   רַנַּת   קרע שטן

פנימי   בכ' יכסה פניו.   מקיף

יוד הי ואו הי   יוד הי ואו הי

יוד הי ואו הי   יוד הי ואו הי

וד א או א   וד א או א

לכסות כנ"ס דבינה דנגבור' ויסוד דבינה

שַׂגְּבֵנוּ   עַמְּךָ

ובכ' יכסה רגליו.

פנימי   מקיף

יוד הי ואו הי   יוד הי ואו הי

יוד הא ואו הא   יוד הא ואו הא

לכסות כנ"ס דסוד דגבורה והוד דבינה

טַהֲרֵנוּ   נוֹרָא:

פנימי   ובכ' יטופף.   מקיף

אלהים   אלף הי יוד הי

לטופף בכנ"ס דגבירה דגבורה ויסוד

דבינה ולהטלום כל כללות כנ"ס דנבו'

והוד להלבים כנ"ס דחב"ד דמל' דילי'

שבכ חום   ק

מח"ת דילירה לח"ת ויסוד דדעת דעסיס

נָא   נגד יכש   גִּבּוֹר

פנימי   בכ' יכסה פניו   מקיף

יוד הי ואו הי   יוד הי ואו הי

יוד הי ואו הי   יוד הי ואו הי

וד א או א   וד א או א

לכסות דת"י דדעת דת"ת ויסוד דדעת

דּוֹרְשֵׁי   יִחוּדְךָ

ובכ' יכסה רגליו.

פנימי   מק ף

יוד הי ואו הי   יוד הי ואו הי

יוד הא ואו הא   יוד הא ואו הא

לכסות דת"י דיסוד   דת"ת ויסוד דדעת

כבבק

גבורה

ב תמורתה ח כא"ע כ"חותחת ח'ק'כאל כ'ס ק
ד תמורתה ט כא"ל כ"ס ותחת ט' כ' מא"ת כ"ם
ה   כ'ר' מאלל'ס
א תמורתה ל כאלל'ס תחת ל'ע'כאטל'ח ע
ל תמורתה ת כא"ת כס ותחת ת'ס'מא כ"גד ש
ל תמורתה ע כאסל'ח ותחת ע'ס'כאל'ס כסע ט
ה תמורתה ב מאלכת ד

ובו כאם האעי:

חסד

ב תמורתה א מאכ"גד א
ד תמורתה ט מאלל'ס ותחתט"כ'מאחם כסע ב
א תמורתה י' מאיק ותחת י'ג'מאחם כסע ג
ש תמורתה י מא"לכם י
י תמורתה א מאיק ותחתא' ת'מא"ת כ"ם ה
ת תמורתה ב מא"ל כם ותח' כ'ג'מאחם כסע ך
ובו כאם הראשון:

תפארת

צ תמורתה ט כאכב"ד ותחתט"כ'כא"חבם
ג תמורתה ב מאלל'ס ותחתכ"ג'כא'כגד
ה תמורתה ת כאתבל'ס ותחתת'ק'כא"כח ותחת
ק'כ'ר' כאתכ'ם
ר תמורתה א כאתכב ותחתא'ו'י מאיק
ב תמורתה ל מאחם כסע ותחתל' כ' כאתכס'
ש תמורתה ד סלס כח ותחתר'ע'מא"כגד
זה כאם כאל'עי:

נצח

ב תמורתה ב מאלכם
ד תמורתה' ט מאכ"גד
ד תמורתה ר מאחם כסע
צ תמורתה ב כאת כם ותחת ב"ג'כאכגד
ת תמורתה ת כאתכם
ג תמורתה ק כאם כח ותחת ק'ר' כאכגד ותח'
ר' ג' כאתכם
וזה הכאם הרביעי:

הוד

ע תמורתה ע כאלכם ותחת ב"ס' כאחם כסע
ה   ותחתק"מ' כא"כגד
ק תמורתה ת כאת כם ותחת ת'ק' כאסכם
ב תמורתה ג כאת כם ותחת ג כ כאכגד
ט תמורתה צ כאם כח ותחת כ' כאכגד
נ תמורתה ד כאככם ותחת ד' ג' כאכגד ותחתג'
ב' כאל'כם
ע תמורתה ה כאלכם
זה כאם החמי'

יסוד

א תמורתה י כאיק ר
ד תמורתה ג כאתכם ג
צ תמורתה ב כאחם כסע ותחת כ' ל'
כאת כם
פ תמורתה ה כאת כם ותחתג' פ'כאכגד
ק תמורתה צ כאסכם ותחתג'ז' כאלכם
ק תמורתה ת כאם כח
וזה הכאם הששי:

מלכות

א' תמורתה ל כאחם כסע ותחת ל' כאלכם א'
ש א' כאתכם ת'ותחתת' כאכגד א'
ק תמורתה ת כאם כם
ו תמורתה ה כאכגד
צ תמורתה ה כאכגד ותחתס'ג' כא"תבם
י תמורתה כ כאיק ככר ותחת כ'ל' כאכגד
ת תמורתה ל כאם"ם כסע ותחת ל' ק' כאלכם
ותחתת' ע"כא"תבם
וזה הכאם הסכות

סידור תפלה להרש"ש

השיר שהיו הלוים אומרים על הדוכן היום יום ראשון בשבת קודש

מאיר חסד דאלילות יְהֹוָה יְהֹוָה ניקוד ר"ת בראשית ברא אלהים את
ומאיר בחסד דבריאה ה' דאסיס יסו ומאיר נשמה דבריאה ה'
א' דהויה וס"ג יוד הי ואו הי ואל שדי בחסד דילירה אבנית"ץ
והוא הגובר על כל הפסוקים ושאר כל הפסוקים כלולים בו וגם מאיר מצפצ"ך
בניקוד קָח וע"י כן מאירה הנשמה יתירה בו ואינה מסתלקת:

השיר שהיו הלוים אומרים על הדוכן היום יום שני בשבת קדש

מאיר גבורה דאלילות יְהֹוָה יְהֹוָה ניקוד ר"ת ויאמר אלהים יהי רקיע ומאיר
בגבורה דבריאה ה' א' דאסיס יהו ומאיר בגבורה דילירה קרע
שטן והוא הגובר וכו' וב' דאבגית"ץ ולפי שסילירה הוא סוד התורה
צריך לקשרו בשבת שממנו הסודה ולשלבו ביחד קרע שטן שקולי"ם משרק
עושטמינ"ת ומאיר רוח דילירה ו' דהויה ומ"ה יוד הא ואו הא
ואל הויה גס מאיר מצפצ"ך בניקוד לָך ועי"כ מאיר הרוח יתירה בו ואינה
מסתלקת:

השיר שהיו הלוים אומרים על הדוכן חיום יום שלישי בשבת קדש

מאיר ת"ת דאלילות יְהֹוָה יְהֹוָה ניקוד ר"ת ויאמר אלהים יקוו המים ומאיר
בת"ה דבריאה יוד דאהיה יהוומאיר בת"ת דילירה נגד יב"ש
והוא הגובר וג' דאבגית"ץ ומאיר נפש דעשיה ה' מתרונה דהויה דב"ן יוד
ההוו דה ואל אדני גס מאיר מצפצ"ך נקוד סמיס ועי"כ מאירה
הנפש יתירה בו ואינה מסתלקת:

השיר שהיו הלוים אומרים על הדוכן היום יום רביעי בשבת קדש

מאיר נצח דאלילות יְהֹוָה יְהֹוָה ניקוד ר"ת ויאמר אלהים יהי מאורות
ומאיר בנצח דבריאה יוד דיהו אהיה ומאיר בנצח דילירה
בטרצת"ג והוא הגובר יוד דאבגית"ץ ומאיר נפש דעשיה ה'
מתרונה דהויה וב"ן יוד הה וו דה ואל אדני גס מאיר מצפצ"ך
נקוד נטף ועי"כ מאירה בו נפש משב"ק הבא:

השיר שהיו הלוים אומרים על הדוכן היום יום חמישי בשבת קדש

מאיר הוד דאלילות יְהֹוָה יְהֹוָה ניקוד ר"ת ויאמר אלהים ישרצו המים
ומאיר בהוד דבריאה ה' דיהו אהיה ומאיר בהוד דילירה
חכבטנ"ע והוא הגובר ה' דאבגית"ץ ולפי שהוא בחינת ילירה שהם סתורה
צריך לקשרו בשבת שממנו התורה ולשלבו ביחד חכבטנ"ע שקוצי"ת
חשס"ק בוט"ו ניעת ומאיר רוח דילירה ו' דהויה ומ"ה יוד הא
ואו הא ואל הויה ומאיר מוצפצ"ך ניקוד וסחלם ועי"כ מאיר בו
רוח הילירה משבת קדש הבא:

השיר שהיו הלוים אומרים על הדוכן היום יום ששי בשבת קדש

מאיר יסוד דאלילות יֻהֻוֻ וֹהֻ הֻ יְהֹוָה ניקוד ר"ת ויאמר אלהים תולא הארץ
ומאיר ביסוד דבריאה ו' דיהו אהיה ומאיר ביסוד דילירה יג"ל
פז"ק והוא הגובר ד' דאבגית"ץ ומאיר נשמה דבריאה ה' א'
דהויה וס"ג יוד הי ואו הי ואל שדי ומאיר מצפצ"ך
ניקוד וחלבנה ועי"כ מאיר בו הנשמה יתירה בו משבת קדם הבא:

תרשים ב - י"ד

הוי"ה	עסמ"ב	פרצוף	ספירה	עולם
קוץ י'		א"א	כתר	א"ק
י	יוד הי ויו הי	אבא	חכמה	אצילות
ה	יוד הי ואו הי	אימא	בינה	בריאה
ו	יוד הא ואו הא	ז"א	חג"ת נה"י	יצירה
ה	יוד הה וו הה	נוק'	מלכות	עשיה

עמודה ימנית (הוי"ה): ע"ב, ס"ג, מ"ה, ב"ן

תרשים ב - ט"ו

עשיה | יצירה | בריאה | אצילות | א"ק

א"ק
אצילות
בריאה
יצירה
עשיה

(חמישה פרצופים זהים עם הכותרות: עשיה, יצירה, בריאה, אצילות, א"ק)

תרשים ב - ט"ז

ברק' | ז"א | אימא | אבא | א"א

א"א
אבא
אימא
ז"א
ברק'

(חמישה פרצופים זהים עם הכותרות: ברק', ז"א, אימא, אבא, א"א)

תרשים ב - י"ז

תרשים ב - י"ח

<table>
<tr><td>ט</td><td style="text-align:center">סידור תפלה להרש"ש</td></tr>
</table>

למילוניות חב"ד. ופנימיותם למילוניות מלכות דז"א. ופנימיותם למילוניות נס"י דיליה. ופנימיותם למילוניות חג"ת. ופנימיותם למילו' חב"ד. ופנימיותם למילוניות מל' דאו"א ופנימי' למילו' נס"י דילהון ופנימי' למילו' חג"ת ופנימי' למילו' חב"ד ופנימיות חב"ד דאו"א למילוניות מל' דא"א ופנימיו' מל' דא"א למילו' נס"י דיליה ופנימיו' למילו' חג"ת ופנימיו' למילו' חב"ד דא"א ופנימיות חב"ד דא"א למילוניות .מל' דעתיק ופנימי' מל' דע"י למילו' נס"י דיליה ופני' למילו' חג"ת ופנימי' למילו' חב"ד דע"י ופנימיו' חב"ד למילוניות עולם שלמעלה ממנו ע"ד הנז"ל. וכן עד"ס עולים הטולמות מדרגה למעלה ממדרגה עד א"ס :

וע"י אמירת פסום הקטורת יכוין להעלות הקדוסה מתוך הקלי' ולהעמידה בגבול קדוסה דעשיה להיות מוכן להעשות חילוניות למל' דעשיה כמשיH לקמן בס"ד :

ועתה יכוין להמשיך כתרים וחמ"ן בג"ס דס"י דכחב"ד דפנימיום וחילוניום דתבונה מס ללמי המוחין שבהס. ובתוכם י"ג הויות ואסיה מקיפיס בנקודהס סידרוטות די"ס שהס יחידות וחיות ונשמות ורוחות דעורנח"י דנח"י דנשמס דב"ן דמ"ה ודב"ן לכתריס וחמ"ן כג"ה דס"י דג"פ כחב"ד דב"ן דמ"ס ודב"ן דפנימיום וחילוניות דבינה דז"א. והס מקיפי **כ** דללס דהבו' והחב"ת דסבו' שהוא סל נדמים לחג"ת דבינה דז"א והנס"י דהבו' שהס **צ** נדמין לנס"י דבינה דז"א.

תרשים ב - י"ט

תרשים ב - כ

חסד	אנא	בכח	גדולת	ימינך	תתיר	צרורה
גבורה	קבל	רנת	עמך	שגבנו	טהרנו	נורא
תפארת	נא	גבור	דורשי	יחודך	כבבת	שמרם
נצח	ברכם	טהרם	רחמי	צדקתך	תמיד	גמלם
הוד	חסין	קדוש	ברב	טובך	נהל	עדתך
יסוד	יחיד	גאה	לעמך	פנה	זוכרי	קדושתך
מלכות	שועתנו	קבל	ושמע	צעקתנו	יודע	תעלומות

א	ב	ג	י	ת	ץ
ק	ר	ע	ש	ט	ן
נ	ג	ד	י	כ	ש
ב	ט	ר	צ	ת	ג
ח	ק	ב	ט	נ	ע
י	ג	ל	פ	ז	ק
ש	ק	ו	צ	י	ת

ברוך שם כבוד מלכותו לעולם ועד

תרשים ב - כ"א

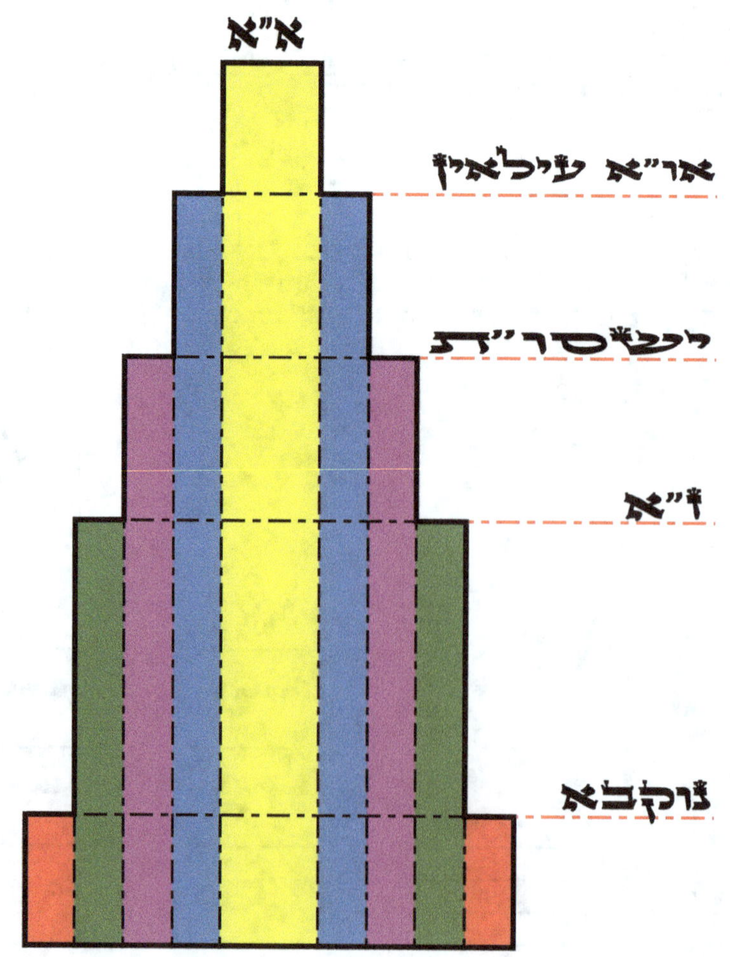

תרשים ב - כ"ב

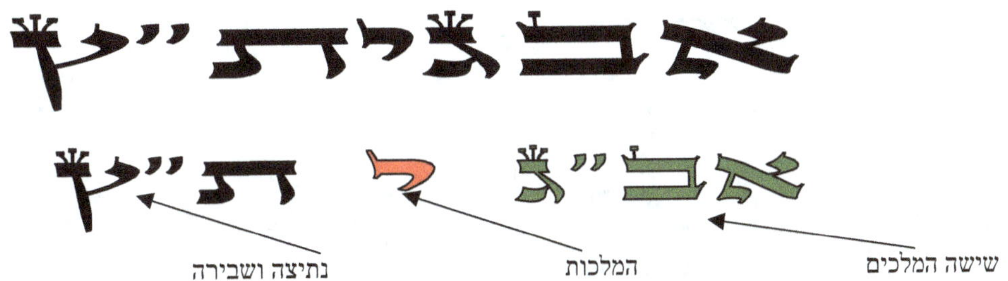

שישה המלכים   המלכות   נתיצה ושבירה

תרשים ב - כ"ג

יְהֹוָה אָבִינוּ יְהֹוָה מַלְכֵּנוּ זְכוֹר כִּי עָפָר אֲנַחְנוּ:

יְהֹוָה אָבִינוּ יְהֹוָה מַלְכֵּנוּ מְחוֹל וּסְלַח לְכָל עֲוֹנוֹתֵינוּ:

יְהֹוָה אָבִינוּ יְהֹוָה מַלְכֵּנוּ קְרַע רוֹעַ גְּזַר דִּינֵנוּ (יכוין בשם קר"ע שט"ן):

יְהֹוָה אָבִינוּ יְהֹוָה מַלְכֵּנוּ מְחוֹק בְּרַחֲמֶיךָ הָרַבִּים כָּל שִׁטְרֵי חוֹבוֹתֵינוּ:

יְהֹוָה אָבִינוּ יְהֹוָה מַלְכֵּנוּ מְחֵה וְהַעֲבֵר פְּשָׁעֵינוּ מִנֶּגֶד עֵינֶיךָ:

יְהֹוָה אָבִינוּ יְהֹוָה מַלְכֵּנוּ הַצְמַח לָנוּ יְשׁוּעָה בְּקָרוֹב:

תרשים ב - כ"ד

קְלִיפָּה	קְדוּשָׁה
א"ק ואבי"ע דא"ק	א"ק ואבי"ע דא"ק
א"ק ואבי"ע דאצילות	א"ק ואבי"ע דאצילות
א"ק ואבי"ע דבריאה	א"ק ואבי"ע דבריאה
א"ק ואבי"ע דיצירה	א"ק ואבי"ע דיצירה
א"ק ואבי"ע דעשיה	א"ק ואבי"ע דעשיה

תרשימים שׁעַר ט' פרק ב'

וכן ימשיך לאו"א הארה מעו"ה דעתיק המלובשים בחג"ת דא"א
צבאות ע"ה ג"י כת"ף.

צבאות ע"ה כתף מנלם דעתיק — צבאות ע"ה כתף מסוד דעתיק ללבא — אלף הי ויו הי (לאימא)

יוד הי ויו הי

שילוב ע"ב וקס"א ג"י זכור.

יוד אלף, הי הי, ויו יוד, הי הי.

ומשם יכוין להמשיך הזכירה והוא אותיות זכר י"ה
שהם או"א ומשם לזו"ן.

ולהעלות מיסוד דנוק' מ"ן ה"ג ולהמשיך מיסוד דדכורא ה"ס ליסוד דנוק'
ולחברם כח"ג שביסוד דנוק'.

יחוד העולמות וי"ס דדכורא כי"ס דנוק'

יודלווודלוי

יכוין שניקוד שורוק הוא אותיות קשר כי היסוד מקשר ומחבר את כל העולמות

ובכח זה יתקשרו דברי החכמה בליבי ולא ישכחו ממני אכי"ר."

תרשים ב - כ"ה

מילוי שמות הוי"ה ואהי"ה ביודי"ן הם גימטריא **זכור**

תרשים ב - כ"ט

מילוי האחוריים דשמות הוי"ה ואהי"ה ביודי"ן הם גימטריא **תשכח**

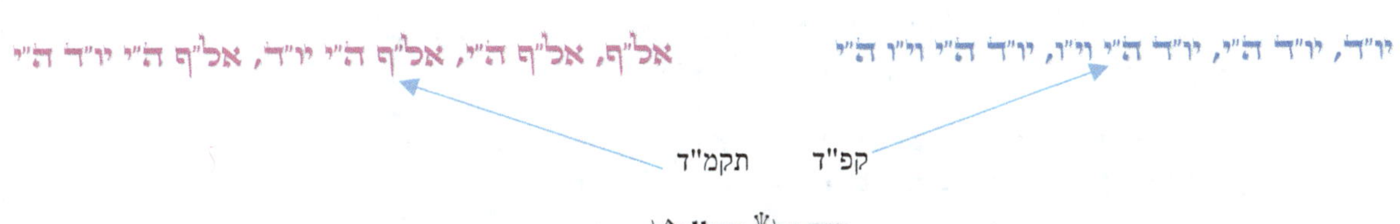

תרשים ב - ל

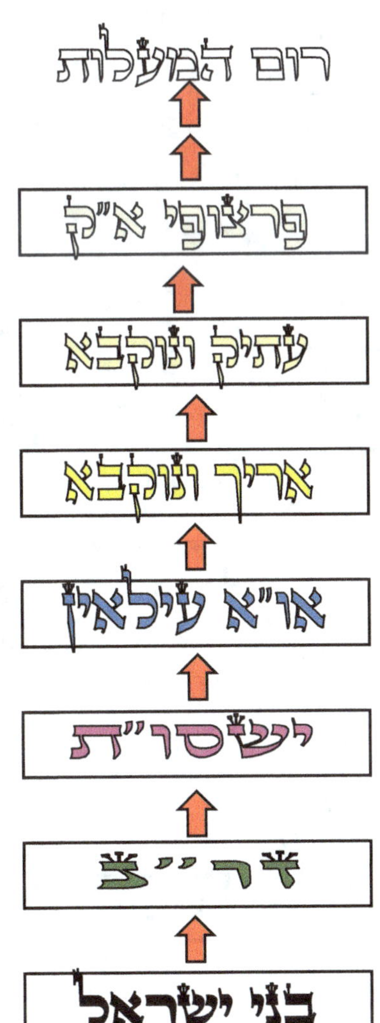

סידור הרש"ש – עלית ברורי רפ"ח

עם בירורי הכלים והאורות דרפ"ח דג' פר' כהב"ד הכוללים דפנימיות דאומו
פרצוף (אם היא מצוה בדיבור: דפני דאבי"ע דז"א דאצי'. ואם היא מצוה מעשית: דחיצוניות
דאבי"ע דז"א דאצילות) ודאבי"ע המתיימסים לברכה זו, עם שורשי גרנת"י שלו לזו"ן:

מלכות דחסד	ע"ץ דע"ב מדרגה ז' יוד ה"י וי"ו ה"י	בירורי ב"ן דעמיק ואבא, וז"א.
מלכות דגבורה	ע"ב דס"ג מדרגה ה' ו' יוד ה"י ואו ה"י יוד ה"י ואו ה"י	בירורי ב"ן דנוק' דעמיק, ואימא, ונוק דז"א הכולל
מלכות דתנה"י	ע"ב דמ"ה מדרגה ג' ו' יהוה יוד ה"א ואו ה"א	בירורי ב"ן דא"א, ויש"ק, ויעקב.
מל' דמלכות	ע"ב דב"ן מדרגה ב' שהיא ד' י, יה, יהו, יהוה.	בירורי ב"ן דנוק' דא"א, ותבונה, ורחל.

ואז ניתן כח בזו"ן ומעברים גם הם מבירורי אחוריים דישסו"ת, ומחלקי כהב"ד דישסו"ת
הכוללים עם הרפ"ח, ומעלים אותם עם הבירורים שלהם שנבררו על ידינו לישסו"ת.

ואז ניתן כח ביששו"ת ומעברים גם הם מבירורים הנז', מחלקי כהב"ד דאו"א, ומבמי א
חוריים דאו"א, ומעלים אותם עם הבירורים שלהם שנבררו ע"י זו"ן לאו"א.

וכן ניתן כח באו"א ומעברים גם הם מאחוריים דנה"י דא"א ומחלקי כהב"ד דא"א
ומעלים אותם עם הבירורים שלהם שנבררו ע"י ישסו"ת לא"א.

וכן עד"ז מא"א לעתיק, וכן עולים מזה לזה עד ע"ס דא"ק.

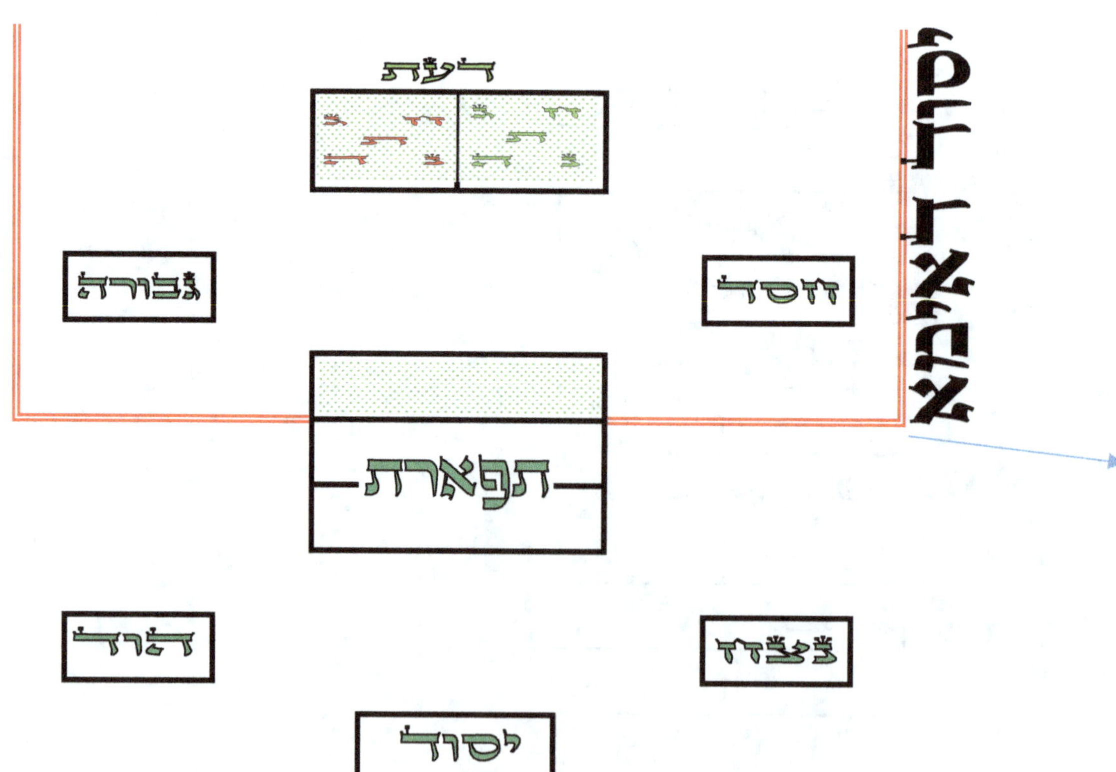

מ"ה

מלכות	יסוד	הוד	נצח	תפארת	גבורה	חסד	בינה	חכמה	כתר
כתר	כתר	כתר	כתר	כתר	כתר	כתר	כתר	כתר	כתר
חכמה	חכמה	חכמה	חכמה	חכמה	חכמה	חכמה	חכמה	חכמה	חכמה
בינה	בינה	בינה	בינה	בינה	בינה	בינה	בינה	בינה	בינה
חסד	חסד	חסד	חסד	חסד	חסד	חסד	חסד	חסד	חסד
גבורה	גבורה	גבורה	גבורה	גבורה	גבורה	גבורה	גבורה	גבורה	גבורה
תפארת	תפארת	תפארת	תפארת	תפארת	תפארת	תפארת	תפארת	תפארת	תפארת
נצח	נצח	נצח	נצח	נצח	נצח	נצח	נצח	נצח	נצח
הוד	הוד	הוד	הוד	הוד	הוד	הוד	הוד	הוד	הוד
יסוד	יסוד	יסוד	יסוד	יסוד	יסוד	יסוד	יסוד	יסוד	יסוד
מלכות	מלכות	מלכות	מלכות	מלכות	מלכות	מלכות	מלכות	מלכות	מלכות

ב"ן

מלכות	יסוד	הוד	נצח	תפארת	גבורה	חסד	בינה	חכמה	כתר
כתר	כתר	כתר	כתר	כתר	כתר	כתר	כתר	כתר	כתר
חכמה	חכמה	חכמה	חכמה	חכמה	חכמה	חכמה	חכמה	חכמה	חכמה
בינה	בינה	בינה	בינה	בינה	בינה	בינה	בינה	בינה	בינה
חסד	חסד	חסד	חסד	חסד	חסד	חסד	חסד	חסד	חסד
גבורה	גבורה	גבורה	גבורה	גבורה	גבורה	גבורה	גבורה	גבורה	גבורה
תפארת	תפארת	תפארת	תפארת	תפארת	תפארת	תפארת	תפארת	תפארת	תפארת
נצח	נצח	נצח	נצח	נצח	נצח	נצח	נצח	נצח	נצח
הוד	הוד	הוד	הוד	הוד	הוד	הוד	הוד	הוד	הוד
יסוד	יסוד	יסוד	יסוד	יסוד	יסוד	יסוד	יסוד	יסוד	יסוד
מלכות	מלכות	מלכות	מלכות	מלכות	מלכות	מלכות	מלכות	מלכות	מלכות

ב"ן		מ"ה
ה"ר דכתר דב"ן, ג"ר דחכמה, וד"א דבינה, וז' כתרים דז' תחתונות	**עתיק**	י' ספירות דכתר דמ"ה
ה"ת דכתר דב"ן	**אריך**	י' ספירות דחכמה דמ"ה
ו"ק דחכמה דב"ן	**חכמה**	כתר חכמה דבינה דמ"ה
ה"ק דבינה דב"ן	**בינה**	בינה דבינה דמ"ה
מלכות דחכמה דב"ן	**ישס"ס**	ו"ק דבינה דמ"ה
מלכות דבינה דב"ן	**תבונה**	מלכות דבינה דמ"ה
כללות ט"ס תחתונות דו"ק דב"ן	**ז"א**	כללות ו"ק דמ"ה
ט' ספירות תחתונות דמלכות דב"ן	**נוקבא**	י' ספירות דמלכות דמ"ה

חלוקת מ"ה ובי"ן דפרצופי האצילות

תרשים ב - ל"ד

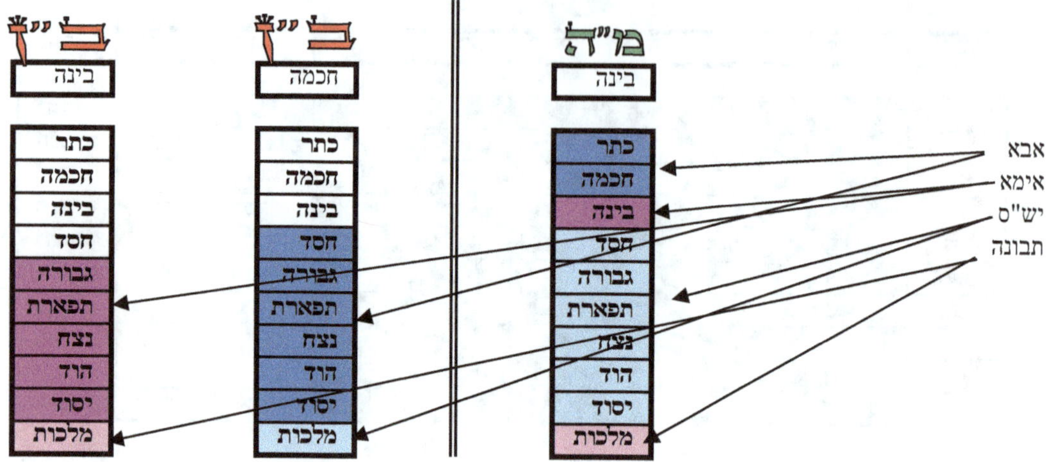

ו"ק דחכמה דב"ן — אבא — כתר חכמה דבינה דמ"ה

ה"ק דבינה דמ"ה — אימא — בינה דבינה דמ"ה

מלכות דחכמה דב"ן — יש"ס — ו"ק דבינה דמ"ה

מלכות דבינה דב"ן — תבונה — מלכות דבינה דמ"ה

תרשים ב - ל"ה

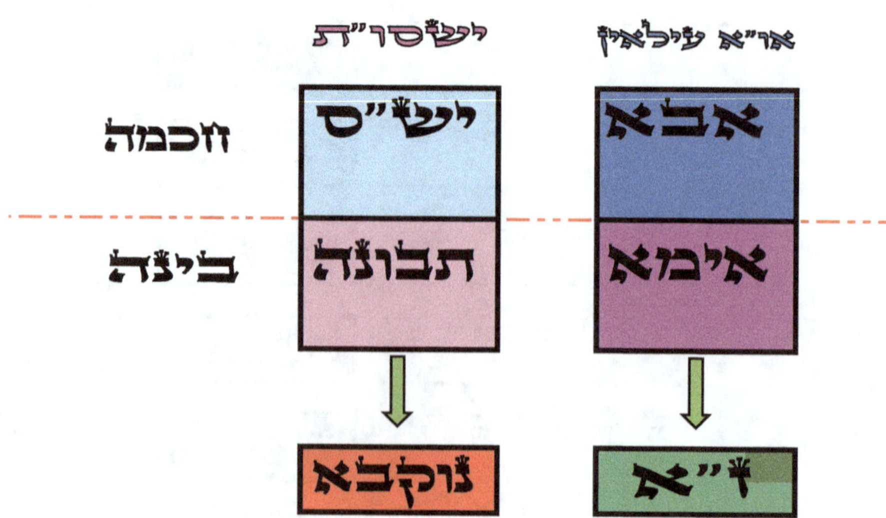

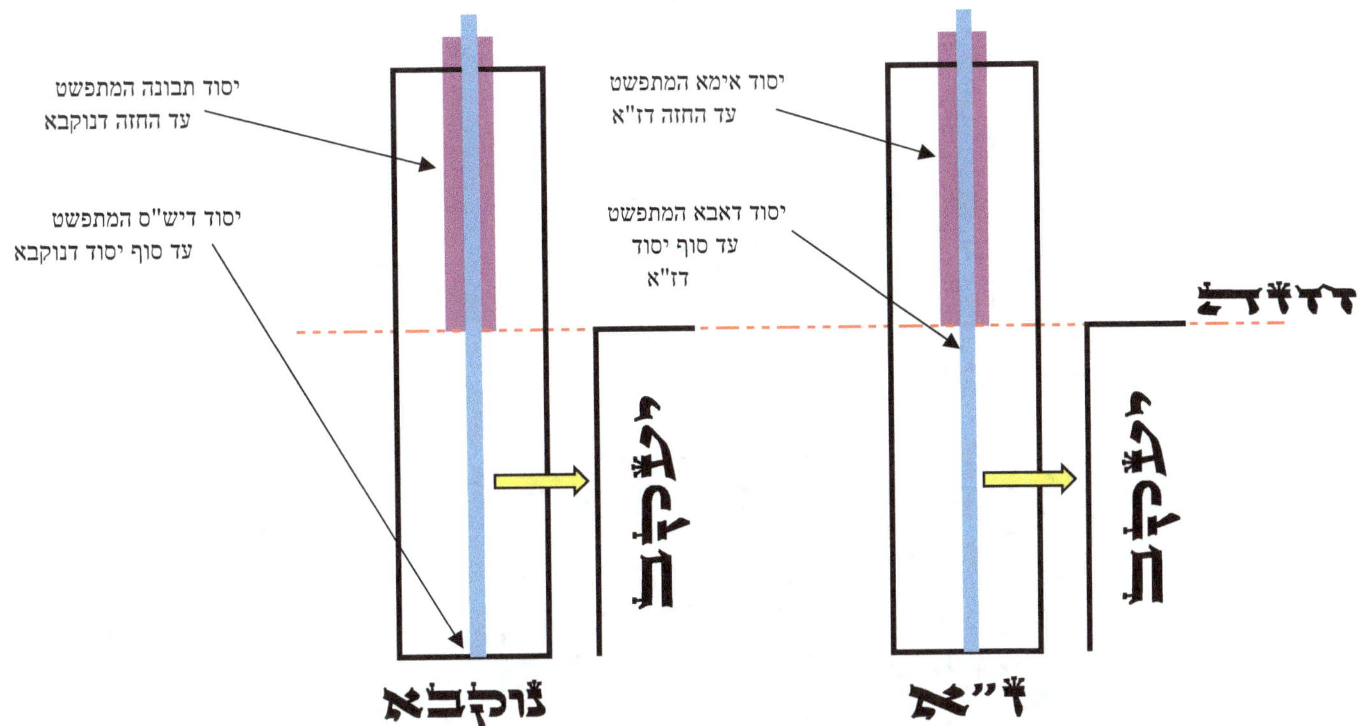
יסוד תבונה המתפשט
עד החזה דנוקבא
יסוד דיש"ס המתפשט
עד סוף יסוד דנוקבא
יסוד אימא המתפשט
עד החזה דז"א
יסוד דאבא המתפשט
עד סוף יסוד
דז"א
חזה
עטרה
עטרה
נוקבא
ז"א

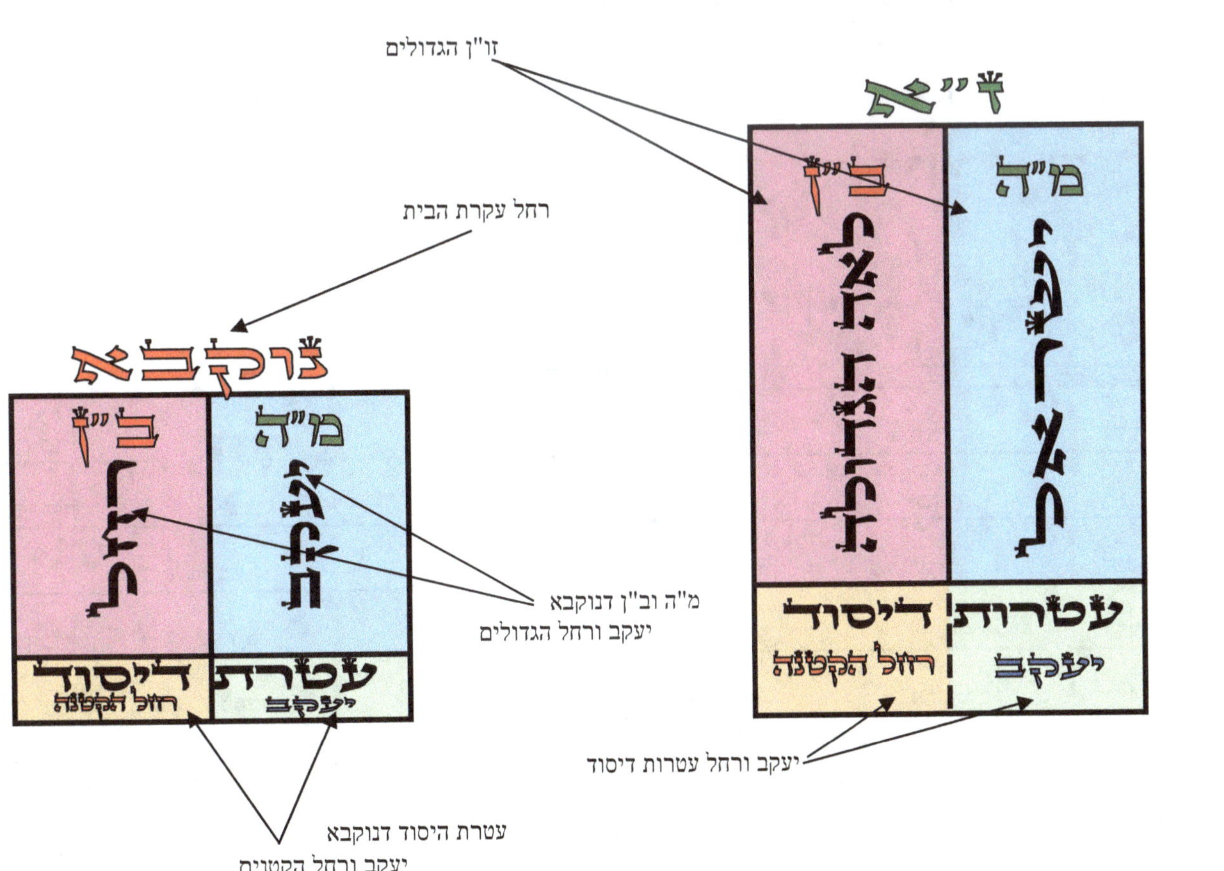
זו"ן הגדולים
רחל עקרת הבית
ז"א
מ"ה
ב"ן הגדלים
מ"ה וב"ן דנוקבא
יעקב ורחל הגדולים
נוקבא
ב"ן
מ"ה
עטרת
עטרות דיסוד
רחל הקטנה
יעקב
עטרות דיסוד
רחל הקטנה
יעקב
יעקב ורחל עטרות דיסוד
עטרת היסוד דנוקבא
יעקב ורחל הקטנים

תרשים ב - ל"ח

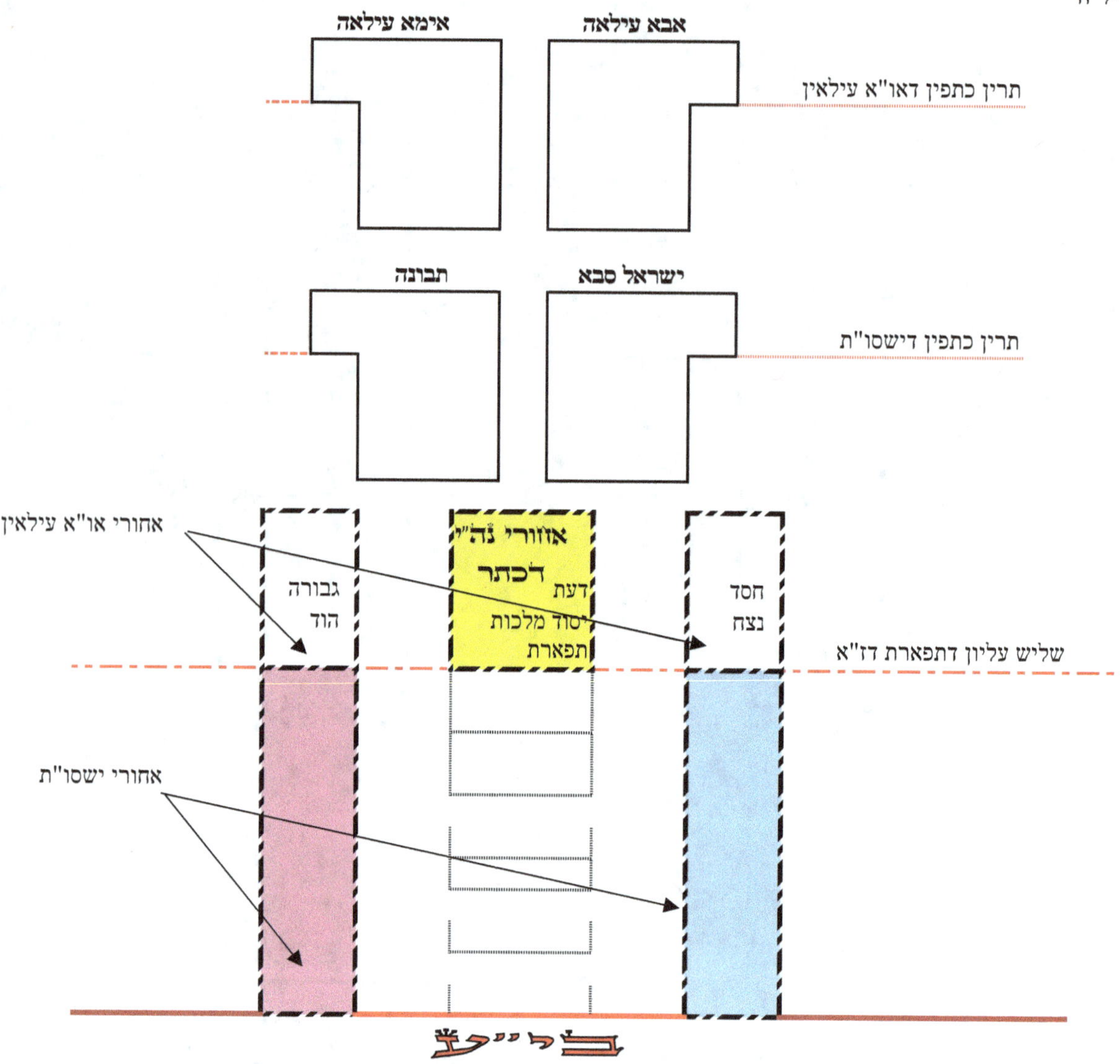

תרשים ב - ל"ט

דברי הימים

שם המלך שמת	עירו	שם במלך
בלע	דנהבה	בלע בן בעור
יובב	מבצרה	יובב בן זרח
חושם	התמני	חושם
הדד	עיות	הדד בן בדד
שמלה	ממשרקה	שמלה
שאול	מרחובות הנהר	שאול
בעל חנן		חנן בן עכבור
הדר	פעי	הדד

פרשת וישלח

שם המלך שמת	עירו	שם במלך
בלע	דנהבה	בלע בן בעור
יובב	מבצרה	יובב בן זרח
חשם	התמני	חשם
הדד	עוית	הדד בן בדד
שמלה	ממשרקה	שמלה
שאול	מרחובות הנהר	שאול
בעל חנן בן עכבור		בעל חנן בן עכבור
	פעו	הדר

ולמזווגם את פר' הנה"י דכתר דבינה דז"ן דא"ק   ולהמשיכם לפר' **נה"י דכתר דבינה**

דעתיק   וקיצר בלשונו שנמשך לחכמה דכתר דחו"ב דנה"י דבינה דנה"י דעתיק   **ואז נבקע**

היסוד דעתיק ומתגלים כל החו"ג ומתחברים אבא עם יש"ס לפרצוף אחד,

ואימא ותבונה לפרצוף אחד.